第三帝國興亡史

卷二：邁向戰爭之路

The Rise and Fall of the Third Reich

Book 3. The Road to War

威廉・夏伊勒（William L. Shirer） 著

董樂山等 譯

目次

第三篇　通往戰爭的道路

第九章　開始的步驟：一九三四至一九三七年

口頭侈談和平，祕密準備戰爭，在外交政策和暗中重整軍備方面做得儘量小心，以避免凡爾賽和約國家對德國採取預防性的軍事行動——這就是希特勒在頭兩年中的策略。

一九三四年七月二十五日納粹在維也納暗殺奧地利總理陶爾斐斯（Engelburt Dollfuss），使希特勒險些摔了跟斗。那一天中午，黨衛隊第八十九旗的一百五十四名隊員穿著奧地利陸軍制服，闖進聯邦總理府，在相距兩英尺的地方開槍擊中陶爾斐斯的喉部。別的納粹分子佔領了幾個街口以外的廣播電臺，廣播了陶爾斐斯已辭職的消息。希特勒當時正在拜羅伊特一年一度的華格納音樂節欣賞《萊因的黃金》（Das Rheingold）的演奏，他聽到了這個消息，感到非常興奮。這位偉大作曲家的孫女，坐在附近的家庭包廂裡的弗雷德琳・華格納（Friedelind Wagner）是個見證。她後來說，兩個副官夏伯和伯魯克納，在她的包廂外休息室裡的電話上不斷聽取維也納來的消息，然後又輕聲告訴希特勒。

> 在演奏結束後，元首極爲興奮。當他告訴我們這個可怕的消息時，他更加興奮了……雖然希特勒

簡直無法掩藏他的臉上的喜色，但是他像平常一樣在飯館裡講究地點菜吃飯。

他說：「我必須去那裡待一小時，讓別人看到我，不然人們會以為我跟這件事有關。」1

人們這樣想是一點也不錯的。我們記得，在《我的奮鬥》的第一節裡，希特勒曾寫道，奧地利和德國的重新結合是一個「我們一輩子要用各種方法來實現的任務」。在他成為總理後不久，他就委任了一個國會議員西奧多·哈比希特（Theodor Habicht）為奧地利納粹黨督察。過了沒有多久，他把流亡在外的奧地利黨領袖阿爾弗雷德·法勞恩菲爾德（Alfred Frauenfeld）安頓在慕尼黑，後者從那裡每天晚上廣播，煽動他在維也納的同志們暗殺陶爾斐斯。在一九三四年七月以前的幾個月裡，奧地利納粹分子用德國接濟的武器和炸藥造成了一種恐怖局面，炸毀鐵道、發電廠和政府建築物，暗殺擁護陶爾斐斯的天主教—法西斯政權的人。最後，希特勒批准了設立一個由幾千人組成的奧地利軍團，駐紮在沿奧地利邊界的巴伐利亞境內，準備在適當時機越過邊界佔領奧地利。

陶爾斐斯在下午六時左右因傷重致死，但是這次納粹暴動卻主要由於奪取總理府的陰謀分子過於笨拙而失敗了。由庫特·馮·許士尼格（Kurt von Schuschnigg）博士率領的政府部隊，很快就重新控制了局勢。由於德國公使出面干涉，奧地利當局承諾將暴動者安全引渡到德國去，但後來還是逮捕他們，而且其中有十三個人被絞死。與此同時，墨索里尼急忙動員了四個師，陳兵伯倫納隘口（Brenner，編按：在義大利與奧地利交界），這也使柏林感到不安。而僅僅在一個月以前，希特勒在威尼斯同墨索里尼會晤時還向他提出過不染指奧地利的諾言呢！

希特勒馬上就縮回去了。德國官方的通訊社德意志通訊社原來準備的新聞稿，內容是歡呼陶爾斐斯垮臺並宣稱大德意志必然接著產生，急忙在午夜撤回而代之以一條新消息，對「殘忍的暗殺」表示遺憾，並且宣稱這完全是奧地利的內政。哈比希特被撤了職，德國駐維也納公使也被免職召回。在一個月以前整肅羅姆時幾乎遭到陶爾斐斯同樣命運的巴本，火速被打發到維也納去，按照希特勒的指示恢復「正常和友好的關係」。

希特勒開頭時的興高采烈情緒已爲恐懼所代替。巴本說，在他和希特勒商量如何克服這個危機時，希特勒向他叫喊說，「我們面臨著新的塞拉耶佛！」[2]（譯注：塞拉耶佛是塞爾維亞的一個城市，一九一四年六月一個塞爾維亞族學生在該城暗殺了奧地利斐迪南大公，這個事件被認爲是第一次世界大戰的導火線）但是這位元首學到了一個教訓。納粹在維也納的政變，像一九二三年慕尼黑的啤酒館政變一樣，在時間上是不成熟的。德國還沒有在軍事上強大到可以用武力支持這種冒險。它在外交上也太孤立。甚至法西斯義大利也和英法一起堅持應讓奧地利繼續獨立。此外，蘇聯這時正好第一次表示有意同西方一起簽訂一個東方羅加諾公約，這將會妨礙德國在東方的任何行動。在秋天，它又參加了國際聯盟。在整個一九三四年這個緊要關頭的年份中，離間分化大國的前景似乎比以往任何時候都來得黯淡。希特勒所能做的，只好是口頭侈談和平，暗中繼續重整軍備，等待機會。

除了國會以外，希特勒還有其他途徑來向國外傳達他的和平宣傳，那就是外國報刊。這些報刊的記者、編輯和發行人不斷在要求訪問他。那個夾著單片眼鏡的英國人瓦德·普萊斯（Ward Price）和他的報紙《每日郵報》（*Daily Mail*），就隨時準備稍有一點暗示就爲這位德國獨裁者提供方便。該報到戰爭爆發前夕爲止，刊載了一系列的希特勒訪問記。因此，在一九三四年八月發表的一篇訪問記中，希特勒告訴普萊斯和他的讀者們：「戰爭不會再來了，德國對戰爭造成的惡果比別的任何國家有更深刻的印象，德國的問題不能透過戰爭來解決」[3]。在秋天他又向法國後備軍人領袖和眾議員讓・戈埃（Jean Goy）重述了這些動聽的話，後者在巴黎《晨報》（*La Matin*）上所撰寫的文章中轉述了這些意見[4]。

凡爾賽和約的破壞

與此同時，希特勒一個勁兒地在推行他的計畫，加強武裝部隊和爲他們購買軍火。陸軍奉命在一九三四年十月一日以前把它的兵力增加兩倍，從十萬人增加到三十萬人。同年四月，參謀總長路德維希・貝克（Ludwig Beck）將軍獲悉，到明年四月一日元首將公開下令徵兵和公然否認凡爾賽和約的軍事限制[5]。在那時以前，必須保持極端的祕密。戈培爾得到告誡，絕不能讓「參謀總部」的字樣在報上露眼，因爲凡爾賽和約禁止有這個組織。在一九三二年以後，德國陸軍的軍官名單每年都不再公布了，以免由於軍官名單人數眾多而把擴軍祕密洩漏給外國情報組織。德國國防會議工作委員會主席凱特爾（Wilhelm Bodewin Gustav Keitel）將軍早在一九三三年五月二十二日就告誡他的助手們說，「不得失落任何文件，因爲不然敵人就將加以利用來進行宣傳。口頭傳達的事情是無法證實的，是可以賴掉的。」[6]

海軍也得到警告，要守口如瓶。一九三四年六月，雷德爾（Erich Räder）跟希特勒有過一次長時間的交談，作了如下筆記：

元首的訓令：不能提到排水量兩萬五千噸到兩萬六千噸的軍艦，只能提到改良的一萬噸軍艦……元首要求對建造潛水艇一事絕對保守祕密[7]。

因爲海軍已在開始建造兩艘兩萬六千噸的巡洋戰艦（超過凡爾賽和約規定的限度一萬六千噸），這兩艘戰艦後來命名爲沙恩霍斯特號（Scharnhorst）和格奈斯瑙號（Gneisenau）。凡爾賽和約所禁止建造的潛水艇，也已於共和國時期在芬蘭、荷蘭和西班牙偷偷地建造，最近雷德爾已在基爾（Kiel）儲存了十二艘潛水艇的骨架和部件。當他在一九三四年十一月見到希特勒的時候，他請求准許海軍在「一九三五年第一季度的嚴重關頭」（顯然他也知道希特勒打算在那個時候做些什麼）以前把其中六艘裝配出來，但是元首只是回答說：「到情況要求開始裝配時，我會告訴你的。」[8]

在這次會見中，雷德爾還指出，新的造船計畫需要的錢超過他現有的經費，更不必說把海軍人員增加兩倍了，但是希特勒告訴他不必擔心。「在萬一需要的時候，他會使萊伊博士從勞工陣線撥出一億兩千萬到一億五千萬馬克供海軍使用，因爲這筆錢仍將對工人有好處。」[9]這樣，德國工人交的會費被用來充作海軍擴軍計畫的經費了。

戈林在這頭兩年中也在忙著建立空軍。他名義上是民航的航空部長，卻命令製造商們搞軍用飛機的設計。對軍用飛機駕駛員的訓練，在航空體育協會的方便僞裝下立即開始進行了。

凡是在那個時期到魯爾和萊茵工業區參觀的人，看到軍火工廠緊湊地運作，特別是近四分之三世紀以來德國主要槍炮製造商克魯伯（Krupp）和大化學托拉斯法本（I. G. Farben），可能會覺得觸目驚心。雖然協約國禁止克魯伯在一九一九年以後繼續從事軍火業，但是他的公司實際上並沒有閒著。正如克魯伯在一九四二年德國佔領了大部分歐洲的時候誇口的：「軍備的基本原則和坦克上炮塔的設計，在一九二六年就已經搞出來了……關於在一九三九至一九四一年使用的槍炮，最重要的那些種類在一九三三年就已經完全齊備了。」在第一次世界大戰初期，英國的封鎖切斷了智利對德國的硝石供應後，法本托拉斯的科學家們發明了利用空氣製造人造硝酸的方法，使德國避免很早垮臺。現在在希特勒統治下，這個托拉斯著手使德國在現代戰爭不可缺少的兩種物資方面能夠自給自足。這兩種物資就是汽油和橡膠，過去一直是必須依賴進口的。從煤裡提煉人造汽油的問題，這個公司的科學家在二〇年代中期就已經實際解決了。在一九三三年以後，納粹政府命令法本公司把人造汽油的產量提高，到一九三七年已能每年生產三十萬噸。到這時，該公司也發現了如何從煤和德國有充分蘊藏的其他物產中提煉人造橡膠的方法，並且在施科包（Schkopau）設立了四個工廠中的第一個，大規模生產人造橡膠。到一九三四年年初，國防會議工作委員會批准了動員約二十四萬個工廠來供應戰爭訂貨的計畫。到了那一年年底，重整軍備的一切方面規模都已異常龐大，顯然再也無法瞞住凡爾賽和約的那些疑懼不安的國家了。

以大不列顛爲首的這些國家，一直在想承認德國重整軍備這一既成事實，也就是說，這一事實遠不如希特勒所想像的那樣祕密。它們願意讓德國獲得軍備上的完全平等地位，以換取德國參加歐洲的全面解決辦法。這種解決辦法包括訂立一個東方羅加諾公約，使東方國家，特別是俄國、波蘭和捷克斯洛伐克能獲得像西方國家在羅加諾公約中所享受到的同樣的安全，而且，不用說，也使德國獲得同樣的安全保證。當時的英國外交大臣約翰・西蒙（John Simon）爵士絲毫不能瞭解希特勒的思想，眞可以說是內維爾・張伯倫（Neville Chamberlain）的前驅，他在一九三四年五月竟提出了給予德國軍備平等的建議。法國斷然反對這種主意。

但是，在一九三五年二月初，英國和法國政府聯合一起又提出了包括軍備平等和訂立東方羅加諾公約的全面解決辦法。上個月，在一月十三日，薩爾居民以四十七萬七千票對四萬八千票的壓倒多數同意把他們的這塊煤產豐富的小地方重新歸於德國，希特勒則趁此機會公開宣稱：德國再沒有對法國的領土要求了，意思是說，德國已放棄對阿爾薩斯和洛林的要求。在薩爾和平地重歸德國和希特勒的話所引起的樂觀和善意的氣氛中，英法建議仍於一九三五年二月初正式向希特勒提出。

希特勒在二月十四日所作的答覆是有點含糊其辭的，而從他的觀點來看，這是可以理解的。這個計畫能使德國公開而毫無拘束地重新武裝，因此，希特勒是表示歡迎的。但是，他對德國是否願意簽訂東方羅加諾公約這一點卻採取規避態度。簽訂東方羅加諾公約將使他束住手腳。不能染指他一向宣傳的德國生存空間所在的主要地區。也許可以使英國在這個問題上跟法國分離？法國由於跟波蘭、捷克斯洛伐克和羅馬尼亞分別訂立了互助協定，所以對東方的安全較爲關切。希特勒一定是這樣想的，因爲在他的謹愼答覆中，他建議在舉行總體會談之前先舉行雙邊談判，並邀請英國到德國來舉行初步談判。約翰・西蒙爵士欣然同意，於是商定三月六日在柏林舉行會談。在這天以前兩天，《英國白皮書》的公布引起了威廉街方面裝模作樣的大怒。實際上，柏林大多數的外國觀察家覺得，這份白皮書是對德國祕密重整軍備的嚴肅評估，德國加速重整軍備，促使英國也適當地增加了它自己的軍事力量。但是，據說希特勒對此怒不可遏。紐拉特（Konstantin Freiherr von Neurath）在西蒙前來柏林前夕通知他說，元首患「感冒」，會談只得延期。

不論希特勒有沒有感冒，他突然有了新主意是肯定的。如果他把這個新主意變成大膽的行動，有西蒙和安東尼・艾登（Anthony Eden）在近旁是令人尷尬的。他認爲，他已找到一個藉口，可以給凡爾賽和約的限制一個致命的打擊。法國政府前不久才提出了一個把軍役期限從十八個月延長到兩年的法案，這是因爲在第一次世界大戰期間出生的壯丁人數不足之故。三月十日，希特勒發出了一個風向球來探測協約國的決心。好行方便的普萊斯被召了來，讓他對戈林進行了一次訪問。戈林將全世界都知道的事情——德國有了一支空軍——正式地告訴了他。希特勒滿懷信心地等待著倫敦對這種片面廢棄凡爾賽和約做法的反應。結果正如他的所料。約翰・西蒙爵士告訴下院說，他仍然指望到柏林去。

星期六的驚人之舉

三月十六日，星期六——希特勒的大多數驚人舉動都是留在星期六採取的——這位總理頒布了一項法令：實施普遍徵兵制，建立十二個軍和三十六個師的軍隊，大約五十萬人。凡爾賽和約軍事限制就此壽終正寢，除非法國和英國採取行動。不出希特勒所料，它們提出抗議，但是沒有採取行動。而且英國政府還趕緊去問，希特勒是否仍然願意接見它的外交大臣。這位獨裁者對這個問題慨然作了肯定的答覆。

三月十七日，星期日，對德國人來說是一個歡樂慶祝的日子。凡爾賽和約的束縛——德國戰敗的屈辱象徵，被撕毀了。不論一個德國人多麼不喜歡希特勒和他匪徒式統治，他不得不承認元首已完成了共和國政府連試都不敢一試的事情。在大多數德國人看來，國家的榮譽已經恢復了。這個星期日又是陣亡將士紀念日。中午的時候，筆者到國家歌劇院去參觀紀念典禮，在那裡看到了德國自從一九一四年以來所沒有看到過的場面。整個樓下是一片軍服的海洋，前帝國陸軍的褪色灰制服和尖頂鋼盔跟新軍隊的制服雜在一起，包括有以前還沒有什麼人看到過的德國空軍天藍色制服。在希特勒旁邊的是馬肯森（August von Mackensen）陸軍元帥，他是德皇軍隊中唯一還活著的元帥，穿著骷髏驃騎兵的禮服。臺上燈光輝煌，青年軍官像大理石那樣一動不動地站著，高舉著德國軍旗。在他們後面的一巨幅帷幕上，掛著一個極大的銀黑兩色的鐵十字架。從表面上看，這是一個紀念德國陣亡將士的儀式，實際上卻是一個慶祝凡爾賽和約死亡和德國徵兵制軍隊復活的歡樂典禮。

將軍們，人們可以從他們的臉上看得出來，高興極了。他們像大家一樣，對此也感到意外，因爲前些日子一直待在貝希特斯加登（Berchtesgaden）山間別墅裡的希特勒，沒有把他的想法告訴他們。據曼施坦因（Erich von Manstein）將軍後來在紐倫堡的作證表明，他和他的上司、柏林第三軍區司令維茨萊本（Erwin von Witzleben）將軍，是三月十六日從收音機中才第一次聽到希特勒的決定。參謀總部原來是想在開始時先搞一支規模比較小的軍隊。曼施坦因作證說：

> 如果問到參謀總部的話，它是會建議二十一個師的……三十六個師的數目是希特勒自發的決定[10]。

於是其他國家向希特勒發出了一連串空洞的警告。英國、法國和義大利於四月十一日在史翠莎（Stresa）會談，譴責德國的行動並重申它們支持奧地利獨立和羅加諾公約。日內瓦的國際聯盟理事會也表示了對希特勒魯莽行動的不滿，當即委任了一個委員會來研究如何防止他下次再犯這類行動。法國看出德國永遠不會加入東方羅加諾公約，趕忙同俄國簽訂了一個互助協定，莫斯科也跟捷克斯洛伐克訂立了這樣一個協定。

從報上的標題來看，這種聯合起來對付德國的姿態多少有些不吉的兆頭，甚至使德國外交部和軍方的若干人士也有些感到不安，但是顯然沒有使希特勒受到影響。畢竟，他冒了一下險而結果安然無事。不過，這仍然不能使他安於已得成就。他認定，現在又該來彈彈他愛好和平的調子，看看是否能在團結起來對付他的大國中間鑽個空子而破壞這種團結。

五月二十一日晚上（在這一天的早些時候，希特勒已頒布了祕密的國防法，命沙赫特〔Hjalmar Horace Greeley Schacht〕博士負責戰爭經濟，並徹底改組了武裝部隊。威瑪時期所稱的國防軍〔Reichswehr〕改稱國防軍〔Wehrmacht〕。作爲元首和總理的希特勒，是國防軍的最高統帥，國防部長布倫堡〔Werner von Blomberg〕被任命爲戰爭部長國防軍總司令，他是德國唯一得到過這種頭銜的將軍。三軍各有自己的總司令和參謀總部。陸軍參謀總部的「軍隊辦公室」〔Truppenamt〕這個僞裝名字現在已放棄不用而用了眞名字，它的首腦貝克將軍則獲得了參謀總長的職銜。但是這個職銜的內容跟德皇時代不一樣，那時參謀總長實際上是這個最高統帥下面的德國軍隊總司令）。他又在國會發表了一篇「和平」演說。筆者在國會裡聽過希特勒的大部分演說，這次大概是我所聽到的他最動聽的，而且無疑是最巧妙的、最能迷惑人的演說之一。希特勒當時顯得心情舒暢，流露出一種不僅是自信的，而且是使他的聽眾感到意外的寬容與和解精神。演說詞中沒有對譴責他廢棄凡爾賽和約軍事條款的國家表示不滿或蔑視。倒是有著許多保證，說他所要的只是在公平的基礎上取得和平共識解。他不要戰爭；說戰爭是沒有意義的，沒有用處的，而且是令人極端嫌惡的。

過去三百年中歐洲大陸上所流的血，跟這些事件對各國所產生的後果，頗不相稱。到頭來法國仍舊是法國，德國仍舊是德國，波蘭仍舊是波蘭，而義大利仍舊是義大利。帝王野心、政治欲望、愛國偏見，造成了大量流血，但在能夠看到的深遠政治變化方面所獲得的結果，就民族情緒方面來說，只不過做到觸及各國的皮毛而已。它並沒有在實際上改變它們的根本性格。如果這些國家僅僅把它們犧牲的一小部分用在比較明智的目的上，成就無疑會更大而且更永久。

希特勒宣稱，德國絲毫沒有要征服其他國家的念頭。

我們的種族理論認爲，每一個企圖征服和統治一個外國民族的戰爭，是一種遲早要使勝利者內部發生變化和削弱，最後使他遭到失敗的事情……由於歐洲已不再有未被佔領的空間，所以每一個勝利……充其量只能造成一個國家居民人數的增多。但是，如果各國認爲這一點非常重要的話，它們可以用一種更簡單和更自然的方法不流一滴淚而做到這一點——用一種健全的社會政策，用使一國人民更願意增添子女的方法。

不！國家社會主義的德國要和平，是由於它的基本信念。它要和平還由於它認識到這樣一個簡單而樸素的事實：沒有一個戰爭可能在本質上改變歐洲的苦惱……每一次戰爭的主要後果是摧毀國家的精華……。

德國需要和平，希望和平！

他繼續在這一點上大做文章。到最後，他還提出了維護和平的十三點具體建議，這些建議看來非常冠冕堂皇，因此不僅在德國，而且在整個歐洲都造成了深刻而良好的印象。他在這些建議之前卻有一段提醒人們注意的話：

德國已向法國嚴正地承認和保證了它在薩爾公民投票後決定的邊界……我們從而最後放棄了對阿爾薩斯—洛林的一切要求，爲了這塊土地，我們曾經進行了兩次大戰……在不咎既往的情況下，德國已和波蘭締結了一個互不侵犯協定……我們將無條件地信守這個協定……我們承認波蘭是一個偉大而具有民族意識的民族的國土。

至於奧地利：

德國既不打算也不希望干涉奧地利的內政，併吞奧地利，或者完成德奧合併。

希特勒的十三點建議的內容是很廣泛的。德國不能在國聯廢除凡爾賽和約以前重回日內瓦。他暗示說，如果國聯廢除凡爾賽和約，各國的充分平等得到承認的話，那麼德國將重新參加國聯。但是，德國將「無條件地尊重」《凡爾賽和約》的非軍事條款：「包括關於領土的規定在內。特別是它將支持和履行由於羅加諾公約而產生的一切義務。」希特勒還保證德國將遵守萊茵地區的非軍事化。雖然德國「隨時」都願意參加一種集體安全體系，但是它卻更喜歡雙邊協定，願意和它的鄰邦簽訂互不侵犯協定。它還準備同意英法爲羅加諾公約補充一個空軍協定。

至於裁減軍備，希特勒更是準備無所不允：

德國政府願意同意任何對最重型武器的限制，特別是適用於侵略的武器，如像最重型的大炮和最重型的坦克……德國表明願意同意對大炮口徑、戰艦、巡洋艦和魚雷艇的任何限制。同樣，德國政府願意同意對潛水艇噸位的限制，或者完全取消潛水艇……。

關於這個問題，希特勒向大不列顚提出了一個特別的誘餌。他願意把德國的新海軍限制爲只有英國海軍力量的百分之三十五；他又說，這將使德國在海軍噸位上仍比法國低百分之十五。國外有人提出反對，說這不過是德國要求的開始而已；對這種反對意見，希特勒答覆說：「對德國來說，這個要求是最後的和不變的。」

在晚上十點過後不久，希特勒的演說到了結束部分：

不論是誰，要是在歐洲點起戰火，除了混亂外不能希望得到別的任何東西。但是，我們堅決相信，在我們的時代裡實現的將是西方的復興，而不是西方的衰亡。德國可能對這項偉大的工作做出不可磨滅的貢獻，這是我們引以爲豪的希望和不可動搖的信念[11]。

這些話都是和平、理智與和解的甜言蜜語。歐洲民主國家的人民和政府迫切希望能在任何合理的基礎上，幾乎可以說是在任何基礎上，繼續保持和平。因此這些話正是他們所愛聽的話。不列顛群島最有影響的報紙倫敦《泰晤士報》，幾乎以欣喜若狂的態度來歡迎這些話。

……這篇演說結果證明是合理的、直爽的和全面的。凡是本著公正態度來看這篇演說的人，誰也不能懷疑，希特勒先生所提出的一些政策主張完全可以構成徹底解決德國問題的基礎——一個自由、平等和強大的德國，來代替十六年前被強迫接受和平的戰敗德國……。

我們希望，這篇演說將在各地都被認爲是一篇誠摯而經過周密考慮的由衷之言[12]。

這家大報是英國新聞界之光，它卻要像張伯倫政府一樣，在英國對希特勒貽害無窮的姑息政策中扮演一個令人難以相信的角色。但是至少在筆者看來，該報比政府還要難以原諒，因爲，在該報駐柏林記者諾曼・埃布特（Norman Ebbutt）於一九三七年八月十六日被逐出以前，該報一直從他那裡獲得關於希特勒的作爲和目的的報導，這些報導遠較其他外國記者（包括英國在內的）或各國外交人員所提供的報導更能顯示端倪，雖然他在那些日子裡從柏林發給《泰晤士報》的報導有很多都沒有發表（《泰晤士報》主編傑弗瑞・道森〔Geoffrey Dawon〕在一九三七年五月二十三日寫給他的駐日內瓦記者丹尼爾斯〔H. G. Daniels〕——他在埃布特之前曾任駐柏林記者——的信中說：「我夜復一夜地盡我最大努力使報上沒有任何可能傷害他們〔德國人〕感情的文字。我確實認爲，過去許多月來沒有刊載過任何他們可以提出異議並認爲是不公正的意見。」見倫奇：《傑弗雷・道森和我們的泰晤士報》〔John Evelyn Wrench, *Geoffrey Dawson and Our Times*〕）。他常常向筆者抱怨此事，而且也後來得到證實。但是《泰晤士報》的編輯們一定看過他的全部報導，一定知道納粹德國的眞實情況和希特勒的堂皇諾言多麼空洞。

英國政府跟《泰晤士報》一樣願意和切望把希特勒的建議當作「誠摯的」和「經過周密考慮的」，特別是關於德國同意使它的海軍只及英國海軍力量的百分之三十五那一項建議。

當西蒙爵士和艾登在三月底訪問希特勒時，希特勒曾狡猾地向這位英國外交大臣發出暗示，使對方覺得兩國可能很容易商定一個能保證英國優勢的海軍協定。五月二十一日，他公開提出了一個具體的建議，同意德國艦隊只及英國海軍噸位的百分之三十五，另外在演說中還說了些對英國特別友好的話。他說：「德國既沒有打算，也沒有必要，更沒有辦法參加海軍方面的新競爭。」所謂競爭是暗指一九一四年以前提爾皮茨（Alfred von Tirpitz）在威廉二世的熱烈支持下建立一個遠洋艦隊同英國艦隊相匹敵的事，對這層意思，英國顯然是不會不懂的。希特勒接著說：「英帝國需要在海上有一支優勢的保護力量，德國政府瞭解這一點極其重要，也瞭解其理由……德國政府眞誠地希望能夠同英國人民和國家建立關係，永遠防止再度發生兩國之間曾發生過的唯一一次競爭。」希特勒曾在《我的奮鬥》中表示過同樣的心情，他在書中著重指出，德皇的最大錯誤之一就是與英國爲敵和妄想在海軍力量方面同英國競爭。

在希特勒這一誘餌的勾引下，英國政府上鉤之快和態度之天眞，令人難以相信。這時里賓特洛甫（Joachim von Ribbentrip）已經成了希特勒的外交使童，他應邀在六月間到倫敦去進行海軍談判。

里賓特洛甫是個要面子而又不懂策略的人，他告訴英國人說，希特勒的建議是不能談判的；他們要麼接受要麼拉倒。結果英國人竟接受了。他們自以爲對自己有好處，就著手取消凡爾賽和約的海軍限制，事先既沒有和史翠莎陣線的盟國法國和義大利商量，儘管它們也是海軍國家而且對德國的重整軍備和無視凡爾賽和約軍事條款感到很大不安，甚至也沒有通知國際聯盟，畢竟從名義上來說，國際聯盟應該維護凡爾賽合約。

即使柏林頭腦最簡單的人也都可以很容易地看得出來，倫敦政府同意讓德國建立一支像英國海軍三分之一那樣大的海軍，就是讓希特勒放手去盡快地建立一支海軍，這可以使他的造船廠和鋼鐵廠開足馬力，忙上十年。因此這不是一種對德國重整軍備的限制，而是鼓勵德國在它能力範圍之內設法盡快在海軍方面重整軍備。

英國政府對法國則雪上加霜，爲了實現對希特勒的諾言，竟拒絕將它所同意的德國建造軍艦的種類和數目告訴它最親密的盟國，而只說德國潛水艇噸數——德國建造潛水艇是爲凡爾賽和約所明白禁止的——將爲英國的百分之六十，如果發生特殊情況，則可能爲英國的百分之百[13]。實際上英德協議准許德國建造五艘戰艦，它們的噸位和武裝將比已在海上的任何英國軍艦的噸位和武裝還要大，雖然官方數字是假造出來欺騙倫敦的——二十一艘巡洋艦和六十四艘驅逐艦。這些軍艦在戰爭爆發時並沒有全部建造起來或者完成，但是其中已有足夠數量的軍艦和潛水艇準備就緒，使英國在第二次世界大戰的頭幾年受到重大的損失。

墨索里尼充分地注意到了「艾爾比恩」（Albion，譯注：艾爾比恩是英格蘭的拉丁文名字）的背信。英國能姑息希特勒，他也可以。而且，英國不顧凡爾賽和約的自私態度促使他相信，倫敦可能不會過於認眞計較對國際聯盟盟約的蔑視。一九三五年十月三日，他就公然不顧國際聯盟盟約而派遣他的軍隊侵入古老的多山王國阿比西尼亞（今衣索比亞的前身）。國聯在英國的帶頭下和法國半心半意的支持下——後者認爲從長遠來說德國是個更大的危險——迅速表決要進行制裁。但是這只是局部制裁，而在實行時又縮手縮腳，因此並沒有阻止墨索里尼征服衣索比亞，倒是毀壞了法西斯義大利跟英法的友誼，使對付納粹德國的史翠莎陣線壽終正寢。

在這一連串事件中得到最大好處的，不是希特勒還有誰呢？在十月四日，義大利開始侵略後的第二天，我整天在威廉街跟一些黨和政府的官員們交談。那天晚上的一則日記總結了德國對這種情況估計得多麼快和多麼恰當：

> 威廉街感到高興。墨索里尼可能處理不當，在非洲脫身不得，而削弱他在歐洲的地位，那麼希特勒就可以攫取迄今受到這位義大利領袖保護的奧地利。也可能他將得勝，公然違抗法國和英國，那麼同希特勒聯合起來反對西方民主國家的時機就成熟了。兩種情況中不論出現哪一種，希特勒都將得利[14]。

事實很快就證明這一切。

萊茵地區的奇襲

我們已經看到，希特勒一九三五年五月二十日在國會發表的「和平」演說，曾使全世界，尤其是英國，得到很深的印象。在這篇演說中，他曾提到，由於俄國和法國簽訂的互助協定而使羅加諾公約有了「一個在法律上不安全的因素」。這個協定是三月二日在巴黎和三月十四日在莫斯科簽署的，但是，直到這一年年底還沒有被法國議會所批准。德國外交部在一個致法國政府的正式照會中促請巴黎注意這個「因素」。

十一月二十一日，法國大使弗朗索瓦—龐賽（André François-Poncet）和希特勒進行過一次會談。在這次會談中，希特勒對法蘇協定進行了「滔滔不絕的攻擊」。弗朗索瓦—龐賽向巴黎報告說，他深信希特勒打算利用這個協定作爲藉口以佔領非軍事化的萊茵地區。他又說：「希特勒現在唯一猶豫的是採取行動的適當時機。」[15]

弗朗索瓦—龐賽大概是柏林消息最靈通的大使，他的話不會是隨便亂說的，雖然他無疑地並不知道，早在該年春天，就是在希特勒在國會保證他將尊重羅加諾公約和凡爾賽和約領土條款以前十九天的五月二日，布倫堡將軍就已經向三軍發出了第一個指令，要他們準備擬出計畫，準備重新佔領非軍事化的萊茵地區。這次行動的代號叫做「訓練」（Schulung），它要「以閃電速度的突然一擊」來完成。它的計畫工作極爲祕密，「只有極少數軍官可以知道」。爲了保密，這個命令還由布倫堡親筆手書[16]。

六月十六日，在德國國防會議工作委員會的第十次會議上進一步討論了進軍萊茵地區的計畫。在會上，剛剛就任國內防務處處長的阿爾弗雷德・約德爾（Alfred Jodl）上校報告了這個計畫的各項細節，並強調了要嚴格保持祕密。他告誡說，若不是絕對必要，不要把有關的任何東西寫下來；他又說：「這種材料毫無例外地都必須保存在保險箱裡。」[17]

一九三五至一九三六年的整個冬天，希特勒一直在等待他的機會。他不能不注意到，法國和英國正在忙著想制止義大利在衣索比亞的侵略，但是墨索里尼似乎逃脫了懲罰。國際聯盟儘管大肆宣傳說要制裁，可是，它實在無能爲力來制止一個已下定決心的侵略者。在巴黎，法國議會似乎並不忙著要批准同蘇聯簽訂的協定；右派人士中有日益強烈的情緒反對這個協定。希特勒顯然認爲，法國眾議院或者參議院很有可能拒絕批准同莫斯科的聯盟。如果那樣的話，他就不得不爲「訓練」另找一個藉口。但是，這個協定終於在二月十一日向眾議院提出了，而且在二十七日以三百五十三票對一百六十四票獲得通過。兩天後，三月一日，希特勒做出了他的決定，這是多少使將領們感到驚惶的，因爲他們當中大多數人都認爲，法國會把集結起來要佔領萊茵地區的少量德國部隊徹底殲滅。但是，在第二天，一九三六年三月二日，布倫堡遵從他主子的訓示而發出了佔領萊茵地區的正式命令。他告訴國防軍的高級指揮官們說，這必須是一個「突然的行動」。布倫堡預料這是一個「兵不血刃的行動」。如果結果不是那樣，就是說法國竟然爲此而戰的話，那麼總司令將「執行軍事上的反措施。」[18]實際上，我在六天後知道，而且將領們後來在紐倫堡作證時證實，這些反措施是什麼，布倫堡心中早已有數了：趕緊從萊茵河對岸撤回！

但是，法國已經由於內訌而陷於癱瘓，法國人民則陷在失敗主義的情緒中，在少數象徵性的德國部隊三月七日淩晨越過萊茵河橋樑進入非軍事區時，法國人並不知道布倫堡的這個打算（據約德爾在紐倫堡的作證，只有三營部隊越過萊茵河，向阿亨〔Aachen〕、特里爾〔Trier〕和薩爾布呂肯〔Saarbruecken〕挺進，佔領整個地區，只用了一師軍隊。盟國情報機關的估計要大得多：三萬五千人，即將近三個師。希特勒後來說：「事實是，我只有四個旅。」[19]）。在上午十時，唯命是從的外交部長紐拉特召見了法國、英國和義大利的大使，把萊茵地區來的消息通知他們，交給他們一個正式照會，廢除希特勒剛剛破壞的羅加諾公約和提出新的和平計畫！弗朗索瓦－龐賽苦笑說：「希特勒打了他的對手一記耳光，而他在這樣做時還要說：『我向你提出了和平的建議！』」[20]

說眞的，兩小時後這位元首就站在國會的講壇上，向一群興奮若狂的人講演，說明他對和平的希望和他保持和平的最新想法。我到克羅爾（Kroll）歌劇院去看這個場面，這是我永遠不會忘記的，因爲這個場面固然很動人，但又令人寒心。希特勒在大談了一通凡爾賽和約的壞處和布爾什維克主義的威脅後，不慌不忙地宣稱，由於法國和俄國簽訂協定，羅加諾公約已經失效，而這個公約不像凡爾賽和約，是德國自願簽訂的。隨後的場面，我把它記在我當晚的日記裡。

希特勒說：「德國不再認爲受到羅加諾公約的約束。爲了德國人民維護他們邊界的安全和保障他們防務的根本權利起見，德國政府已從今天起重新確立了德國在非軍事區不受任何限制的絕對主權！」

這時，六百名議員，希特勒一手指定的人，這些小人物個個都是體格魁梧的彪形大漢，頭髮剪得短短的，肚子挺得鼓鼓的，穿著褐色制服和長統皮靴……像機器人一樣倏地站起來，右臂向上伸出做納粹式敬禮，口中高呼「萬歲」……希特勒舉起他的手，表示要他們安靜下來……他以沉著而洪亮的聲音說：「德國國會議員們！」全場鴉雀無聲。

「在這個歷史性的時刻，在德國的西部各省，德國軍隊此刻正在開進他們未來的和平基地，在這個時候，讓我們一起用兩個神聖的誓約團結起來。」

他不能再說下去了。對這幫「議會」暴眾來說，德國士兵正開進萊茵地區眞是好消息。他們日耳曼血液中的黷武主義精神湧上了腦袋。他們大叫大喊地跳了起來……他們的手舉起來做奴性的敬禮，他們的臉因爲歇斯底里而變了樣，他們張大嘴，叫喊不休，他們的眼睛閃耀著狂熱的光芒，一致看著這個新的上帝，這個救世主。這個救世主扮演他的角色精彩極了。他低垂著頭，好像是極其謙遜的樣子，耐心地等待著他們安靜下來。然後他仍然以低沉而抑制著感情的聲音說出了這兩個誓約：

「第一，我們宣誓：在恢復我們民族光榮的時候絕不屈服於任何力量……第二，我們保證：我們現在要比以往任何時候更努力地求得歐洲各國人民之間的諒解，特別是同我們的西方鄰邦之間的諒解……我們在歐洲沒有領土要求！……德國將永遠不會破壞和平！」

歡呼之聲，經久不息……少數將領走了出來。但是，在他們的笑容下面，你不能不察覺到一種神經不安的痕跡……我碰到布倫堡將軍……他的臉色蒼白，他的面頰在抽搐[21]。

這是有道理的。這位五天前發出了親筆手書的進軍命令的國防部長，現在嚇喪了膽。第二次我獲悉，他曾下令，如果法國人採取敵對行動，他的軍隊就從萊茵河對岸撤回。但是法國一動也沒有動。弗朗索瓦—龐賽說，在他上年十一月提出警告以後，法國最高統帥部曾詢問過政府，如果事實正如大使所說的那樣發生的話，它該怎麼辦。他說，答覆是：政府將向國際聯盟提出這件事[22]。實際上，當這次打擊發生時（儘管有弗朗索瓦—龐賽在上年秋天所提出的警告，德國的行動顯然是完全出乎法國和英國政府以及它們參謀總部的意料），倒是法國政府要採取行動而法國參謀總部反而退縮了。弗朗索瓦—龐賽說：「甘末林〔Maurice Gamelin〕將軍說，一個戰鬥行動，不論多麼有限，都可能招致無法預測的意外情況，因此不頒布總動員令，就不能遽然採取行動。」[23]參謀總長甘末林將軍所願意做的和實際上能做的，充其量是集中十三個師在德國邊界附近，但只是爲了加強馬奇諾防線。即使這樣，這也足以使德國最高司令部嚇壞了。布倫堡在約德爾和大多數最高級軍官的支持下，要撤回已經越過萊茵河的三個營。正如約德爾在紐倫堡作證時所說：「以我們當時的處境來說，法國的掩護部隊本來是可以把我們打得落花流水的。」[24]

這本來是可以做到的——而如果果然那樣做了的話，那就差不多一定會是希特勒的末日，隨後的歷史也會轉向大不相同、較爲光明的方向，因爲在這樣一場大失敗之後，這位獨裁者絕對會垮臺。希特勒自己也是這樣承認的。他後來承認：「我們如果撤退，就會招致崩潰。」[25]這時，像在後來的許多危機中一樣，只是由於希特勒沉得住氣，才挽救了局面，而且使勉強從命的將領們感到奇怪的是，還帶來了成功。但是對他來說，當時也不是好過的。

他的譯員保羅・施密特（Paul Schmidt）聽見他後來說：「在進軍萊茵地區以後的四十八小時，是我一生中神經最緊張的時刻。如果當時法國人也開進萊茵地區，我們就只好夾著尾巴撤退，因爲我們手中可資利用的那點點軍事力量，即使是用來稍做抵抗，也是完全不夠的。」[26]

由於相信法國人不會進軍，所以他斷然拒絕了態度動搖的總司令部的一切撤退建議。參謀總長貝克將軍要元首至少公開宣稱他不會在萊茵河以西地區建築防禦工事，以緩和這次打擊。約德爾後來作證說，這一個建議「被元首非常乾脆地拒絕了」。原因很明顯，我們不久就會知道[27]。希特勒後來對倫德施泰特（Gerd von Rundstedt）將軍說，布倫堡的撤退建議完全是一種膽怯行爲[28]。

一九四二年三月二十七日晚上，希特勒跟他的老朋友們在大本營吹牛皮，提起萊茵奇襲時，他大聲說道：「如果不是我，而是別人當德國的領導人，會發生什麼情況！隨便你們說誰，他都會嚇破膽的。我不得不說謊，但是我無可動搖的頑強和驚人的沉著，挽救了我們。」[29]

這話不錯，不過還必須說，他不僅得到了法國人躊躇不定的幫助，而且還得到了他們英國盟友因循苟安的幫助。法國外交部長佛蘭亭（Pierre Etienne Flandin）三月十一日飛往倫敦，請求英國政府支持法國在萊茵地區採取軍事上的對抗行動。但他的請求沒有生效。英國不願冒引起戰爭的危險，雖然盟國對德國佔有壓倒的優勢。正如洛提安（Philip Henry Keer, Lord Lothian）勳爵所說：「德國人終究不過是進入他們自己的後院而已。」甚至在法國外交部長到達倫敦以前，在上年十二月就任英國外交大臣的安東尼・艾登，曾在三月九日告訴下院說：「德國軍隊佔領萊茵地區是對條約的神聖性一個重大打擊。」他又說：「幸而，我們沒有理由假定德國目前的行動有引起敵對行動的危險。」[30]

然而，根據羅加諾公約的規定，法國有權對德軍進入這個非軍事區採取軍事行動，而且根據這個條約，英國有義務以它自己的武裝部隊來支持法國。倫敦會談的沒有結果，這向希特勒證實，他最近的冒險又僥倖得逞了。

英國人不但不敢冒引起戰爭的危險，而且再一次把希特勒最近提出的一次「和平」建議當眞。在三月七日交給三國大使的照會中，以及在他向國會發表的演說中，希特勒建議跟比利時和法國簽訂爲期二十五年的互不侵犯協定，由英國和義大利擔保；跟德國東方諸鄰國簽訂同樣的互不侵犯協定；同意法德邊界兩邊都非軍事化；最後是，重新加入國際聯盟。希特勒的誠意可以從他提議法德邊界兩邊非軍事化查出眞僞，這將迫使法國廢棄它對付德國突然襲擊的最後一個依靠——馬奇諾防線。

在倫敦，受人尊敬的《泰晤士報》一方面對希特勒侵入萊茵地區的輕率行動表示遺憾，同時卻發表了一篇題爲〈一個重建的機會〉（A Chance to Rebuild）的社論。

現在回顧起來，很容易明白，希特勒在萊茵地區的冒險成功給他帶來的勝利，其後果之驚人和重要，超過了當時所能想像的程度。在國內，這個勝利加強了他的聲望和權力（三月七日，希特勒解散了國會，要求舉行新的「選舉」和對他進軍萊茵地區行動舉行公民投票。據官方公布的三月二十九日投票的數字，在四千五百四十五萬三千六百九十一個登記選民中，約有百分之九十九都去投了票，而其中有百分之九十八點八的人都贊成希特勒的行動。參觀投票處的外國記者發現了一些不正規的情況，特別是，採用了公開投票而不是祕密投票。而且無疑有些德國人擔心投了「不贊成」票可能被祕密警察所發覺。我們前已看到，這種擔心是有理由的。雨果・艾克納（Hugo Eckener）博士告訴筆者說，在他的新齊柏林飛船興登堡號上——這是戈培爾命令在德國城市上空巡遊，作爲一種宣傳花招，宣傳部長所宣布的「贊成」票是四十二張，比在飛船上的全體人數多出兩張。雖然如此，憑我在德國全國各地觀察「選舉」的結果，我並不懷疑贊成希特勒奇襲的票數是佔壓倒多數的。爲什麼不呢？廢棄凡爾賽和約和德國士兵再度開進畢竟是德國領土的地方，是差不多所有德國人當然都贊成的事情。據公布，「不贊成」的票數是五十四萬零二百二十一張），達到了過去沒有一個德國統治者曾經達到過的高度。這個勝利確定了他駕臨於他將領們之上的地位，因爲他們曾在一個成敗關鍵時刻躊躊動搖，而他卻保持著堅定。這個勝利告訴他們，在對外政治甚至軍事問題上，他的判斷比他們來得高明。他們曾經擔心法國會作戰；他則知道得更清楚。最後，而且是最重要的，萊茵地區的佔領，雖然只是一個很小的軍事行動，卻為在歐洲的廣大新機會打開了道路。看來只有希特勒瞭解到這點，在英國則只有邱吉爾。因為歐洲不但由於三營德軍馳越萊茵河橋樑而嚇喪了膽，而且它的戰略形勢也因此而無可挽回地改變了。

反過來，現在回顧起來，同樣很容易明白，法國沒有擊退這幾營德國軍隊，英國沒有在這個小小保防行動中支持法國，這對西方來說是一個災禍，而且日後還會帶來為害甚至更大的災禍。一九三六年三月，這兩個西方民主國家本來有個最後的機會，可以不冒引起重大戰爭的危險，而制止武裝起來的、侵略成性的、極權主義的德國的興起，而且事實上可以使這位獨裁者和他的政權垮臺，我們知道，這也是希特勒所承認的。但是它們放過了這個機會。

對法國來說，這是末日的開始。它在東方的盟國俄國、波蘭、捷克斯洛伐克、羅馬尼亞和南斯拉夫，突然面臨這樣一個事實：法國不願進行戰鬥來反對德國侵略，以維護法國政府自己曾帶頭費了很大勁兒才建立起來的安全體系。但是問題還不止於此。這些東方盟國開始瞭解到，即使法國不是那麼因循苟安，由於德國拼命地在法德邊界後面建築一道西壁防線，法國也很快就會無法給予它們很多援助。它們知道，這條堡壘防線的建立，很快就會改變歐洲的戰略形勢而對它們不利。法國有一百個師，尚且不敢去擊退三營德軍，那麼在德國軍隊攻擊東方時，它們就更難指望法國願意讓它的青年人流血犧牲來襲擊難以攻破的德國工事了。但是，即使法國竟然出乎意料而這樣做了，也仍然會是徒勞無益的。今後法國只能在西方牽制住一小部分德國軍隊。其餘不斷增長的德軍卻可以騰出身來對德國的東方鄰國作戰。

美國駐法大使威廉・布立特（William C. Bullitt）在一九三六年五月十八日在柏林訪問德國外交部長時，聽到了關於萊茵地區防禦工事在希特勒戰略上的價值的意見。布立特向國務院報告說：

紐拉特說，德國政府的政策是，在「把萊茵地區消化掉」以前，在外交方面不從事什麼積極的活動。他解釋道，他的意思是說，在法國和比利時邊界上的德國防禦工事修築完竣以前，德國政府將盡一切可能來防止而不是鼓勵奧地利的納粹黨起事，並且將對捷克斯洛伐克推行一種平靜無事的方針。他說：「一俟我們的防禦工事修築完竣，中歐各國認識到法國不能隨意進入德境時，所有這些國家就會對它們的外交政策開始有非常不同的想法，一個新的星座就將形成。」31

形成這個新星座的過程現在開始了。

許士尼格博士在回憶錄中說：「我站在我的前任（被暗殺的陶爾斐斯）的墓前，我知道為了保全奧地利的獨立，我不得不採取一條姑息道路……必須避免一切能使德國作為干涉藉口的事情，必須盡一切努力來設法使希特勒容忍現狀。」32

這位年輕的奧地利新總理，曾由於一九三五年五月二十一日希特勒在國會公開宣稱「德國既不打算也不希望干涉奧地利內政，併吞奧地利，或者完成德奧合併」而產生希望；由於義大利、法國和英國在史翠莎反覆申述它們決心幫助保障奧地利的獨立而感到安心。後來，從一九三三年以來奧地利的主要保護者墨索里尼陷入衣索比亞的泥淖中，而且跟法國和英國關係發生破裂，當德國人進軍萊茵地區並在那裡構築防禦工事的時候，許士尼格博士知道該給希特勒一些滿足了。他開始和狡猾的德國駐維也納公使巴本（Franz von Papen）談判一個新條約。巴本雖然在六月整肅中差一點兒被納粹黨人所殺害，一九三四年六月底在納粹黨人暗殺了陶爾斐斯以後還是來到奧地利，著手破壞奧地利的獨立，爲希特勒這位領袖攫取他的故國。他在一九三五年七月二十七日寫報告給希特勒，總結他在維也納的第一年工作時說：「國家社會主義必須而且將壓倒奧地利的新思想。」[33]

一九三六年七月十一日簽訂的奧德協定，按照公布的全文看來，似乎顯示了希特勒異常的慷慨和容忍態度。德國重申承認奧地利的主權，保證不干涉它鄰邦的內政。反過來，奧地利保證，它在外交政策中將始終按照「承認自己是一個日耳曼國家」的原則行事。

但是在這個條約中有祕密條款[34]。許士尼格在這些祕密條款中所做的讓步將使他和奧地利這個小國亡國滅身。他祕密地同意大赦在奧地利的納粹政治犯，以及任命「所謂『民族反對派』」——對納粹黨人或納粹黨同情者的一種委婉說法——的代表們擔任「政治上負責任」的職務。這等於讓希特勒在奧地利安置特洛伊木馬。不久一個維也納律師賽斯—英夸特（Arthur Seyss-Inquat）就爬入木馬中，關於此人，下文再作詳述。

雖然巴本已得到希特勒對這個條約內容的同意，並在七月初爲此而親自到柏林去了一趟，但是在七月十六日打電話告訴希特勒這個協定已經簽訂時，元首卻對他的使節大發脾氣。巴本後來寫到：

> 希特勒的反應使我感到驚愕。他不但不表示滿意，反而破口大罵。他說，我欺騙他而使他做出了過多的讓步……整個事情是一個圈套[35]。

而實際上，這是對許士尼格的圈套，而不是對希特勒的圈套。

奧德條約的簽訂，表明墨索里尼已失去了對奧地利的控制。可能有人會認爲，這將使兩個法西斯獨裁者之間的關係惡化。但是事實正好相反，這是由於在一九三六年發生了一些有利於希特勒的事情。

一九三六年五月二日，義大利軍隊開進衣索比亞首都阿迪斯阿貝巴（Addis Ababa），七月四日國際聯盟正式屈服，取消了對義大利的制裁。兩星期以後，在七月十六日，佛朗哥在西班牙發動了軍事反叛，內戰爆發。

希特勒正在拜羅伊特的華格納音樂節上欣賞歌劇，這是他每年這個時候的慣例。七月二十二日晚上，在他從劇院回來以後，一個從摩洛哥來的德國商人，在當地納粹黨領袖的陪同下，帶了一封佛朗哥的緊急信到達拜羅伊特。這個叛軍領袖需要飛機和其他援助。希特勒立即把戈林和布倫堡將軍召來，他們正好也在拜羅伊特。就在那個晚上，決定援助西班牙叛亂[36]。

雖然德國對佛朗哥的援助從沒有像義大利給予的那樣多（義大利除了大量武器和飛機以外，還派遣了六七萬軍隊），可是德國的援助也相當可觀。德國人後來估計，除了供應飛機、坦克、技術人員和著名的空軍部隊禿鷹軍團（Condor Legion，最著名的事蹟是把西班牙市鎮格爾尼卡夷爲平地並炸死全部的居民），他們在這個冒險事業上花費了五億馬克[37]。同德國自己的大規模重整軍備比起來，這是不算多的，但是希特勒得到的好處不少。

這件事使得法國的邊界上有了第三個不友好的法西斯國家。它加劇了法國右派和左派之間的內訌，從而削弱了德國在西方的主要勁敵。最重要的是，它使英法和義大利不再可能修好，從而驅使墨索里尼落入希特勒的懷抱。而巴黎和倫敦的政府在衣索比亞戰爭結束後則一直在希望能和義大利重修舊好。

從一開始，元首對西班牙的政策就是算盤打得很精、眼光看得很遠的。對繳獲的德國文件做一番仔細研究，就可以明白希特勒的目的之一是延長西班牙內戰，以使西方民主國家和義大利保持不和，把墨索里尼拉到他這邊來（一年多以後，一九三七年十一月五日，希特勒在跟他的將領們和外交部長的一次密談中重述了他對西班牙的政策。他告訴他們：「從德國的觀點來說，佛朗哥獲得百分之百的勝利並不是值得想望的。我們倒是願意戰爭繼續下去，保持地中海的緊張局勢」[38]）德國駐羅馬大使烏里希・馮・哈塞爾（Ulrich von Hassell）當時還沒有認識到納粹的野心和手段，後來他認識到了，卻爲此而喪了命。他早在一九三六年十二月向威廉街報告說：

在義大利跟法國和英國的關係上，西班牙衝突所起的作用可以跟衣索比亞衝突相比，即清楚地暴露了讓這些國家處於對立狀態的實際利益，從而防止了義大利爲西方國家所拉攏並爲它們所利用。爭奪西班牙政治統治勢力這一鬥爭，暴露出義大利和法國固有的對立；同時義大利在地中海西部的強國地位又跟英國的地位發生了競爭。義大利只有更加清楚地認識到，同德國並肩對付西方國家是有利的[39]。

就是這樣的環境產生了羅馬—柏林軸心。墨索里尼的女婿、外交部長加里亞佐・齊亞諾

（Galeazzo Ciano）伯爵，在柏林同紐拉特舉行過幾次會談後，於十月二十日前往貝希特斯加登，這是他多次到那裡去晉謁希特勒的第一次。他發現這位德國獨裁者這天情緒很好，態度友善。希特勒說，墨索里尼是「世界第一流的政治家，誰都遠遠比不上他」。義大利和德國一起，不僅可以征服布爾什維克主義，而且可以征服包括英國在內的西方！希特勒認爲，對於聯合起來的義大利和德國，英國終將不得不遷就。否則，這兩個國家採取一致行動就可以很容易地解決它。希特勒提醒齊亞諾說：「德國和義大利的重整軍備進行得要比英國所能做到的快得多……三年後德國就將準備就緒……。」[40]

這個日期是值得玩味的。三年後是一九三九年的秋天。

在柏林，齊亞諾和紐拉特於十月二十一日簽訂了一個祕密議定書，其中扼要地規定了德國和義大利在外交方面的共同政策。幾天後（十一月一日），墨索里尼在米蘭的一次演說中公開把這個議定書稱爲是一個構成「軸心」的協定，圍繞著這個軸心，其他歐洲國家「可以一起合作」，不過沒有透露這個議定書的內容。「軸心」一詞將成爲一個有名的字眼，而對這位義大利領袖來說，也是一個致命的字眼。

有了墨索里尼穩在囊中，希特勒就把他的注意力轉向別的地方。一九三六年八月，他任命里賓特洛甫爲德國駐倫敦大使，去探索按他自己的條件同英國求得解決的可能性。里賓特洛甫既無能又懶惰，虛榮得像隻孔雀，傲慢自大而且沒有幽默感，戈林認爲他是擔任這個職務的最壞人選。他後來說：「當我批評里賓特洛甫處理英國問題的資格時，元首向我指出里賓特洛甫認識『某某勳爵』和

『某某大臣』。我回答說：『是的，但是困難的是他們也認識里賓特洛甫。』」[41]

的確，里賓特洛甫雖然爲人不討人歡喜，但在倫敦不是沒有擁有勢力的朋友。柏林方面認爲，英王的暱友辛普遜夫人就是其中之一。但是，里賓特洛甫擔任新職後的初步努力是令人沮喪的。十一月裡他飛回柏林了結一件他一直插手的同英國無關的事。

十一月二十五日，他同日本簽訂了反共公約，這時他眼睛眨都不眨一下地對記者們（包括筆者）說，由於這個公約，德國和日本已經聯合起來保衛西方文明。在表面上，這個公約似乎只不過是一種宣傳花招，德國和日本靠了它，可以利用世人普遍不喜歡共產主義和普遍不信任共產國際的心理來取得全世界的支持。但是，在這個公約中也有一個祕密議定書，具體針對著俄國。如果蘇聯對德國或者日本無端發動進攻的話，這兩個國家同意一起磋商採取什麼措施「來保衛它們的共同利益」以及「不採取任何有可能緩和蘇聯局勢的措施」。還商定，兩國中任何一國不得在沒有取得互相同意的情況下同俄國締結違反這個公約精神的任何政治條約[42]。

沒過很久，德國就破壞這個公約並且毫無道理地指責日本不遵守這個公約。但是，這個公約卻確實在世界上容易受騙的人們中間起了某種宣傳作用，而且它使三個窮光蛋侵略國家第一次聯合在一起。義大利在翌年加入了這個公約。

一九三七年一月三十日，希特勒在國會發表演說，宣稱德國「撤銷」凡爾賽和約上的簽字，這是一個空洞的然而是典型的姿態，因爲這個和約這時已成爲一張廢紙了。他並且自豪地回顧他執政四年來的成績。他要自豪是難怪的，因爲內政外交方面的成績都是出色的。我們前已看到，他已經消滅了失業，使企業興旺繁榮，建立了強大的陸海空軍，給予他們大量裝備而且有希望供應得更多。他一手打破了凡爾賽和約的桎梏，靠虛聲恫嚇而佔領了萊茵地區。他最初是完全孤立的，現在已有了墨索里尼和佛朗哥作忠實的盟友，而且他已使波蘭脫離法國的影響。最重要的也許是，他已使德國人民生氣勃勃的精力發揮了出來，重新喚起了他們對國家的信心並使他們重新意識到德國作爲一個日益擴展的世界大國的使命。

每個人都可以看到，這個日益繁榮的、尚武的、在大膽領導下的新德國和西方的一些萎靡不振的民主國家之間的鮮明對比，後者的混亂和猶豫似乎是在與日俱增。英法雖然感到驚惶，卻沒有動一動指頭來防止希特勒重新武裝德國，佔領萊茵地區，從而破壞凡爾賽和約；它們也沒有能夠制止墨索里尼對衣索比亞的侵略。而現在，在一九三七年開始之際，它們以徒勞的姿態要想阻止德國和義大利決定西班牙內戰的勝負，反而顯出一副可憐相。人人都知道，義大利和德國爲了要確保佛朗哥的勝利而在西班牙做了許多努力。然而，倫敦和巴黎的政府卻年復一年地同柏林和羅馬進行空洞的外交談判，以確保對西班牙的「不干涉」。這種把戲似乎使這位德國獨裁者覺得好玩，而且無疑增加了他對法國和英國笨拙的政治領袖們的輕視——「小蛆蟲」，他不久就要在一個歷史性時刻這麼稱呼他們，再度極爲輕而易舉地叫這兩個西方民主國家丟醜。

大不列顛和法國，它們的政府和它們的人民，或者大多數德國人民，在一九三七年開始之際似乎都不知道，希特勒在頭四年中的所作所爲幾乎全部都是備戰工作。筆者可以根據個人的觀察來證明，直到一九三九年九月一日爲止，德國人民一直深信，希特勒可以不必訴諸戰爭而得到他所要的東西——也是他們所要的東西。但是，在統治德國或者身居要職的那些精華人物中間，對希特勒的目標是什麼，不可能是有什麼疑問的。在希特勒所稱納粹統治四年「試驗」期即將結束之際，一九三六年被委任負責四年計畫的戈林向柏林的實業家和高級官員們發表一篇祕密演說，直率地說出了將要發生的事情。他說：

我們現在正在臨近的戰爭，需要有極爲龐大的生產能力。不可能想像重整軍備有任何限度。前途只有兩條，不是勝利就是毀滅……我們生活在一個最後的決戰已經在望的時代。我們已處在動員的前夕，我們已經處在戰爭狀態。所差的只是實際開火而已[43]。

戈林的警告是在一九三六年十二月十七日發出的。我們很快就將看到，在十一個月以內，希特勒做出了命運性的決定，發動戰爭勢在必行。

一九三七年：「沒有驚人之舉」

希特勒在一九三七年一月三十日對國會中機器人一般的議員們發表演講說：「所謂驚人之舉的時期，已經告終了。」

事實也確實如此，在一九三七年沒有發生過週末驚人之舉（威廉街的官員曾經開玩笑地說，希特勒總在星期六採取他出人意外的驚人舉動，是因爲他聽說英國官員在週末都到鄉間去度假）。這一年是德國進行鞏固和爲了實現元首在十一月間終於向一小批最高級軍官闡明的目標做進一步準備的一年，也是集中精力從事製造軍備，訓練軍隊，在西班牙考驗新空軍（戈林一九四六年三月十四日在紐倫堡的作證中，得意地說到西班牙內戰提供機會來考驗「我的年輕空軍」。「在元首的許可下，我派遣了我的一大部分運輸機隊和若干試驗性戰鬥機、轟炸機和高射炮前去；這樣我就有機會來弄清楚，在作戰情況下，這些軍備是否頂用。爲了使人員也能取得一定經驗，我就實行了不斷的輪換制度，這樣新人員不斷被派去，老的人則被召回。」[44]），發明代用的汽油和橡膠，加強羅馬—柏林軸心和窺伺巴黎、倫敦和維也納的新弱點的一年。

在一九三七年的頭幾個月中，希特勒不斷派遣一些重要的使者到羅馬去和墨索里尼交好。德國人對義大利向英國勾勾搭搭多少有些感到不安（一月二日齊亞諾同英國政府簽訂了一個「君子協定」，兩國承認了彼此在地中海的重要利益），而且他們知道，奧地利問題在羅馬仍然是一件敏感的問題。當戈林在一月十五日見到這位義大利領袖，直率地說德奧合併是難以避免的事時，據德國譯員保羅·施密特說，這位容易激動的義大利獨裁者拼命搖頭。哈塞爾大使也向柏林報告說，戈林關於奧地利的一番話「遭到了冷遇」。六月間，紐拉特趕忙向這位義大利領袖保證，德國將遵守它七月十一日同奧地利簽訂的協定。只有在發生企圖恢復哈布斯堡王朝的情況下，德國才會採取嚴厲的行動。

墨索里尼一方面在奧地利問題上受到了這樣的撫慰，一方面卻因他全部的野心——在衣索比亞、在西班牙、在地中海——都遭到法國和英國的反對而仍感刺痛，在這樣的情況下，他接受了希特勒要他訪問德國的邀請。一九三七年九月二十五日，他穿了一身特地爲這次訪問而裁製的新制服，越過了阿爾卑斯山進入第三帝國。墨索里尼被希特勒和他的助手們當作一個凱旋歸來的英雄來宴請和恭維，當時不可能知道這竟是一次決定命運的旅行。自從這第一次訪問以後，他又做了許多次訪問，使他自己的地位逐漸削弱，最後落得一個悲慘的下場。希特勒的目的不是要同客人進行進一步的外交會談，而是要使墨索里尼對德國的力量留下深刻印象，從而利用墨索里尼一心想同勝利的一方共命運的投機心理。這位義大利領袖從德國的一地趕到另一地，檢閱了黨衛隊和軍隊的閱兵式，觀察了在梅克倫堡（Mecklenburg）的陸軍演習，參觀了魯爾的機器隆隆作響的軍備工廠。

他這次訪問的最高潮，是九月二十八日在柏林舉行的慶祝會。這次慶祝會顯然使他深為折服。一百萬群眾集合在五月廣場聆聽這兩位法西斯獨裁者演說。用德語演說的墨索里尼，被震耳欲聾的掌聲——還有希特勒的恭維話——樂得神魂顛倒了。這位德國元首說，這位義大利領袖，是「少數的時代孤客之一，歷史考驗不到他們，他們自己就是歷史的創造者」。我記得，在墨索里尼演說結束以前，突然下了一場大雷雨，在群眾四散奔逃的混亂中，黨衛隊所布置的警戒線也被沖散了，這位驕傲的義大利領袖給淋得像落湯雞一般，混身濕透，狼狽不堪，不得不自己想辦法回到下榻的地方去。然而，這個煞風景的遭遇並沒有絲毫減弱墨索里尼的熱情，他要成為強大新德國的夥伴。第二天，在檢閱了陸海空三軍的閱兵式以後，他深信他的前途是在希特勒一邊而回羅馬去了。

所以，在一個月以後里賓特洛甫到羅馬去請墨索里尼參加定於十一月六日舉行的反共公約簽字儀式的時候，這位義大利領袖告訴他，義大利對奧地利獨立的關心已經減退，這就不足為奇了。墨索里尼說：「讓（奧地利的）事情聽其自然發展吧。」這正是希特勒一直在等待的同意他放手幹的表示。

另外還有一個統治者也為納粹德國力量的日益增長所折服。當希特勒破壞羅加諾公約，在佔領萊茵地區之際陳兵比利時邊境的時候，比利時國王利奧波德三世也退出了羅加諾公約和同英法的聯盟，宣稱比利時今後將嚴守中立。這是對西方集體防務的一個重大打擊，但是在一九三七年四月間英法竟表示了同意，爲了這個行動，它們和比利時一樣，很快就要付出高昂的代價。

五月底，威廉街頗有興味地注視著鮑爾溫（Stanley Baldwin）不再擔任大不列顛首相而由張伯倫接任。德國人高興地聽到，這位新首相將比前任較爲積極過問外交事務，而且決心在可能情況下同納粹德國達成共識。希特勒所能接受的是怎麼一種共識，在當時德國外交部政治司長威茲薩克（Ernst von Weizsäcker）男爵十一月十日所寫的一份祕密備忘錄中扼要地做了說明。

> 從英國那裡，我國要得到殖民地和在東方行動的自由……英國人非常需要太平無事。如果能夠探明英國對這種太平局面願意付出多大的代價，將是有利的[45]。

探明英國願意付出多大代價的機會在十一月間出現了，當時哈利法克斯勳爵（Edward Frederick Lindley Wood, Lord Halifax）在張伯倫先生的熱烈贊同下，前來貝希特斯加登訪問希特勒。十一月十九日，他們舉行了一次長時間的會談。在德國外交部關於這次會談的長篇德國祕密備忘錄中[46]可以看出三點：張伯倫極想同德國求得解決，他建議兩國舉行閣員級的談判；英國希望求得歐洲的總解決，爲此它準備在殖民地和東歐問題上向希特勒讓步；希特勒當時對英德協議並不很感興趣。

由於這次會談的結果多少是消極性的，所以德國人對英國人似乎因此而感到鼓舞覺得奇怪（張伯倫在日記中寫道：「〔哈利法克斯的〕德國之行在我看來是一個很大的成功，因爲它達到了它的目標，就是創造一種氣氛，能跟德國討論有關歐洲問題總解決的實際辦法。」見法林：《張伯倫傳》〔Keith Feiling, *The Life of Neville Chamberlain*〕，頁三三二）哈利法克斯本人似乎也被希特勒騙過了。他在寫給外交部的報告中說：「這位德國總理和其他人給人的印象是，他們不大像要使用武力來進行冒險，或者至少不像會進行要引起戰爭的冒險。」查爾斯・湯塞〔Charles C. Tansill〕說，哈利法克斯向張伯倫口頭報告，希特勒不想很早就進行冒險，大半是因爲這樣做可能是沒有好處的，另外也因爲他正在忙於加強德國內部。戈林曾向他保證，沒有一滴德國人的血會流在歐洲，除非是德國完全被迫而爲。德國人給哈利法克斯的印象是打算以有條不紊的方式來達到他們的目標。見湯塞：《通向戰爭的後門》〔*Back Door to War*〕，頁三六五至三六六）。如果英國政府知道，希特勒在同哈利法克斯勳爵會談之前十四天，曾在柏林跟他的軍事首長們和外交部長舉行過一個極爲祕密的會議，它就會感到更加奇怪了。

一九三七年十一月五日：命運的決定

布倫堡陸軍元帥在一九三七年六月二十四日標有「極機密」字樣的指示裡，向三軍總司令透露了大概將會發生什麼事情和必須做些什麼準備來應付這些事情。這個指示一共只印了四份[47]。這位戰爭部長兼國防軍總司令告訴三軍首腦說：「根據總體政治局勢來看，有理由假定德國可以不必擔心任何方面的進攻。」他說，西方國家和俄國都不希望戰爭，它們也沒有戰爭的準備。

這個指示繼續說道：「儘管如此，世界政治局勢變幻無常，很可能發生意外事件，因此德國國防軍需要經常爲戰爭做好準備……以便在一旦政治上出現有利的機會時，有可能從軍事上利用這種機會。國防軍爲可能在一九三七至一九三八年這個動員時期發生的戰爭做好準備時，必須記住這一點」。

既然德國不必擔心「任何方面」的進攻，還有什麼可能會發生戰爭呢？布倫堡是說得十分具體。針對兩種可能的戰爭情況，他擬定計畫：

一、兩條戰線，主要的戰鬥在西方（戰略代號爲「紅色」）。

二、兩條戰線，主要的戰鬥在東南方（戰略代號爲「綠色」）。

第一種情況的「假定」是法國可能對德國發動突然進攻，在這種情況下德國將把它的主力用在西方。這個部署的代號是「紅色」（這是我們提到的第一個德國軍事代號，下文中會遇到更多。德國人使用德文「Fall」這個字，直譯「狀況」〔case〕，所謂紅色狀況，綠色狀況——前者是在西方的軍事行動的代號，後者是對捷克斯洛伐克軍事行動的代號。根據德國將領們在紐倫堡的說法，最初的時候，各個軍隊司令部只是用這些名稱來代表假想的計畫。但是在這幾頁中看下去就可以明白，德國人所使用的這個名字，很快就變成了武裝侵略計畫的名稱。譯爲「軍事行動方案」〔operation〕大概比「狀況」更要確切些。但是，爲了方便起見，筆者將仍舊使用「狀況」這個字）

關於第二種可能情況：

在東方的戰爭，可能以德國對捷克斯洛伐克進行突然襲擊爲開始，這是爲了預防敵人可能結合優勢力量發動進攻。此外，必須事先爲這個行動在政治上和國際法方面找到必要的藉口。

指示強調說，捷克斯洛伐克必須「從一開始就予以消滅」和佔領。

還有三種情況，要對之做「特別的準備」：

一、對奧地利的武裝干涉（狀況代號「奧托」〔Otto〕）

二、同紅色西班牙的戰爭糾紛（狀況代號「理查」〔Richard〕）

三、英國、波蘭、立陶宛加入對我們的戰爭（「紅色／綠色」的延伸）。

奧托狀況是一個將在這幾頁中常常出現的代號。「奧托」代表哈布斯堡王室的奧托（Otto von Habsburg），他是奧地利王位年輕的可能繼承人，當時住在比利時。在布倫堡的六月指示裡，奧托方案提要如下：

> 這個軍事行動——在奧地利萬一發生君主復辟情況時對奧地利的武裝干涉——的目標，是要用武裝力量迫使奧地利放棄復辟。
>
> 利用奧地利人民國內的政治紛爭，將爲此目的以維也納爲總方向進軍，任何抵抗將予以擊潰。

在這個揭露意圖的文件的末了，卻不自覺地流露出一種警誡的、幾乎是失望的調子。對英國不能抱有幻想。它警告說：「英國將使用它所有的一切經濟和軍事力量來對付我們」。這個指示承認，如果英國跟波蘭和立陶宛聯合在一起：「我們在軍事上的處境就將惡化到不能忍受的甚至沒有希望的程度。因此政治領袖們要盡一切可能來使這些國家，尤其是英國，保持中立。」

雖然這個指示是由布倫堡署名的，但是它顯然是來自總理府他的主子那裡。一九三七年十一月五日下午，有六個人來到柏林威廉街的那個第三帝國神經中樞，聽取元首的進一步說明。這六個人是戰爭部長兼國防軍總司令布倫堡元帥，陸軍總司令陸軍上將弗立契（Werner von Fritsch）男爵，海軍總司令海軍上將雷德爾博士，空軍總司令戈林上將，外交部長紐拉特男爵，和元首的軍事副官霍斯巴赫（Friedrich Hossbach）上校。霍斯巴赫在這幾頁裡不是一個常見到的名字，在以後也不會常見到。但是在十一月那一天傍晚的幾個鐘頭裡，這位年輕的上校擔當了一項重要的任務。他把希特勒說的話記錄下來，五天後又詳細寫入了一個極爲祕密的備忘錄裡，因此爲歷史記下了第三帝國整個生命中的決定性轉折點。在紐倫堡提出的繳獲文件中就有他的備忘錄[48]。

這次會議從下午四點十五分開始，一直繼續到八點三十分才結束，大部分是希特勒發言。他開始說，他要說的話是經過「徹底的考慮和四年半執政經驗」的結果。他解釋道，他認爲他要說的話具有極大的重要性，在萬一他死亡時，這些話應當視爲他的遺囑。

他說：「德國政策的目的，是要鞏固和保存種族社會，並且把它加以擴大。因此這是一個生存空間問題。」他斷言說，德國人有權利「比別的民族獲得更大的生存空間……因此德國的前途完全決定於如何解決生存空間的需要」（從這裡起，讀者將注意到，顯然是間接的引語，卻用了引號，或者用摘錄方式作爲直接引語。希特勒或者其他人在祕密商談中的幾乎所有的話，德文記錄中都是用第三人稱寫成間接引語的，雖然它們常常在標點符號都不更改的情況下突然又變成第一人稱的直接引語。這種情況在美式英語中是很傷腦筋的。爲了要想保持原文件的準確性，和保持所使用或者記錄的原來措辭，我決定最好是原封不動，不把談話記錄改成第一人稱的直接引語，也不把其中引號取消。因爲如果把引號取消就會使人看起來好像我在自由轉述，雖然事實上我並未如此。這在很大程度上是由於德文記錄的實際記錄者把動詞時式由現在式變爲過去式和把第一人稱代名詞變成第三人稱。我相信，如果記住了這點，就不會有什麼混淆不清了。〔譯注：由於中西文字的不同以及翻譯技術上的原因，中文譯文中第三人稱仍舊照譯。過去式代替現在式的地方則一律按現在式翻譯〕）。

哪裡的空間？不是在遙遠的非洲或亞洲的殖民地，而是「在德國近旁」的歐洲心臟地帶。德國的問題是，它在哪裡能以最低的代價取得最大的收穫？

各個時代——羅馬帝國和英帝國——的歷史已經證明，只能由粉碎抵抗和大膽冒險來實現擴張；挫折是不可避免的。從來沒有……無主的空間，今天也沒有這樣的空間；進攻者總是會碰到一個佔有者。

希特勒說，兩個「爲仇恨驅使」的國家——英國和法國——擋住了德國的路。這兩個國家都反對「德國地位的任何進一步加強」。這位元首認爲英帝國不是「不能動搖的」。事實上，他看出它有許多弱點，於是他一一加以列舉：跟愛爾蘭和印度的糾葛，在遠東同日本的競爭，在地中海同義大利的競爭。他認爲，法國的處境「比英國的處境來得有利……但是法國將碰到內部的政治上困難」。雖然如此，英國、法國和俄國仍然必須被認爲是「在我們政治評估中的強權」。

因此：

德國的問題只能用武力來獲得解決，但這絕不會沒有附帶的意外風險……如果同意以武力及其附帶的意外風險爲下列解釋的基礎的話，那麼仍有「在什麼時候」和「在什麼地方」問題需要解決。有三種情況要對付：

狀況一：一九四三至一九四五年時期

從我們的觀點來看，在這個時期以後，情況只會變壞。陸、海、空軍的裝備……將近完全。裝備和軍火是新式的；再推遲下去就有陳舊的危險。特別是，「特殊武器」的祕密不能永遠保持下去……我們的相對實力將由於……世界其餘地區的重整軍備而減弱……此外，全世界認爲我們會發動攻擊，因而每年都在加強對付措施。正是由於世界其餘地區在加強防務，我們才不得不採取攻勢。

目前沒有人知道一九四三至一九四五年時期的局勢將會怎樣。只有一件事情是肯定的，那就是我們不能再等待了。

如果元首仍然活著，他不可變更的決心是：最遲在一九四三至一九四五年時期解決德國的空間問題。在一九四三至一九四五年以前採取行動的必要性在狀況二和狀況三中將會出現。

狀況二

如果法國的內訌發展成國內危機，以致法國軍隊完全用於對付這事，因而不能對德國進行戰爭，那麼，對捷克人採取行動的時機就來到了。

狀況三

如果法國被牽連在對另一個國家的戰爭中，以致不能「進行」反對德國……。

我們的第一個目標……必須是同時推翻捷克斯洛伐克和奧地利，以便在可能對西方進行的戰爭中解除我們側翼的威脅……如果捷克人被打倒而取得了德國—匈牙利共同邊界的話，就更加可以肯定地指望波蘭在萬一發生法德衝突時守中立了。

但是法國、英國、義大利和俄國會怎樣呢？希特勒十分詳細地對這個問題做了答覆。他認爲「英國差不多肯定無疑地是，法國也多半是，把捷克人默默勾銷了。英帝國所遇到的許多困難，以及將再一次被捲入一場持久的歐洲戰爭，是英國不願參加對德戰爭的決定性顧慮。英國的態度對法國肯定地是不會不起影響的。法國要在沒有英國的支持下發動進攻是不可能的，而且攻勢也很可能被我們的西部工事所遏止而陷於僵持。法國也不會在沒有英國的支持下通過比利時和荷蘭進軍……不過，不用說，在我們對捷克人和奧地利發動進攻時，仍然必須在我們的西部邊界上保持堅強的防禦」。

希特勒然後扼要地敘述了「併呑捷克斯洛伐克和奧地利」的一些好處：使德國獲得比較有利的戰略邊界，得以把軍事部隊騰出來「做其他用途」，獲得約一千兩百萬「德國人」，額外取得可供國內五六百萬德國人用的糧食，爲十二個師的新軍取得人力。

他忘記了說義大利和俄國可能會怎麼樣，於是現在他回過頭來談它們。他覺得，「由於日本的態度」，蘇聯恐怕未必會來干涉。義大利不會反對「消除捷克人」，但是如果奧地利也被侵佔的話，它的態度如何，則仍然是個問題。這「主要」要看「這位義大利領袖是否還活著」。

希特勒對狀況三的假定，是法國將捲入對義大利的戰爭，這是他指望發生的一場衝突。他解釋道，他所以採取竭力設法延長西班牙內戰的政策，原因就在於此；它使義大利繼續跟法國和英國發生糾紛。他認爲，它們之間的戰爭「肯定地愈加臨近了」。事實上，他說，他「決心利用它，隨便它什麼時候發生，即使是早到一九三八年」——這離說話的時候只有兩個月了。他確信，義大利如在原料方面得到德國的一點點援助，就能夠抗住英法。

如果德國利用這個戰爭來解決捷克問題和奧地利問題，那就要假定英國在同義大利作戰時不會對德國採取行動。沒有英國的支持，法國不至於對德國採取戰爭行動。

我們對捷克人和奧地利發動進攻的時機，必須要視英法義戰爭的進程而定……這種有利的局勢……不會再發生……對捷克人的襲擊必須要以「閃電速度」來實現。

這樣，在一九三七年十一月五日這個秋天的日子裡，當柏林暮靄降臨的時候——會議是在八點十五分結束的——大局就已經定了。希特勒已經傳達了他要進行戰爭的不能挽回的決定。對這一小撮將指揮這場戰爭的人來說，已不再能有什麼懷疑了。這位獨裁者十年前在《我的奮鬥》中就已經說過，他說德國必須要在東方有生存空間，必須準備用武力來取得它。不過那時他只是一個默默無聞的鼓動者，他的書，正如布倫堡元帥後來所說的，被軍人們——和許多別的人一樣——認爲是「一種宣傳」，它的「銷路廣大是由於強行推銷之故」。

但是現在，這些軍隊首長和外交部長卻面臨著對兩個鄰國進行眞的侵略的具體日期——他們肯定知道，這種行動是一定會引起一場歐洲戰爭的。他們必須在明年，一九三八年以前，最遲在一九四三至一九四五年以前準備就緒。

這不免使他們發楞。就霍斯巴赫的記錄來看，這並不是因爲他們對領袖的建議感到不道德或不能接受，而是爲了更實際的理由：德國還沒有爲一場大戰準備就緒；現在就挑起這樣一場戰爭，有招致災禍的危險。

根據這些理由，布倫堡、弗立契和紐拉特竟敢辯明利害而對元首的主張表示懷疑。在三個月內，這三個人都丟了官。儘管是這樣微不足道，他們的反對卻是希特勒在整個第三帝國時期所受到的最後一次當面反對。希特勒在排除了他們的反對以後就走上了征服者的道路，去完成他的使命。在開頭，這條道路比他或者任何其他人所預見的要容易走些。

第十章 命運的插曲：布倫堡、弗立契、紐拉特和沙赫特的下臺

希特勒在十一月五日說明要使用武裝力量對付奧地利和捷克斯洛伐克，即使德國因此而捲入對英法的戰爭也在所不顧，這項決定使他的外交部長紐拉特男爵感到極大的震驚。紐拉特雖然是個隨遇而安、自得其樂和道義觀念薄弱的人，也因此而發作了幾次心臟病[1]。

他後來告訴紐倫堡法庭說：「希特勒的話，使我極度心慌意亂，因為它使我一貫所推行的整個外交政策變成一場空。」[2]。在這種心情下，他不顧心臟病發作，在兩天後去找弗立契將軍和參謀總長貝克將軍，跟他們商量能想些什麼辦法來「使希特勒改變主意」。據事後把希特勒的談話告訴貝克的霍斯巴赫上校說，希特勒的這番話也使貝克「大為震驚」。於是他們三人商定，由弗立契在下一次會見元首時再向他規諫，向他指出他的計畫所以是不得策的軍事上原因，紐拉特則接著再度向希特勒著重指出政治上的危險性。至於貝克，他立即用書面寫下了一份批評，把希特勒的計畫指責得體無完膚，但是，顯然沒有把這篇批評給任何人看。這是這位可敬的將軍其意志和性格上一個致命缺陷的第

一個跡象。他起先曾歡迎納粹主義的得勢，而到末了終於在一次要想摧毀它而沒有成功的努力中犧牲掉性命。

弗立契將軍在十一月九日會見了希特勒。他們這次談話沒有記錄，不過可以設想這位陸軍總司令重新申述了他反對希特勒計畫軍事上的理由，但是毫不生效。不論是將軍們還是外交部長的反對意見，元首都是不能容忍的。他拒絕接見紐拉特而逕自前往貝希特斯加登的山莊去做長時間的休息了。直到一月中旬，發過心臟病的紐拉特才設法見到了希特勒。紐拉特後來在紐倫堡作證說：

那一次我力圖向他表明，他的政策會引起世界大戰，我不願同它發生關係……我促請他注意引起戰爭的危險和將軍們的嚴重警告……我表明了我的一切理由而他卻仍然堅持他的意見，於是我告訴他，他只能另找一個外交部長了……[3]。

紐拉特當時不知道，希特勒正決定要這麼做。再過兩星期就是希特勒執政五周年紀念日了，他打算不僅在外交部，還要在軍隊中間進行一番清理來紀念這個日子。外交部和陸軍是他暗地裡所不信任的上層階級中兩個「反動」堡壘，他覺得他們從來沒有完全服從過他，也不眞正懂得他的目標，而且，如像布倫堡、弗立契和紐拉特在十一月五日晚上所表現的，他們還妨礙他實現他的野心。特別是後面這兩個人，或許還有隨和的布倫堡（希特勒靠他幫忙不少），以後也將不得不繼舉世無雙的沙赫特博士而退隱。

因爲這個頗有花招的金融家，早期對納粹主義很熱心的人和希特勒的支持者，這時已經失勢了。

我們上面已經談到過，沙赫特曾爲希特勒的迅速重整軍備殫精竭慮地發揮了他的奇才。作爲戰爭經濟全權代表和經濟部長，他曾創造出許多異想天開的花招，包括使用印鈔機，來爲新的陸海空軍籌措經費和支付軍備費用。但是這有一個限度，超過了這個限度，國家就難免要破產。到一九三六年，他認爲德國已接近這個限度了。他向希特勒、戈林和布倫堡提出了警告，但是沒有效果，雖然後面這位戰爭部長一度附和過他。隨著戈林在一九三六年九月被任命爲四年計畫全權代表，這個德國空軍首腦事實上已成爲德國的經濟獨裁者了。四年計畫是一個勉強要使德國在四年後自給自足的計畫，沙赫特認爲這個目標不可能實現。像沙赫特這樣一個虛榮而野心勃勃的人（爲人機靈的法國大使弗朗索瓦—龐賽同沙赫特很熟，他在《決定命運的年代》〔*The Fateful Years*〕頁二一一中說，沙赫特曾一度希望繼興登堡當總統，甚至想繼承希特勒，「如果元首下臺的話」），又那麼瞧不起戈林在經濟學上的無知，這就使得他自己的地位無法維持下去。在這兩個剛愎自用的人發生了幾個月的猛烈爭論後，沙赫特要求元首乾脆把經濟政策的指導權完全都交給他的對手，讓他辭去內閣中的職務。另外使他感到格外沮喪的是德國許多重要工商業家的態度，如他後來所說，他們當時都「爭先恐後擁向戈林的接待室，以期獲得訂單，而我卻仍舊在竭力使人能聽從理智的聲音」[4]。

在一九三七年納粹德國的瘋狂氣氛中，要使人聽從理智的聲音是不可能做到的，沙赫特終於認識到了這一點。在夏天，他又同戈林發生了爭論，他指斥戈林「你的外匯政策，你的生產政策和你的財政政策」是靠不住的，之後就在八月間到了上薩爾斯堡向希特勒正式提出辭職。鑒於沙赫特離職幾乎肯定會在國內外都引起不利的反應，所以元首不願接受他的辭呈。但是這位意氣沮喪的部長態度非常堅決，希特勒終於只好同意在兩個月後讓他辭職。九月五日沙赫特請假離任，十二月八日他的辭呈正式被接受。

在希特勒的堅持下，沙赫特仍舊留在內閣裡，擔任不管部長，並且保留國家銀行總裁的職位，從而保持了表面上的一致，使德國和世界的輿論不致怎麼驚愕。但是，他已無法制止希特勒爲戰爭瘋狂地重整軍備了。雖然，由於他仍然留在內閣裡和仍然擔任國家銀行總裁，繼續以他的名氣和聲譽在爲希特勒的目的效勞。而且，他不久以後還公開和熱烈地贊成這位領袖第一次赤裸裸侵略的強盜行爲，因爲，像將軍們和把德國交給納粹黨的其他保守分子一樣，他覺醒過來正視現實的過程是緩慢的。

戈林暫時兼任了經濟部長，但是，在一九三八年一月中旬的一天晚上，希特勒在柏林聽歌劇時遇見了瓦爾特·馮克（Walther Funk），信口通知他說，他將成爲沙赫特的繼任者。我們記得，這個善於逢迎、卑躬屈膝、個子矮小又一無可取的人曾在三〇年代初期發揮影響力而使企業界領袖們對希特勒發生興趣。但是，對他的正式任命卻遲遲沒有發表。因爲這時在陸軍中爆發了一個雙重危機，在造成這個危機的各種原因中，牽涉了某些常態的和變態的性問題。這個危機直接被希特勒所利用，使他得以趁此把陸軍的傳統貴族集團打擊得一蹶不振，不僅給陸軍而且最後還給德國和全世界帶來了可怕的後果。德國陸軍就此喪失了它在霍亨佐倫帝國和共和國時期積極捍衛的最後一點點獨立地位。

布倫堡陸軍元帥的下臺

「一個女人，即使本人並不意識到，對一個國家的歷史，從而也是對全世界，能夠產生多大的影響啊！」阿爾弗雷德·約德爾（Alfred Jodl）上校在一九三八年一月二十六日的日記裡感歎地說：

「你好像覺得是生活在一個對德國人民來說是決定命運的時刻裡。」[5]

這位卓越的青年參謀軍官所指的女人，是艾娜．格魯恩（Erna Gruhn）小姐。在一九三七年即將結束之際，她一定萬萬沒有想到她竟是像約德爾所說的那樣，把德國人民推入一個決定命運的危機並對他們的歷史產生深刻的影響。或許只有在第三帝國高層人物這時所處的怪誕的、精神病態的世界裡，這種情況才有可能產生。他們在這個世界裡的行動，已帶有了一種不由自主的瘋狂性。

格魯恩小姐是布倫堡的祕書，到一九三七年的年底，布倫堡對她實在傾心，因此提出要跟她結婚。他的髮妻是一個退休陸軍軍官的女兒。他倆是在一九〇四年結婚的，她已在一九三二年去世了。他的五個孩子都已成人（他的最小的女兒在一九三七年跟受他提拔的凱特爾將軍的長子結了婚）。他對多少有點孤寂的鰥夫生活也感到乏味，所以認爲續弦再娶的時機已經來到。他知道一個德國陸軍高級軍官跟一個平民出身的人結婚是不會得到驕傲的、貴族氣的軍官團所贊許，所以他就去跟戈林商量。戈林認爲這個婚姻無可非議——他自己不也是在前妻去世後同一個離了婚的女演員結婚嗎？第三帝國不容軍官團有濃厚的社會偏見。戈林不僅贊成布倫堡的打算，而且他還說，如果有必要的話，他願意去跟希特勒疏通這件事，並且在任何別的方面予以幫助。恰巧，有一個方面他是可以出力幫助的。這位元帥吐露說，中間還有一個情敵。對戈林來說，這是不成問題的。要是別人的事情，這類討厭鬼都是往集中營一送了事。然而，大概是由於考慮到這位元帥的老派道德，戈林表示願意把這個討厭的情敵送到南美洲去，而且他確實這樣做了。

不過，布倫堡仍然感到不安。一九三七年十二月十五日，約德爾在他的日記中記下了一段令人奇怪的話：「元帥（布倫堡）情緒極爲激動。原因不詳。顯然是由於私事。他已前往一個去處不明的地方去休息八天。」[6]

十二月二十二日布倫堡再度出現，在慕尼黑的英烈祠爲魯登道夫將軍舉行的葬禮上致詞。希特勒也在那裡，但是不願講話。因爲自從希特勒在啤酒館政變時在英烈祠前面遇到一排子彈而逃之夭夭以後，這位世界大戰的英雄一直不願跟希特勒發生任何關係。在葬禮舉行以後，布倫堡向希特勒說出了他想結婚的意思。使他放心的是，元首祝他婚姻美滿。

婚禮在一九三八年一月十二日舉行，希特勒和戈林都出席了，並當了主要證婚人。這對新婚夫妻才離開德國到義大利去度蜜月，風暴就發生了。他們的元帥跟他的速記員結婚，對於這個打擊，古板的軍官團也許還能吃得消，但是他跟一個過去經歷頗可懷疑的女人結婚，他們卻是不準備同意的。這個女人過去駭人聽聞的經歷如今開始慢慢洩露出來了。

起初只有謠傳。古板的將軍們接到從名聲不佳的咖啡館和夜總會打來的匿名電話，電話那頭的小姐們發出嗤嗤笑聲，祝賀陸軍接納了一個她們的同道。在柏林的警察總局裡，一個調查這些謠言的督察員發現了一份標著「艾娜・格魯恩」的檔案。他看後嚇了一跳，連忙把這份材料交給警察局長赫爾道夫（Wolf-Heinrich Graf von Helldorf）伯爵。

這位伯爵雖然參加過自由團（Freikorps），還是囂張一時的衝鋒隊粗漢，看看了檔案後也十分驚駭。因爲這份材料表明，警局中有過記錄，元帥兼總司令的新夫人曾經當過妓女，並曾因充當春宮照片模特兒而被判過刑。再說，這位年輕的元帥夫人是在她母親經營的一家按摩院裡長大的，而在柏林，按摩院常常不過是變相的妓院而已。

赫爾道夫的責任顯然是該把這份極其不利的材料交給他的上級德國警察總監希姆萊（Heinrich

Himmler）。但是，他雖然是一個熱烈的納粹分子，以前卻曾經是陸軍軍官團的一員，因此感染到了它的一些傳統。他知道，希姆萊同陸軍總司令部不睦已經有一年多，現在漸漸被陸軍總司令部認爲是比過去的羅姆（Ernst Röhm）更爲兇險的威脅，他會利用這份材料去威脅元帥而使元帥成爲他對付保守將軍們的工具。所以，赫爾道夫勇敢地把這份警察局檔案交給了凱特爾將軍。他顯然認爲，凱特爾虧了布倫堡最近才得在陸軍中得到擢升，又跟布倫堡是兒女親家，他一定會設法讓軍官團自己來處理這事，且還會警告他的長官所陷入的危險處境。但凱特爾固然意志薄弱，不講道德，然而卻是個傲慢自大和野心勃勃的人，他不想因爲跟黨和黨衛隊發生麻煩而使自己的前程發生危險，因此沒有把這份材料交給陸軍首長弗立契將軍，卻把它交還給赫爾道夫，並向赫爾道夫建議把它拿給戈林去看。

沒有人會比戈林得到這份材料更高興了，因爲顯然，布倫堡現在勢將去職了，而他以爲必然可以由他來繼任德國國防軍總司令——這是一個他覬覦已久的位置。這時布倫堡中斷了他在義大利的蜜月旅行，回到德國來爲他的母親辦喪事。一月二十日，他仍然不知道在醞釀中的事情而到戰爭部的辦公室銷假視事。

但是沒有多久。一月二十五日，戈林帶了這份爆炸性的材料去給才從貝希特斯加登回來的希特勒看，元首勃然大怒。他的元帥欺騙了他，而且讓他在婚禮上當證婚人，是把他當傻子。戈林馬上附和他的看法，在中午就親自去看布倫堡，把這個消息告訴他。這位元帥似乎因爲他的新夫人的歷史而難受極了，表示願意立即和她離婚。但是戈林和氣地解釋說，這是不夠的。陸軍司令部要求他辭職；正如約德爾兩天後的日記所透露的，參謀總長貝克將軍已對凱特爾說「不能容忍最高級軍人和一個婊子結婚」。一月二十五日，約德爾通過凱特爾獲悉，希特勒已把他的元帥免了職。兩天後，這位六十歲的下臺軍官離開柏林到卡普里島去繼續度他的蜜月。

他的海軍副官尾隨著他到了這個風景如畫的島上，給這個奇特的悲喜劇加上奇怪可笑的最後一筆。原來是海軍上將雷德爾派了副官汪根海姆（von Wangengein）海軍上尉去要求布倫堡為了軍官團的體面跟他的妻子離婚。這個海軍低階軍官是一個狂妄自大和過分熱心的青年人，當他來到正在度蜜月的元帥的面前時，他竟越出了他所奉指示的界限。他不是要求他以前的首長離婚，而竟建議他採取光榮的行動，說著就企圖把左輪手槍塞在布倫堡的手中。但是，這位元帥雖然下臺，卻似乎仍然非常留戀人生——顯然他仍舊迷戀著他的新夫人，儘管發生了這些曲折。他拒絕接受這個遞過來的武器，立即寫信給凱特爾說，他和這個青年海軍軍官「對於人生顯然有著完全不同的見解和標準」[7]。

畢竟元首曾答應過他一俟風暴過去就重新賦予最高級的重任。據約德爾的日記說，希特勒在把布倫堡免職的那一次會見中告訴布倫堡說：「一俟德國的時辰來到，你將仍舊回到我的身邊，過去所發生的一切事情都將不加追究。」[8]布倫堡在他未出版的回憶錄裡寫道，希特勒在他們最後一次會見時曾「極其強調地」向他許諾說，在萬一發生戰爭時將委任他為武裝部隊的最高統帥[9]。

像希特勒的許多別的諾言一樣，這個諾言也沒有兌現。布倫堡元帥的名字從陸軍名冊中永遠勾掉了，即使在戰爭爆發後他表示願意效勞時也沒有重新給予他任何職位。布倫堡夫婦回德國後定居於巴伐利亞的維西小村，在那裡他們一直默默無聞地居住到戰爭結束。像同時代的一位英國遜王（編按：指溫莎公爵）的情況一樣，他對使他下臺的妻子至死沒有變心。他是一九四六年三月十三日在紐倫堡的監獄裡死的，當時這個可憐的、憔悴的老人正在那裡等待傳訊作證。

弗立契將軍的下臺

陸軍總司令男爵瓦爾納・馮・弗立契上將，是一個有才能的頑固老派軍官，雷德爾海軍上將稱他是「一個典型的參謀總部人物」，他顯然是繼布倫堡擔任戰爭部長和國防軍總司令的人選。但是我們已經看到，戈林自己覬覦著這個最高職位。有些人認爲，戈林事先知道這個女人不幸的過去，並故意促使布倫堡和她結婚，以便爲他自己肅清道路。如果這是眞的話，布倫堡卻並不知道，因爲他在一月二十七日跟希特勒告別時，他首先建議由戈林來當他的繼任人。但是，元首比誰都瞭解他的這個老納粹黨徒。他說，戈林太任性，既沒有耐心，又不勤奮。他也不贊成由弗立契將軍繼任，他不喜歡弗立契在十一月五日反對他宏偉計畫的態度，對此仍舊耿耿於懷。此外，弗立契也從不隱諱他對納粹黨，特別是對黨衛隊的敵意。這個情況不但引起了元首的注意，而且使得黨衛隊頭子和警察首腦希姆萊越來越下定決心要打倒這個領導著陸軍的強大敵手（一九三五年三月一日，德國接管薩爾那一天，在遊行開始以前我曾在薩爾布呂肯的檢閱臺上站在弗立契旁邊。雖然他對我沒有什麼更多的瞭解，只知道我是柏林眾多美國記者之一，可是他卻滔滔不絕地說了許多對黨衛隊、納粹黨以及從希特勒以下各納粹領袖的挖苦話。他並不掩飾他對所有這些集團和人的輕視。見拙著《柏林日記》〔*Berlin Diary*〕頁二七）。

希姆萊的機會現在來到了，或者，倒不如說他由於發動了一個荒謬絕倫的誣陷陰謀而創造了機會。這個誣陷之荒謬，即使是在黨衛隊和國家社會黨匪徒橫行的世界裡，也難以使人相信會發生這種事——至少在一九三八年。同樣使人難以相信的是：德國陸軍畢竟有其傳統，怎麼會忍受這種誣陷。緊接著布倫堡醜聞之後，這次誣陷觸發了第二個、爆炸性大得多的炸彈，動搖了軍官團的根基，決定了它的命運。

一月二十五日，就是戈林給希特勒看布倫堡新夫人的警局檔案那一天，他還給元首看了一件更加使人遭殃的材料。這是希姆萊和他的主要助手黨衛隊保安處處長海德里希（Reinhard Heydrich）不費吹灰之力提供的材料，意在表明弗立契將軍犯了德國刑法第一百七十五條雞姦罪，並且自一九三五年以來一直付給一個前科犯人封口費，以便使他不把這件事聲張出來。祕密警察的材料看來是那麼確鑿有據，因此希特勒頗為相信這種罪狀。布倫堡或許是因陸軍對他的婚姻採取嚴厲態度而想在弗立契身上洩憤，所以竟沒有去勸阻希特勒相信這件事。他反而告訴元首，弗立契不是個「喜歡和女人來往的男人」，他又說，這個終身未娶的將軍很可能已「屈服於嗜好」。

元首的副官霍斯巴赫上校在祕密警察的材料出示時在場。他感到十分驚駭，於是公然不顧元首叫他不得把這件事告訴弗立契的命令，立即跑到這位陸軍總司令的寓所去告訴他這個指控，警告他已陷入可怕處境（這件事使得霍斯巴赫在兩天後丟了差使，但是沒有像一些人所擔心的那樣丟了性命。他後來又在陸軍參謀總部中復職，在戰爭期間升為步兵將軍，在俄國戰線上指揮第四軍團，直到一九四五年一月二十八日由希特勒在電話上突然把他免職，原因是他公然不顧希特勒的命令而把他的軍隊後撤）。這位沉默寡言的普魯士貴族氣得說不出話來，半天才說了一句：「全是卑鄙的謊話！」在他平靜下來後，他向霍斯巴赫以軍官的榮譽發誓保證說，這些指控是毫無根據的。第二天一早，霍斯巴赫不計後果，告訴希特勒他已會見過弗立契，說這位將軍斷然否認這種指控，並要求元首能聽聽他的意見，給他一個親自辯明無罪的機會。

出乎霍斯巴赫的意料，希特勒同意了這個要求，於是就在當天深夜，德國陸軍總司令被召到了總理府。他要在那裡嘗到一種他作爲一個貴族、軍官和紳士所沒有嘗過的滋味。這次會見是在總理府的書房裡，除了戈林外，希姆萊也在場。在希特勒概括地敘述了指控後，弗立契以軍官的榮譽發誓說這是完全不確實的。但是這種保證在第三帝國已不再具有多大價值了。這時，等待這次時機已有三年之久的希姆萊，從邊門叫人帶進來一個步履拖沓、一臉敗類樣子的人。在曾被帶進德國總理府各辦公室的人中，這個人如果說不是身分最低下的人，至少也是最奇怪的人。他的名字叫漢斯・施密特（Hans Schmidt），從他第一次進少年感化院起，後來一直犯案累累，屢進監獄。他的犯罪記錄表明，他的主要嗜好是窺探男色活動的祕密，然後趁此進行訛詐。他現在聲稱，弗立契將軍就是他在柏林波茨坦火車站附近一條暗巷裡看到跟一個叫做「巴伐利亞的喬」（這個名字是吉斯維烏斯在《至死方休》〔Hans Gisevius, *To the Bitter End*〕頁二二九中提到的）的下層社會角色幹不可告人勾當的陸軍軍官。施密特向德國這三位最有權力的人堅持說，這個軍官多年來一直付給他封口費，要他不要聲張這件事，只有在他再度鋃鐺入獄後才停止付錢給他。

弗立契將軍因爲受到過分的侮辱而氣得不願答覆。德國的國家元首、興登堡和霍亨佐倫王朝的繼承者，竟然在這樣一個地方爲了這樣一個目的而帶進來這樣一個見不得人的角色，對他來說是太過分了。他說不出話來，這只有使希特勒相信他是有罪的，於是元首要求他辭職。弗立契拒絕這樣做，卻要求由軍事榮譽法庭來進行審訊。但是希特勒不想讓軍官團來接手這個案件，至少在目前是如此。這是一個他不願放過的天賜機會，這些將軍們一直在對抗他的意志與天才，他可趁此一併粉碎。他當時當地就命令弗立契無定期休假，這就等於是停止他的陸軍總司令職務。第二天希特勒同凱特爾不僅討論了該由誰來繼承布倫堡，還有由誰來繼承弗立契。主要從凱特爾處獲得消息的約德爾，開始在他的日記裡做了一些記載，表明不僅陸軍司令部的徹底改組，還有整個國防軍組織的徹底改組，都在研究之中，這種改組的結果將最後使軍方就範。

高級將領的權力雖然不是絕對的，卻是唯一仍然不受希特勒控制的，他們會交出這種權力來嗎？當弗立契經歷了總理府書房裡的那場考驗回到他班德勒街的寓所以後，他就跟參謀總長貝克將軍商量該怎麼辦。某些英國歷史學者說[10]，貝克敦促他立即發動反對希特勒政府的軍事政變，弗立契拒絕了這種主張。但是給貝克寫傳記的德國作家沃夫岡・福斯特（Wolfgang Förster）看過貝克的私人文件，他只是說，在這個決定命運的晚上，貝克先會見了希特勒，後者告訴了他這種嚴重罪狀，然後他又會見了弗立契，後者否認這種罪狀，最後，就在當晚很遲的時候，他又趕到希特勒那裡，只要求給予陸軍總司令在軍事榮譽法庭上洗刷自己的機會。貝克的傳記作者表明，貝克本人當時也還沒有看透第三帝國的統治者們，到後來他看透了，但是爲時已經太遲了。幾天後，不僅布倫堡和弗立契已經去職，而且還有十六名高級將領退休，另有四十四名被調到低級指揮部去，這時弗立契和他的最親近的部下——貝克是其中之一——的確認眞考慮過軍方的反措施，也爲時太遲了。他們很快就放棄了這種危險的想法。福斯特說：「這些人清楚地知道，軍事政變將意味著內戰，而且絕不會有把握成功。」當時，這些德國將領要有把握得勝才肯冒任何重大風險，這是他們一貫的作風。據這位德國作家說，他們擔心不僅戈林的空軍和雷德爾海軍上將的海軍會反對他們（因爲這兩個總司令都是完全拜倒於元首），而且陸軍本身也可能不會充分支持它下臺的總司令[11]。

但是，這些高級陸軍軍官獲得了一個該由他們來打擊希特勒的最後機會。陸軍同司法部合作進行的初步調查，很快就確定弗立契將軍是希姆萊和海德里希所唆使的祕密警察誣陷陰謀的無辜受害人。據查明，這個累犯施密特確曾發現一個陸軍軍官在波茨坦車站的陰暗處犯雞姦罪行，並且因此敲詐了他好幾年。但是，這個軍官的名字是弗立許，不是弗立契。他是一個因病臥在床上的退休騎兵軍官、在陸軍名冊裡登記爲騎兵上尉。祕密警察是知道這一點的，但是，他們逮捕了施密特，威脅他說，除非他說是陸軍總司令，否則就要殺死他。害病的騎兵上尉也被祕密警察看管起來，以防止他講出去。但是，他和施密特最後都被陸軍從祕密警察的魔掌中奪去，安頓在一個安全的地方，直到他們能在審訊弗立契的軍事法庭上作證。

陸軍的老派領袖們高興極了。不僅他們的總司令可以洗清罪嫌和復任陸軍領導，而且黨衛隊和祕密警察的陰謀，也接露了希姆萊和海德里希這兩個在國內握有無法無天權力的人不擇手段的陰謀，這樣他們和黨衛隊將走上四年前羅姆和衝鋒隊的路。這對黨和對希特勒本人來說也是一個打擊；它將使第三帝國的基礎發生劇烈動搖，希特勒本人都可能倒臺。如果希特勒要掩蓋這個罪行，那麼由於眞相大白而問心無愧的陸軍，就可以採取行動了。但是，又一次，像過去五年中發生過多次的情況一樣，這些將軍們不及這位前奧地利下士來得機智狡猾，終於被命運所徹底擊敗。因爲這位領袖知道如何利用命運來達到他自己的目的，而他們卻不知道。

在一九三八年一月的整個最後一星期中，一種使人想起一九三四年六月底情況的緊張氣氛籠罩著柏林。首都又充滿了各種謠言。希特勒廢黜了陸軍的兩個最高人物，原因不詳。將軍們在反抗。他們在策畫著軍事政變。弗朗索瓦—龐賽大使接到弗立契的請帖，請他在二月二日吃飯，後來弗立契又取消了這個邀請。大使聽說他已被逮捕。傳說陸軍打算在一月三十日國會開會聽取希特勒的五周年演說時包圍國會，逮捕納粹政府全體人員和它一手挑選的議員們。由於國會宣布會議無限期延期，這些傳說顯得更爲可信了。這位德國獨裁者顯然陷在困難之中。他終於遇到了他的敵手——德國陸軍不屈的高級將領們。至少後者一定是這樣想的，但是他們錯了。

一九三八年二月四日，德國內閣舉行了後來證明是最後一次的會議。不論希特勒碰到了多少困難，他現在克服了這些困難，而在這過程中還清除了那些妨礙他的人——不僅是陸軍中，還有外交部中。他那一天在內閣中很快地通過了一項命令，並在午夜前不久就在電臺上向全國和全世界宣布。這項命令開頭說：

「從現在開始，我親自接掌整個國防軍的統率權。」

作爲國家的首腦，希特勒不用說就是國防軍的最高統帥，但是現在他接掌了布倫堡的總司令職務並取消了原來也是那位發花癡的新郎所主管的戰爭部。代替戰爭部而設立的是一個後來在第二次世界大戰中爲全世界所熟知的機構，叫做國防軍最高統帥部（Oberkommando der Wehrmacht，簡稱OKW），陸海空三軍都隸屬其下。希特勒是它的最高統帥，在他下面有一個參謀長，卻有一個叫得很響的頭銜：「國防軍最高統帥部長官」。這個職位賦予了奉承拍馬的凱特爾，後者設法一直擔任到底。

戈林本來一直自以爲能夠繼任布倫堡的職務，希特勒爲了減輕他自尊心的傷痛，授予他元帥的稱號，這使他成爲擁有第三帝國最高軍銜的軍官，顯然使他歡喜不置。爲了消除公眾的不安，希特勒宣布布倫堡和弗立契「因健康不佳」而辭職。這樣，弗立契甚至在沒有得到軍事榮譽法庭審訊以前就永遠地被擯除了，因爲希特勒是知道這種審訊會使弗立契洗清冤枉的。在高級將領們看來，這豈有此理，但是他們對此沒有什麼辦法可想，因爲他們也在同一命令中被排斥了。其中十六人，包括倫德施泰特、李布（Wilhelm Ritter von Leeb）、維茨萊本、克魯格（Günther von Kluge）和克萊斯特（Paul Ludwig Ewald von Kleist）這些將軍在內，被解除了指揮權，另外四十四個被認爲對納粹主義不夠熱心的人，被調職了。

希特勒在經過一番躊躇後挑選了布勞希契（Walther von Brauchitsch）將軍繼弗立契統率陸軍。布勞希契將軍在將領們中間名聲頗好，但是後來證明，在碰到希特勒喜怒無常的脾氣突然發作時，這位將軍卻和布倫堡一樣軟弱恭順。在這個危機中間有幾天裡，又出現了一個會使布勞希契像布倫堡和弗立契一樣丟官的兩性問題。因爲這位軍官正要離婚，這是一件貴族軍官們所看不慣的事。永遠好奇的約德爾在日記中記下了這樁錯綜複雜的事情。在一月三十日，星期日，他記載凱特爾召來了布勞希契的兒子：「以便打發他去見他的母親（他要去取得她對離婚的同意）。」兩天後約德爾記載布勞希契和凱特爾跟戈林碰頭：「爲了討論家庭問題。」戈林似乎已自任爲將軍們性糾紛的仲裁人，他答應研究這個問題。同日，約德爾又寫道：「布勞希契的兒子帶了他母親一封非常得體的信回來。」意思是她不會妨礙她的丈夫。戈林和希特勒也不反對離婚，這位陸軍新司令在就任新職幾個月後實現了這件事。因爲戈林和希特勒都知道，他要娶的夏洛特・施密特夫人，像烏里希・馮・哈塞爾所說的是「一個百分之二百過激的納粹分子」。婚禮在當年秋天舉行。它將證明——約德爾可能會再度指出——這又是一個女人影響歷史的事例（據密爾頓・許爾曼《西方的潰敗》〔Milton Shulmsn, *Defeat in the West*〕一書第十頁的記述，爲了使布勞希契髮妻同意離婚，希特勒本人曾出面向她說項，幫助安排了分給她的財產，從而使這位陸軍總司令對他本人感恩不盡。許爾曼說他的材料來源是加拿大陸軍的一份情報）。

希特勒二月四日的整肅不是只以將軍們爲限。他還把紐拉特清除出了外交部，而代之以思想淺薄、態度恭順的里賓特洛甫（爲了轉移人們對軍界危機的注意和保住紐拉特在國內外的一些威望，希特勒聽了戈林的建議而設立了所謂祕密內閣會議〔Geheimer Kabinettsrat〕。據元首二月四日的命令中說，這個會議的目的是向他提供「在執行外交政策方面的指導意見」。紐拉特被任命爲會議主席，會議成員包括凱特爾和三軍首長，以及內閣和黨內最重要的人員。戈培爾的宣傳機器把它大加吹噓，使人以爲好像它是一個超級內閣而紐拉特實際上是升了職似的。其實，這個祕密內閣會議完全是烏有的。它從來沒有存在過。如戈林在紐倫堡作證時所說的：「沒有疑問，並不存在這種內閣，但是這種名稱聽起來很好聽，人人都會以爲這是有點道理的……我發誓說，這個祕密內閣會議從未舉行過會議，甚至一分鐘也沒有舉行過。」[12]）兩個老資格職業外交官，駐羅馬大使烏里希・馮・哈塞爾和駐東京大使赫伯特・馮・狄克森（Herbert von Dirksen），也被免職。駐維也納的巴本也是如此。不中用的馮克正式被任命繼沙赫特爲經濟部長。

第二天，二月五日，《人民觀察家報》刊載著這種觸目驚心的標題：「一切權力高度集中於元首手中！」只有這一次，這家納粹黨報沒有過甚其詞。

一九三八年二月四日，是第三帝國歷史上的一個重大轉折點，是它走向戰爭道路上的一個里程碑。不妨說，在這一天，納粹革命完成了。最後一些保守分子已被清除了。希特勒決心要在德國充分武裝後要走的道路，再也沒有阻礙了。興登堡和老派保守分子讓布倫堡、弗立契和紐拉特待在希特勒政府，是要他們遏制納粹黨的過分行爲，後來又添了一個沙赫特。但是在爭奪外交和經濟政策的控制權以及德國軍事權力的鬥爭中，事實證明他們不是希特勒的對手。他們在道義上既沒有足夠的骨氣，在政治上也沒有足夠的本領來和希特勒對抗，更不必說要勝過他了。沙赫特洗了手。紐拉特讓了位。布倫堡，在他自己袍澤的壓力下辭了職。弗立契，雖然遭到了匪徒式的誣陷，卻也毫無反抗表示就接受了解職。十六位高級將領溫順地接受了解職——還接受了弗立契的解職。軍官團曾談論過軍事政變，但僅僅是談論而已。事實證明，希特勒一直到死都對普魯士軍官階層保持著輕視，這證明是完全有道理的。他們一聲都不吭地讓施萊歇爾（Kurt von Schleicher）將軍和布萊多夫（Kurt von Bredow）將軍遭到官方認可的謀殺。他們現在又因循苟安地聽任他們的高級將領被黜免解職。柏林多的不是急於想代替他們，急於想爲希特勒效勞的年輕將領嗎？陸軍軍官們所自詡的團結精神在哪裡呢？它不是個全屬子虛的神話嗎？

在到一九三八年二月四日這個冬季日子爲止的五年中，軍隊一直擁有推翻希特勒和第三帝國的實際力量。當他們在一九三七年十一月五日知道他在把他們和德國引往哪裡去的時候，他們爲什麼不嘗試這樣做？弗立契本人在下臺後做了答覆。一九三八年十二月十八日，一個星期日，他在索爾陶（Soltaru）附近阿希特堡（Achterberg）的宅邸裡宴請被解職的大使哈塞爾，這所宅邸是陸軍在他退休後撥給他居住的。哈塞爾在日記中記下了「他的見解的要旨」：

「這個人——希特勒——是德國的劫數，不論是好還是壞。如果他現在走向深淵——弗立契認爲他會這樣做的——他將把我們統統拉著與他同歸於盡。我們是沒有辦法可想的。」[13]

外交、經濟和軍事的決策大權已經集中在他的手裡，國防軍也直接在他的統率之下，希特勒現在就沿著他的道路前進了。他以前沒有給弗立契一個洗雪名譽的機會就把他解職了，現在爲時過遲地給了他這種機會，設立了一個軍事榮譽法庭來聽取這個案件。由戈林元帥充當主席，陪審的是陸軍總司令布勞希契將軍和海軍總司令雷德爾海軍上將，另外還有兩個最高軍事法庭的職業法官。

這次不許報界和公眾旁聽的審訊，於一九三八年三月十日在柏林開始，但是在這一天還沒有過去就突然中止了，前一個晚上深夜從奧地利傳來的消息，使元首大動肝火（當巴本在三十六小時後到達柏林的總理府時，他發現希特勒仍然「在一種近乎歇斯底里的狀態中」。見巴本：《回憶錄》〔*Memoirs*〕，頁四二八），別的地方正迫切需要戈林元帥和布勞希契將軍。

第十一章　德奧合併：強奪奧地利

一九三七年快結束的時候，由於我的職務從報紙報導改為廣播報導，所以我的駐足點便從柏林轉到了維也納。十年前我還是一個青年記者，維也納是我的舊遊之地。雖然在今後決定性三年的大部分時間裡，我仍將在德國度過，但是報導整個歐洲大陸的新任務，卻使我有機會高瞻遠矚，全面地來觀察第三帝國，而且恰巧在希特勒的侵略發生前和發生時把我安排在成為侵略對象的那些鄰國裡。在那些日子裡，我僕僕往返於德國和當時正好是希特勒發洩怒火對象的那個國家之間，因而對現在要加以敘述的事件有了親身的經歷。這些事件無情地導致了人類歷史上規模最大、流血最多的戰爭。雖然我們親自看到這些事件的發生，但是對它們如何會發生的眞相卻知道得非常之少。陰謀詭計、背信棄義、事關命運的決定、優柔寡斷的時刻、主要當事人戲劇性的遭遇——所有這些決定時局發展的情況，都是在表面的掩飾下祕密發生的，瞞過了外國外交官、記者和間諜的窺伺眼睛。因此許多年來，其中大部分情況除了少數當事人外，公眾仍然不知道。

我們不得不等待大批使人眼花繚亂的祕密文件出現和劇中尚存的主要演員作證，他們中間大多數人當時不能自由地敘述他們的經歷，有許多人陷在納粹的集中營裡。因此，下文中所敘述的情況，主要是根據一九四五年以來所搜集的大量事實。但是，敘述這樣一段歷史的人在發生一些主要危機和轉折點時刻親身在場，或許是有些用處的。例如，在奧地利停止存在的一九三八年三月十一日那個值得記憶的夜裡，我正好在維也納。

維也納的居民比我所知道的任何地方的人都要來得和藹可親，更會享受當時那樣歌舞昇平的生活。可是一個多月以來，這個多瑙河畔充滿了巴洛克建築的美麗首都卻生活在惶惶不可終日的憂慮之中。奧地利總理許士尼格博士後來把二月十二日到三月十一日之間這段時期稱爲「痛苦的四個星期」。在一九三六年七月十一日奧德協定的祕密附件中，許士尼格對奧地利納粹黨做了影響深遠的讓步。自從那時以來，希特勒的駐維也納特別大使巴本，一直在孜孜不倦地破壞奧地利的獨立並促使它跟納粹德國合併。在一九三六年年底，他打了一個長篇報告給元首，敘述他的工作進展。一年後他又向元首打了報告，這一回強調說：「只有使聯邦總理（許士尼格）受到在可能範圍內的最強大壓力，才能夠獲得進一步的進展。」[1]他的建議，雖然幾乎是多餘的，當局卻很快就照辦了，而且認眞的程度甚至超出了他的想像。

在整個一九三七年中，奧地利納粹分子在柏林的資助和唆使下，已經加緊了恐怖活動。奧地利幾乎每天都有地方發生爆炸事件。在山區省份裡，納粹黨人大規模的而且常常是暴亂的示威，削弱了政府的地位。政府抄獲的一些計畫表明，納粹凶徒們準備像殺害許士尼格的前任一樣幹掉他。最後，在一九三八年一月二十五日，奧地利警察搜查了一個叫做七人委員會的團體在維也納建立的辦公處。當初設立這個委員會的目的是促成納粹分子和奧地利政府之間的和解，但實際上成了非法納粹地下組織的中央機構。警察在那裡發現了由元首的代表魯道夫・赫斯（Rudolf Hess）署名的文件，表明奧地利納粹分子將在一九三八年春天發動公開反叛，如果許士尼格企圖鎮壓的話，德軍將開入奧地利來防止「日耳曼人內部流血」。據巴本說，其中的一個文件要當地的納粹分子謀殺他本人或者他的武官莫夫（Wolfgang Muff）中將，以便爲德國的干涉製造藉口[2]。

根據柏林黨領袖們的命令，殷勤巴結的巴本又一次成爲納粹暴徒們的暗殺對象，如果說知道了這事讓他感到不快的話，那麼二月四日晚上打到維也納德國公使館來的一通電話也使他感到難受。國務卿漢斯·拉麥斯（Hans Lammers）從柏林總理府的電話上通知他說，他在奧地利的特別使命已經告終了。也就是說，他已同弗立契、紐拉特和好幾個人一起被免職了。

巴本後來回憶說：「我幾乎驚奇得說不出話來。」[3]他冷靜下來以後認識到：希特勒既已清除了紐拉特、弗立契和布倫堡，他顯然已決定要在奧地利採取更爲劇烈的行動。事實上，巴本冷靜下來以後，決定做「一些對一個外交人員來說是不尋常的事情」——這話是他自己說的。他決定把他和希特勒的全部通訊文件儲藏「在一個安全的地方」，這個地方後來弄清楚是瑞士。他說：「第三帝國的一些毀謗運動，我是太熟悉了。」我們已經看到，這種毀謗運動曾經幾乎使他在一九三四年六月間送掉了性命。

巴本的解職也是對許士尼格的一個警告。他並不充分信任這個態度殷勤的前騎兵軍官，但是他很快就看出，希特勒派這個狡猾的大使來，除了來跟他搗亂以外，一定還有更壞的主意，這位大使至少像他一樣是個虔誠的天主教徒，而且是個紳士。在過去幾個月中，歐洲的外交發展情況對奧地利並不有利。自從羅馬—柏林軸心建立後，墨索里尼更靠近希特勒了，對維護這個小國的獨立也不像在陶爾斐斯被暗殺時那樣關切了——當時墨索里尼還趕緊派遣四個師到伯倫納隘口去威嚇德國元首。在張伯倫領導下新近採取姑息希特勒政策的英國，以及受到嚴重內部政爭牽制的法國，從總總跡象看來，如果希特勒動手的話，他們並沒有多大興趣要保衛奧地利獨立。而現在，同巴本一起，德國軍隊和外交部裡過去曾壓制希特勒巨大野心的保守領袖也都去了職。許士尼格是一個心胸狹隘的人，但是，在他的限度以內，也還是個聰明人，而且消息很靈通，對他日益惡化的處境並不抱什麼幻想。正如他在納粹殺害陶爾斐斯後曾經感到過的一樣，現在又是進一步姑息這位德國獨裁者的時候了。

巴本雖然已被解職，卻提供了一個機會。他絕不是一個挨了一記耳光而懷恨的人，如果這記耳光是上級打的。在被免職後的第二天，他就匆忙地趕到希特勒那裡去「瞭解一下情況」。二月五日在貝希特斯加登，他發現元首由於跟將軍們進行了鬥爭而「精疲力竭和心不在焉」。但是，希特勒恢復精神的力量是相當大的，這位被免職的使節很快就使他對一個建議發生了興趣，這個建議是兩星期前他們兩個人在柏林商談時向他提出的：爲什麼不同許士尼格親自解決一下？爲什麼不請他到貝希特斯加登來親自談一談？希特勒覺得這個想法有點意思，顧不得他才把巴本免了職，就命令巴本回到維也納去安排這次會談。

許士尼格立即答應了，但是，他的地位雖然是軟弱的，卻仍提出了一些條件。他必須預先知道希特勒希望討論什麼具體問題；他必須預先得到保證：一九三六年七月十一日簽訂的協定將保持不變。在這個協定中，德國答應尊重奧地利獨立和不干涉奧地利內政。此外，會談後發表的公報必須重申兩國將繼續遵守一九三六年的協定。這是因爲許士尼格不願存著僥倖之心，膽敢到虎穴裡去捋虎鬚。巴本趕緊回到上薩爾斯堡去和希特勒會商。他回來時帶來了元首的保證：一九三六年的協定將保持不變，元首只是想討論自從這個協定簽訂以來「繼續存在的那些誤會和分歧」。這並不完全符合這位奧地利總理的要求，但是他說他對答覆表示滿意。會談定在二月十二日上午舉行（這天正好是陶爾斐斯政府屠殺奧地利社會民主黨人的四周年，許士尼格當時是那個政府中一個成員。在一九三四年二月十二日，一萬七千名政府軍和法西斯民兵用大炮轟擊維也納的工人住宅區，殺死了一千名男女老幼，另外還打傷了三四千人。民主的政治自由被消滅了，此後奧地利就先後受到陶爾斐斯和許士尼格的天主教—法西斯獨裁政權的統治。它無疑比納粹獨裁政權要溫和些，在柏林和維也納都工作過的人能夠證明這一點。但是，這個政權仍然剝奪了奧地利人民的政治自由，他們受到的壓制比在哈布斯堡王朝君主政體的最後幾十年中更大。筆者在《世紀中葉的旅行》〔*Midcentury Journey*〕中對此有更詳盡的論述）。二月十一日晚上，許士尼格由他的外交部次長吉多・施密特（Guido Schmidt）陪同，在嚴守祕密的情況下乘專車前往薩爾斯堡，次日上午乘汽車越過邊界到希特勒的山莊去。後來事實證明，這是一次決定命運之行。

貝希特斯加登會談：一九三八年二月十二日

巴本到邊界上來迎接奧地利客人，而且，許士尼格覺得，在這個結霜的冬天早晨中，巴本似乎「心境極爲愉快」。巴本叫他的客人們放心，說希特勒這天情緒極佳。接著來了第一個警告。巴本和藹地說，元首希望許士尼格博士對三位將軍偶然也在貝希特斯加登不要介意，他們是新任最高統帥部長官凱特爾、指揮駐在巴伐利亞—奧地利邊界軍隊的賴歇瑙（Walter von Reichenau）和主管該地區空軍的史培勒（Hugo Sperrle）。

巴本後來在回憶錄中提到他的客人時說，這是「一個似乎不太合他們胃口的消息」。而據許士尼格的回憶，他告訴這位大使說，他不會介意，特別是因爲他「在這件事上做不了多大的主」。許士尼格是一個耶穌會薰陶出來的知識分子（譯注：耶穌會是西班牙人羅耀拉於一五三四年創辦的一個天主教派別，它的反對者攻擊它的會員教士是陰險奸詐的人）。他開始警戒起來。

即使如此，他也沒有防到會有後來發生的結果。希特勒穿著衝鋒隊褐色制服的上衣，黑褲子，旁邊站著三位將軍，在別墅的臺階上歡迎這位奧地利總理和他的隨員。許士尼格覺得這是一次友好的然而拘泥於形式的歡迎。一會兒以後，他就單獨跟這位德國獨裁者在二樓的一間寬大的書齋裡了。從這個房間的一些無格大玻璃窗可以看到氣象雄偉、白雪皚皚的阿爾卑斯山，以及山的那一邊的奧地利——賓主兩人的誕生地。

所有認識他的人都會承認，四十一歲的許士尼格是一個禮貌周全的老派奧地利人。在會談開始的時候，他自然先來一陣彬彬有禮的寒暄，說幾句關於壯麗的風景、當天的好天氣諸如此類的話，恭維這個房間無疑是舉行過許多次重大會議的場所。但是希特勒打斷了他：「我們不是到這裡來談風景和天氣的。」然後風暴就爆發了。據這位奧地利總理後來作證說，以後的兩小時「會談多少是單方面的」（後來許士尼格博士憑記憶記述了他所謂一面倒會談的「重要的章節」，雖然這不是一篇逐字的直錄，但是任何聽過和研究過希特勒無數發言的人都覺得這是眞實的。它的實質内容不僅爲隨後所發生的一切事實所證實，而且也被那天在伯格霍夫〔Berghof〕的其他人，特別是巴本、約德爾和吉多・施密特所證實。我採用了許士尼格在《奧地利安魂曲》〔*Austrian Requiem*〕一書中和他在紐倫堡關於這次會談的宣誓證詞中所敘述的情況）[4]。希特勒生氣地說：

你盡量避免採取一種友好的政策……奧地利的整個歷史就是一連串不斷的叛逆賣國行爲。過去是如此，現在也沒有好一些。這種歷史性的矛盾現象早已必須告終，現在是時候了。許士尼格先生，我現在可以告訴你，我已下定決心要使這一切告終。德國是一個大國，如果它要解決它的邊界問題，沒有人會出來反對的。

態度溫文的奧地利總理對希特勒的發作感到震驚，不過他仍力圖保持和解態度而又堅持立場。他說，關於奧地利在德國歷史中的作用，他和主人的看法不同。他認爲：「奧地利在這方面的貢獻是相當大的」。

希特勒：完全等於零。我告訴你，完全等於零。在整個歷史中，每個民族主義的思想都被奧地利破壞了；而且一點不假，所有這種破壞都是哈布斯堡王室和天主教會的主要活動（希特勒對奧德歷史的歪曲看法，我們在早先幾章裡就已經看到，是他年輕時在林茨和維也納形成的，顯然一直未變）。

許士尼格：然而，總理先生，奧地利有許多貢獻是不能同德國文化的總體成就分開的。例如像貝多芬這樣一個人……。

希特勒：哦——貝多芬？讓我告訴你吧，貝多芬是在下萊茵地區出生的。

許士尼格：然而，奧地利是他卜居的地方，許多別的人也是如此……。

希特勒：也許是這樣。我再一次告訴你，事情不能照這樣繼續下去。我負有一個歷史使命，這個使命將由我來完成，這是因爲上帝注定了要我這樣做……凡是不贊成我的人，就要被摧毀……我選擇了任何德國人都沒有採取過的最困難的道路；我已獲得了德國歷史上最偉大的成就，比任何德國人都偉大。而且不是靠武力手段，我告訴你。我滿懷著對我人民的熱愛……。

許士尼格：總理先生，我很願意相信這一點。

經過了一個小時的這種談話以後，許士尼格要求他的對手把不滿意的地方一件件都說出來。他說：「我們將盡一切可能來清除障礙，以便達成更好的諒解，只要這是可能的。」

希特勒：這是你說的，許士尼格先生。但是我告訴你，我要設法解決所謂奧地利問題，不管用什麼方式。

他然後說了一大篇不滿奧地利在邊境構築工事對付德國的話，許士尼格否認有這種事。

希特勒：聽著，你當眞以爲你可以在奧地利移動一塊石頭而我在第二天不會知道嗎？……我只要一聲令下，一夜功夫你們全部可笑的防務就將被炸得粉碎。你當眞以爲你能擋住我半個小時嗎？……我非常願意使奧地利不要遭到這種命運，因爲這樣一種行動意味著流血。在軍隊之後，我的衝鋒隊和奧地利軍團就會開進去，沒有人能制止他們的正當報復——甚至我也不能制止。

在這些威脅以後，希特勒要許士尼格（老是無禮地不按外交禮貌稱呼他的職銜而直呼其名）注意到奧地利的孤立和毫無辦法的處境。

希特勒：片刻也不要以爲世界上有任何人能使我放棄我的決定。義大利？我同墨索里尼是一致的……英國？英國不會爲奧地利動一動指頭……法國？

他說，法國本可以在萊茵地區制止德國，「那麼我就不得不後退。但是現在對法國來說太遲了」。最後：

希特勒：許士尼格先生，我再一次，也是最後一次，給你談成條件的機會。要是我們現在不能找到一個解決辦法，事情就無法挽回了……考慮考慮吧，許士尼格先生，好好考慮考慮吧。我只能等到今天下午……。

許士尼格問道，德國總理的條件到底是什麼呢？

希特勒說：「我們可以在今天下午談這個。」

午餐時，許士尼格多少有些意外地注意到，希特勒顯得「興致極好」。老是由他一個人說話，他談的是馬和房屋。他將建造世界上還沒有看見過的最高摩天樓。他對許士尼格說：「美國人將看到，德國在建造比美國更大和更好的大廈。」至於憂心忡忡的奧地利總理，巴本發覺他顯得「心事重重」。他本是一個連續不斷抽煙的人，在希特勒面前他卻不能抽煙。但是在隔壁房間裡喝過咖啡後，希特勒就欠身表示失陪，退了出去，於是許士尼格才有機會第一次過一過煙癮。他也才有機會告訴他的外交部次長吉多．施密特不好的消息。不好的消息很快就變得更壞了。

這兩個奧地利人在小小的休息室裡等了兩小時後，才給帶進去跟新任德國外交部長里賓特洛甫和巴本相見。里賓特洛甫遞給他們一份用打字機打的兩頁「協定」草案，並且說這是希特勒的最後要求，元首不允許對這個協定草案加以討論。他們必須立即簽字。許士尼格後來說，由於他至少已從希特勒那裡得到了一些明確的要求，反而感到安心了。但是在他細看了這個文件後，他的安心之感立即化爲烏有。因爲這是德國的最後通牒，實際上是要他在一星期內把奧地利政府交給納粹分子。

對奧地利納粹黨的禁令要取消，所有監禁著的納粹分子統統都要釋放，要由親納粹的維也納律師賽斯—英夸特博士擔任內政部長，他要有主管警察和保安事務的權力。要委任另一個親納粹的人格拉斯—霍爾斯特瑙（Edmund Glaise-Horstenau）爲國防部長，要通過若干措施，包括有步驟地交換一百名軍官，來使奧地利軍隊和德國軍隊建立更密切的關係。其中最後的要求寫道：「要做好準備，使奧地利納入德國經濟體系。爲了這個目的，要委任菲許包克博士（一個納粹分子）爲財政部長。」[5]

據許士尼格後來寫道，他立即認識到接受這個最後通牒就意味著奧地利獨立的告終。

里賓特洛甫勸告我立即接受這些要求。我表示反對，向他提到我在到貝希特斯加登來以前跟馮．

巴本做好的約定，並向里賓特洛甫表明，我不是準備來聽取這麼不合理的要求的……[6]。

但是許士尼格準備接受它們嗎？他不是準備來聽取它們這一點，即使像里賓特洛甫這樣一個蠢貨也顯然是知道的。問題是：他願意簽字接受它們嗎？在這個困難的決定性時刻，年輕的奧地利總理開始軟下來了。據他自己的記載說，他洩氣地問道：「我們是否能指望德國的誠意，德國政府是否至少打算在這次交易中守信不貳。」[7]他說他得到了一個「肯定」的答覆。

這時巴本來對他下工夫了。這位滑頭的大使承認在他看到這個最後通牒時也感到「驚奇」。它是一種「對奧地利主權沒有道理的干預」。許士尼格說，巴本向他道歉，並表示對這些條件「完全感到意外」。雖然如此，他卻勸奧地利總理簽字接受這些條件。

他還對我說，我可以放心，如果我簽了字並同意了這些要求的話，希特勒一定會使德國今後繼續忠於這個協定並且不會再給奧地利帶來麻煩[8]。

從上面這些話（最後一段是在紐倫堡作證時提出的）可以看出，許士尼格不僅軟化下來了，而且天眞得有點糊塗了。

他還有一個最後的抵抗機會。他再度被帶去見希特勒。他發現元首正在書齋裡激動地來回踱著步。

希特勒：許士尼格先生……這兒是文件的草案。其中沒有什麼可以討論的。我不會改變其中的一點點。你必須原封不動地在這個文件上簽字，在三天內滿足我的要求，不然我要下令向奧地利進軍[9]。

許士尼格屈服了。他告訴希特勒說，他願意簽字。但是他提醒他說，根據奧地利憲法，只有共和國的總統才有法律上的權力來接受這樣一個協定和予以實施。因此，雖然他願意籲請總統接受，他卻不能擔保。

希特勒叫著說道：「你必須擔保！」

許士尼格說，他回答說：「總理先生，我可不能擔保。」[10]許士尼格後來說：

聽了這個答覆，希特勒似乎失去了他的自制能力。他跑到門邊去，打開門叫道：「凱特爾將軍！」然後又轉身過來對我說：「我回頭再來叫你。」[11]

這完全是恫嚇，這位被糾纏苦了的奧地利總理大概並不知道這完全是恫嚇，雖然他一整天都被提醒有這些將軍在那裡。巴本說，凱特爾後來說起，他聞聲趕忙跑進去請示命令，希特勒卻對他咧嘴笑著。希特勒笑著說：「沒有命令，我只是要你來這裡。」

但是在元首書齋外面等待著的許士尼格和施密特博士卻上了當。施密特低聲說，如果他們兩人在以後五分鐘內被逮捕起來，他也不會感到意外。三十分鐘後許士尼格再度被帶去見希特勒。希特勒說：

> 我已決定改變我的主意——這是我平生第一次。但是我警告你，這是你眞正的最後機會了。我再寬限你三天的時間來實施這個協定[12]。

這就是這位德國獨裁者讓步的程度，雖然最後草案的措辭多少溫和了些，但是，正如許士尼格後來作證時所說，所做的更動是無關緊要的。許士尼格簽了字。這是奧地利的死刑執行令。

人們在脅迫下的行爲視他們的性格而有所不同，而且常常是令人費解的。許士尼格雖然比較年輕，卻是經歷過無情的政治動盪的老手，曾經眼看他的前任遭到納粹分子的暗殺。他是個勇敢的人，這是很少人會懷疑的。然而，在這個決定命運的時期，他在一九三八年二月十一日在武裝進攻的可怕威脅下向希特勒屈服了，這在他的同胞們以及觀察家和歷史學者之間留下了一團未解決的疑雲。屈服是否必要？是否沒有別的出路了？鑒於英國和法國後來面臨希特勒侵略時的表現，如果還有誰說，假如希特勒當時進軍奧地利的話，英國和法國可能會來幫助奧地利，那麼免失之輕率。但是直到那時爲止，希特勒還未曾越出過德國邊界，也沒有使他自己的人民和全世界爲這種肆意侵略行爲做好心理準備。德國軍隊本身也沒有做好戰爭的準備可以對付法國和英國的干涉。在幾個星期後，由於貝希特斯加登「協議」的結果，奧地利將被當地的納粹分子和德國的陰謀詭計弄得軟弱不堪，使希特勒可以冒比在二月十一日少得多的外國干涉的風險就攫取它。許士尼格後來自己承認，接受希特勒的條件「只能」意味著「奧地利政府的獨立完全告終」。

或許他是因爲受到嚴峻的考驗而弄得有點暈頭轉向。在槍口下簽掉了自己國家的獨立以後，他竟跟希特勒進行了一番奇異的交談，其內容他後來記載在他的書裡。他問：「總理先生是否認爲目前世界上的各種危機可以用和平方式加以解決？」元首信口回答說可以——「如果聽從我的意見的話。」於是許士尼格說（顯然毫無譏嘲的意思）：「當前的世界局勢看來是頗有希望的，你說是不是？」13

在這樣一個時刻說這樣的話，似乎是難以想像的，但這就是這個被打敗了的奧地利總理自己說過的話。希特勒還有一個羞辱要給他嘗嘗。當許士尼格建議在他們的會談公報中提一提他們的討論重新肯定了一九三六年七月的協定時，希特勒喊道：「那不行！首先你得履行我們協議的條件。報上登的將是：『今天元首兼國家總理同奧地利聯邦總理在伯格霍夫舉行了會談。』僅此而已。」

在婉辭了元首的共進晚餐的邀請後，許士尼格和施密特驅車下山到薩爾斯堡去。這是一個灰濛濛的多霧冬天夜晚。無處不在的巴本陪同他們一直到邊界，對他所謂的「難堪的沉默」多少感到有點不舒服。他忍不住要想鼓舞起他奧地利朋友們的興致來。

他向他們大聲說道：「啊，現在，你們已經看到了元首有的時候會是什麼樣子！但是下一回我敢說會有所不同。你們知道，元首也可以是非常可親的。」（巴本的說法見他的《回憶錄》頁四二〇，多少有些不同，但是許士尼格的說法看來較爲眞實可信）

四個星期的痛苦：一九三八年二月十二日至三月十一日

希特勒要許士尼格在四天之內，即到二月十五日星期二為止，給他一個「有約束力的答覆」來實現這個最後通牒，另外又寬限三天，即到二月十八日為止，來履行這個最後通牒中的具體條件。許士尼格在二月十二日上午回到維也納，立即去見米克拉斯總統。威廉・米克拉斯（Wilhelm Miklas）是一個辛辛苦苦工作然而才能平庸的人，維也納人說他生平的主要成就是生了一大窩子女。但是他身上具有一種農民的樸實性格，作爲一個爲國服務將滿五十二年的官員，在遇到這個危機時，他比任何別的奧地利人表現出更多的大無畏精神。他願意向希特勒做某些讓步，如釋放奧地利納粹分子之類，但是他不同意讓賽斯－英夸特主管警察和陸軍。巴本及時地在二月十四日晚上向柏林報告了這種情況。他說許士尼格希望「在明天以前使總統放棄反對」。

在這天晚上七點三十分，希特勒批准了凱特爾將軍所擬訂的對奧地利施加軍事壓力的命令。

> 散布並無其事但是聽起來很可信的消息，使人聽了必然認爲對奧地利在進行軍事準備[14]。

事實上，許士尼格才離開貝希特斯加登，德國元首就在開始採取虛擬的軍事行動，以便使奧地利總理能按照叫他做的那樣去做。約德爾在日記裡記下了這一切情況。

二月十三日下午凱特爾將軍要卡納里斯（Wilhelm Canaris，當時國防軍最高統帥部情報局局長）和我到他的寓所去。他告訴我們說，元首的命令是，由虛擬的軍事行動所造成的軍事壓力要保持到十五日。擬訂了關於這些措施的建議，在電話上報告給元首並請他批准。

二月十四日效果是迅速而有力的。在奧地利，已經造成了德國正在進行認眞軍事準備的印象[15]。

約德爾將軍沒有誇大。在武裝侵入的威脅下，米克拉斯總統屈服了。在寬限的最後一天即二月十五日，許士尼格正式通知巴本大使說，在貝希特斯加登所商定的協議將在二月十八日以前實施。二月十六日，奧地利政府宣布了對納粹分子的大赦，那些在殺害陶爾斐斯案中定罪的納粹分子也被釋放，並且公布了改組後的內閣名單，賽斯—英夸特被任命爲公安部長。第二天，這個納粹部長就趕到柏林去見希特勒，接受他的命令。

賽斯—英夸特，這個頭一個吉斯林（譯注：gusling，英文爲賣國賊之類，指的是一九四〇年德軍侵入挪威時的投敵分子吉斯林〔Vidkun Quisling〕），是一個樣子討人喜歡的聰明維也納青年律師。他自從一九一八年以來就具有強烈的欲望，要看到奧地利跟德國結合在一起。在戰後的頭幾年中，這是一種很流行的思想。一九一八年十一月十二日，停戰後的第一天，維也納臨時國民議會剛剛推翻了哈布斯堡君主政體並宣布成立奧地利共和國，也聲明「日耳曼人的奧地利是德意志共和國的一個組成部分」，想這樣來實現德奧合併。勝利的協約國不同意這樣做，而到希特勒上臺的一九三三年時，沒有疑問，大多數奧地利人都反對他們這個小國跟納粹德國結合起來。但是在賽斯—英夸特看來，正如他後來在紐倫堡受審時所說的，納粹分子是堅定地主張德奧合併的，因此他支持他們。

他沒有參加納粹黨，而且也沒有參加該黨的暴行。他爲奧地利納粹分子充當了一個體面的門面人物，在一九三六年七月協定以後，他被任命爲國務參事，他在巴本和其他德國官員及特務分子的幫助下，竭力從內部進行破壞。奇怪的是，許士尼格和米克拉斯一直到底似乎都是信任他的。米克拉斯跟許士尼格一樣，是一個虔誠的天主教徒，他後來承認，他是由於看到賽斯是「一個赴教堂做禮拜從不缺席的人」而對他產生好印象的。這個人篤信天主教，像許士尼格一樣曾於第一次世界大戰期間在提羅爾（Tyrol）禁衛步兵團裡服過役，還受過重傷——這些似乎就是這位奧地利總理信任他的基礎。不幸的是，許士尼格有一個致命弱點，不能從更爲切實而重要的方面來判斷一個人。或許他認爲他可以乾脆用賄賂來使他的納粹新部長就範。他在他的書裡曾講到一年前一筆五百美元的賄賂在賽斯—英夸特身上所發生的神奇效果，當時賽斯—英夸特揚言要辭去參事之職，後來由於接受了這區區的數目而又收回辭呈了。但是許士尼格很快就會知道，希特勒有更大的賞賜來誘惑這個野心勃勃的青年律師。

二月二十日，希特勒向國會發表了大家等待已久的演說，這是由於布倫堡—弗立契危機和他自己對奧地利的陰謀而從一月三十日拖延下來的。這位元首熱烈地談到許士尼格的「諒解」以及促成奧德密切瞭解的「誠意」，這番假話使張伯倫首相印象很深刻。但是，他又發出了一個警告，對於這個警告，儘管倫敦方面怎麼粗心而沒有注意到，維也納，還有布拉格，都是不會不注意到的。

有一千多萬日耳曼人住在同我們邊界接壤的兩個國家裡……有一件事情是絕不能有什麼懷疑的。不能由於政治上同德國分開而使權利——那就是自決的一般權利——也遭到剝奪。一個世界大國不能忍受它旁邊的同種族弟兄因爲對整個民族、它的命運和它的世界觀（Weltanschauung）表示同情或者一致而經常遭受到最厲害的折磨。保護這些不能憑藉自己的努力在我們邊界上獲得政治上和精神上自由的日耳曼人民，是德國的職責[16]。

這是直率而公開的通知：今後希特勒認為，七百萬奧地利人和三百萬在捷克斯洛伐克蘇臺德區的日耳曼人的前途是第三帝國的事情。

許士尼格在四天後，二月二十四日，在向奧地利聯邦議會發表的一篇演說中答覆了希特勒。這個議會的議員們，像德國國會的議員們一樣，也是由一黨獨裁政權所一手挑選的。許士尼格雖然對德國採取了和解態度，但是他強調說，奧地利已經讓步到了「我們必須停止並且說『到此為止不能再退』」的極限了。他說，奧地利絕不會自動放棄它的獨立的，他在結束演說時發出了一個激動人心的號召：「紅—白—紅（奧地利國旗顏色），誓死效忠！」（這句話在德文也是成韻的）。

許士尼格在戰後寫道：「二月二十四日對我來說是一個決定性的日子。」他焦急地等待著德國元首對他反抗演說的反應。巴本在第二天打電報給柏林，叫外交部不要過分認真地看待這篇演說。他說，許士尼格表現了他相當強烈的民族主義情緒，是為了挽救他在國內的地位；由於他在貝希特斯加登做了讓步，維也納有人陰謀要推翻他。同時，巴本告訴柏林說：「賽斯—英夸特的工作……正在按計畫取得進展。」[17]第二天巴本正式向奧地利總理辭行而到基茨布爾（Kitzbühl）滑雪去了。他在奧地利進行了多年陰險的工作就要得到收穫了。

希特勒二月二十日的演說，曾由奧地利廣播電臺轉播，在奧地利各地引起了一連串大規模的納粹示威運動。在二月二十四日廣播許士尼格的答覆之際，在格拉茨（Graz）有兩萬名納粹黨暴徒闖入了該市鎮的廣場，拆下了擴音器，卸下了奧地利國旗而升上了德國的萬字旗。由於是賽斯—英夸特主管警察，當然沒有做什麼努力來制止納粹的騷擾。許士尼格的政府在垮下來。不僅政治上發生了混亂，經濟上也開始發生混亂。銀行裡有大批外國戶頭和本國人民提款。外國商行擔心出事，紛紛向維也納取消訂貨。外國遊客原來是奧地利經濟的主要來源之一，也被嚇跑了。托斯卡尼尼（Arturo Toscanini）從紐約打電報來說，「由於奧地利的政治局勢」而取消在薩爾斯堡音樂節的演出，這個音樂節每年夏天要吸引幾萬遊客。局勢變得如此之絕望，以至於被放逐的哈布斯堡王室太子奧托，竟從比利時的家裡寫了封信來，據許士尼格後來透露，他請求許士尼格看在前帝國軍隊軍官的效忠誓言的份上委任他爲總理，如果許士尼格認爲這樣一種步驟也許能挽救奧地利的話。

許士尼格急了，只得去求助於奧地利工人。陶爾斐斯一九三四年野蠻地把擊垮他們的自由工會和政黨社會民主黨，許士尼格上臺後也繼續打壓他們。這些人佔奧地利選民的百分之四十二，如果在過去四年中的任何時候，這位總理能夠把他的眼光放開，超出他自己天主教—法西斯獨裁政權的狹隘範圍，爭取他們這些人的支持來組成一個溫和的、反納粹的民主聯合政權，那麼本來是可以很容易地對付人數較少的納粹分子。但是許士尼格沒有這樣的氣魄來採取這樣一個步驟。儘管他爲人正直規矩，但是他也像歐洲的某些其他人一樣，看不慣西方民主，非常喜歡極權的一黨專政。

社會民主黨人走出了工廠和監獄——他們中間有許多人最近同納粹黨人一起從監獄裡釋放出來——三月四日全體一致響應了總理的號召。他們說，他們不咎既往，仍然願意幫助政府保衛國家的獨立。他們所要求的只是總理已經許給納粹黨的那一點東西：擁有他們自己的政黨並有權宣傳他們自己的原則。許士尼格同意了，但是已經太晚了。

三月三日，消息老是很靈通的約德爾將軍在日記中記道：「奧地利問題就要到最後關頭了。一百名軍官要派到德國來，元首要親自接見他們。他們的任務不是使奧地利武裝部隊頑強地對抗我們，而是要完全放棄作戰。」

在這個決定性關頭，許士尼格決定再採取一個最後豁出去的行動。自從二月份最後那幾天納粹分子開始在各省接掌政權以來，他一直在心裡盤算這個行動。他要舉行一次公民投票。他要問奧地利人民，他們是否贊成一個「自由的、獨立的、社會的、基督教的和統一的奧地利——是或否？」（戰後在維也納對某個奧地利納粹黨人的審訊中，米克拉斯作證說，這次公民投票是法國向許士尼格建議的。巴本在回憶錄中暗示，奧地利總理的親密私交，法國駐維也納公使比奧〔Gabriel Puaux〕先生，是「這次公民投票主意的創始者」。但是，他承認，許士尼格採用這個主意，無疑是出於自己的決定[18]）。他後來寫道：

我覺得做出明確的決定的時刻已經來到了。雙手給上了銬，等待著，等到幾星期後再被封住了口，這樣似乎是不負責任的。現在的賭博需要做最後的超人努力[19]。

從貝希特斯加登回來後不久，許士尼格就把希特勒的威脅告訴了奧地利的保護者墨索里尼。他立即得到這位義大利領袖的答覆，說義大利對奧地利的態度不變。三月七日，他打發駐羅馬的武官去見墨索里尼說，鑒於事態的發展，他「大概將不得不舉行公民投票」。這位義大利獨裁者答覆說，這是一個錯誤——「C'è un errore!」他勸許士尼格仍舊照以前那樣做去。事情在好轉；羅馬和倫敦之間關係即將緩和，而這將大大有助於減輕壓力。這是許士尼格從墨索里尼那裡聽到的最後的話了。

三月九日晚上，許士尼格在因斯布魯克（Innsbruck）發表的一篇演說中宣布，將於四天後——三月十三日星期日那天——舉行公民投票。這個意外的消息使希特勒勃然大怒。約德爾三月十日的日記描述了柏林的初步反應：

許士尼格出人意外地而且沒有跟他的部長們商量就下令在三月十三日星期日舉行公民投票……。元首決不容忍這件事。當天晚上，就是三月九日至十日的夜間，他把戈林叫了來。賴歇瑙將軍也從開羅奧林匹克委員會召了回來。還命令馮·舒伯特將軍（Eugen Ritter von Schobert，在奧地利邊界上的慕尼黑軍區司令）和奧地利部長格拉斯—霍爾斯特瑙前來，後者……在普法茲（Pfaltz）……里賓特洛甫正留在倫敦。紐拉特接管了外交部[20]。

第二天，三月十日星期四，柏林忙碌異常。希特勒已決定要對奧地利進行軍事佔領，他的將軍們無疑對此感到極為意外。如果要用武力阻止許士尼格在星期日舉行公民投票，陸軍必須在星期六以前開入奧地利，然而卻沒有這樣匆促進軍的準備計畫。希特勒要凱特爾在上午十時去見他，但是這位將軍在趕忙去見希特勒之前先同約德爾和最高統帥部作戰局局長馬克斯·馮·維巴恩（Max von Viebahn）將軍會商了一番。富於智謀的約德爾記起了奧托特別方案，那是擬定出來對付哈布斯堡王室的奧托在奧地利復辟的企圖。既然這是當時唯一用軍事行動來對付奧地利的計畫，希特勒決定只好用它。他下命令：「準備奧托方案。」

凱特爾趕緊回班德勒街的最高統帥部去和參謀總長貝克將軍會商。當他要求瞭解奧托方案的詳情時，貝克回答說：「我們什麼也沒有準備過，什麼也沒有做過，什麼都沒有。」於是貝克也被召到總理府去。他拉住了正要離開柏林去擔任某個師部職務的曼施坦因將軍，跟他一同驅車去見希特勒。希特勒對他們說，陸軍必須準備好在星期六以前進軍奧地利。這兩位將軍都沒有反對這個武裝侵略的建議。他們只是擔心在那麼短的時間內要臨時把軍事行動準備就緒有困難。曼施坦因回到班德勒街去著手擬定必要的命令，在下午六時，即五小時內完成了他的工作。據約德爾的日記說，在下午六點三十分，向陸軍三個軍和空軍下達了動員令。第二天，三月十一日上午二時，希特勒發布了關於奧托軍事行動方案的第一號指令。他匆忙得連名字都忘記簽，直到下午一時才補上了簽字。

極機密

一、如果其他措施不成功的話，我打算用武裝部隊侵入奧地利，以建立法治的條件和防止對親德國的人民進一步暴行。

二、整個軍事行動將由我自己指導……。

四、進行這種軍事行動的陸軍和空軍部隊，必須準備好在一九三八年三月十二日入侵，至遲不得晚於十二點鐘……。

五、軍隊的表現必須使人覺得，我們不願意對我們的奧地利兄弟發動戰爭……因此，要避免任何挑釁行為。但是，如果遇到抵抗，則必須用武力予以無情摧毀……[21]。

幾小時以後，約德爾代表國防軍最高統帥部長官發布了補充的「極機密」命令：

一、如果在奧地利遇到捷克斯洛伐克軍隊或者民兵部隊，要認爲他們是具有敵意的。

二、義大利人則在任何地方都須當作朋友對待，特別是因爲墨索里尼已經說他對解決奧地利問題不感興趣[22]。

希特勒一直在擔心墨索里尼。三月十日下午他已決定了軍事入侵後，立即打發黑森親王菲利普坐了專機帶著一封信去見義大利領袖（所署日期爲三月十一日），信中把希特勒所籌畫的行動告訴他，並請這位義大利獨裁者諒解。這封信集謊言之大成，完全歪曲了他如何對待許士尼格以及關於奧地利的情況，他竭力使這位義大利領袖相信，奧地利的情況「正接近於無政府狀態」。這封信開頭完全是一派哄人的胡言，以至於後來在德國公布時希特勒把開頭的話刪去了。這些刪去的話是戰後在義大利外交部的檔案裡發現的。他說，奧地利和捷克斯洛伐克正在陰謀使哈布斯堡王室復辟，並準備「以至少兩千萬人的巨大力量來打擊德國」。他然後扼要地敘述了他對許士尼格的要求，並竭力使墨索里尼相信，這些要求「簡直是溫和之至的」。他又說到許士尼格未能實現這些要求，還談到要舉行「一次所謂公民投票」的那場「玩笑」。

從我作爲德國元首兼總理的職責和作爲這塊土地的兒子的職責出發，我不能再在這些事態發展面前繼續無所作爲了。

我現在已決心恢復我祖國的法律和秩序，並使人民能夠以明白無誤的公開的方式，按照他們自己的判斷來決定他們自己的命運……。

不論這次公民投票將以什麼方式進行，我現在願意嚴正地向閣下，法西斯義大利的領袖，保證：

一、這個步驟只是一種民族自衛的步驟，任何有骨氣的人都會同樣採取的一種行爲，如果他是處在我的地位的話。閣下也不會有不同的做法的，如果義大利人的命運發生危險的話……。

二、在義大利的一個決定性關頭，我曾經向您證明了我堅定的友情。請相信以後在這方面也不會有什麼改變。

三、不論即將發生的事情產生什麼後果，我已在德國和法國之間劃了一道明確的邊界線，現在在義大利和我國之間也劃了一道同樣明確的邊界線。它就是伯倫納……（把邊界畫在伯倫納，是對墨索里尼的一種讓步。這意味著希特勒不再要求歸還南提羅爾，這個地方是在凡爾賽和會上割自奧地利而給與義大利的）

你的永遠的朋友　阿道夫・希特勒[23]

許士尼格的垮臺

許士尼格博士沒有注意第三帝國邊界上正在緊鑼密鼓進行的入侵準備，三月十日晚上他去睡覺了。據他後來作證時說，他深信這次公民投票將會是奧地利的一次成功，納粹分子「將不會成爲克服不了的障礙」（應當公正地指出，許士尼格的公民投票並不比希特勒在德國舉行過的那些公民投票更爲自由和民主些。因爲自從一九三三年以來奧地利就未曾舉行過自由選舉，所以沒有最新的選民名單。只有二十四歲以上的人有資格投票。只是在舉行公民投票以前四天才通知公眾，所以，即使納粹黨人和社會民主黨人這些反對派可以自由進行競選運動，也沒有時間來這樣做。社會民主黨人無疑會投贊成票的，因爲他們認爲許士尼格總比希特勒要好一些，而且，他們還獲得可以恢復政治自由的諾言。他們的投票會使許士尼格獲得勝利，是不成問題的）說眞的，那天晚上賽斯—英夸特博士還曾向他保證，他將支持這次公民投票，甚至將廣播一篇贊成這次公民投票的演說。

在三月十一日星期五早晨五點半，這位奧地利總理被床邊的電話鈴聲所驚醒。打電話來的是奧地利警察局長斯庫布爾（Michael Skubl）博士。他說，德國人已經封閉了薩爾斯堡地方的邊界。兩國之間的鐵路交通已經中斷了。傳說德國軍隊正在奧地利邊界集中。

六點十五分，許士尼格在前往鮑爾豪斯廣場（Ballhausplatz）他的辦公室途中，決定先到聖史蒂芬大教堂去一趟。教堂裡，在朦朧的晨曦中，正在做早彌撒，他不安地坐在座位上，想到警察局長報告的不祥消息。他後來追述：「我不能十分確定，這種消息意味著什麼。我只知道它會帶來某種變化。」他凝視著聖母瑪利亞像前面燃燒著的蠟燭，偷偷地向四面望望，然後畫個十字，就像無數維也納人在過去困難的時候在這個像面前所做的那樣。

在總理府裡，一切都很平靜；甚至奧地利駐外人員也沒有在前一夜發來過什麼令人不安的電報。他打電話給警察總局，要求警察在內城和政府建築物四周布置警戒線，作爲一種預防措施。他還召集了他的內閣同事們。只有賽斯—英夸特沒有來。許士尼格到處都找不到他。實際上這位納粹部長正在維也納機場。巴本在頭天晚上接到命令要趕回柏林，在上午六時乘專機啓程，賽斯—英夸特在給他送行。現在這位第一號吉斯林正在等待著第二號——格拉斯—霍爾斯特瑙，他像賽斯一樣也是許士尼格內閣的一個部長，而且也像賽斯一樣在幹賣國的勾當。他將從柏林來，帶著希特勒指示他們該怎麼對付這次公民投票的命令。

命令是要取消這次公民投票，這兩位先生在上午十時及時地把這個意見告訴了許士尼格，還說希特勒非常生氣。許士尼格在同米克拉斯總統、內閣同事們和斯庫布爾博士磋商了幾小時後，同意了取消這次公民投票。這位警察局長很不得已地告訴他說，由於警察中大量地混入了按照貝希特斯加登最後通牒而復職的納粹分子，所以政府不再能依靠他們了。另一方面，許士尼格肯定地認爲，陸軍和愛國陣線——奧地利執政的極權主義政黨——的民兵是願意戰鬥的。但是在這個決定性關頭，許士尼格決定不對希特勒進行抵抗，如果抵抗要流日耳曼人的血的話。希特勒是很願意流血的，但是許士尼格一想到這種可能前途就不寒而慄。他後來說，事實上，對這個問題，他早已打定主意了。

下午二時，他召見了賽斯—英夸特，告訴他要取消這次公民投票。這位溫文爾雅的猶大立即打電話到柏林去通知戈林。但是按照納粹的方式，軟化對手做了一個讓步後必須很快逼他繼續做出另一個讓步。戈林和希特勒當即增加賭注。關於其中的詳細經過，關於所使用的威脅和欺騙手段，說來很有諷刺意味，竟是由戈林自己的「研究所」（Forschungsamt）把詳盡細節記錄了下來。它記下了在三月十一日下午二點四十五分開始的二十七次從元帥辦公室打出來的電話的交談內容。這些文件是戰後在德國空軍部發現的，奧地利的命運在以後幾個小時的關鍵時刻中怎樣爲柏林打出來的電話所決定，這個記錄能說一切[24]。

在賽斯下午二點四十五分第一次打電話給戈林時，這位元帥告訴他說，光是許士尼格取消公民投票是不夠的，他在同希特勒商量後再回他電話。他在三點五分回了電話。他命令說，許士尼格必須辭職，而且必須在兩小時內任命賽斯－英夸特為總理。戈林然後又叫賽斯「照約定的那樣打電報給元首」。這封電報在以後幾小時的整個瘋狂事件中會突然出現，將被用來作為幌子，使希特勒可以向德國人民和世界各國的外交部把他的侵略說成是正當的。

那天下午，威廉．凱普勒（Wilhelm Keppler）從柏林來到維也納代理巴本的職務，成為希特勒駐奧地利特別代表，他給賽斯－英夸特看了自己打給元首的電報草稿。電報要求派遣德國軍隊到奧地利來鎮壓騷亂。賽斯在紐倫堡的宣誓供詞中說，他拒絕打這樣一個電報，因為並沒有騷亂發生。凱普勒堅持說，必須這樣做。他匆忙地趕到奧地利總理府，厚顏無恥地在那裡跟賽斯和格拉斯－霍爾斯特瑙一起設立了一個臨時辦公室。許士尼格在這個決定性關頭為什麼容許這些外人和賣國賊硬闖進來，公然在奧地利政府的辦公樓中竊據要津，這是不能理解的，但是他確實讓他們這樣做了。後來他說，當時總理府看來「像個亂哄哄的蜂房」。賽斯－英夸特和格拉斯－霍爾斯特瑙在一邊「接見朝臣」，「在他們周圍忙碌地進出著奇奇怪怪的人」；但是這位弄得莫名其妙的彬彬有禮的總理顯然從來沒有想到過要攆他們出去。

他已打定了主意，向希特勒的壓力屈服並且自己辭職。在他還在和賽斯關起門來密談的時候，他打了一個電話給墨索里尼，但是這位義大利領袖不能馬上來接電話，於是幾分鐘後許士尼格掛斷了這個電話。他認定，要求墨索里尼幫助「等於浪費時間」。甚至奧地利這個自負的保護者，也在患難之際拋棄了它。幾分鐘後，當許士尼格要設法說服米克拉斯總統同意他辭職的時候，外交部送來了一個信息：「義大利政府說，在目前情況下它不能提供什麼意見，如果要求它提供意見的話。」[25]

威廉．米克拉斯總統不是一個偉大的人物，但是他是一個頑固的、正直的人。他勉強地接受了許士尼格的辭呈，但是他拒絕讓賽斯—英夸特繼任。他說：「這是完全辦不到的。我們絕不會被嚇倒。」他叫許士尼格通知德國人，拒絕接受他們的最後通牒[26]。

賽斯—英夸特很快地在下午五點三十分把這件事報告給戈林。

賽斯—英夸特：總統已接受了（許士尼格的）辭呈……我提出要他把總理職位委任給我……但是他想要委任給一個像安德那樣的人……。

戈林：這不行！絕對不行！必須立即告訴總統說，他一定得把聯邦總理的權力交給你，接受照原來安排的那樣的內閣。

這時電話中斷了一下。賽斯—英特讓繆爾曼（Mühlmann）博士來接電話。繆爾曼博士是許士尼格在貝希特斯加登曾經看到過在後面虎視眈眈的奧地利納粹分子。他是戈林的朋友。

繆爾曼：總統仍舊堅決不同意。我們三個國社黨人想親自去跟他說……他甚至不讓我們見他。到現在爲止，看來他仍然不願讓步。

戈林：讓賽斯跟我通話。（對賽斯說）現在，記住下面這些話：你立即跟莫夫中將一起去告訴總統說，如果不立即接受條件，已經在向邊境前進的部隊將在今晚全線開入，奧地利就將停止存在……

告訴他，現在沒有時間開什麼玩笑。現在的局勢是，今晚將在奧地利全境開始入侵。只有我們在七點三十分以前得悉米克拉斯已委任你爲聯邦總理，入侵才能防止，軍隊才能在邊界上停下來……然後把全國各地的國家社會黨人都叫出來。他們現在應當到街上去。因此要記住，必須在七點三十分以前提出報告。如果米克拉斯不能在四小時內瞭解這點，我們將使他在四分鐘內瞭解這點。

但是這位不屈不撓的總統仍然堅持不讓。

六點三十分戈林又在跟凱普勒和賽斯—英夸特通電話。兩人都報告說，米克拉斯總統拒絕同意他們。

戈林：那好吧，賽斯—英夸特必須把他廢掉！只需上樓去告訴他，賽斯將動員國家社會黨警衛隊，五分鐘後軍隊將奉我的命令開入。

在這個命令後，莫夫將軍和凱普勒向總統提出了第二道軍事最後通牒，威脅說，如果他不在一小時內即在七點三十分以前屈服的話，德國軍隊將開入奧地利。米克拉斯後來作證說：「我告訴這兩位先生，我拒絕這個最後通牒……只有奧地利才能決定由誰來當政府的首腦。」

這時奧地利納粹分子已控制了街道和總理府。那天晚上我的妻子因難產而發生了危險，幸賴剖腹生產才使嬰兒得以誕生。六點鐘光景，我從醫院裡回來，在卡爾廣場的地下鐵道走出來時，發現四周盡是蜂擁衝向內城的大叫大喊、歇斯底里的納粹暴徒。這些興奮的面孔是我以前在紐倫堡的納粹黨集會上曾經看見過的。他們在大聲喊叫：「勝利萬歲！勝利萬歲！希特勒萬歲！希特勒萬歲！吊死許士尼格！吊死許士尼格！」警察站在旁邊，笑嘻嘻地看著，而僅在幾小時以前，我還曾看到他們毫不費事地驅散了一小批納粹分子。

許士尼格聽到了這些暴徒的腳步聲和叫喊聲，這些聲音把他嚇壞了。他趕緊到總統辦公室去做最後的請求。但是，他後來說：

米克拉斯總統堅定不移。他不願委任一個納粹分子爲奧地利總理。我堅持要他委任賽斯—英夸特，於是他說道：「你們現在都背棄我了，你們所有的人。」但是我覺得除了委任賽斯—英夸特外沒有別的出路。我把還剩下的些微希望，寄託在他向我做過的一切諾言上，寄託在他作爲一個虔誠的天主教徒和一個正直的人的個人名譽上。

許士尼格到最後還抱住他的幻想不放。

這位下臺的總理然後建議由他廣播一篇告別演說和說明他爲什麼辭職。他說米克拉斯同意了這點，雖然這位總統後來否認如此。這是我所聽見過的最感動人的廣播演說。擴音器就裝在離陶爾斐斯被納粹分子用槍暗殺的地點約五步路的地方。許士尼格說：

……德國政府今天交給米克拉斯總統一個最後通牒，還有一個時限，命令他任命德國政府所指定的一個人爲總理……不然德國軍隊就將侵入奧地利。

我向全世界宣布，德國所發出的關於工人鬧事、血流成河和局勢已非奧地利政府所能控制的傳說，是徹頭徹尾的謊言。米克拉斯總統要我告訴奧地利人民，我們已向武力屈服，因爲即使在這個可怕的時刻，我們也不準備流血。我們已決定命令軍隊不做抵抗（在已經提到過的米克拉斯的戰後作證中，他否認曾要求許士尼格說這種話，並說他甚至沒有同意過應做這次廣播講話。同退職的總理所說的相反，總統當時還不準備向武力屈服。他說他對許士尼格說：「事情還沒有到我們必須屈服的地步。」他剛才還拒絕了德國第二個最後通牒。他很堅定。但是許士尼格的廣播卻破壞了他的地位和逼使他過早地攤牌。我們將看到，這位頑強的年邁總統還堅持了幾個小時才屈服。在三月十三日，他拒絕簽署取消奧地利獨立存在的德奧合併法令，這是賽斯—英夸特在希特勒堅持下頒布的。雖然他把他的總統職權交給了這位納粹總理，因爲他無法執行他的職權，但是他堅持說他沒有正式辭去總統之職。他後來在維也納法庭上解釋：「辭職未免太怯懦了。」但是這並不妨礙賽斯—英夸特在三月十三日正式宣布，「總統在總理的請求下」已經「辭去他的職務」，他的「事務」移交給了總理）。

因此，我用一句從我心底深處發出的德語告別話向奧地利人民告別：上帝保佑奧地利！

總理告別了，但是頑強的總統卻還不準備告別。戈林在許士尼格廣播後不久打電話給莫夫將軍時獲悉了這點。戈林對他說：「最好是米克拉斯辭職。」

莫夫回答：「是啊，但是他不肯。這是很戲劇化的。我對他講了差不多十五分鐘。他說他絕不向武力屈服。」

「是這樣嗎？他不向武力屈服嗎？」戈林不能相信這種話。

「他不向武力屈服。」這位將軍重複道。

「那麼說，他是要人攆他出去嗎？」

莫夫說：「是啊。他賴在那裡不走。」

戈林笑道：「嘿，養了十四個孩子，只好賴在那裡不走。不管怎麼樣，叫賽斯去接過手來。」

仍然有那個電報問題沒有解決，希特勒為了要辯解他的侵略，需要有那封電報。據在柏林總理府裡跟元首在一起的巴本說，元首現在「處在一種接近於歇斯底里的狀態」。頑強的奧地利總統正在挫敗他的計畫。還有賽斯—英夸特，因為他沒有發那封要求希特勒派軍隊進入奧地利來平定騷亂的電報。希特勒怒不可遏，在三月十一日晚上八點四十五分發出了入侵的命令（這個命令標著「極機密」字樣，並且列為奧托軍事行動方案第二號指令，它的部分內容如下：「德國致奧地利政府的最後通牒的要求沒有得到滿足……為了避免奧地利城市中繼續流血，德國武裝部隊將按照第一號指令在三月十二日拂曉開始進入奧地利。我期望由於充分運用一切力量而使既定目標得以儘快實現。阿道夫・希特勒（簽字）。」[29]）三分鐘後，在八點四十八分，戈林跟維也納的凱普勒通了電話。

仔細聽好。應由賽斯—英夸特把如下的電報發到這裡來。用筆記下。

「在許士尼格政府辭職後認為本身任務是建立奧地利的安寧和秩序的臨時奧地利政府，向德國政府發出緊急請求，要求支持它完成這個任務和幫助它防止流血事件。為此目的，它要求德國政府盡快派遣德國軍隊。」

凱普勒叫元帥放心，他一定立即把「電報」內容給賽斯—英夸特看。

戈林說：「他甚至不必發這個電報。他只需要說一聲『同意』就行了。」

一小時後凱普勒回電話給柏林。他說，「告訴元帥，賽斯—英夸特同意了。」（實際上，賽斯—英夸特一直到午夜以後很久還在努力使希特勒取消德國的入侵。德國外交部的備忘錄透露，在三月十二日上午兩點十分，莫夫將軍打電話到柏林，說他受賽斯—英夸特總理的囑咐，要求「處於警戒狀態的軍隊繼續留在邊境上，而不要越過邊界。」凱普勒也到電話邊上來支持這種請求。莫夫將軍是一個規矩人，一個老派軍官，似乎對他在維也納扮演的角色感到爲難。當柏林告訴他說希特勒拒絕停止進軍時，他回答說他「對這種消息感到遺憾」[30]）。

這樣，第二天我經過柏林街道時，發現《人民觀察家報》刊載著這樣觸目驚心的標題：日耳曼人的奧地利倖免於亂。報上有戈培爾所捏造的描述維也納大街上共產黨騷動——毆鬥、開槍、劫掠——的令人難以相信的消息。還有德國官方通訊社德意志通訊社所發的那個電報的內容，說是賽斯—英夸特在頭天晚上發給希特勒的。實際上，戰爭結束時，在德國外交部的檔案裡找到了跟戈林所口授的完全相同的兩份「電報」。巴本後來解釋它們怎麼會在那裡。他說，德國郵電部長僞造它們後存放在政府檔案裡。

希特勒在整個瘋狂的下午和晚上都在焦急地等待著，不僅是等待米克拉斯總統屈服，而且是在等待著墨索里尼的表示。這位奧地利保護者的沉默態度使人感到惴惴不安。在晚上十點二十五分，黑森親王菲利普從羅馬打電話到總理府。希特勒親自把耳機抓過去。戈林的技術員記錄了隨後的交談：

親王：我才從威尼斯宮回來。義大利領袖以非常友好的態度對待整個事情。他向你問候……許士尼格告訴了他消息……墨索里尼說奧地利對他是無關緊要的。

希特勒心中一塊石頭落地，大喜過望。

希特勒：那麼，請告訴墨索里尼，爲了這件事，我將永遠不會忘記他！

親王：好的，閣下。

希特勒：永遠不會，永遠不會，永遠不會，不論發生什麼情況！我願意跟他訂一個完全不同的協議。

親王：好的，閣下。我也會把這點告訴過他。

希特勒：一俟奧地利事件解決，我願意跟他一起共患難，同命運——不論發生任何情況！

親王：好的，我的元首。

希特勒：聽著！我願意訂任何協議。我已不再害怕萬一我們發生衝突軍事上會存在的可怕處境了。你可以告訴他，我的確是從心底裡感謝他。我將永遠不會，永遠不會忘記這點。

親王：好的，我的元首。

希特勒：我爲了這件事將永遠不會忘記他，不論發生什麼情況。如果他萬一需要什麼幫助或者處於什麼危險中的話，他可以確信，不論發生什麼情況，即使整個世界聯合起來對付他，我也將堅決和他在一起。

親王：好的，我的元首。

那麼，大不列顛、法國和國際聯盟在這個危急關頭又採取什麼立場來制止德國對一個和平鄰邦的侵略呢？什麼都沒有。當時法國又處在沒有政府的狀態中。三月十日星期四，夏當（Camille Chautemps）總理和他的內閣辭職了。在戈林用電話把他的最後通牒告訴維也納的決定性日子，即三月十一日星期五，巴黎整天都沒有人能採取什麼行動。直到十三日德奧合併已經宣布後，才有了一個由萊昂・布魯姆（Léon Blum）組成的法國政府。

英國呢？在二月二十日，就是許士尼格在貝希特斯加登屈服後的一個星期，外交大臣安東尼・艾登辭職了，主要是因為他反對張伯倫首相對墨索里尼的進一步姑息。接替他的是哈利法克斯勳爵（Lord Halifax）。柏林對這種更動表示歡迎。張伯倫在貝希特斯加登最後通牒後向下院發表的演說，也受到柏林的歡迎。駐倫敦的德國大使館在三月四日用電報把這篇演說詳盡地報告給柏林[31]。據這份報告引張伯倫的話說：「（在貝希特斯加登）所發生的，只不過是兩位政治家商定了改善他們兩國之間關係的某些措施……看來很難認為，只是因為兩位政治家商定了兩個國家中的一個國家的某些內部變動——為兩國的關係著想，是值得想望的變動——就可以說，一個國家已為另一個國家的利益而放棄了它的獨立。相反的，在聯邦總理（許士尼格）二月二十四日發表的演說中，看不出來總理本人接受自己的國家放棄獨立。」

據我本人當時獲悉，維也納的英國公使館曾把希特勒在貝希特斯加登給許士尼格的最後通牒的詳細內容告訴張伯倫，所以，三月二日向下院發表的這篇演說是令人驚奇的（吉多・施密特在紐倫堡作證時說，他和許士尼格都把希特勒的最後通牒「詳細地」告訴了「大國」的使節們[32]。此外，據我所知，倫敦《泰晤士報》和《每日電訊報》駐維也納的記者也用電話向他們各自的報紙做了詳盡而準確的報導）。但是它使希特勒感到高興。希特勒知道，他可以進軍奧地利而不致和英國發生什麼糾葛。三月九日，新任德國外交部長里賓特洛甫到倫敦來結束他在大使館的事務，在此以前他是駐英大使。他同張伯倫、哈利法克斯、國王和坎特伯里大主教都進行了長談。他向柏林報告說，他對英國首相和外交大臣的印象都「很好」。在和哈利法克斯勳爵進行了長時間的會談後，里賓特洛甫在三月十日直接向希特勒報告，「如果奧地利問題不能和平解決」，英國會採取什麼行動。根據他在倫敦的會談，他基本上相信「英國不會對奧地利採取什麼行動」[33]。

三月十一日星期五，里賓特洛甫正在唐寧街跟首相和他的同事們共進午餐，突然一個外交部的信使闖進來，交給張伯倫幾封緊急電報，內容是來自維也納的驚人消息。僅僅在幾分鐘以前，張伯倫還要求里賓特洛甫把「他想要解決德英關係的眞誠願望和堅定決心」告訴元首。現在，接到了這個奧地利來的、令人不快的消息後，這些政治家就到首相書房裡去，張伯倫對著感到不自在的德國外交部長，念了維也納英國公使館發來的關於希特勒最後通牒的兩份電報。里賓特洛甫向希特勒報告說：「這次討論是在緊張的氣氛中進行的，一向平靜的哈利法克斯勳爵比張伯倫還要激動，後者至少在外表上還顯得平靜和沉著。」里賓特洛甫對「這些報告的眞實性」表示了懷疑，這似乎使他的英國主人們平靜了下來，因爲，他報告說：「我們親切地告別時彼此，甚至哈利法克斯也恢復了平靜。」（邱吉爾在《第二次世界大戰回憶錄：風雲緊急》（*The Second World War: The Gathering Storm*）頁二七一至二七二中對這次午餐做了有趣的描述）[34]。

張伯倫對維也納來的消息的反應，是命令駐柏林大使韓德森（Nevile Henderson）寫一個通牒給代理外交部長紐拉特，說如果德國致奧地利最後通牒的消息是確實的話，「英王政府認爲必須以最強烈的措辭提出抗議」[35]。但是這麼晚才提出形式上的外交抗議，希特勒是一點也不害怕的。第二天，三月十二日，正當德國軍隊源源不斷地開入奧地利的時候，紐拉特回了一個輕蔑的答覆[36]，說奧德關係只是德國人民的事情，而不是英國政府的事情，並且再次撒謊說，並沒有德國致奧地利的最後通牒，只是應新成立的奧地利政府的「緊急」請求才派遣軍隊前去的。他叫英國大使去看這個「已經公布在德國報紙上」的電報（外交部的威茲薩克男爵三月十二日致德國駐外使節「供參考和作爲你們談話指針之用的」通電中重複了這些謊言。威茲薩克說，許士尼格關於德國最後通牒的話「純屬捏造」，接著告訴他的國外外交人員們說：「事實眞相是，派遣軍事部隊的問題……是新成立的奧地利政府所發的人所周知的電報中首次提出的。鑒於內戰迫在眉睫，德國政府乃決定答應這種請求。」[37]這樣，德國外交部不僅對外國外交人員撒了謊，而且對它自己的外交人員也撒了謊。在戰後寫的一本冗長而枉費心機的書裡，威茲薩克像許多爲希特勒效勞的其他德國人一樣，堅持說他是始終反納粹的）。

希特勒在三月十一日晚上唯一認眞擔心的是墨索里尼對他侵略的反應（曼施坦因元帥一九四六年八月九日在紐倫堡作證時強調說：「在希特勒給我們下進軍奧地利的命令時，他主要擔心的不是西方國家可能會干涉，他唯一擔心的是義大利會怎樣，因爲看來義大利始終是袒護奧地利和哈布斯堡王室的。」[38]），不過，柏林對捷克斯洛伐克可能會怎樣做也有些不放心。但是，不知疲倦的戈林很快就把這點解決了。雖然他正忙於用電話指導在維也納的政變，他還是設法在這天晚上溜到「飛行員之家」（Haus der Flieger）去待了一會兒。他在那裡以主人身分招待一千個高級官員和外交人員，舉行一個盛大晚會，欣賞國家歌劇院的管弦樂隊、歌唱家和芭蕾舞團的表演。當捷克駐柏林公使馬斯特尼（Vojtech Mastny）博士來到這個盛大的晚會上時，這位掛滿勳章的元帥立即把他拉到一邊，拿名譽向他擔保說，捷克斯洛伐克不必對德國有什麼恐懼，德國軍隊進入奧地利「只不過是一件家務事而已」，希特勒希望改善同布拉格的關係。反過來他要求捷克保證不會動員。馬斯特尼博士離開了晚會，同布拉格的外交部長通了電話，然後回到晚會上去告訴戈林說，他的國家沒有動員，捷克斯洛伐克無意干涉奧地利事件。戈林放下了心，重申了他的保證，並說他受權申明，希特勒也立誓支持這些保證。

也許，甚至機警的捷克總統愛德華・貝奈斯（Eduard Beneš）在那天晚上也來不及認識到，奧地利的滅亡也就意味著捷克斯洛伐克的滅亡。在那個週末，歐洲有些人認爲捷克政府目光短淺，他們說，納粹佔領奧地利後，德國軍隊就可從三面包圍捷克斯洛伐克，後者在戰略上就處於極不利的地位，但如果捷克出面拯救奧地利，可能會使俄國、法國和英國，還有國際聯盟都同第三帝國發生衝突，而這是德國人所吃不消的，所以捷克人原該在三月十一日晚上採取行動的。但是本書下文不久就要談到的隨後發生的情況，無疑使這種論據完全站不住腳。不久以後，當西方兩個民主大國和國聯有一個更好的機會遏制希特勒時，它們卻退縮了。無論如何，許士尼格在這個多事的一天一直沒有正式向倫敦、巴黎、布拉格或者日內瓦呼籲過。或許，如他的回憶錄所說的，他認爲這不過是浪費時間而已。另一方面，米克拉斯總統則有這樣的印象（這是他後來作證時說的）：奧地利政府馬上把德國的最後通牒告訴了巴黎和倫敦，並且整個下午都在繼續同法國政府和英國政府「會談」，以圖探明它們的「想法」。

當事情越來越清楚，它們的「想法」只不過是發發空洞的抗議的時候，米克拉斯總統在午夜前不久屈服了。他任命了賽斯－英夸特爲總理，並接受了他的內閣部長名單。他後來難受地說：「我在國內外都被完全拋棄了。」

希特勒向德國人民發表了一篇冠冕堂皇的聲明，以他一貫蔑視眞理的態度把他的侵略說成是正當的，並提出諾言說，奧地利人民將在「一次眞正的公民投票」中選擇他們的前途。這篇聲明由戈培爾在三月十二日中午在德國電臺和奧地利電臺加以宣讀。然後，希特勒就出發到他的祖國去了。他受到了暴風雨般的歡迎。在每一個爲了他的到來而匆忙裝飾起來的鄉村裡，都有歡呼的人群。下午他到達了他的第一個目的地林茨（Linz），他曾在這裡度過他的學童時代。在這裡，對他的歡迎狂熱之極，希特勒深受感動。第二天，在打了電報給墨索里尼——「爲了這件事我將永遠不會忘記你！」——以後，他在利昂丁（Leonding）他雙親的墳墓上放了一個花圈，然後回到林茨去發表了一篇演說：

在多年前離開這個市鎮時，我懷著完全和今天心中所懷著的同樣的信仰。在那麼多年以後，我能夠使這種信仰得以實現，由此可見我現在感動之深。如果上帝叫我離開這個市鎮去當德國的領袖，他這樣做一定是賦予我一個使命，而這個使命只能是使我親愛的祖國重歸德國。我相信這個使命，我活著爲這個使命而鬥爭，我認爲我現在已經把它實現了。

十二日下午，賽斯－英夸特在希姆萊陪同下乘飛機到林茨來會見希特勒，並驕傲地宣稱聖日耳曼條約第八十八條已經歸於無效。該條約第八十八條確認奧地利的獨立是不能讓與的，並規定國際聯盟爲它的保證人。對於被奧地利群眾的熱情沖昏了頭腦的希特勒來說，這還不夠。他命令內政部次長威廉・斯圖卡特（Wilhelm Stuckart）博士立即到林茨來。斯圖卡特是弗立克的部下，他被趕忙派到維也納去擬定法律，好讓希特勒成爲奧地利總統。使這位法律專家多少有些感到意外的是，元首命令他，「草擬一項規定德奧完全合併的法律」，這是他後來在紐倫堡作證時說的。[39]

斯圖卡特在三月十三日星期日把這個法律草案提交給在維也納新成立的奧地利政府，這一天本是許士尼格的公民投票預定要舉行的日子。上文已有述及，米克拉斯總統拒絕簽署這個法律，但是已經接掌了總統權力的賽斯－英夸特簽了字，並在當天深夜飛回林茨去把它提交給元首。它宣布了奧地利的告終。它開頭說：「奧地利是德國的一省。」賽斯－英夸特後來回憶說，希特勒歡喜得掉下了眼淚[40]。這個所謂德奧合併法還在同日由德國政府在林茨頒布，希特勒、戈林、里賓特洛甫、弗立克和赫斯在上面簽了字。它規定在四月十日舉行「一次自由而祕密的公民投票」，奧地利人可以在這次公民投票中決定「同德國合併的問題」。希特勒在三月十八日宣布，德國人也要就德奧合併問題舉行一次公民投票，同時還要舉行國會的新選舉。

希特勒直到三月十四日星期一的下午，才凱旋地進入他曾經在那裡流浪過那麼久的維也納。這是由於兩件沒有預見到的事而推遲的。儘管奧地利人由於將在首都看到元首而高興得如醉如狂，希姆萊要求再給他一天的時間來完成安全措施。他已經在逮捕數以萬計的「不可靠分子」，在幾個星期內，單是維也納一地就將達到七萬九千人。還有一件事就是，吹噓得很厲害的德國裝甲部隊，竟在還沒有看到維也納的山頭以前就出了毛病而拋錨了。據約德爾說，約有百分之七十的裝甲車停在從薩爾斯堡和帕紹（Passau）到維也納的公路上，雖然指揮裝甲部隊的古德里安（Heinz Guderian）將軍後來說，他的部隊只有百分之三十陷於停滯。無論如何，希特勒對這種延遲大爲生氣。他在維也納只過了一夜，下榻在帝國飯店。

不過，衣錦榮歸，回到這個他認爲曾經冷待過他、使他在青年時期過著饑餓困苦的流浪生活、而現在又以極其熱烈的歡欣心情來歡迎他的前帝國首都，不可能不使他興致勃勃起來。無處不在的巴本由柏林乘飛機趕來維也納參加慶祝，他趕到時，希特勒已站在哈布斯堡皇室故宮霍夫堡（Hofburg）對面的檢閱臺上。巴本後來寫道：「我只能說他是處在一種大喜若狂的狀態中」（然而在這種大喜若狂的狀態下面，淺薄的巴本沒有察覺到，在希特勒心裡燃燒著一種感情，他內心鄙視這個城市和人民，要報復他們在他青年時對他的忽視。這可能是他只逗留了短時間的一部分原因。雖然在幾星期後他公開對維也納市長說：「請放心，這個城市在我眼裡是一顆明珠——我將把它安在一個配得上它的地方。」這大概是一種著眼在選舉方面的宣傳而不是他內心情感的表現。一九四八年在伯格霍夫舉行的某次激烈會議上，希特勒不小心將這些情感洩露給戰爭時期的維也納納粹黨領袖兼行政長官巴杜爾・馮・席拉赫〔Baldur von Schirach〕。席拉赫在紐倫堡作證時敘述這個會議的情況說：然後，我不妨說，元首開始以難以相信的無限仇恨來說維也納人民的壞話……在早晨四點鐘的時候，希特勒突然說了一些我現在爲了歷史上的原因願意加以複述的話。他說：「維也納當初決不應當被納入大德意志聯邦。」希特勒從來沒有愛過維也納。他恨維也納的人民。[41]巴本自己的節日情緒在三月十四日當天就被破壞了，因爲他獲悉，他的親密朋友和德國公使館裡的助手威廉・馮・凱特勒〔Wilhelm von Ketteler〕失蹤了，跡象表明這是祕密警察幹的卑鄙勾當。三年前，另一個朋友和公使館裡的合作者奇爾希基〔Tschirschky〕男爵，曾逃往英國以避開黨衛隊對他進行的謀殺。四月底，從多瑙河中撈出凱特勒的屍體，這是維也納的祕密警察凶徒把他殺害後丟在這條河裡的）。

他在以後四個星期中的大部分時間裡都處於這種狀態，這時他在德國和奧地利各地巡行，煽起群眾的熱情來對德奧合併投贊成票。但是在精神橫溢的演說中，他仍不放過任何機會來中傷許士尼格，或者販賣現在已經變成陳腔濫調的關於德奧合併是如何實現的那種謊言。在三月十八日向國會發表的演說中，他硬說許士尼格要舉行「僞選舉」而「食了言」，又說「只有一個發癡的、盲目的人」才會幹出這種行爲來。三月二十五日在柯尼斯堡發表的演說中，「僞選舉」在希特勒心中已變成「這個可笑的喜劇」。希特勒聲稱，已發現一些信件，證明許士尼格曾有意欺騙他，拖延不履行貝希特斯加登協議，直到「一個較爲有利的時刻來煽動外國反對德國」。

外國報紙嘲笑希特勒的這種詭計，居然使用赤裸裸的武力和甚至不等公民投票的結果就宣布德奧合併，希特勒在柯尼斯堡的演說中答覆說：

某些外國報紙說，我們對奧地利使用了暴力方法。我只能說：它們甚至在死後也不能不說謊。我在政治鬥爭的過程中深得我人民的愛戴，但是當我越過以前的邊界時（進入奧地利），我所看到的人民愛戴的表現卻是我從未經歷過的。我們不是作爲暴君，而是作爲解放者來到的……在這種印象的影響下，我乃決定不等到四月十日而立即實現合併……。

這番話在外國人聽來也許不大合乎邏輯或者不大老實，對德國人卻無疑造成了很深刻的印象。在國會的演說結束之際，希特勒用充滿感情的聲音懇求說：「德國人民，再給我四年任期，以便我現在可以利用已經實現的聯合來爲全體人民謀福利！」這時候，他受到了熱烈的歡呼，其熱烈的程度大大超過了他以往在這個講臺上受到的歡呼。

四月九日，即投票的前夕，元首在維也納結束了他的競選運動。這個曾經衣衫襤褸、饑腸轆轆、在這個城市的人行道上躑躅的流浪漢，不過四年前才在德國取得了霍亨佐倫國王的權力，而現在又擁有了哈布斯堡皇帝的權力，不免充滿了一種天賜使命之感。

我相信，是上帝的意志打發一個青年從這裡到德國去，讓他成長起來，把他培養成這個民族的領袖，以便使他能夠領導他的祖國回到德國。

上蒼自有它的意志，而我們都只不過是它的意志的執行人而已。三月九日許士尼格先生違背了他的協議，於是在那個瞬間，我就覺得現在上帝已對我發出了號召。以後三天裡發生的事只能認爲是上帝的願望和意志的實現。

三天裡，上帝懲罰了他們！……在發生背信行爲那一天賜給了我天恩，使我能夠把我的祖國同德國結合在一起！

我現在要感謝上帝，他使我回到我的祖國，以便我現在可以領導它同我的德國結合起來！明天願每一個德國人都認識到這個時刻，估量到它的意義，謙恭地在上帝面前低頭，他在幾個星期中已給我們帶來了一個奇蹟！

原來無疑會在三月十三日對許士尼格投贊成票的奧地利人，有一大部分在四月十日也會向希特勒投贊成票，這是一個預定的結論。他們中間有許多人眞的認爲，最後同不論什麼樣的德國，即使是納粹德國，結合起來，是一種理想的和不可避免的結局，因爲在一九一八年同原來的廣大的斯拉夫和匈牙利內地割斷了的奧地利，終究是不能依靠自己而體面地存在的，它只能作爲德國的一部分而存在下去。除了這些奧地利人以外，還有狂熱的納粹分子，他們的人數正在迅速增加，因爲不論找差使的人或是已有差使的人都爲納粹的成功所吸引，急於想改善他們的處境。在這個天主教徒佔壓倒多數的國家裡，許多天主教徒無疑爲紅衣主教因尼茨爾（Theodor Innitzer）的一篇廣爲宣傳的聲明所左右，這篇聲明對納粹主義來到奧地利表示歡迎，並敦促教徒投贊成票（幾個月後，十月八日，在聖史蒂芬大教堂對面的紅衣主教府邸遭到了納粹無賴們的劫掠。因尼茨爾終於懂得了國家社會主義是怎麼一回事，並且在一次講道中清楚表示反對納粹對他教會的迫害，但是已經爲時太晚了）。

我認爲，如果舉行公正和誠實的選舉，社會民主黨人和許士尼格的天主教社會黨人都能自由地公開進行競選，在這次公民投票中投贊成票和反對票的數目可能是會差不多的。事實是，只有非常勇敢的奧地利人才敢投反對票。像在德國一樣，選民們害怕不投贊成票會被查出來，這不是沒有理由的。在那個星期日下午我在維也納所參觀的投票站中，各投票棚的角上都開著很大的裂縫，使坐在幾英尺外的納粹選舉委員們能夠清楚地看到人們怎麼投票。在鄉下選區裡，差不多沒有人願意——或者敢於——在投票棚中祕密投票；他們都是公開投票的，讓大家都能看到。我正好要在那天晚上七點三十分廣播，這是在投票結束後半小時，選票還正在開始點數。一個納粹官員在我廣播前竭力使我相信說，奧地利百分之九十九人都會投贊成票的。這正是以後公布的官方數字——大德意志百分之九十九點零八，奧地利百分之九十九點七五的人投了贊成票。

因此，作爲奧地利來說，在歷史上它暫時消失了，它的名字被那個存心報復的奧地利人抹掉了，他現在已使它同德國合併了起來。奧地利的古老德文名字「東部帝國」（Oesterreich），被取消了。奧地利變成了「東部邊疆」（Ostmark），但是很快就甚至連這個名字也不用了。柏林方面用區（Gaue）的行政建制來管理這個國家，區大體上相當於歷史上的邦（Länder），如像提羅爾、薩爾斯堡、斯蒂里亞（Styria）和卡林西亞（Carinthia）。維也納變成了德國的一個城市，一個區的行政中心，它漸漸地衰落了。這個前奧地利流浪漢出身的獨裁者，把他的祖國從地圖上擦去，並且使它一度光輝燦爛的首都失去了最後一點光榮和重要性。奧地利人產生失望情緒，是不可避免的。

在頭幾個星期中，維也納納粹分子的行爲比我在德國看見過的任何情況都要壞。他們肆無忌憚地發洩他們的虐待狂。日復一日，可以看到大批猶太男女在擦去人行道上許士尼格的口號和打掃街道。他們趴在地上做這種清潔工作，衝鋒隊員則站在旁邊監視著，人們都圍攏來侮辱這些猶太人。數以百計的猶太男女在大街上被抓去打掃公共廁所以及衝鋒隊和黨衛隊營房的廁所。還有成千上萬的猶太人被關了起來。他們的財產被沒收或者被盜竊。我從普洛斯爾胡同的寓所窗口望出去，看到一隊隊的黨衛隊人員從隔壁的羅斯柴爾德（Rothschild）邸第裡把銀器、地毯、繪畫和其他掠奪品用車子裝走。路易・德・羅斯柴爾德（Louis de Rothschild）男爵本人後來把他的鋼鐵廠交給了戈林的工廠作爲買路費，才得以逃出維也納。這個城市的十八萬猶太人，大約有一半的人在戰爭開始以前把他們的財產交給納粹分子才買到了移居國外的自由。

海德里希（Reinhard Heydrich）在黨衛隊下面設立了一個特別機構「猶太移民局」，在人身自由上做發財生意。該局成了有權發給猶太人出國許可證的唯一納粹機構。這個機構從開始到結束一直是由一個奧地利納粹分子、希特勒的同鄉、林茨來的卡爾・阿道夫・艾克曼（Karl Adolf Eichmann）主持的，它終於變成一個不是移民而是進行滅種的機構。它組織了對四百多萬人的屠殺，其中大部分是猶太人。希姆萊和海德里希也利用德奧合併的頭幾個星期留在奧地利的機會，在多瑙河北岸恩斯附近的毛特豪森（Mauthausen）設立了一個龐大的集中營。一再把千千萬萬的奧地利人運到德國的集中營去是太麻煩了。希姆萊認定，奧地利需要有一個自己的集中營。在第三帝國垮臺以前，非奧地利被拘人員比本地被拘人員的數目還要多，而且毛特豪森是官方公布殺人最多的德國集中營（在東方的滅絕營是另外一回事）：在它存在的六年半中殺死了三萬五千三百一十八人。

儘管在德奧合併後有希姆萊和海德里希所領導的祕密警察恐怖統治，還是有幾十萬德國人前來奧地利。因爲他們可以用馬克在奧地利享受到在德國多年吃不到的豐餐美食，在奧地利的優美無比的山水之間度過極便宜的假期。德國商人和銀行家蜂擁前來，以只佔其本身價值極小一部分的代價購買被霸佔的猶太人和反納粹人士的產業。在這些笑容滿面的來客中，也有那個別人仿效不來的沙赫特博士。他雖然跟希特勒發生過爭執，仍然是德國內閣中的一個部長（不管部長），仍然是國家銀行的總裁。他對德奧合併感到大喜過望。他甚至在公民投票以前就到奧地利來代表國家銀行接管奧地利國家銀行，在三月二十一日對這家奧地利銀行的職員們發表了演說。沙赫特博士嘲笑了外國報紙對希特勒實現德奧合併的批評，而堅決地爲這些方法辯護。他說，德奧合併是「外國對我們實施的無數次背信棄義和殘暴行爲的結果」。

感謝上帝……阿道夫・希特勒已創造了德國意志和德國思想的一致……他用新加強的國防軍來支持這種一致，然後，他終於使德國和奧地利的內在一致獲得了外表形式……。

凡是不全心全意支持阿道夫・希特勒的人，在我們這裡是找不到前途的……國家銀行將永遠只是國家社會主義的，不然我將不再成爲它的經理。

接著沙赫特博士使奧地利職員們宣誓「忠於和服從元首」。沙赫特博士高聲說道：「誰要是違背誓言，誰就是混蛋！」然後他領導他的聽眾們三呼「Sieg Heil!」（勝利萬歲！）[42]

與此同時，許士尼格博士已被逮捕，而且受到了極其屈辱的待遇，很難使人相信這不是希特勒親自設計的。他從三月十二日到五月二十八日處於軟禁之下，在這段時期內祕密警察想出了一些非常卑鄙無聊的方法來不讓他睡覺。然後他被帶到了設在維也納大都會飯店裡的祕密警察總部去，在五層樓的小房間裡又關了十七個月。在那裡，他被迫用發給他個人使用的毛巾去收拾黨衛隊衛兵的宿舍、臉盆、污水桶和廁所，並且被迫做祕密警察想出來的各種下賤工作。到他垮臺後的第一周年，三月十一日，他的體重已減少了五十八磅，然而黨衛隊醫生卻報告說他的健康狀況極佳。許士尼格後來在他的書裡描述了他在這些年受到單獨禁閉和後來在達豪和薩克森豪森（Sachsenhausen）這種最壞的德國集中營裏「在活死人中間」的生活（見《奧地利安魂曲》）。

在他被逮捕以後不久，他被允許用請人在獄外代理的方法同前伯爵夫人薇拉・捷爾寧（Vera

Germin）結婚，她同前夫的婚姻關係已由教會法庭所取消（當時許士尼格是個鰥夫）。在戰爭的最後幾年裡，她被允許帶著一九四一年生的孩子和他在集中營裡一起過活。他們竟能度過這種監禁的磨難而倖免一死，眞是一個奇蹟。到最後，另有一些在希特勒激怒下遭殃的顯貴人士也和他們一樣被關入集中營，如沙赫特博士、前法國總理萊昂・布魯姆和他的夫人、尼莫拉（Martin Niemöller）牧師、一批高級將領、黑森親王菲利普。後者的妻子，義大利國王的女兒瑪法達（Malfalda）公主，被黨衛隊一九四四年在布亨瓦德（Buchenwald）集中營殺害，作爲元首對她父親維克多・艾曼紐（Victor Emmanuel）背棄他投向盟國的報復。

一九四五年五月一日，這批顯貴的囚徒匆促地從達豪南撤，以免被由西方挺進的美國軍隊所解放。他們到了南提羅爾山區的一個鄉村裡。祕密警察軍官們給許士尼格看一張名單。根據希姆萊的命令，名單上的人要處死，以免落入盟軍之手。許士尼格看到他自己和他妻子的名字「清楚地印在上面」。他的心冷了半截。歷盡困苦苟延了那麼久——可是在最後一分鐘還是不免一死！

然而，在五月四日，許士尼格卻能夠在日記中寫道：

> 今天下午兩點鐘，警報！美國人！
> 一支美國部隊接管了這個旅館。我們自由了！

希特勒不費一彈，而且沒有受到其軍隊本來可以壓倒他的大不列顛、法國和俄國的干涉，就爲德國增加了七百萬子民，而且獲得了一個對他將來的計畫具有莫大價值的戰略地點。不僅他的軍隊在三面包圍著捷克斯洛伐克，而且他現在還擁有了維也納——這個通向東南歐的大門。作爲前奧匈帝國的首都，維也納長期以來一直是中歐和東南歐的交通和貿易中心。現在這個神經中樞落在德國人手裡了。

或許對希特勒來說，最重要的還是英法仍舊不肯動一根毫毛來阻止他。三月十四日張伯倫在下院談到希特勒在奧地利的既成事實，倫敦的德國大使館用一連串緊急電報把辯論的經過情況報告給柏林。希特勒沒有什麼害怕的了。張伯倫說：「無可動搖的事實是，沒有什麼事情能制止（奧地利）實際發生的事情——除非我國和其他國家當初準備使用武力。」

希特勒清楚地看出，這位英國首相不僅不願意使用武力，甚至不願意同其他大國協作來制止德國以後的行動。三月十七日蘇聯政府建議在國際聯盟內或國際聯盟外舉行一次各國會議，來考慮務使德國不再進行侵略的辦法。張伯倫對舉行這種會議表示了冷淡態度，三月二十四日更在下院中公開拒絕了這種主張。他說：「任何這類行動的不可避免的後果，只會加劇建立排外的國家集團趨勢，而這種集團一定……是不利於歐洲和平的前途的。」顯然，他忽視了或者沒有認眞看待羅馬—柏林軸心或者德義日的三國反共公約。

在這篇演說中，張伯倫還宣布了政府的一個決定，這個決定一定使希特勒更爲愜意了。張伯倫直接地拒絕了這個建議：英國不僅應當保證在捷克斯洛伐克遭到攻擊時去幫助它，而且應當在法國必須履行法捷協定的義務時支持法國。這個直截了當的聲明使希特勒的問題輕鬆了許多。他現在知道，在他撲向一頭羔羊時，英國將仍然袖手旁觀。如果英國不採取什麼行動，法國不是也會這樣嗎？他的以後幾個月裡的祕密文件表明，他確信法國也將這樣。而且他知道，根據俄國同法國和捷克斯洛伐克分別締結的協定條款，蘇聯在法國未採取行動之前沒有幫助捷克斯洛伐克的義務。他要立即實施他的計畫，知道這些情況就完全夠了。

希特勒在德奧合併成功後可以認爲，那些態度勉強的德國將領不再會妨礙他了。如果他對這點還有些懷疑的話，那麼弗立契事件的結局當可消除這種懷疑。

我們前已談到（見前章），軍事榮譽法庭審理弗立契將軍被控男色罪一事在三月十日第一天開庭後就突然中斷，因爲戈林元帥和陸海軍兩位總司令被希特勒召去處理跟奧地利有關的更緊急的事務去了。審訊在三月十七日恢復，但是由於中間發生了這樣的大事，所以這次審訊必然變成虎頭蛇尾的了。幾星期以前，高級將領們深信，軍事法庭揭穿了希姆萊和海德里希陷害弗立契的陰謀後，他們倒楣的總司令將復職，而且黨衛隊，或許甚至還有第三帝國，可能甚至還有希特勒，都將動搖而垮臺。結果卻是一場泡影！二月四日，希特勒親自接掌了國防軍的統率權，廢黜了弗立契和他周圍的大部分高級將領，從而粉碎了舊軍官團的迷夢。現在他又不發一槍地征服了奧地利。在這種驚人的勝利以後，德國沒有誰再去爲弗立契將軍操什麼心了，甚至那些宿將們也是如此。

不錯，他很快洗雪清白了。在經過戈林——他現在可以裝作是最公正的法官了——的一些威嚇後，那個詐騙累犯漢斯・施密特在法庭上頂不住了，供認祕密警察曾威脅他，如不誣陷弗立契將軍就要他的命（附帶說一句，這個威脅在幾天後實現了），並說，由於弗立契跟確曾因好男色而受他勒索的騎兵上尉弗立許兩個名字相似，得以進行這種誣陷。弗立契或者陸軍方面都沒有做什麼努力來揭露祕密警察的幕後作用，也沒有揭露希姆萊和海德里希捏造假罪狀的罪行。第二天，三月十八日，審訊結束，判決不言而喻是：「證明沒有犯所控罪行，應宣告無罪。」

這洗雪了弗立契將軍個人的罪嫌，但是並沒有使他復任原職，也沒有使陸軍恢復它以前在第三帝國中的獨立地位。因爲這次審訊是祕密進行的，所以公眾並不知道這回事，也不知道其中所牽涉到的問題。三月二十五日，希特勒致電弗立契，祝賀他「恢復健康」。僅此而已。

這位被黜的將軍在法庭上不願指控希姆萊，現在卻採取了一個最後的無益的姿態。他要跟這個祕密警察頭子決鬥。由貝克將軍按照過去的軍人傳統，嚴肅地擬了挑戰書，交給了陸軍年資最長的倫德施泰特將軍，要他作轉交給黨衛隊頭子。但是倫德施泰特有點害怕，把這封信在口袋裡放了幾個星期，最後竟給忘了。

弗立契將軍，以及他所代表的一切，很快就從德國生活中消失了。但是他最後到底代表的是什麼?在十二月裡，他寫了一封信給他的朋友舒茨巴（Margot von Schutzbar）男爵夫人，從信裡可以看出，他像許多其他將軍一樣，在思想上陷入了多麼可悲的混亂狀態。

儘管元首在過去幾年中取得了無可爭辯的成功，但仍有許多人對前途愈來愈感到擔心，這眞是奇怪的現象……。

在戰爭結束後不久，我就得出了這樣的結論：如果德國要再度強大的話，我們必須在三個戰鬥中取得勝利：

一、對工人階級的戰鬥——希特勒已經打贏了這一仗。

二、對天主教教會，或許說得更明確些是對教皇絕對權力主義。

三、對猶太人。

我們正處在這些戰鬥的過程中，而對猶太人的戰鬥是特別困難的。我希望每個人都能認識到這個戰鬥的錯綜複雜性。43

一九三九年八月七日，正當戰雲密布之際，他寫信給這位男爵夫人說：「不論是在和平時期或者是在戰爭時期，在希特勒先生的德國都沒有我的份兒。我將同我的團在一起，現在我只能當他們的標的人物。因爲我不能待在家裡。」

這確實就是他所做的。一九三八年八月十一日，他被任命爲他的舊部第十二炮兵團的名譽團長，這是一個完全名譽性質的職銜。一九三九年九月二十二日，他在圍攻華沙的時候，成了一個波蘭機槍手的標的。四天後，在一個寒冷、陰暗的雨天早晨，他在軍事榮譽儀式下被埋葬在柏林。據我的日記所載，這是我在柏林整個期間天氣最糟的一天。

隨著弗立契在二個月以前被免去了德國陸軍總司令的職務，希特勒已經對德國可能反對他的最後一個堡壘——老派的、傳統的陸軍軍官階層——取得了完全的勝利。現在，在一九三八年的春天，由於他在奧地利的妙計獲得成功，他又進一步控制了陸軍，表現出他的大膽的領導才能，強調出只有他一人才能做出外交政策方面的決定，陸軍的作用僅僅是提供武力或者武力威脅而已。而且，他不費一兵一卒就使陸軍獲得了有利的戰略位置，讓捷克斯洛伐克無法完全防禦德軍。他必須趕緊利用這種有利的戰略位置。

四月二十一日，納粹在奧地利舉行公民投票後的十一天，希特勒召見國防軍最高統帥部長官凱特爾將軍討論綠色方案。

第十二章　通向慕尼黑的道路

綠色方案是對捷克斯洛伐克發動突襲計畫的代號。我們已經知道，它當初是布倫堡元帥在一九三七年六月二十四日制定的。後來，希特勒在十一月五日向高級將領講話時，又詳細地做了說明。他告誡他們「對捷克人的突襲」應當「以閃電式的速度來進行」，而且可能「早在一九三八年」即予執行。

顯然，由於輕易就征服奧地利，綠色方案已成為當務之急；這一計畫必須立即根據當前形勢加以修訂，各項準備工作必須也隨之開始。希特勒在一九三八年四月二十一日召見凱特爾正是為了這樁大事。第二天，新任命的元首軍事副官魯道夫・施蒙特（Rudolf Schmundt）少校，就整理好了一份討論總結，內容分為三部分：「政治問題」、「軍事決策」和「宣傳」[1]。

希特勒拒絕了「不必有藉口或理由就憑空進行戰略進攻」，因為他認為「世界輿論的反對可能引起嚴重的局勢」。第二個辦法是，「在經過一段時期能逐步導致危機從而導致戰爭的外交談判之後再採取行動」，希特勒認為這也「是不足取的，因為那樣以後捷克（綠色）方面就會有所防範」。元首認為，至少就當時而言，還是採取第三個辦法為好，即「以一個偶然事件（例如，在一項反德示威中殺害德國公使）爲藉口，發動閃電進攻」。我們記得，過去也曾計畫過以這樣的「事件」來爲德國進攻奧地利製造口實，當時曾打算把巴本作爲犧牲品。在希特勒匪幫的世界中，德國駐外使節肯定是隨時可以犧牲的。

希特勒現在已成了德國的最高統帥，因爲他已取得了親自指揮三軍的權力。他向凱特爾將軍強調必須速戰速決。

採取軍事行動的頭四天，從政治上說，是決定性的。如果不能取得突出的軍事勝利，肯定會發生歐洲的危機。既成事實一定能使外國認爲軍事干涉是沒有希望的。

至於戰爭的宣傳方面，現在還不用到戈培爾博士上場，希特勒只說製作傳單「指導捷克斯洛伐克境內日耳曼人的行動」以及「恐嚇威脅捷克人」。

希特勒現在決意要消滅的捷克斯洛伐克共和國，是來產生於第一次世界大戰後使德國人深惡痛絕的那個條約。它也是捷克的兩個傑出的知識分子托馬斯．馬薩里克（Tomáš Garrigue Masaryk）和愛德華．貝奈斯親手締造出來的。馬薩里克是一個馬車夫的兒子，靠自學而成爲一個大學者，並且成了這個國家的第一任總統。貝奈斯是一個農民的兒子，他靠半工半讀，讀完了布拉格大學和法國的三個高等學府，後來幾乎是一再連續擔任外交部長，在馬薩里克於一九三五年退休以後出任第二任總統。十六世紀時哈布斯堡帝國兼併了古老的波希米亞王國，捷克斯洛伐克現在又從這個帝國中分割出來，在一九一八年建國以後已發展成爲中歐最民主、最進步、最文明、最繁榮的國家。

但是，就由於它是由幾個不同的民族組成的，它從一開頭就苦於一項國內問題，二十年來一直未能完全解決。這個問題就是少數民族的問題。捷克斯洛伐克國內有一百萬匈牙利人，五十萬魯塞尼亞人（Ruthenian）和三百二十五蘇臺德日耳曼人。這些民族都依戀不捨地仰望著他們的「祖國」——匈牙利、俄羅斯和德意志。雖然蘇臺德人從來沒有歸屬過德國（除了曾是組織鬆散的神聖羅馬帝國的一部分）而只歸屬過奧地利。至少可以說，這些少數民族要求得到比已有的更多的自治。

就是在一千萬捷克斯洛伐克人中佔四分之一的斯洛伐克人，也要求某種程度的自治。斯洛伐克人雖然在種族上和語言上同捷克人十分接近，在歷史上、文化上和經濟上的發展卻迴然不同，主要是因爲受了匈牙利人幾百年統治的緣故。一九一八年五月三十日，美國的捷克流亡者和斯洛伐克流亡者在匹茲堡簽訂了一項協定，規定斯洛伐克人有自己的政府、議會和法院。但是布拉格政府並不認爲自己受這一協定的約束，也沒有予以遵守。

可以肯定地說，同絕大多數其他國家，即使同西方國家，即使同美國境內的少數民族比起來，捷克斯洛伐克境內的少數民族也過得並不壞。他們不但享有充分的民主權利和公民權利——包括投票權在內——而且在某種程度上還有自己的學校，並且能保持他們自己的文化傳統。少數民族政黨的領袖常常擔任中央政府的部長。雖然如此，捷克人自己還沒有完全擺脫奧地利人幾百年壓迫的影響，在解決少數民族問題方面還有許多欠缺之處。他們往往有沙文主義的表現，而且常常不講究策略。我記得以前曾在那裡感受到斯洛伐克人對監禁伏伊特赫・都卡（Vojtech Tuka）博士一事的憤慨。都卡在當時是一位有聲望的教授，他以「叛國罪」被判處十五年徒刑，然而很難說除了爭取斯洛伐克自治而外，他還犯了什麼別的罪。最重要的是，少數民族集團感到捷克斯洛伐克政府並沒有遵守馬薩里克和貝奈斯在一九一九年的巴黎和會上所作的諾言，即建立類似瑞士那樣的聯邦制度。

大有諷刺意味的是，從下面要談到的情況看來，蘇臺德日耳曼人在捷克斯洛伐克過得相當好——肯定要比這個國家內任何其他少數民族過得好，而且也比在波蘭和法西斯義大利的日耳曼少數民族過得好。他們固然憎惡在地方上作威作福彷彿土皇帝般的捷克官員，固然憎惡布拉格不時發生的對他們歧視的事件，他們固然失去了過去在哈布斯堡時代在波希米亞和摩拉維亞的統治地位，因而感到不甘心，但是，他們集居在新共和國絕大部分工業集中的西北部和西南部，生涯日益繁榮富裕，而且隨著時間的消逝，他們逐漸達到了同捷克人比較和睦地相處的狀態，不過同時也一直在繼續要求給他們以更多的自治，對他們在語言和文化方面的權利給以更大的尊重。在希特勒崛起以前，那裡並沒有重大的、要求更多權利的政治運動。蘇臺德區絕大多數的選票是投給社會民主黨和其他民主黨派。

後來到了一九三三年，在希特勒當了總理以後，國家社會主義的病毒也感染了蘇臺德日耳曼人。那一年成立了蘇臺德德意志黨（Sudeten German Party, S. D. P.），領導人是一個舉止溫和的體操老師，名叫康拉德・漢萊因（Konrad Henlein）。到一九三五年，這個黨就已經受到德國外交部的祕密資助，每月數達一萬五千馬克[2]。不到兩年，它已得到了大部分蘇臺德日耳曼人的擁護，只有社會民主黨人和共產黨人留在外邊。到合併奧地利的時候，漢萊因的三年來一直聽命於柏林的黨，已隨時準備執行希特勒的命令了。

爲了接受希特勒的命令，漢萊因曾在奧地利被併吞以後兩週趕赴柏林，並且曾在三月二十八日同希特勒密談過三小時，里賓特洛甫和赫斯當時也在場。據外交部的一份備忘錄所載，希特勒的指示是，「蘇臺德德國人黨應當提出捷克政府所不能接受的要求」。漢萊因本人對元首的意見總結爲：

「我們必須老是提出永遠無法使我們滿足的要求。」[3]

因此，捷克斯洛伐克境內日耳曼少數民族的困境，對希特勒說來，就像一年以後但澤之於波蘭一樣，不過是一個藉口，以便讓他用來在自己所垂涎的土地上製造糾紛，進行顛覆，用來迷惑其友邦，掩飾他的眞實意圖。至於這種眞實意圖到底是什麼，希特勒已經在十一月五日向軍事領袖們所做的演說和綠色方案的頭幾個指示中表示得清清楚楚了：消滅捷克斯洛伐克，攫取它的領土與人民，使之歸屬第三帝國。儘管有了奧地利的先例，法國和英國的領導人仍然沒有警覺到這一點。整個春天和夏天，幾乎一直到最後，張伯倫首相和達拉第總理同世界上其他絕大部分國家一起，顯然還硬是由衷地相信，希特勒的全部要求，不過是要爲捷克斯洛伐克境內他的同胞伸張正義而已。

事實上，當春天一天比一天暖和起來的時候，英國和法國政府還特意對捷克政府施加壓力，要它給予蘇臺德日耳曼人以範圍極廣的讓步。五月三日，德國新任駐倫敦大使赫伯特・馮・狄克森（Herbert von Dirksen）向柏林報告，哈利法克斯勳爵曾告訴他，英國政府不久將在布拉格採取一項步驟，「其目的在於勸說貝奈斯對蘇臺德日耳曼人表示最大限度的和解」[4]。四天以後，據德國公使向柏林報告說，駐布拉格的英、法公使就在五月七日採取了這一外交步驟，敦促捷克政府「盡最大限度」來滿足蘇臺德人的要求。希特勒和里賓特洛甫看到英、法政府如此熱心幫助，大概甚爲高興。

話雖如此說，在這一時期，隱蔽德國的目標比過去更爲必要。五月十二日，漢萊因祕密訪問了柏林威廉街。里賓特洛甫當即向他面授機宜，指示他當晚到倫敦去看英國外交大臣首席外交顧問羅伯特・范斯塔特（Robert Vansittart）爵士和其他英國官員時如何愚弄英國人。威茲薩克所寫的一份備忘錄曾記下了應採取的方針如下：「漢萊因將在倫敦否認他是按柏林指示行動的⋯⋯最後，漢萊因將談到捷克政治結構逐步解體的問題，以便讓那些以為自己仍能為保全這一政治結構而進行干涉的人士知難而退。」[5]同一天，德國駐布拉格公使打電報給里賓特洛甫，認為必須預先採取措施，來掩護公使館給蘇臺德德國人黨以津貼與指示的工作。

美國駐柏林大使休・威爾遜（Hugh Wilson）在五月十四日拜訪威茲薩克，討論了蘇臺德危機。威茲薩克告訴他，德國人擔心的是，捷克當局為了設法防止「捷克斯洛伐克的解體」正在處心積慮地挑起一次歐洲危機。兩天以後，五月十六日，施蒙特少校代表當時在上薩爾斯堡休假的希特勒發出了一項緊急的而且是「極機密的」電報，詢問最高統帥部，「一旦動員的話」，在捷克前線有多少個師「隨時能在十二小時以內挺進」。最高統帥部的蔡茨勒（Kurt Zeizler）中校立即覆電說「十二個」。希特勒對此感到不滿足，又去電追詢：「請告各師番號。」覆電來了，列舉了十個步兵師的番號，還加上了一個裝甲師和一個山地師[6]。

希特勒越來越急於採取行動。第二天，即五月十七日，他又向最高統帥部要有關捷克人在蘇臺德山區國境上建築工事的確切情報。這些工事當時被稱為捷克的馬奇諾防線。蔡茨勒當天就從柏林回覆了一個很長的「極機密」電報，十分詳盡地向元首報告了捷克防禦工事的情況。他說明這些工事相當堅固[7]。

第一次危機：一九三八年五月

從五月二十日那一個星期五開始的週末，演變成了一個危機的週末，後來被稱為「五月危機」。

在此後四十八小時之中，倫敦、巴黎、布拉格和莫斯科的政府都惶惶不安，以爲歐洲迫近戰爭之程度爲一九一四年夏天以來所未有。這種情況也許主要是由於德國進攻捷克斯洛伐克的新計畫可能洩漏所致。這個計畫是德軍最高統帥部爲希特勒所草擬並且在星期五向他提出的。無論如何，至少在布拉格和倫敦，人們都認爲希特勒馬上就要對捷克斯洛伐克發動侵略了。從這種看法出發，捷克人就開始動員，而英國、法國和俄國在各該國政府認爲已迫在眉睫的德國威脅面前也表現了堅定和團結的精神。此後這種精神就消失了，直到一場新的世界大戰差點兒把它們消滅掉的時候才又重新出現。

五月二十日星期五這一天，凱特爾將軍打電報給當時在上薩爾斯堡的希特勒，提出了綠色方案的新草案，這是元首在四月二十一日會議上決定了總方針以後，由凱特爾和他的助手不斷思考推敲後擬定的。凱特爾在就給領袖的一封極阿諛諂媚的信中，說明新計畫已考慮到了「由於奧地利併入德國而造成的局面」，新計畫在「您，我的元首」予以批准並且在上面簽字以前將不會同三軍總司令進行討論。

對「綠色方案」的新指示是一九三八年五月二十日在柏林發出的，它是一個有趣而且重要的文件。它是後來全世界都熟知的納粹式侵略計畫的一個範本。新指示一開頭就說：

我無意在最近無緣無故即以軍事行動粉碎捷克斯洛伐克。除非捷克斯洛伐克境內……發生不可避免的局勢，迫使我們採取行動，或者歐洲政局的演變給了我們以時不再來的特殊有利機會[8]。

文件中考慮了有三個可以「開始軍事行動的政治上的可能性」，其中第一個，「不必有合適的外部藉口就發動突然進攻」的可能被拒絕了。

最好在下列兩種情況下採取軍事行動：

一、經過一段時間日益嚴重的外交爭吵和軍事準備所造成的緊張局面後，再利用這種局面來把戰爭罪過轉嫁到敵方。

二、根據某一件嚴重事件，發動閃電式進攻。這種事件使德國遭到無可忍受的挑釁，至少在某些輿論看來，是構成採取軍事行動的道德理由。

方案二更爲可取，無論從軍事的還是政治的觀點來看都是如此。

至於軍事行動本身，則要求在四天之內就能取得這樣的勝利，其後果足以「向企圖干涉的敵國表明捷克軍事地位業已絕望，同時向那些對捷克有領土要求的國家提供一種刺激，使之迅即聯德反捷。」後一類國家是匈牙利和波蘭，這個計畫是把它們參加軍事行動的可能性估計在內的。德國人認爲，法國是否會遵守它對捷克人的義務很可以懷疑，但是「預計俄國將企圖給捷克斯洛伐克以軍事援助」。

德國最高統帥部，至少是凱特爾和希特勒，深信法國不會參戰，因此只需「撥出最低限度的兵力來作爲西線後衛」，並且還強調「全部兵力都必須用於進攻捷克斯洛伐克」。「陸軍主力的任務」是在空軍協助下「擊潰捷克斯洛伐克陸軍，盡快佔領波希米亞和摩拉維亞」。

這將是一場總體戰，在德國軍人歷來的作戰計畫中，這是第一次強調了指示中所說的「宣傳戰」

和「經濟戰」的價值，並且把它們編進了全面的軍事進攻計畫之中。

宣傳戰一方面必須以威脅手段恫嚇捷克人並瓦解其抵抗力；另一方面也必須給各少數民族暗示，讓他們知道如何支援我們的軍事行動，並且影響中立分子同情我們。

經濟戰的任務是使用一切經濟資源來加速捷克的最後崩潰……在進行軍事行動的同時，必須協助加強經濟戰的全面努力，其方法是迅速收集關於重要工廠的情報，並使各工廠盡速恢復生產。因此，在軍事行動允許的範圍內，保全捷克的各個工廠與各項工程一事可能對我們有決定性的意義。

這一納粹侵略的基本原則後來一直被延用，而且應用時取得了驚人的勝利，直到很久以後，到全世界對此有所警覺以後爲止。

五月二十日中午剛過不久，德國駐布拉格公使發出了一封「火急絕密」的電報，向柏林報告，捷克外交部長剛才用電話通知他，捷克政府對「（德國）軍隊在薩克森集結的消息頗感困惑」。他說，他已回答說「絕無任何理由對此驚惶」，但是他要求柏林，如果有什麼行動的話，馬上把情況通知他。

在這個震撼歐洲的週末，將出現一系列緊張的外交來往，這是第一炮。震撼的原因是人們擔心希特勒即將再次行動，而且這一次免不了要發生大戰。就我所知，英國和捷克的情報局究竟根據什麼得知德軍在捷克邊境集中的情報迄今還是祕密。不過，對於仍然因爲德軍佔領奧地利而驚魂未定的歐洲來說，當時情況不無蛛絲馬跡可尋。五月十九日，萊比錫有一家報紙曾發表了一則德軍調動的消息。

蘇臺德的納粹領袖漢萊因曾在五月九日宣布他的黨同捷克政府之間的談判已告破裂，而且據說，他在五月十四日自倫敦回國途中曾折赴貝希特斯加登去見希特勒並且仍然逗留未返。在蘇臺德發生了開槍射擊的騷動。五月整整一個月中，戈培爾博士的宣傳戰有增無減，他大肆渲染捷克對蘇臺德日耳曼人的「恐怖行動」。緊張局勢似乎正在趨向頂點。

當時，德軍因為進行春季演習而有若干調動，特別是在東部地區，然而從繳獲的德國文件中迄今沒有找到任何證據足以表明當時在捷克邊境有任何新的突然集結。相反，倒有兩份日期為五月二十一日的德國外交部的文件，上面有最高統帥部約德爾上校寫給威廉街的內部保證，說不論在西里西亞還是在奧地利都沒有這樣的集結。約德爾在不準備給外國人看到的函電中說，「除平時演習而外」並無他事[9]。然而，這也不是說，捷克邊境就沒有德國軍隊了。我們從上面已經知道，德軍最高統帥部曾在五月十六日答覆希特勒的緊急詢問時報告他說，在捷克邊境有十二個師「隨時能在十二小時內挺進」。

捷克或者英國的情報局有沒有可能從交換上述情況的電報中得到了什麼風聲呢？他們有沒有可能已經知悉，凱特爾在五月二十日電呈希特勒，請他批准「綠色方案」呢？因為第二天，捷克參謀總長克萊奇（Ludvik Krejci）將軍就告訴德國駐布拉格武官圖森特（Rudolf Toussaint）上校說，他有「無可反駁的證據足以說明有八個到十個（德國）師在薩克森集結」[10]。有關德國師的數目的情報，相差並不太遠，雖然關於它們部署的情況多少有些出入。不論怎麼說，五月二十日下午，在布拉格的赫拉德欣宮（Hradschin Palace），在貝奈斯總統主持下舉行了內閣緊急會議以後，捷克人就決定立即實行部分動員。有一級服役年齡的後備兵應召入伍了，某些技術後備人員也動員起來了。捷克政府同兩個月以前的奧地利人不一樣，不準備不戰而降。

捷克的動員，雖然只是部分的，也使希特勒暴跳如雷，柏林德國外交部送到上薩爾斯堡來的電報也不能使他息怒。這些電報都是報告英、法大使一再來訪，警告德國，侵犯捷克斯洛伐克就意味著一場歐洲大戰。

德國人從來沒有受過像英國人在這個週末所施加的那種疲勞轟炸式的外交壓力。英國大使韓德森爵士三番四次地訪問德國外交部，詢問德軍調動的情況並且告誡德國要小心。韓德森原來是張伯倫首相派到柏林來，發揮他職業外交家的特長，來對希特勒進行姑息的，而他也確實盡了自己的長才。毫無疑問，他是受哈利法克斯勳爵和英國外交部的催促，因為這位溫文爾雅的外交家對捷克人並沒有多大同情，當時在柏林認識他的人都知道這一點。他在五月二十一日見了里賓特洛甫兩次。第二天雖然是星期天，還去見了外交部國務祕書威茲薩克，因為里賓特洛甫已經匆促應召到上薩爾斯堡去見希特勒去了。韓德森遞交了哈利法克斯署名的一封信件，強調當前形勢的嚴重程度。在倫敦，英國的外交大臣也在這個安息日召見了德國大使，向他著重指出時局的嚴重。

從英國的這些外交來往中，德國人並不是沒有注意到，英國政府雖然確實知道法國會馳援捷克斯洛伐克，卻並沒有明白聲明英國也會這樣做，德國大使狄克森在見了哈利法克斯以後發回來的一份電報中就曾指出這一點。英國人肯做的，像狄克森所說哈利法克斯已做的那樣，充其量不過是提出這種警告：「歐洲一旦發生戰事，英國能否置身事外，殊難逆料。」[11]事實上，這也就是張伯倫政府充其量所肯做的——等到後來再要制止希特勒就為時已晚了。從那時起一直到最後，筆者當年在柏林所得到的印象是，如果張伯倫直率告訴希特勒，英國將採取它後來面對納粹侵略時終於採取的那種行動，元首是絕不會冒險行動，也不致於釀成世界大戰。在研究了德國機密文件以後，我的這種印象就更大大地加深了。這就是這位好心腸的首相致命的錯誤。

希特勒在他的貝希特斯加登山間別墅裡反覆思量，認爲自己受到了捷克人的極大侮辱，也受到了支持他們的倫敦、巴黎甚至還有莫斯科的極大侮辱。對於這位德國獨裁者來說，丟人之難堪，莫此爲甚。尤其使他生氣的是，他打算要犯的侵略罪行在將犯未犯之際就受到了控告。就在這一週末，他還審查了凱特爾所提出的關於「綠色方案」的新計畫。不過這一方案現在不能立即執行了。他只好忍著一肚子氣，命令柏林的外交部在星期一即五月二十三日告訴捷克公使，德國對捷克斯洛伐克沒有任何侵略意圖，德軍在捷克邊境集結的傳聞毫無根據。布拉格、倫敦、巴黎和莫斯科的政府領導人都鬆了一口氣。他們以爲危機已經克服了，希特勒已經得到了一次教訓。他現在想必已經懂得，他不能再像他在奧地利那樣輕易地進行侵略而僥倖得逞了。

這些政治家們實在不怎麼瞭解這位納粹獨裁者。

他在上薩爾斯堡生了幾天悶氣，心中怒火如焚，要向捷克斯洛伐克、特別是貝奈斯總統報復，他認定後者是存心丟他的面子。五月二十八日，他突然出現在柏林，並且在總理府召集國防軍高級軍官，下達了一項重大決定。八個月以後，他親自在國會的演說中談到這項決定：

我決心要一勞永逸地、徹底地解決蘇臺德問題。五月二十八日，我下令：

一、應當進行準備，以便在十月二日以前對該國採取軍事行動。

二、我國在西線的防禦工事應大大擴大，並且加緊進行……。

計畫立即動員九十六個師，開始先……[12]。

他對在場的黨羽戈林、凱特爾、布勞希契、貝克、雷德爾海軍上將、里賓特洛甫、紐拉特大聲咆哮：「把捷克斯洛伐克從地圖上抹掉，是我不可動搖的意志！」[13]綠色方案再次提了出來，並且再次修改。

約德爾的日記說明了希特勒報仇心切的思想活動。

元首不想在目前挑起捷克問題的初衷，現在已經改變。原因是捷克軍隊在五月二十一日做了戰略性的集結，而當時並不存在來自德國方面的任何威脅，也不存在導致集結的絲毫理由。由於德國採取了克制態度，此行動的後果損害了元首的威望，這是他不願意見到的。因此，在五月三十日發布了關於「綠色方案」的新指示。

希特勒五月三十日簽發的關於綠色方案的新指示，其細節與九天以前向希特勒提出的基本上並無不同。不過有兩項重大的改變。五月三十一日指示的第一句話是「我無意在最近無緣無故即以軍事行動粉碎捷克斯洛伐克」，而新指示卻是這樣開頭的：「我不可變更的決心就是在最近即以軍事行動粉碎捷克斯洛伐克。」

所謂「最近」的涵義，已由凱特爾在一封隨附件發的指示信中加以說明。他命令：「務須保證綠色方案最遲到一九三八年十月一日能夠付諸執行。」[15]

這是希特勒不惜赴湯蹈火，不惜冒一次又一次危機，甚至不惜冒大戰的危險也要鍥而不捨，務見其成的一個日期。

將軍們的動搖

約德爾在五月三十日的日記中談到希特勒簽發關於「綠色方案」的新指示，也談到因爲新指示要求「在某日當天立即攻下捷克斯洛伐克……陸軍原來的打算必須大加改變。」然後，他又寫了下面這樣一段話：

元首的直覺與陸軍的意見之間又一次形成了尖銳的對比。元首的直覺是我們必須在今年就動手；陸軍的意見是我們目前還不能動手，因爲西方國家幾乎肯定會干涉，而我們目前還不足與之抗衡[16]。

這位有先見之明的國防軍參謀已經指出在希特勒和某些最高級將領之間出現了一條新的裂痕。不同意元首侵略宏圖的反對派是由陸軍參謀總長路德維希·貝克將軍所領導的，他從此以後就成了第三帝國內部反對希特勒的領袖。後來，這位敏感、聰明、正派然而不能當機立斷的將軍還將在更廣泛的方面同那位納粹獨裁者鬥爭。然而，到一九三八年春天爲止，雖然已經經過了四年多的國家社會主義統治，貝克還只是從狹隘的本職範圍以內的專業理由來反對元首。他的理由是：德國當時還沒有強大到足以與西方國家——也許還有俄國——一決雌雄。

我們知道，貝克曾歡迎過希特勒上臺，並且曾公開讚揚過元首不顧凡爾賽和約而重建德國徵兵制。上文曾提到，早在一九三〇年，當貝克還是一個無名團長的時候，就曾挺身而出爲他的三個因在軍隊中鼓吹納粹主義而被控犯叛逆罪的部屬辯護，而且還曾在最高法院爲他們出庭作證。在他之前，希特勒也曾在那裡出過庭，並提出警告說，在他當權之後，將會有「人頭落地」的事。看來使他清醒過來的並不是元首對奧地利的侵略——那是貝克支持的——而是弗立契將軍由於祕密警察的誣陷而人頭落地這一事實。在擦去了障眼的塵翳以後，他開始看清了，希特勒不顧高級將領的忠告，處心積慮，不惜冒險與英國、法國和俄國作戰，如果這些政策付諸實施，就會使德國毀滅。

貝克對希特勒與凱特爾在四月二十一日的會談曾有所風聞。希特勒在那次談話中曾指示國防軍加速制定進攻捷克斯洛伐克的計畫。從五月五日開始，貝克給新任陸軍總司令布勞希契將軍上了一系列的條陳，堅決反對這種行動[17]。文章寫得十分精闢，對一切不容樂觀之處痛陳利害，極爲坦率，立論也是條分縷析，無懈可擊。雖然貝克對英國和法國的意志力量、對兩國政治領袖的狡猾、對法國陸軍的力量等估計過高，而且對捷克問題的結局的估計後來也證明是錯誤的，但是，就德國而言，他的長遠預言最後看來都是一一應驗，極其準確的。貝克在五月五日的條陳中說，他深信，德國如果對捷克斯洛伐克發動進攻，就會引起歐洲大戰，英國、法國和俄國都會反對德國，而美國將成爲西方民主國家的兵工廠。德國要取勝，實無希望。僅僅缺乏原料這一點，就使它無法贏得戰爭。他認爲，事實上，德國的「軍事—經濟狀況比它在一九一七至一九一八年」德皇軍隊開始崩潰時的處境還要糟糕。

五月二十八日，希特勒在「五月危機」以後，在總理府召見高級將領，叫囂要在秋天就把捷克斯洛伐克從地圖上抹掉，貝克當時也是在場聽訓的一個。他對元首的講話仔細做了筆記。兩天以後，就在希特勒簽發關於「綠色方案」的新指示，規定要在十一月一日發動進攻的那一天，貝克又給布勞希契上了一個措辭更爲尖銳的條陳，逐點批評了希特勒的論點。爲了要使那位謹愼的總司令能充分瞭解自己的意思，貝克親自向他讀了這個條陳。最後，布勞希契已不大高興，但他還是對這位比較淺薄的上級強調指出，在「最高級軍事領導人」中間存在著危機，曾經造成混亂，如果不予解決的話，軍隊的命運將是「一片漆黑」，事實上這也會是德國的命運。幾天以後，貝克又在六月三日給布勞希契發出了另外一個條陳，他在其中聲明，關於「綠色方案」的新指示，「從軍事上看是不妥當的」，陸軍參謀總部對此不表同意。

雖然如此，希特勒還是一意孤行。從被繳獲的「綠色方案」檔案中可以看出，這年夏天，他變得越來越瘋狂。他下令，例行的秋季演習必須提前，以便軍隊能準備就緒，可以隨時出擊，必須進行「突襲攻堅」的特種演習。凱特爾將軍得到通知「元首一再強調必須加速建築西線的防禦工事」。六月九日，希特勒又一次要關於捷克軍備情況的情報，並且馬上得到了一份有關捷克人所用的各種大小武器的詳細報告。同一天，他又電詢：「捷克的據點是否仍然由不滿員的駐軍防守。」他當時正在他的山間別墅避暑，周圍都是些阿諛取寵的宵小之徒，他一直不斷地玩火，情緒時而高漲，時而低沉。六月十八日，他又發出了一項新的關於「綠色方案」的「總體原則性指示」：

> 目前並無其他國家會對德國發動先發制人的戰爭……只有在我堅信……法國不會出兵，因此英國不會干涉之時，我才會決定對捷克斯洛伐克採取行動。

雖然如此，到七月七日，希特勒還是提出了幾點考慮，以防法國和英國出面干涉。他說，「第一點考慮」是要「堅守西線」，直到蕩平捷克後，再將軍隊移往西部。事實上，當時已沒有軍隊可以用來堅守西線，然而在他發熱的腦子裡卻根本沒有這個問題。他警告說，「俄國十有八九會進行干涉」，而且波蘭是否就不進行干涉，他目前也還不敢肯定。這種後果必須提防，然而他並沒有說如何提防。

希特勒當時遠在上薩爾斯堡，多少是處於與世隔絕的環境中，顯然還沒有聽到陸軍參謀總部高級軍官中間的不同意見。儘管貝克再三上書布勞希契，這位參謀總長到七月間也已覺察到：他那拿不定主意的總司令並沒有把他的意見上達元首。因此，貝克在七月中旬決定：還是不顧一切，做一番最後的努力，不論用什麼方式把事情鬧穿，七月十六日，他給布勞希契上了最後一個條陳。他要求陸軍告訴希特勒停止備戰。

在充分意識到這一行動的嚴重性而同時也充分意識到自己責任的情況下，我認為，我有責任向國防軍最高統帥（指希特勒）迫切要求，請他停止準備戰爭並放棄以武力解決捷克問題，除非軍事狀況有根本改變。就目前而言，我認為它是毫無希望的，這種意見也是參謀總部全體高級軍官所共有的。

貝克親自把這個條陳遞交布勞希契，並且口頭補充一項建議：如果希特勒固執己見，陸軍將領應採取一致行動。他還具體建議，在這種情況下，高級將領應立即全體總辭職。在第三帝國史上，他第一次提出了一個後來屢次在紐倫堡審訊中提出的問題：一個軍官，除了對元首忠誠而外，還有沒有更高的忠誠？在紐倫堡，許多將官以否定的回答來洗刷自己的戰爭罪行。他們說，他們必須服從命令。但是，貝克在七月十六日卻持有不同的見解，他堅持這種見解直到最後，雖然多半沒有成功。他說，當良心、知識和責任不許可執行某項命令的時候，一個人對最高統帥的忠誠就有了「限度」。他覺得，將官們已經達到了這種限度。如果希特勒堅持要戰爭，他們就應當集體辭職。他認爲，在這種情況下，戰爭就打不起來，因爲那樣就沒有人來領導軍隊了。

德國陸軍參謀總長在他一生中從來沒有像現在這樣大徹大悟。他的眼睛去掉了陰翳，終於看到了事情的嚴重性：這個意氣用事、不惜冒大戰之危險而執意要進攻一個弱小鄰邦的歇斯底里元首，他個人的失敗事小，但卻會造成整個德意志民族的失敗。第三帝國的全部蠢劇，它的暴虐，它的恐怖，它的腐敗，它對古老基督教精神的蔑視，忽然一下子都被這個一度親納粹的將軍看透了。三天以後，七月十九日，他再度去見布勞希契，面陳他的這種覺悟。

他堅持說，將領們不但應當以罷工來阻止希特勒發動戰爭，而且應當出一把力量來清理第三帝國。德國人民和元首本人都必須免於黨衛隊和納粹黨棍的恐怖壓迫。必須恢復法治的國家和社會。貝克把他的改革計畫歸納如下：

擁護元首，反對戰爭，反對黨魁統治，同教會和解，結束契卡（Cheka，譯者：契卡爲蘇聯肅反委員會的簡稱，貝克在這裡荒謬地用來指納粹的祕密警察）恐怖，開放言論自由，恢復法制，削減半數撥給黨的經費，停建各種廳堂大廈，爲平民建造住宅，發揚普魯士清廉樸素的傳統。

貝克在政治上太天眞了，他看不到，造成使他反感的當前德國局面的人正是希特勒自己，他所應負的責任要比其他任何一個人都大。雖然如此，貝克當前必須做的仍然是繼續嚇唬猶疑不決的布勞希契，使他代表陸軍向希特勒提出一項最後通牒，要他停止備戰。爲了達到這一目標，他安排在八月四日召集高級將領舉行一次祕密會議。他準備了一篇振聾發聵的講稿，由陸軍總司令來宣讀，要高級將領一致要求，不容許任何納粹冒險引向武裝衝突。出乎貝克意料的是，布勞希契竟沒有勇氣來宣讀。貝克無奈，只好宣讀了他自己在七月十六日上的條陳。大部分將官對此留下了深刻的印象，但是德國陸軍高級軍官會議並沒有採取什麼決定性的行動就散了。他們沒有勇氣能夠像他們的先輩一樣，在霍亨佐倫皇帝和帝國總理面前要希特勒懸崖勒馬。

布勞希契還是鼓足了勇氣給希特勒看了貝克七月十六日的條陳。希特勒的反應不是召見支持這一條陳的反對派高級將領們，而是召見他們下面一級的軍官，即陸軍和空軍各司令部的參謀長。這批人都是少壯派軍官，希特勒以爲自己只要鼓其如簧之舌，加一番煽惑就可使他們俯首聽命。這批人在八月十日應召到了伯格霍夫——希特勒整整一夏天幾乎沒有離開過他的山間別墅——在會餐以後聆聽希特勒的演說，當時在場的約德爾在日記中寫到，這篇演說講了將近三小時之久。不過這一次，元首的辯才並沒有像他原來所希望的那樣有效。當時在場的約德爾和曼施坦因，後來都談到維特斯海姆（Gustav Anton von Wietersheim）將軍同希特勒之間發生了「一場極嚴重而且最不愉快的衝突」。維特斯海姆是與會的高級軍官，當時是威廉・亞當（Wilhelm Adam）將軍所指揮的西線陸軍的內定參謀長。他直言不諱地提出了希特勒和最高統帥部避而不談的關鍵問題：若把全部兵力用於進攻捷克斯洛伐克，德國在西線就無防務可言，法國勢將乘虛而入，他報告說，事實上，西壁防線無法堅持三星期以上。據約德爾的日記描述：

元首聞言大怒，暴跳如雷，他說，情況要是果眞如此，整個陸軍就不值一文錢。希特勒咆哮說：「我告訴你，將軍先生，陣地必然能堅守，不是三星期，而是三年！」[18]

用什麼來守，他並沒有說。八月四日，亞當將軍曾向高級將領會議報告說，他在西線只有五個師可用，如與法軍交戰，勢必寡不敵眾。維特斯海姆大概也曾把同樣的數字報告給希特勒，但是元首置若罔聞。約德爾雖然是一位精明的參謀，但是當時完全匍匐在領袖的魔力之下，會後頗感沮喪，認爲將領們似乎並不瞭解希特勒的天才。

那種滅自己志氣的意見（指維特斯海姆的意見），不幸地在陸軍參謀總部中極爲流行，所根據的理由有好幾條。

第一條是，他們（指參謀總部）未能擺脫對往事的回憶，而且認爲自己對政治上的決定也應負責任，而不僅是服從並執行軍事上的任務。雖然他們的確以固有的忠誠來執行這一任務，然而內心卻缺乏熱忱，因爲，歸根到底，他們並不相信元首的天才。而人們也許是會把他同查理十二（譯注：查理十二，七十七世紀瑞典國王，曾多次進行侵略戰爭，最後戰死；有「北方狂人」之稱）相比的。

這種失敗主義將不僅在政治上產生壞影響，因爲人人都在談論將領與元首之間的意見衝突，而且在部隊士氣方面也要產生壞影響。這種情況正如水往低處流一樣是勢所必然的。不過，我毫不懷疑，在時機到來之際，元首就能振作士氣[19]。

約德爾也許還可以加上一句，希特勒也能壓平將軍們的反叛。據曼施坦因一九四六年在紐倫堡審訊時說，這次會議是希特勒允許軍方可以提出問題或進行討論的最後一次會議[20]。八月十五日在裕特堡（Jüterbog）閱兵時，希特勒對將軍們重申，他已下定決心「以武力解決捷克問題」，這時已沒有一個軍官敢於——或者說獲准——再發一言表示反對了。

貝克看到，自己之所以失敗，主要是由於自己的袍澤弟兄們骨頭太軟。八月十八日，他辭去了陸軍參謀總長之職。他曾設法使布勞希契步自己的後塵，但是這位陸軍總司令現在已如醉如癡地拜倒在希特勒的魔力之下，他當時正準備同一個狂熱信仰納粹主義的女人結婚，這一點無疑也起了很大的作用（布勞希契在夏天同他的第一個妻子離了婚，九月二十四日同夏洛特·施密特〔Charlotte Schmidt〕夫人結婚）哈塞爾這樣說他：「布勞希契聳一聳肩說，『我是一個軍人，服從是我的天職。』」[21]

在通常情況下，陸軍參謀總長，特別是像貝克將軍這樣德高望重的人，在國家用兵之際辭職引退，本來會在軍界引起震動，甚至在國外引起反響。但是，希特勒在這裡又一次表現了他的權術。雖然他立即接受了貝克的辭呈，而且感到如釋重負，他卻嚴禁報紙，甚至政府和軍方的官方公報中提到這件事情，並且命令退職的貝克和他的同僚軍官嚴守祕密。理由是，在這千鈞一髮之際，不能讓英法政府得知德國陸軍首腦有意見分歧。在柏林十月底正式宣布這一消息之前，巴黎和倫敦當局可能一直都被蒙在鼓裡。人們大可猜測，如果他們知道了這件事情的話，歷史也許會走上另外一個方向，對元首的姑息也許不至像後來那樣嚴重。

貝克本人，基於愛國和忠於軍隊，也並沒有想讓公眾注意到他辭職的消息。不過，他也頗爲傷心失望，因爲那些同意並支持他反對戰爭的將級軍官們，竟沒有一個人感到應當以他爲榜樣而辭職引退。他並不想勸他們這樣做。哈塞爾後來說到他的時候說，他是一個「純粹的克勞塞維茲（Karl Von Clausewitz），而沒有一點布呂歇爾（Gebhard Leberecht von Blücher）或者約克（Ludwig yorck von Wartenburg）的氣味」，他是一個有原則、有思想的人，而不是一個能實際行動的人。身爲陸軍總司令的布勞希契居然在這個德國歷史決定性的時刻把他甩掉，使他十分憤懣。貝克的傳記作家和朋友在若干年後提到，每當這位將軍提到他的上級的時候總是「極爲憤懣」。在這種場合，他總是激動得渾身發顫，喃喃自語：「布勞希契在緊要關頭把我甩掉了。」[23]

繼貝克出任陸軍參謀總長的是五十四歲的弗朗茲・哈爾德（Franz Halder）——不過希特勒保守了幾個星期的祕密，一直到危機過去才宣布他的任命。他出身於巴伐利亞的一個軍人世家，父親是一個將軍。他曾受過炮兵訓練，第一次世界大戰時曾在巴伐利亞皇儲魯普雷希特（Rupprecht）的參謀部內擔任過軍官。在第一次世界大戰後希特勒在慕尼黑活動的時代，他是羅姆的朋友，這件事本來也許會引起柏林方面對他有某種猜疑，他仍然升遷極快，前一年就已擔任貝克的副手。實際上，是貝克向布勞希契推薦哈爾德成爲自己的繼承人的，因爲他知道，他的副手同他的見解是一樣的。

哈爾德擔任德國陸軍參謀總長，在巴伐利亞人和天主教徒中還是第一個，這對新教徒普魯士軍官團是一次重大的改變。哈爾德是一個博學多聞的人，特別喜歡數學與生物（筆者對他的第一個印象是，他看起來像一個大學數理教授），也是一個虔誠的教徒。他的品德與才幹都足以無愧爲貝克的繼承人。問題是，他是否也像他那位卸任的上級那樣缺乏在恰當的時機採取決定性行動的決心；而如果他並不缺少這種決心的話，他是否會在時機到來之際，具有那種毅力，能夠不顧自己效忠於元首的誓言而毅然決然起來反對他。因爲哈爾德同貝克一樣，雖然並沒有一開頭就參加當時已在醞釀的反希特勒密謀，然而並不是毫無所聞，而且顯然也像貝克一樣，是願意給以支持的。他在出任參謀總長以後，在這第一次認眞嘗試推翻第三帝國獨裁者的密謀中就成了關鍵性的人物。

反希特勒密謀的形成

在經過國家社會主義五年半統治以後，對於那些反對希特勒的少數德國人來說，他們心裡十分明白，只有陸軍擁有能推翻他的實際力量。工人們、中產階級和上層階級，即使有此心也無此力。除納粹黨的組織而外，他們別無組織，當然更沒有武裝。雖然對於德國的「反抗」運動本書以後還有許多東西要寫，然而，它自始至終都極爲微弱，當然，它是由一小部分勇敢而正直的人領導的，卻沒有群眾。

我們都知道，在一個偵探密布的恐怖統治警察國家內，生存就已經是極其困難的事情。而且，一個小小的集團——即使是一個較大的集團，如果有的話——怎麼能起而反抗黨衛隊的機關槍、坦克車和火焰噴射器呢？

一開頭的時候，對希特勒的任何反對都是發自文職人員，如上所述，對於將軍們來說，納粹掙脫了凡爾賽條約的束縛，給了夢寐以求的傳統任務，讓他們以重建一支偉大的軍隊，他們歡喜之不暇，也就說不上有什麼反對。大有諷刺意味的是，起而領導反對派的文職人員都是曾爲元首服務並且身居要職的人，其中大多數最初都曾對納粹主義抱有熱忱。他們的熱忱直到一九三七年終於消失，因爲他們開始認識到，希特勒正在把德國引向一場肯定會失敗的戰爭。

這些最早開始覺醒的人中間有一個是萊比錫市長卡爾・戈德勒（Carl Goerdeler）。他原來是總理布呂寧（Heinrich Brüning）任命的物價管制局局長，希特勒上臺後繼續擔任該職三年之久。戈德勒是一個保守派，從內心來說還是一個保皇黨，他又是一個虔誠的新教徒，聰明能幹，精力過人，然而失之不夠謹慎與剛愎自用。他在一九三六年因爲反對納粹黨人的排猶運動和瘋狂擴軍而同他們決裂，同時辭去了兩項職務，一心一意地進行反對希特勒的工作。他的第一個行動就是在一九三七年去法國、英國和美國，用心良苦地警告它們注意納粹德國的危險。

稍後覺醒的兩個後來終於也同謀反對希特勒的人是普魯士財政部長約翰內斯・波比茨（Johannes Popitz）和沙赫特博士，兩個人都曾因爲在改組德國經濟使之適應戰爭目的方面卓著勞績而得到過納粹黨的最高勳章——金質榮譽勳章。兩個人都是到一九三八年才警覺到希特勒的眞實意圖。兩個人看來都因爲過去的歷史和個人的性格而沒有受到反對派核心的完全信任。沙赫特太機會主義，哈塞爾在日記裡曾說，這位國家銀行總裁能夠「說的是一回事，做的又是一回事」，他說貝克將軍與弗立契將軍對此也有同感。波比茨雖然才華過人，然而見異思遷。他是一個傑出的經濟學家，也是一個優秀的希臘學者，同貝克將軍和哈塞爾一起參加了星期三俱樂部，這是一個十六名知識分子的組織，每週集會一次討論哲學、歷史、藝術、科學和文學的問題，它在時機成熟——或者不如說時機坐失——以後形成了反對派的中心之一。

哈塞爾成了反對派領導人的某種外交顧問式的人物。他在衣索比亞戰爭和西班牙內戰時期曾任駐羅馬大使，我們在上文中已經知道，他發出來的電報都是建議柏林如何使義大利同英國和法國紛爭不已，從而使義大利站在德國一邊。後來他開始擔心，如果同法國和英國交戰，這將會使德國導致致命的後果，即使德國與義大利結盟，這也會造成同樣的結果。他所受的文化教養至深，因此對國家社會主義的粗鄙庸俗，除了嫌惡鄙棄而外，實在談不上有什麼好感。雖然如此，他可也沒有自動棄官，不爲這個政權服務。希特勒於一九三八年二月四日進行軍事、政治、外交人事大改組，哈塞爾才被刷下。哈塞爾出身於漢諾威貴族世家，妻子是德國海軍的創始人提爾皮茨（Alfred von Tirpitz）海軍元帥的女兒，全身上下無一不呈現出老派紳士的氣質。他同許多同階級的人一樣，非得要等到被納粹黨人一腳踢開後，才有所不安而想做點什麼來推翻他們。一旦過了這一關，這個敏感的、聰明的、矜持的人就專心致志地來從事這項工作，而到最後，我們會看到，爲此而獻出了自己的生命，遭到了極慘的結局。

還有一些別的人，不那麼知名，大多也比較年輕，從一開頭就反對納粹，逐漸結成了各種各樣的反抗集團。其中有一個集團的一位傑出人士是克萊斯特。他是一個鄉下紳士，是大詩人埃瓦爾德·馮·克萊斯特（Ewald Christian von Kleist）的後裔。同他親密合作的有恩斯特·涅克希（Ernst Niekisch）和費邊·馮·施拉布倫道夫（Fabian von Schlabrendorff）。前者從前是一個社會民主黨人，後來是《反抗報》（*Widerstand*）的主編。後者是一個年輕的律師，是維多利亞女王的私人醫生和心腹顧問施托克馬爾（Christian Friedrich von Stockmar）男爵的外曾孫。也有從前的工會領導人，例如：尤利烏斯·萊伯（Julius Leber），雅可布·凱撒（Jakob Kaiser），威廉·劉希納（Wilhelm Leuschner）。兩個祕密警察的官員：刑事警察頭子阿圖爾·奈比（Artur Nebe）和年輕警官吉斯維烏斯，隨著反抗密謀的發展而成爲得力的助手。後者後來在紐倫堡審訊中成了美國檢察官的寵兒，並且寫過一本書，雖然大部分歷史學家對這本書和作者的可靠性都打了很大的折扣，但它還是透露了反希特勒陰謀的許多眞相。

還有德國許多名門望族的子弟：赫爾莫特・馮・毛奇（Helmuth von Moltke）伯爵，他是著名的毛奇元帥的侄曾孫，後來組織了一個由一批青年理想主義者組成的反抗集團，名爲克萊索集團（Kreisau Circle）；艾爾布萊希特・馮・伯恩斯多夫（Albrecht von Bernstorff）伯爵，他是第一次世界大戰時德國駐華盛頓大使的侄子；卡爾・路德維希・馮・古登堡（Karl Ludwig von Guttenberg）男爵，他是直言無忌的天主教月刊主編；潘霍華（Dietrich Bonhoeffer）牧師，他的先人，不論父系母系都有過傑出的新教教士，他認爲希特勒是反基督的，而且認爲「把他消滅」是一個基督徒的天職。

幾乎所有這些勇敢的人都曾不屈不撓地進行過鬥爭，最後終於被捕，在受到拷打之後，或者被絞死，或者被砍頭，或者直接被黨衛隊暗害。

有很長的時間，這種文人的小小反抗組織沒能吸引軍人來參與。布倫堡元帥在紐倫堡作證時說：「在一九三八至一九三九年以前，德國將領並不反對希特勒。既然他帶來了他們所希望的結果，也就沒有反對他的理由。」戈德勒同漢默斯汀曾有過若干接觸，但是這位前德國陸軍總司令在一九三四年就退休了，對現役將領沒有什麼影響。在納粹政權的初期，施拉布倫道夫曾與卡納里斯海軍上將在德軍最高統帥部情報局內的主要助手漢斯・奧斯特（Hans Oster）上校有過聯繫，發現他不但堅決反對納粹，而且願意擔任文人和武人之間的橋樑。然而，直到一九三七末至一九三八年初，將軍們受到一連串的打擊以後，他們開始警覺到這個納粹獨裁者對德國的危險。這些打擊是：希特勒發動戰爭的決心、親自執掌軍權的企圖、對軍事指揮系統進行大改組以及用卑劣的手段對付弗立契將軍。一九三八年八月底在捷克危機日益緊迫之際，貝克將軍的辭職起了進一步促人猛省的作用。雖然他的袍澤軍官並沒有如他所希望的那樣，與他同時引退，但是，事情馬上就很明顯，這位下野的參謀總長是所有不易駕馭的將官們和文職的反抗領袖們一個團結的中心。兩個集團都尊敬他，信任他。

另外一重考慮，兩個集團現在也都看清了：要制止希特勒，就必須用武力，而只有陸軍有武力。然而陸軍方面有誰能掌握它呢？不是漢默斯汀，甚至也不是貝克，因爲他們都已退休了。大家明白，迫切需要的是聯絡上當時實際指揮駐防柏林內外的部隊將領，以便一旦舉事就能立即採取有效行動。新任陸軍參謀總長哈爾德將軍實際上並無兵權。布勞希契固然能號令全軍，但是不能完全信任。密謀策畫者認爲，他的權威是有用的，不過只有到最後一刻，才能讓他預知大事。

很快地，有幾位屬於關鍵地位的將領願意協助，也實際參加了醞釀中的密謀。其中有三個人居於可以決定大事成敗的位置，他們是：維茨萊本將軍，他是舉足輕重的第三軍區司令，這一軍區包括柏林和柏林周圍地區；布洛克道夫—阿爾菲爾德（Erich von Brockforff-Ahlefeld）將軍，他是波茨坦駐軍司令，該駐軍由第二十三步兵師組成；埃里希．霍普納（Erich Hoepner）將軍，他指揮駐在圖林根的一個裝甲師，在必要時，這個師能擊退任何從慕尼黑來解救柏林的黨衛隊。

到八月底的時候，密謀分子的計畫是：在希特勒最後下令進攻捷克斯洛伐克的時候，立即逮捕他，把他拉到他們設立的人民法庭上去，控訴他輕舉妄動地把德國投入歐洲大戰，因而他失去執政的資格。與此同時，在一個短時期內實行軍事獨裁，然後再成立由社會上知名人士領導的臨時政府，在適當的時期以後，組織一個保守的民主政府。

有兩點考慮是這次政變成敗所繫的關鍵，而且與兩個主要的政變策畫人哈爾德將軍與貝克將軍有關。第一點是時間問題。哈爾德同最高統帥部安排好，在希特勒下令進攻捷克斯洛伐克前四十八小時通知他。這樣就可以使他有時間在德軍越過捷克邊境以前就把發動政變。這樣他不但可以逮捕希特勒，而且可以防止造成大戰致命的一步。

第二點是，在審訊希特勒前，貝克必須先使將軍們相信（審訊後也要使德國人民相信），進攻捷克斯洛伐克會使英法參戰，從而釀成歐洲大戰，而德國對這一戰爭並無準備，必然要歸於失敗。這本來是他在整個夏天所寫的一系列條陳的中心思想，也是他現在所要做的一切——推翻希特勒以保全德國，使它免於一場會使它毀滅的歐洲戰爭。

對貝克而且對世界大部分地區，前途是不樂觀的。結果證明對於爆發大戰的可能性摸得更準的是希特勒，而不是新近辭職的參謀總長。貝克是一個有學識、有歷史眼光的歐洲人，他料不到英國和法國居然會硬是犧牲自己的利益而不干涉德國對捷克斯洛伐克的進攻。他懂得歷史，然而卻不懂得當代的政治。而希特勒卻懂得。他已經感到越來越可以相信自己的判斷：張伯倫首相寧肯犧牲捷克而不肯參戰，而在這種情況下，法國也不會履行它對布拉格條約的義務。

威廉街並沒有漏過紐約報紙早在五月十四日發表的一則電訊。他們駐倫敦的記者報導了張伯倫在國會議員阿斯托夫人（Nancy Astor）家裡吃飯時一次非正式的談話。據記者們說，這位英國首相曾說，一旦德國發動進攻，不論英國還是法國，也許還有俄國，都不會出兵馳援，捷克國家不能按目前的形式存在下去，爲了和平的利益，英國贊同把蘇臺德區劃歸德國。德國人也注意到，儘管在下院內提出了憤慨的質詢，張伯倫並沒有否認美國記者的電訊的眞實性。

六月一日，張伯倫首相曾對英國記者發表了有一部分不能公開發表的談話，兩天以後，《泰晤士報》就開始發表一系列的社論來拆捷克人的臺；它要求捷克政府允許國內各少數民族「自治」，「即使這意味著脫離捷克斯洛伐克」，它第一次建議以公民投票的辦法來決定蘇臺德人和其他少數民族的要求。幾天以後，駐倫敦的德國大使館報告柏林，《泰晤士報》的社論是根據張伯倫不供發表的談話寫出來的，這反映了他的意見。六月八日，狄克森大使告訴威廉街，張伯倫政府將樂於見到蘇臺德地區脫離捷克斯洛伐克，只要這是由公民投票所決定的，而且「沒有受到德國方面強制措施的干擾」[24]。

所有這些想必是希特勒所樂於聽到的。莫斯科來的消息也不壞。到六月底的時候，德國駐俄大使舒倫堡（Herr von der Schulenburg）伯爵報告柏林說，蘇聯「極少可能出兵保衛一個資產階級國家」，即捷克斯洛伐克[25]。到八月三日，里賓特洛甫通知德國各主要駐外使節說，不必擔心英國、法國、俄國會對捷克斯洛伐克問題進行干涉[26]。

就在八月三日這一天，張伯倫派了倫西曼（Walter Runciman）勳爵帶著一項奇怪的使命到捷克斯洛伐克去充當蘇臺德危機的「調解人」。他到布拉格那天，我剛好在那裡，在參加了記者招待會並且與他的隨行人員談話以後，我在日記上記著，「倫西曼的全部使命一場糊塗」。七月二十六日在下院宣布倫西曼將銜命出使的時候，張伯倫本人曾撒了一個在英國議會史上獨一無二的謊言。首相說，他派倫西曼赴捷是「應捷克斯洛伐克政府請求」。事實上，倫西曼是張伯倫強迫捷克政府同意他去的。不過背後還有一個更大的騙局，人人都知道，張伯倫也知道，倫西曼要在捷克政府和蘇臺德人之間進行「調解」是不可能而且是講不通的。他們知道蘇臺德人的領袖漢萊因並不是一個能自作主張的人，他並不能參加談判，目前的糾紛是布拉格和柏林之間的問題。從倫西曼到達捷克的當天晚上以及以後幾天，筆者的日記表明，捷克人完全知道倫西曼是張伯倫派來促成把蘇臺德區轉交給希特勒。這是一個卑鄙的外交花招。

現在一九三八年的夏天已經幾乎過完了。倫西曼僕僕往返於蘇臺德區和布拉格之間。對蘇臺德日耳曼人的友好姿態越來越多，對捷克政府的要求也越來越多，蘇臺德人要什麼，就要捷克政府給什麼。希特勒，他的將軍們，他的外交部長也都忙得像發狂似的。八月二十三日，元首在基爾灣舉行海軍演習的時候，在「派特里亞」號郵船上接待了匈牙利的攝政霍爾蒂（Miklós Horthy）海軍上將和匈牙利政府的成員。希特勒告訴他們，他們如果要想在捷克的宴席上分嘗一臠，他們必須趕快採取行動。他說：「誰要想坐席，至少得幫廚。」義大利大使伯納多・阿托利科（Bernardo Attolico）也是船上的貴賓。但是，當他追問里賓特洛甫「德國人對捷克斯洛伐克行動」的日子，以便墨索里尼能有所準備的時候，那位德國外交部長卻顧左右而言他。很清楚，德國人並不完全信任他們的法西斯盟友能守得住祕密。對於波蘭，他們倒是完全相信的。整個夏天，駐華沙的大使阿道夫・馮・毛奇（Hans-Adolf von Moltke）都在向柏林報告，波蘭不但不願讓俄國人假道以軍隊和飛機援捷，而且波蘭外交部長約瑟夫・貝克（Józef Beck）上校還對捷克的一塊領土苔絲地區（Teschen）垂涎欲滴。貝克致命的短視這時已表露出來，而那年夏天在歐洲這種短視的觀點卻非常流行，到頭來將證明，這種短視的觀點爲害之大是他所不可能想像到的。

德軍最高統帥部和陸軍總司令部這時正在日夜工作，忙於草擬計畫，能使軍隊準備就緒好在十月一日向捷克斯洛伐克挺進。八月二十四日，最高統帥部的約德爾上校給希特勒上了一個緊急條陳，強調「製造『事件』讓德國有口實進行軍事干涉，確定日期為當務之急」。他解釋說，出兵捷克的日期完全要根據以下原則：

在出兵前一天之前，絕不能採取任何沒有正當理由的事前行動，要不然的話，我們就會顯得是蓄意製造這一事件的了。如果由於技術上的理由而將這一事件安排在晚上的話，那麼就不能以第二天為出兵日，出兵日必須再晚一天……提出這一點的用意是想說明軍方對這一事件極為關切，而且必須及時得悉元首的意圖——因為情報局迄今並未奉命組織這一事件[28]。

到夏天將完的時候，突襲捷克斯洛伐克的周密準備顯然已經諸事就緒。然而，如果法國人履行他們對捷克人的諾言而發動進攻的話，西線的防務怎麼辦？八月二十六日，希特勒出發到西線巡視工事，隨行的有約德爾和負責建造西壁工事的工程師托特（Fritz Todt）博士、希姆萊和黨內其他官員。八月二十七日，指揮西線部隊的威廉·亞當將軍也參加巡視，在以後的兩天中，他親眼看到希特勒由於萊茵地區人對他的熱烈歡迎感到樂極忘形，可是亞當將軍這位直率而能幹的巴伐利亞人並不感到高興，而是大為吃驚。八月二十九日，在希特勒的專用車廂裡演出了驚人的一幕。亞當突然要求同希特勒單獨談話。據這位將軍後來說，希特勒在冷笑一下以後就摒退了希姆萊和其他的黨羽。亞當二話不說，單刀直入地說明不論把西壁吹得如何天花亂墜，他用手下現有的軍隊是守不住的，希特勒急躁了起來，並且對他發了一通長篇大論，大吹他已經使德國比英國和法國加起來還要強。

「誰要守不住這些工事，」希特勒咆哮說：「誰就是混蛋！」（據約德爾在日記中說，希特勒用的字眼是「狗崽子」〔Hundsfott〕，這是很重的話[29]。特爾福德·泰勒〔Telford Taylor〕在其所著《劍與萬字》〔*Sword and Swastika*〕一書中，對此有詳細的描寫，材料就是以亞當將軍尚未發表的回憶錄爲根據的）

雖然如此，除了亞當以外的將領們心中對這一點的懷疑還是與日俱增。九月三日，希特勒在伯格霍夫召見了最高統帥部和陸軍總司令部的首腦凱特爾和布勞希契。當時議定，各野戰部隊應當在九月二十八日在德捷邊境沿線進入陣地，最高統帥部必須在九月二十七日中午知悉進攻日究竟是哪一天。希特勒對「綠色方案」的作戰計畫還不滿意，下令作了幾處修改。據施蒙特少校所保存的有關這次會議的筆記，可以很清楚地看到，至少布勞希契——凱特爾已諂媚成性難爲直言了——再次提出了如何固守西線的問題。希特勒騙他說，他已經下令加速建築西線的工事了[30]。

九月八日，海因里希·馮·史圖爾普納格（Heinrich von Stülpnagel）將軍來見約德爾。後者在日記中記下了這位將軍對西線軍事態勢的悲觀看法。他們兩個人都清楚，希特勒的情緒由於受到剛剛開幕的紐倫堡納粹黨大會的狂熱氣氛鼓動而大爲高漲，已決意進攻捷克斯洛伐克，而根本不顧法國是否干涉。連一向樂觀的約德爾也說：「我必須承認，我也感到擔心。」

第二天，九月九日，希特勒把凱特爾、布勞希契和哈爾德召到紐倫堡舉行會議。這次會議從晚上十點一直開到第二天早晨四點。據凱特爾後來對約德爾私下透露（約德爾後來把凱特爾的話寫到了日記上），會上爭論異乎尋常地激烈。哈爾德先前感到自己處境微妙，必須小心謹愼，因爲身爲密謀的主角，要在希特勒下進攻令時舉事推翻他，卻不得不十分詳盡地解釋參謀總部關於進攻捷克斯洛伐克的計畫，後來他又感到十分難受，因爲他眼看著希特勒把這一計畫撕成粉碎，並且不但把他，而且還把布勞希契痛罵一頓，罵他們膽小，罵他們在軍事上無能。據約德爾在九月十三日的日記裡寫道，紐倫堡的這一場面和德國陸軍首腦人物中出現的「失敗主義」使凱特爾感到「極度震驚」。

向元首提出了陸軍總司令部方面存在著失敗主義……凱特爾宣稱他絕不能容忍最高統帥部有任何軍官再事批評埋怨，動搖猶豫，消極悲觀……元首已經知道，陸軍總司令（指布勞希契）曾要所屬將領支持他，來打開元首的眼界，讓他看到他不顧一切企圖一逞的冒險。他自己（指布勞希契）已再也得不到元首的信任了。

因此紐倫堡的空氣極爲陰沉，全國都支持元首而唯獨陸軍高級將領卻是例外，誠屬不幸。

所有這一切都使少年氣盛、自命不凡的約德爾大爲掃興，他已經把自己的前程完全寄託在希特勒身上了。

只有透過行動，這些將軍們才能光榮地彌補由於他們缺乏意志力量與服從精神所造成的損失。這是同一九一四年一樣的問題。陸軍方面抗命的例子只有一個，而這就是將軍們的抗命。從根本上來說，這是由於他們驕傲自大。他們誰也不相信，誰也不服從，因爲他們不承認元首的天才。許多人仍然把他看成是世界大戰中區區一個下士，不知道他是俾斯麥以後最偉大的政治家[32]。

九月八日，當時任陸軍總司令部第一處處長並且參與哈爾德密謀的史圖爾普納格將軍同約德爾談話時，曾向最高統帥部要求書面保證，保證陸軍總司令部能在五天以前得到希特勒進攻捷克的命令。約德爾答覆說，由於氣候難以預料，只能保證在兩天以前給予通知。雖然如此，對於反叛分子來說，這也已經夠了。

不過，他們還需要另外一種保證——說到最後，他們究竟能否假定，如果希特勒決意進攻捷克斯洛伐克，英國和法國一定會對德宣戰。為此，他們決定派密使去倫敦，不但要弄清英國政府的意圖，而且如果必要，還要影響英國政府的決策。為此目的，將告訴英國政府：希特勒已決定在秋季某一天進攻捷克，參謀總部知悉這一日期，也反對此事，如果英國能對希特勒堅決反對到底，參謀總部準備採取最有決定性的行動來防止此事。

第一個派出的密使是情報局的奧斯特上校所選派的克萊斯特。他在八月十八日到達倫敦。當時早已急於要把希特勒在捷克斯洛伐克所要的任何東西都給他的英國大使韓德森，從柏林電告英國外交部：「在任何官方場合接待他（指克萊施特）都是不明智的。」（據德國外交部八月六日的一項備忘錄稱，韓德森曾在一個私人社交場合對在場的德國人說：「英國不想為捷克斯洛伐克犧牲一兵一卒。任何合理的解決辦法，只要不是動用武力的，都會得到同意。」[33]）。雖然如此，外交大臣的首席外交顧問、倫敦方面反對姑息希特勒的主要人物之一范斯塔特爵士，在克萊斯特到達倫敦的當天下午就接見了他，而且當時仍然在野的邱吉爾也在第二天就接見了他。兩個人都對來客的嚴肅和誠懇有極深的印象。克萊斯特對他們講了他受命要講的話，強調希特勒已定好日子對捷克人發動侵略，大部分將領是反對他的，並且將有所行動，然而如果英國繼續姑息希特勒的話，那就是拆他們的臺。如果英國和法國肯公開宣布：一旦希特勒對捷發動進攻，它們絕不袖手旁觀，如果英國某些知名的政治家肯對德國發出嚴重的警告，指出納粹侵略將造成的後果，那麼，德國將領們就會起來制止希特勒[34]。

邱吉爾寫了一封振奮人心的信，讓他帶回德國去鼓勵他的同事：

我確信德國陸軍或空軍大舉越過捷克斯洛伐克邊境將引起世界大戰。我像一九一四年七月底一樣確信，英國將同法國一起出兵……我祈求諸位，千萬不要在這一點上有所誤信……。

（克萊斯特於八月二十三日回柏林後給貝克、哈爾德、漢默斯汀、卡納里斯、奧斯特和其他參與密謀的人看了邱吉爾的信。惠勒—班奈特〔Wheeler-Bennett〕在其所著《權力的報應》〔*The Nemesis of Power*〕一書頁四一三說，根據施拉布倫道夫在戰後告訴他的材料，卡納里斯曾將這封信分抄兩份，一份留給自己，一份給貝克。原件則由克萊斯特藏在波美拉尼亞他的鄉間別墅。一九四四年七月二十日謀害希特勒事件以後，為祕密警察所發現，克萊斯特因此被人民法庭處以死刑，於一九四五年四月十六日判決執行。事實上，德國當局知道邱吉爾的信的內容要比反叛分子所能想像的早得多。筆者在德國外交部的檔案中發現一份文件，上面標的是「溫斯頓．邱吉爾給德國密使的信的內容摘錄」，雖然原件並未標明日期，然而查明是一九三八年九月六日存檔的[35]）。

范斯塔特對克萊斯特的警告頗為重視，因此曾立即就此事向英國首相與外交大臣提出報告。雖然張伯倫在給哈利法克斯勳爵的信中，說他「傾向於對克萊斯特所說的話大打折扣」，他也還是說：「我不能肯定說我們不該有所行動。」[36]他的行動就是在出現一些輿論以後，於八月二十八日把韓德森大使召回倫敦「諮詢」一番。

他指示他駐柏林的大使做兩件事情：向希特勒提出嚴肅的警告，其次，祕密準備他同元首之間的「個人接觸」。據韓德森自己的說法，他勸首相放棄第一點要求[37]。至於第二個要求，韓德森求之不得，當然樂於遵命（這位大使七月十八日從柏林寫信給哈利法克斯勳爵說：「我眞誠地認爲現在是該由布拉格來認眞扭轉局面的時候了……如果貝奈斯不能滿足漢萊因的要求的話，他也就不能滿足任何一個蘇臺德領袖的要求……我們應該不惜在捷克人面前當壞人。」[38]漢萊因只是希特勒的一個工具，在希特勒的命令下，把他的要求不斷加碼，以至於貝奈斯根本不可能「滿足」他的要求。連韓德森這樣一個人到了這個時候還不知道這一點，實在是難以設想的）。

這是走向慕尼黑，走向希特勒最大的不流血勝利的第一個步驟。

柏林的密謀分子沒有看到張伯倫的這種轉向，還想進一步對英國政府提出警告。八月二十一日奧斯特上校派了一個使者去告訴英國駐柏林的武官，希特勒想在九月底侵入捷克斯洛伐克。他告訴英國人：「如果外國能以強硬行動使希特勒於最後一刻宣布放棄其目前的打算，他在受到這一打擊後必將垮臺。同樣，一旦發生戰爭，法國和英國如能立即干涉，也會使這個政權倒臺。」韓德森爵士盡責地把這一警告報告了倫敦，不過卻把它說成是「顯然是有偏見的，而且在很大程度上是宣傳」。隨著危機的越來越嚴重，這位溫文爾雅的英國大使眼上的塵翳似乎也越來越厚了。

哈爾德將軍隱隱感到密謀分子並沒有能把他們的信息有效地通知英國人，因此在九月二日派了他自己的密使——已退休的陸軍軍官包姆—泰特爾巴赫（Hans Böhm-Tettelbach）中校——前往倫敦，同英國陸軍部和軍事情報局取得聯繫。雖然照這位中校自己的說法，他曾見到了倫敦某些有名人物，然而他似乎並沒有給他們留下什麼深刻的印象。

最後，密謀分子只好利用德國外交部和駐英大使館來進行最後的努力，設法使英國保持強硬。德國駐英大使館的參事兼臨時代辦是西奧多・科爾特（Theodor Kordt），他的弟弟埃里希（Erich Kordt）也在德國外交部任職，是里賓特洛甫的祕書處長。兩個人都是威茲薩克男爵手下的紅人。威茲薩克身任德國外交部的國務祕書，無疑是外交部的大腦，他在戰後曾大事宣揚自己反對納粹的歷史，然而卻一直爲希特勒和里賓特洛甫效命出力，幾乎到最後。不過，從繳獲的德國外交部的文件中可以清楚地看出，他當時的確反對侵略捷克斯洛伐克，理由同將領們相同，認爲那樣做，一定會引起戰爭，而戰爭又必然會導致失敗。在威茲薩克的默許之下，在同貝克、哈爾德、戈德勒商量之後，密謀分子一致同意應由西奧多・科爾特去對唐寧街發出最後的警告。他身任大使館參事，訪問英國當局是不會招人懷疑的。

他在九月五日見到了張伯倫的親信霍拉斯・威爾遜（Horace Wilson）爵士。威爾遜認爲他的話極端重要、極端緊急，馬上從後門把他帶進了唐寧街外相官邸。他直率地告訴哈利法克斯，希特勒已計畫在九月十六日下總動員令，並且已確定至遲在十月一日進攻捷克斯洛伐克，德國陸軍已準備在最後下進攻令時起事反對希特勒，如果英法態度堅定，此事定能成功。他也告訴哈利法克斯，希特勒在九月十二日紐倫堡黨代表大會的閉幕典禮上將有爆炸性的演說，很可能揭露他對捷克斯洛伐克的企圖，那將是英國站出來反對這個獨夫的時候[39]。

科爾特雖然曾同唐寧街不斷有個人接觸，這次又向外交大臣坦率陳辭，但也不知道當時倫敦的風向。然而，他同任何其他人一樣，兩天以後，看了九月七日倫敦《泰晤士報》一篇著名的社論以後，就恍然大悟了。這篇社論說：

捷克斯洛伐克政府值得考慮一下，是否應當完全排除某些人士提出的計畫，也就是割棄某些異族居住的邊緣地區，從而使捷克斯洛伐克成爲一個更加單純的國家……即使失去邊境上的蘇臺德日耳曼人地區，如能在種族上如能成爲一個更單純的國家，整體來說對捷克斯洛伐克還是有好處的。

這篇社論完全沒有提到這樣一個明顯的事實：捷克人一旦把蘇臺德區割讓給德國以後，將不但失去波希米亞周圍作爲天然防線的高山，而且也將失去他們的「馬奇諾防線」，從而在納粹德國面前處於無險可守的地位。

雖然英國外交部很快就否認《泰晤士報》的社論代表政府的觀點，科爾特第二天還是打電報給柏林說，這篇社論可能是「根據首相左右給與《泰晤士報》編輯部的暗示」。其實豈止是可能呢！

目前在第二次世界大戰以後危機重重的年月裡，已很難回憶紐倫堡納粹黨代表大會期間對歐洲各國首都所造成的陰暗的、幾乎難以忍受的緊張氣氛。這次大會是九月六日開始的，在九月十二日達到高潮。希特勒預定在這一天向大會發表閉幕演說，而世人則預料他將向全世界宣布對捷究竟是戰是和的最後決定。筆者那個星期正在危機中心布拉格，令人奇怪的是，儘管有日耳曼人在蘇臺德區發動的武力騷動，儘管有柏林的威脅，有英法政府要它屈服的壓力，擔心它們會對捷克斯洛伐克撒手不管，捷克首都的氣氛卻比任何其他地方都要平靜——至少外表上如此。

九月五日，貝奈斯總統看到，要挽救和平的話，非由他來採取決定性的行動不可，於是在赫拉德欣宮召見了蘇臺德人的領袖孔特（Ernst Kundt）和西伯科夫斯基（Sebekovsky），通知他們以書面提出他們的全部要求。不論這些要求是什麼，他都將接受。第二天，蘇臺德人的副領袖卡爾・赫爾曼・弗朗克（Karl Hermann Frank）叫道：「我的天，他們給了我們一切。」不過，這卻正是蘇臺德的政客們和他們在柏林的主子們最不願見到的事情。九月七日，漢萊因就在德國的指示下找了一個勉強的藉口，宣稱捷克警察在摩拉維亞的奧斯特拉瓦（Ostrava）執法過當，因此中斷了同捷克政府之間的一切談判。

九月十日，戈林在紐倫堡納粹黨大會上發表了一篇好戰的演說。「歐洲的一塊小小的地方在折磨著全人類……這個可憐的侏儒般的民族（指捷克人）在壓迫著一個文明的民族，站在他們背後的是莫斯科和猶太鬼。」但是貝奈斯在同一天的廣播內容一點也沒有提到戈林的惡罵；他安詳地、莊嚴地呼籲雙方平心靜氣、相見以誠。

雖然表面上如此，捷克人骨子裡是緊張的。在貝奈斯博士講完了話以後，我在捷克廣播大廈的前廳遇見他時，看到他的臉色非常沉重，而且看起來完全意識到自己處境極為困難。威爾遜火車站（編按：位於布拉格，一戰後以美國總統威爾遜命名）和飛機場擠滿了猶太人，爭先恐後想得到一個位子轉到安全一點的地方去。防毒面具也在這個週末分發給群眾。巴黎來的消息說，法國政府因為看到有戰爭的危險而驚惶失措，倫敦來的消息說張伯倫在考慮採取豁出去的措施來滿足希特勒的要求——當然，是以犧牲捷克為代價。

就在這種情況之下，全歐洲都在等待著希特勒九月十二日在紐倫堡的講話。然而，這位元首在黨大會最後一天晚上對紐倫堡體育場上的如醉如狂的納粹信徒發表的演說雖然粗魯激烈，而且充滿了對捷克國家，特別是對捷克總統的惡毒咒罵，卻還並不是一份宣戰書。他——至少在公開場合——沒有宣布最後決定，事實上，我們從繳獲的德國文件中知道，他早已確定以十月一日爲越過捷克邊界的日子。在紐倫堡的演說中，他不過要求捷克政府給與蘇臺德日耳曼人以「公平待遇」。要是它不照辦的話，德國就要設法讓它一定辦到。

希特勒的這番講話，影響頗爲可觀。在蘇臺德地區，它引起了一場叛亂，經過兩天激戰，捷克政府趕緊派兵鎭壓並且宣布戒嚴之後方才平息。漢萊因偷渡邊境到了德國，宣布現在唯一的解決辦法就是把蘇臺德地區割讓給德國。

如後來所見，這個解決辦法可以佔英國便宜，然而必須首先得到法國的同意之後才能促使其實現。在希特勒講話以後的第二天，即九月十三日，法國內閣開了整整一天的會，內閣認爲德國進攻已經迫在眉睫，然而應否對捷克斯洛伐克履行條約義務，眾人無法得出一致意見。當天晚上，英國大使艾立克・菲普斯（Eric Phipps）爵士正在觀看喜歌劇之際，中途被請去同達拉第總理進行緊急磋商，後者要求張伯倫立即設法同那位德國獨裁者談判，盡可能取得最好的結果。

可以猜想，張伯倫先生在這方面毋須促駕。當天晚上十一點，這位英國首相就給希特勒發出一份急電：

鑒於局勢日益嚴重，我提議立即前來見你，以尋求和平解決辦法。我提議乘飛機前來，並且準備就在明天啓程。

請賜告你最早能在什麼時候見我，並請賜告會面的地點。盼盡早賜復爲感[40]。

兩小時以前德國駐倫敦的代辦西奧多・科爾特，曾電告柏林，說張伯倫的新聞祕書告訴他，首相「已準備研究德國多方面的建議，包括舉行公民投票在內，協力促其實現，並且在公開場合加以鼓吹」[41]。

最後在慕尼黑臻於完成的投降就此開始。

張伯倫在貝希特斯加登：一九三八年九月十五日

「我的天哪！」（Ich bin vom Himmel gefallen）希特勒看到張伯倫的電報時叫了起來[42]。他又驚又喜。那位掌握著大英帝國命運的人，那位已經六十六歲高齡而且從來沒有坐過飛機的人居然肯降尊紆貴，不憚坐七小時的長途飛行到德國最僻遠的貝希特斯加登來向他央求，眞使他喜出望外。希特勒毫不客氣，也沒打算在萊茵地區找一個地點相會，雖然那樣可以縮短一半路程。

英國人似乎認爲首相之長途跋涉是要完成阿斯奎斯（Herbert Henry Asquith）先生和愛德華・格萊（Edward Grey）爵士在一九一四年所沒有做到的事情——警告德國：對小國的任何侵略，不但會引起法國而且會引起英國參戰，聯合反德。然而不論英國人方面如何熱心（就連在英國報紙上和議會中對張伯倫的外交政策批評最嚴厲的人都熱烈讚揚首相的貝希特斯加登之行。桂冠詩人約翰・梅斯菲爾德〔John Masefield〕寫了一首讚歌式的詩，登在九月十六日的《泰晤士報》上，題目就叫做《內維爾·張伯倫》），從德國的祕密文件和以後的事態演變看來，希特勒很明白，張伯倫的行動對他說來是一個天賜良機。德國駐英大使館早已報告過說英國領導人準備倡議實行「德國的多方面建議」，元首十分肯定：張伯倫此次前來等於是進一步保證，英國和法國，將如他一貫認為的那樣，不會為捷克斯洛伐克而出兵干涉。首相同他會面還不到一小時，這種事先的估計就成了確定的事實了。

會談剛開始的時候，雖然希特勒照例只顧自己說話，雙方還是有過一番外交上的小交鋒[43]。張伯倫是九月十五日中午在慕尼黑機場著陸的，然後就坐著一輛敞篷汽車到火車站，再從那裡坐三小時的專車到貝希特斯加登。他看到一列一列滿載德國軍隊和重炮的火車不斷在他眼前開過。希特勒並沒有到貝希特斯加登火車站來迎接，而是在伯格霍夫高高的臺階上等候他的貴賓。據德國的翻譯保羅·施密特博士後來回憶，這時下起雨來，空中一陣黑似一陣，烏雲遮住了群山，時間已經是下午四點了，而張伯倫從天明到現在一直都在趕路。

喝過了茶以後，希特勒和張伯倫到了二樓希特勒的書房，這就是七個月以前這位德國獨裁者接見許士尼格的地方。在韓德森大使的要求下，里賓特洛甫沒有參加會談。這使這位愛面子的德國外交部長大為惱怒，以致第二天竟拒絕把施密特的會談筆記交給英國首相——這是一種罕見的然而典型的不禮貌行為——弄得張伯倫以後竟得靠自己的腦子來回想希特勒和他的談話。

希特勒首先講話，就像他往常的演說一樣，長篇大論地吹噓他對德國人民、對國際和平、對英德親善的豐功偉績。他現在下定決心「不論用什麼方法」都要解決一個問題。捷克斯洛伐克境內的三百萬日耳曼人必須「重返」德國（不論在同希特勒談話時，還是在向下院報告時，對德國歷史知識看來並不淵博的張伯倫，接受了那個不該使用的「重返」字眼。蘇臺德日耳曼人曾歸屬過奧地利，但是從來沒有歸屬過德國）。據施密特的正式記錄：

他希望不要對他的絕對決心產生任何懷疑，他絕不能容忍一個小小的二等國家把有一千年歷史的強大德國看做彷彿是次一等的國家……他今年四十九歲，如果德國爲捷克斯洛伐克問題而捲入一場世界大戰的話，他希望他能以壯盛之年的全部精力領導德國度過危難……當然，如果由於這個問題而竟然引起世界大戰，他將不勝遺憾。不過這種危險絕不能使他的決心有任何動搖……他爲此準備迎接任何戰爭，甚至世界大戰。世界上其他各國愛怎麼辦就怎麼辦，他絕不會後退一步。

希特勒滔滔不絕，大放厥詞，張伯倫簡直無法插一言。他的耐心實在驚人，然而也有限度。就在這個時候，他打斷了希特勒的話頭說：「如果元首已決定用武力來解決這個問題，甚至根本不想在我們之間討論一下的話，那麼爲什麼還要讓我來？我浪費了時間了。」

德國獨裁者沒有想到別人這樣同他頂嘴，因爲這時已經沒有任何一個德國人敢這樣做了。張伯倫的反唇相譏看來起了一點作用。希特勒平靜了下來。他認爲他們可以談一談「最後是否還有和平解決的希望」。接著，他就猛然提出了他的建議。

英國是否願意同意割讓蘇臺德區？……按民族自決的原則做出的割讓？

這一建議並沒有使張伯倫感到震驚。說眞的，他還表示滿意，因爲他們「現在終於接觸到了問題的核心」。按照張伯倫根據自己的記憶追述，他回答說，在他同閣員和法國人商量以前還不能把話說死。按照施密特在作口譯時的速記記錄，張伯倫確實說了這番話，不過他還加上「他可以代表個人說，他承認蘇臺德區在原則上脫離捷克斯洛伐克……他希望回到英國向政府報告他的個人態度，並且取得政府的批准。」

自從在貝希特斯加登做出這個投降以後，其他一切就跟著都來了。

顯然，這一投降沒有引起德國人的驚奇。就在貝希特斯加登會議的當兒，漢萊因從埃格爾（Eger）給希特勒寫了一封密信，上面標的日期是九月十五日，正是他越過邊境到德國的前夕。

我的元首：

我昨天通知英國代表團（指倫西曼代表團），繼續談判……只能以實現同德國的統一爲基礎。張伯倫很可能建議這樣的統一[44]。

第二天，九月十六日，德國外交部向駐華盛頓大使館和駐其他若干國家首都的大使館發出了下列密電：

元首昨天告訴張伯倫，他已下定最後決心要在最短期間內用一切辦法來結束蘇臺德區不可容忍的局面。現在要考慮的已不是蘇臺德日耳曼人的自治問題，而是把這一地區割讓給德國的問題。張伯倫個人已表示贊同，他現在正在同英國內閣商量並且同巴黎交換意見。元首與張伯倫之間下一次的會談，計畫在最近舉行[45]。

在同希特勒的會談快結束的時候，張伯倫總算從他那裡挖出了一項保證：在他們兩人再次會商以前，他不採取任何軍事行動。這時候，首相對元首的話還是極爲信任的，一兩天以後，他在私人場合曾說：「儘管我想我在他臉上可以看出這個人兇狠無情，我還是覺得他是一個說話算話、可以相信的人。」[46]

當張伯倫陶醉在這種自我安慰的幻想中的時候，希特勒卻在一股勁兒地在政治上和軍事上準備進攻捷克斯洛伐克。約德爾上校代表最高統帥部同宣傳部制定了一項計畫，他在日記中把它稱之爲「在否認我們自己違反國際法方面的聯合準備」。未來的戰爭將是一場殘酷的戰爭，至少在德國方面來看是如此，而戈培爾博士的工作就是爲納粹的過火行爲辯解。關於他如何撒謊的計畫，定得極爲詳細[47]。九月十七日，希特勒指定最高統帥部的一名參謀去協助漢萊因的蘇臺德自由團，他們正在拜羅伊特郊外的一座古堡中設立總部。蘇臺德自由團裝備著奧地利的武器，它從元首那奉到的命令是：同捷克人不斷保持「衝突和糾紛」。

九月十八日這一天，張伯倫忙著爭取他的內閣閣員和法國人同意他的投降政策。對於希特勒和他的將軍們說來，這一天也是一個忙日子。五個軍團（第二、第八、第十、第十二、第十四軍團）共計三十六個師（包括三個裝甲師）的行動時間表下達了。希特勒也批准了十個軍團的指揮官人選。亞當將軍，儘管桀驁不馴，仍然統率西線德軍。奇怪的是，兩個密謀反叛的退職將軍居然也重新起用，貝克將軍指揮第一軍團，漢默斯汀將軍指揮第四軍團。

爲了對捷克進行最後打擊，政治方面的準備也在加緊進行。繳獲的德國外交部文件充滿了不斷對匈牙利和波蘭增加壓力，要它們參與分肥的文件。德國人甚至還拉斯洛伐克人下水來製造麻煩。九月二十日，漢萊因鼓動他們把自治條件提得「更加尖銳」。同一天，希特勒接見了匈牙利總理伊姆雷第（Béla Imrédy）和外交部長卡尼亞（Kalman Kanya），對布達佩斯所表現的畏縮猶豫大加申斥。有一項外交部的備忘錄曾詳細地談到這次會晤的情況。

首先，元首對這兩位匈牙利先生斥責了匈牙利舉棋不定的態度。他，元首，已決意解決捷克問題，即使冒引起世界大戰的危險也在所不惜……不過他深信不論英國還是法國都不會干涉。匈牙利要參與大事，現在已是最後的機會了。它要是不參加的話，他就不能爲匈牙利的利益說話。他的意見是，最好就是消滅捷克斯洛伐克……。

他向匈牙利人提出兩項要求：第一，匈牙利應當馬上要求在它所希望取得的領土內進行公民投票。第二，對捷克斯洛伐克的新邊界議題不做任何承諾[48]。

從希特勒向匈牙利人說得很明白的話裡可以看出，不論張伯倫願意怎麼辦，就是殘存的那個捷克斯洛伐克，希特勒也不打算讓它長期存在。至於對英國首相：

元首宣稱，他將德國的要求直截了當地提交給張伯倫。他的意見是，軍事行動將能提供最能令人滿意的解決辦法。不過有個風險，捷克人可能接受一切要求。

在這位德國獨裁者同毫不見疑的英國首相以後舉行的歷次會議上，這是他一直擔心的風險。

在柏林的鼓動下，波蘭政府在九月二十一日向捷克人提出，要求在有大量波蘭人居住的苔絲地區舉行公民投票，並且把部隊開到了這一地區的邊境。第二天，匈牙利政府也如法炮製。就在這一天，即九月二十二日，蘇臺德自由團在德國黨衛隊的支援下侵佔了爲德國領土包圍的兩個捷克邊境小城——阿舍（Asch）和埃格爾。

九月二十二日，事實上在全歐洲都是一個緊張的日子，因爲在那天早晨，張伯倫又再次出發到德國去同希特勒會談了。現在必須簡單回顧一下英國首相兩次訪問德國元首之間在倫敦做的事情。

在九月十六日回到倫敦的當晚，張伯倫就召集了一次內閣會議，讓他的閣員們瞭解希特勒的要求，同時電召倫西曼勳爵從布拉格回國提出建議。這些建議叫人大吃一驚。熱衷於姑息希特勒的倫西曼居然比希特勒還要乾脆。他主張把主要由蘇臺德人居住的地區立即移交德國，根本不必費事舉行什麼公民投票。他竭力主張以合法手段制止「各政黨或個人」批評德國在捷克斯洛伐克的所作所爲。捷克的山地天險和防禦工事已被剝奪，國防處於絕境，但他還要求它修改外交政策，向鄰邦保證，它絕不會向它們發動進攻，也不會因爲對其他國家負有義務而對它們有任何侵略行爲。倫西曼在這個時候居然還會擔心一個殘存的捷克國家有對納粹德國發動侵略的危險，似乎不可思議，但是，他這種異想天開的建議，顯然對英國內閣造成了深刻的印象，並且使張伯倫更強烈地想滿足希特勒的要求（雖然倫西曼建議的要點在九月十六日晚間即已提交內閣，但是報告本身直到九月二十一日才正式提出，而到九月二十八日才發表，這時由於事態的發展，已引不起人們的實際興趣了。惠勒—班奈特指出這個報告有幾部分讓人看起來像是在九月二十一日以後寫的。當倫西曼在九月十六日早晨離開布拉格的時候，還沒有一個人認爲，甚至連希特勒和蘇臺德的領袖們都不認爲，蘇臺德區能不經公民投票而交德國。見惠勒—班奈特：《慕尼黑》〔*Munich*〕頁一一一至一一二。倫西曼報告全文見英國白皮書第五八四七號第一卷）。

達拉第總理和他的外交部長喬治·龐納（George Bonnet）九月十八日到倫敦同英國內閣商量。根本沒有考慮讓捷克人參加。英國人和法國人不惜任何代價力求避免戰爭，沒有花多少時間就商定共同提出一項一定要捷克人接受的建議。凡居民半數以上爲蘇臺德日耳曼人的領土必須交給德國，「以維持和平，而捷克斯洛伐克的根本利益亦得以保全」。英國和法國則另外同意一起做出一項「擔保新邊界不受無端侵略的外交保證」。這種保證將代替捷克斯洛伐克與法國和俄國之間現有的互助條約。對法國人來說，這是一條方便的下臺階的辦法，在龐納的帶頭之下（後來的局勢演變證明，龐納已決心在姑息希特勒方面勝過張伯倫），他們立刻抓住不放。然後他們就發表了一篇僞善的哀告，在給捷克的一次正式照會中說：

> 法英兩國政府明白，爲了和平事業，不得不要求捷克斯洛伐克政府做如此巨大的犧牲。但是由於這一事業既關係到歐洲全體，也關係到捷克斯洛伐克本身，我們認爲，有責任一起坦率提出獲致和平所必需的條件。

而且，它們的行動也趕得很緊。德國的獨裁者已經迫不及待了。

> 首相必須立即與希特勒先生重新會談，至遲不超過星期三，若有可能，越早越好。我們因此感到我們必須請求你們盡早答覆[49]。

就這樣，英國和法國駐布拉格公使在九月十九日中午一起向捷克政府遞交了英法建議。捷克政府在第二天以一項嚴正的覆照拒絕了這個建議，它的解釋是，接受這個建議將使捷克斯洛伐克「遲早置於德國的完全統治之下」。覆照提醒法國注意它所負的條約義務，並且提醒法國注意一旦捷克屈服以後法國在歐洲所處的地位，然後建議把整個蘇臺德問題按照一九二五年十月十六日的德捷條約提付仲裁（值得指出的是，不論英國政府還是法國政府，後來爲自己在慕尼黑的屈服政策辨護而公布文件時，都沒有提到這個捷克照會）。

但是，英國和法國根本不願意讓「條約神聖」這類的原則來妨礙它們已確定要走的道路。九月二十日下午五點鐘，英法駐布拉格使館剛剛接到拒絕照會，英國公使巴錫爾．牛頓（Basil Newton）爵士就警告捷克外交部長卡米爾．克羅夫塔（Kamil Krofta）博士，如果捷克政府堅持己見，英國就將不再過問捷克的命運。法國公使德．拉克瓦（de Lacroix）先生也代表法國表示同意這一聲明。

同時，倫敦和巴黎對捷克照會也極不客氣。張伯倫召集了核心內閣會議，並且和巴黎的達拉第與龐納通了一整晚的電話。雙方同意應當對布拉格繼續施加壓力，必須告訴捷克人，如果他們一意孤行的話，他們就不必指望能得到法國或者英國的什麼援助。

這時，貝奈斯總統已明白他原來以爲是朋友的人已經打算拋棄他了。但是他還是做了一次最後的努力，至少希望能拉住法國。九月二十日晚上八點剛過，他讓克羅夫塔博士向德．拉克瓦提出了下面這個決定命運的問題：一旦德國進攻的話，法國到底是否準備履行他對捷克斯洛伐克的保證？到九月二十一日凌晨二點一刻，牛頓和德．拉克瓦就把貝奈斯從床上請了起來，要求他收回拒絕英法建議的照會，並且聲稱，除非他撤回這一照會並且接受英法建議，捷克斯洛伐克只能單獨對德作戰。捷克總統要法國公使把這番話寫成書面文字。他大概已經絕望了，然而還想留下一個歷史的見證（龐納在這個歷史關頭所玩弄的陰謀詭計過於複雜，無法在這本關於德國歷史的書中一一細述。拋開別的不說，他居然想方設法使法國和英國的閣員相信這樣的謊言，說捷克政府要法國人聲明他們不會爲捷克斯洛伐克而戰，這樣它就可以有投降的藉口。關於此事，可以參看惠勒—班奈特：《慕尼黑》，里普卡：《慕尼黑前後》〔Herbert Ripka, *Munich, Before, and After*〕，貝提納：《法蘭西的掘墓人》〔Pertinax, *The Grave Diggers of France*〕）。

第二天（九月二十一日）一整天，由於疲勞過度、睡眠不足和眼睜睜看著國家被人出賣、大禍即將臨頭而深感痛心的貝奈斯，同政府閣員、各黨派領導人和統帥部高級將領進行商談。他們在敵人威脅面前曾經表現出勇氣，然而在被朋友和盟邦背棄的時候卻開始動搖了。英法靠不住，那麼俄國呢？就在那一天，蘇聯外交人民委員長李維諾夫（Maxim Litvinov）在日內瓦發表了一篇演說，重申蘇聯將信守它同捷克斯洛伐克之間的條約。貝奈斯召見了蘇聯駐布拉格公使，後者也重申了李維諾夫的話。可憐的捷克人，他們這時才發現同俄國的條約規定，蘇聯人只有在法國出兵支援的條件下才能出兵，而法國人這時已經背約了。

九月二十一日下午，捷克政府屈服了，它接受了英法計畫。政府發表的一項公報憤懣地解釋說：「我們沒有別的選擇，因為我們被拋棄了。」在背地，貝奈斯說得更乾脆：「我們被卑鄙地出賣了。」第二天，內閣辭了職，陸軍總監揚．西羅維（Jan Sirovy）將軍受命組成了「單一民族政府」。

張伯倫在戈德斯堡：九月二十二至二十三日

雖然張伯倫給希特勒帶來了後者在貝希特斯加登會談中所要求的全部東西，但是他們在九月二十二日下午在萊茵河畔的小城戈德斯堡（Godesberg）再次會面的時候，兩個人都感到不自在。德國代辦在倫敦飛機場送張伯倫啓程之後就立刻給柏林發了一個急電：「張伯倫一行是帶著沉重的心情動身的……毫無疑問，對張伯倫的政策的反對正在增強。」

希特勒則處在一種十分神經質的狀態中。九月二十二日早晨，筆者正在舉行會談的德萊森飯店（Hotel Dreesen）的陽臺上吃早飯，眼看著希特勒走到河邊去看他的遊艇。他看起來似乎患有一種奇怪的痙攣，每走幾步路就要神經質地聳一聳右肩，左腿就往前一提，眼睛下面有一圈黑影。照筆者那天晚上在日記裡記的話，他似乎已處在神經崩潰的邊緣上。坐在我旁邊的一位德國朋友輕輕地說了一聲：「啃地毯的人！」（Teppichfresser）他是暗中鄙視納粹的一個報社編輯，他給我解釋說，過去幾天中，希特勒為捷克問題而處於一種癲狂狀態中，曾不止一次地完全失去自制，甚至趴到地上啃地毯的邊。因此才叫他「啃地毯的人」。早一天晚上，我在德萊森飯店同幾個納粹黨御用文人談話時，我曾聽到過有人用這個名字叫元首——當然，是小聲叫的[50]。

儘管張伯倫先生由於國內對他政策的反彈越來越大而憂心忡忡，然而在到達戈德斯堡和驅車到彼得霍夫的時候看來卻精神極好。彼得霍夫是一個古堡式的旅館，坐落在萊茵河右岸的彼得斯堡山頂上，張伯倫的行館就設在這裡。為了歡迎他，一路上不但掛著德國的萬字旗，而且也掛著英國的米字旗。他此來不但要滿足希特勒在貝希特斯加登所提出的全部要求，而且還有所加碼。現在已只需要確定細節了，正是為了這一點，他不但帶來了霍拉斯·威爾遜爵士和威廉·斯特蘭（William Strang，外交部的東歐事務專家），還帶來了外交部文件與法律司長威廉·馬爾金（William Malkin）爵士。

這天下午，首相坐渡船渡過萊茵河到了德萊森飯店，這家旅館是希特勒早年在納粹黨內的一個老朋友德萊森先生經營的（一九三四年六月二十九日晚間，元首就是從這裡出發去殺死羅姆，隨之實行血腥的清黨。這位納粹領袖往往把這個旅館當作一個退思的地方，在這裡考慮問題，決定疑難）希特勒在那裡等著他。這一次總算——至少在開頭的時候——一直是張伯倫在說話。根據施密特博士冗長的記錄來判斷[51]，英國首相想必談了足足一小時以上，他先解釋了自己在經過「吃力的談判」以後，已經爭取到不但使英法兩國內閣而且使捷克政府也都接受了元首的要求，然後他就詳盡地提出了實現這些要求的辦法。他已經接受了倫西曼的建議，現在準備使蘇臺德區不經公民投票就轉交給德國。至於雜居地區的前途，則可以交給由一個德國人、一個捷克人和一個中立國代表組成的三人委員會來決定。不僅如此，元首極為反感的捷克斯洛伐克同法國和俄國之間的互助條約也將以一項國際擔保來代替，擔保捷克斯洛伐克不致受到無故的進攻，而後者今後「應保持完全的中立」。

對於這位商人出身又愛好和平的英國首相來說，這一切看起來都是極簡單、極合理、極合乎邏輯的。據一個在場目擊的證人說，他以一種顯然可見的自滿心情停了下來等候希特勒的反應。

「我是否可以理解爲英國、法國和捷克政府已協議把蘇臺德區轉交德國？」希特勒問道（希特勒知道捷克人已接受了英法建議。約德爾在日記裡說，九月二十一日即張伯倫到達戈德斯堡的前一天上午十一點三十分，他曾接到元首的一個副官的電話說：「元首五分鐘以前接到消息說，布拉格據說已無條件接受。」約德爾還說，在十二點四十五分的時候，「各處負責人得到通知，繼續準備『綠色方案』，不過同時也必須爲和平進軍做好一切準備。」[52]雖然如此，在英國首相向他解釋英法建議的條款以前，希特勒可能並不知道其具體內容）。據他後來告訴張伯倫，他對讓步如此之大、如此之快不禁感到驚奇。

「是的。」首相微笑著回答。

「我極其抱歉，」希特勒說：「由於過去幾天內形勢的發展，這個計畫已經再也沒有什麼用處了。」

據施密特博士後來回憶，張伯倫聽了這話嚇了一跳，他又驚又氣，那貓頭鷹似的臉漲得通紅。不過顯然一點也不是因爲恨希特勒騙了他，也不是恨希特勒像一個敲竹槓的人一樣，只要對方一答應，就立刻又漲價。幾天以後首相對下院報告中，說明了他自己在這一刻的感受：

我並不想要下院認爲希特勒是在存心騙我——我從來沒有這樣看——但是，我原來以爲，當我回到戈德斯堡的時候，我只需同他細細地商量我帶去的建議就夠了；當他告訴我……這些建議不能接受的時候，對我是極大的打擊……。

張伯倫看到他犧牲捷克人而「吃力地」建立起的和平大廈，就像紙牌搭成的一樣垮了下來。他告訴希特勒，他「既感到失望，又感到奇怪。他應當有理由說元首已經從他那裡得到他所要求的一切了。」

為了做到這一點，他（指張伯倫）投注他全部的政治生命……他被英國某些人士指責出賣了捷克斯洛伐克，向獨裁者屈膝投降，而且在那天早上離開英國的時候，確實還有人噓他。

但是英國首相的個人不幸並沒有打動元首的鐵石心腸。他仍然要求，蘇臺德地區必須立即由德國予以佔領。這一問題「至遲要在十月一日完全地、最後地解決」。他手頭有張地圖說明哪些領土必須立刻割讓。

這樣，據張伯倫後來告訴下院說，他心裡「充滿了凶事臨頭的預感」，只好退回到萊茵河彼岸去「考慮我該怎麼辦」。那天晚上，他在電話中同自己的閣僚以及法國政府的大員商量以後，幾乎看不出有什麼解決的希望，大家只好同意倫敦和巴黎應當在第二天通知捷克政府：它們不能再「繼續承擔建議捷克政府不要動員的責任」（捷克動員於九月二十三日下午十點三十分開始）。

這天晚上七點二十分，凱特爾將軍從戈德斯堡打電話給陸軍總部說：「（出兵）日期還不能最後確定。繼續按照計畫進行準備。如果綠色方案執行的話，也不會在九月三十日之前，如果提前執行，多半會臨時修正。」[53]

這是因爲希特勒自己這時也處在進退兩難之中。當然張伯倫不知道元首的眞實意圖，如他在五月危機以後在給最高統帥部的指示中所說的那樣，是「以軍事行動粉碎捷克斯洛伐克」。接受捷克人（不論多麼不情願）已同意接受的英法計畫，不但可以把蘇臺德日耳曼人給予希特勒，而且可以有效地消滅捷克國家，因爲此時它已毫無防禦可言。然而這樣就不是用軍事行動了。而元首卻已下定決心，不但一定要羞辱五月間惹惱了他的貝奈斯總統和捷克政府，而且要暴露西方國家沒有骨頭的可憐相。要做到這一點，至少必須要有軍事佔領。它可以像對奧地利的軍事佔領那樣是不流血的，然而仍然必須是軍事佔領。對於傲慢的捷克人，至少得要報復到這種程度。

九月二十二日晚上，兩個人並沒有進一步接觸，但是張伯倫在帶著問題睡了一宵，再加上在俯瞰著萊茵河的陽臺上來回踱步了一早晨之後，吃完早飯就坐下來給希特勒寫了一封信。他表示願意把德國的這些新要求提交給捷克人，但是他不認爲他們會接受。事實上，他毫不懷疑，如果德軍立即佔領的話，捷克人定將用武力抵抗。不過，既然各方面都已同意把蘇臺德區轉交給德國，他還是願意向布拉格建議，在該區正式移交以前，由蘇臺德日耳曼人自己來維持當地的法律和秩序。

對於這樣一種妥協，希特勒聽都不要聽。他讓英國首相等了幾乎一整天，才終於回了一個措辭激烈的照會，再次長篇大論地重彈捷克人如何對不起德國人的老調，再次拒絕改變自己的態度，最後的結語是：只有戰爭「看來才能解決問題了」。張伯倫的答覆很簡短，他要求希特勒把新要求寫成書面，「附上一張地圖」。由他「作爲調解人」送交布拉格。他最後說：「我看不出我在這裡還有什麼用處，因此我打算回英國。」

在這樣做以前，他再次來到德萊森飯店同希特勒舉行最後一次會議。會議從九月二十三日晚上十點三十分開始。希特勒以備忘錄的方式提出了他的要求並且附有地圖。張伯倫發現自己面對著一個新的限期：捷克人應在九月二十六日也就是兩天以後上午八點開始撤出割讓地區，而在九月二十八日撤退完畢。

「這不是無異下最後通牒嗎！」張伯倫叫道。

「完全不是這麼一回事。」希特勒立刻反駁。當張伯倫反唇相譏說這裡用得上德文「命令」（diktat）這個字的時候，希特勒回答說：「這根本不是什麼命令。請看，文件上明明寫著是『備忘錄』。」

這時，一個副官給元首送來了一份急電，他看了一眼就把它扔給了正在翻譯的施密特並說：「把這念給張伯倫先生聽。」

施密特遵命照念：「貝奈斯剛剛在電臺上宣布捷克斯洛伐克實行總動員。」

據施密特後來回憶，房間裡頓時一片死寂。然後，希特勒開口了：「當然，現在一切都定局了。捷克人根本不想把任何領土割讓給德國。」

根據施密特的筆記，張伯倫不同意這種說法，繼之就發生了一場激烈的爭論。

希特勒說是捷克人先動員的。張伯倫對此表示不同意。是德國首先動員的……元首否認德國已經動員。

這樣，談話一直繼續到淩晨一點多鐘。最後，張伯倫問希特勒，德國的備忘錄是不是「果眞絕無商量餘地」，希特勒回答說確是如此。接著，首相回答說，繼續會談已無意義。他已經盡了他的最大努力，他的努力已歸失敗。他將帶著沉重的心情離開，因爲他到德國來的時候所抱的希望已成泡影。

那位德國獨裁者並不願意張伯倫就此脫鉤而去，因此提出了一項「讓步」。

「我很少給別人做過這樣的事情，你是難得的一個。」他說得挺爽快：「我準備只給捷克人撤退的期限規定一個日期——十月一日——如果那樣能便於你完成任務的話。」他一邊說著，一邊就拿一枝鉛筆自己把日期改掉了。這當然根本不是什麼讓步。十月一日一直就是出兵日（德國的備忘錄要求捷克任何武裝部隊，包括警察等在內，在十月一日以前撤出在地圖上塗有紅色的大片地區。此外還有許多塗有綠色的地區，其前途將由公民投票決定。在撤出地區的所有軍事設施均應保持原狀。一切商業的和運輸的物資，「尤其是鐵路車輛」，均應完整無損地轉交給德國人。最後，「食品、貨物、牲畜、原料等等一概不得搬移。」[54]蘇臺德區的幾十萬捷克人甚至不許隨身攜帶家用什物和自用的奶牛）。

然而對英國首相來說，這卻似乎頗有作用。據施密特的記錄，他曾說「元首在這方面的考慮，他十分領情」。不過，他又說，他不能對這項建議表示接受還是拒絕，他只能轉達。

無論如何，僵局總算是打破了。當會談在淩晨一點三十分結束的時候，不論在此以前發生了什麼，兩個人在個人關係方面似乎比他們初次會面以來的任何時候都要顯得更親近些。筆者有幸在二十五英尺之外一個看門人的小屋裡（我在那裡設了一個臨時廣播室）親眼看到他們在離旅館大門不遠的地方道別。他們彼此的親密態度使我感到驚奇。我當時聽不見說話，施密特記下來了：

張伯倫眞摯地同元首道別。他說他感到由於過去幾天的會談在他和元首之間已產生了一種相互信任的關係……他仍然希望目前困難的危機將能克服，那時他將本著同樣的精神同元首討論其他仍然懸而未決的問題。

元首感謝張伯倫的這一番話，並且告訴他，他也抱有同樣的希望。他已經說過幾次，捷克問題是他要在歐洲提出的最後一次領土要求。

希特勒否認還要攫取領土的聲明看來對告辭回國的英國首相也留下了很深的印象，因爲他隨後在下院發表的報告中，曾強調指出希特勒做這番表示時「懷有極大的誠意」。

當張伯倫在將近淩晨二時回到旅館時，有一個記者問他：「先生，局勢是不是已經絕望了？」張伯倫回答說：「我並不想這樣說。現在一切要取決於捷克人怎麼辦了。」55十分明顯，他根本沒想到，局勢也要取決於德國人和他們那種荒謬絕倫的要求。

事實上，首相在九月二十四日回到倫敦後，就馬上設法做他曾告訴希特勒他不會做的事情：說服英國內閣接受納粹的新要求。不過，這次他碰到了沒有料到的反對。海軍大臣達夫・古柏（Duff Cooper）堅決反對他。令人驚訝的是哈利法克斯勳爵也反對他，雖然十分勉強。張伯倫已控制不了他的內閣了。他同樣也不能說服法國政府，後者在九月二十四日拒絕了戈德斯堡備忘錄，並且在同一天下令部分動員。

當達拉第總理率領法國部長們在星期天（九月二十五日）到達倫敦的時候，兩國政府都已知道了捷克政府正式拒絕戈德斯堡建議的行動（捷克的答覆是一個動人而有預言性的文件。它說，戈德斯堡建議，「剝奪了我們維護國家生存的一切保障」[56]）。法國人重申他們將履行自己的諾言，當捷克斯洛伐克受到攻擊時會予以援助，此外再沒有別的路可走。但是他們還得瞭解一下英國人打算怎麼辦。在被逼得走投無路的情況下（或者看起來是這樣的情況下），張伯倫最後同意通知希特勒，如果法國由於履行其對捷克人的條約義務而與德國交戰的話，英國也將感到必須予以支持。

但是，他要先向德國獨裁者做一次最後的呼籲。希特勒原定九月二十六日要在柏林體育館發表演說。爲了勸誘希特勒不要把文章做絕，張伯倫又一次趕寫了一封親筆信給希特勒，並且在九月二十六日下午由他的心腹霍拉斯．威爾遜爵士乘專機趕送到柏林。

九月二十四日淩晨張伯倫離開德萊森飯店以後，德國人就陷入了憂慮之中。戰爭現在看來就在面前了，他們中間至少有一些人並不怎麼高興。這天淩晨，筆者留在旅館休息室裡吃著前一天晚上耽誤了的晚飯。戈林、戈培爾、里賓特洛甫、凱特爾將軍和地位稍次一些的人物都站在附近，說得很起勁，看來，戰爭的前景使他們感到有點茫然。

就在這一天，我後來到柏林的時候，發現希望又漸漸在復活了。在威廉街，人們的感覺是，既然身居英國首相之尊的張伯倫已經同意把希特勒的新要求轉達布拉格，就必須假定這位英國領導人支持希特勒的建議。我們已經看到，這種假定——就假定的範圍而言——是完全正確的。

九月二十五日是星期日，柏林風和日暖、氣候宜人。毫無疑問，這年秋天只有最後這麼一個氣候宜人的週末了，因此，全城居民倒有一半都湧到郊外的湖畔和森林中去。儘管有消息說，希特勒因爲聽到戈德斯堡的最後通牒被巴黎、倫敦和布拉格拒絕而暴跳如雷，柏林人並不感到有什麼大的危機，更談不上有什麼戰爭狂熱。那天晚上我在日記裡寫著：「很難相信會打仗。」（在戈德斯堡會談結束的時候，英國和法國的記者們——還有《紐約時報》駐歐洲的首席記者，他是一個英國公民——都匆匆趕到法國、比利時和荷蘭的邊境去了。他們誰都不想在一旦發生戰爭的時候被拘留）

緊跟著來的星期一，局勢突然惡化了。下午五點鐘，威爾遜爵士在韓德森大使和英國大使館一等祕書艾馮·寇克派特里克（Ivone Kirkpatrick）陪同下，帶著張伯倫的信到了總理府[57]。他們發現希特勒脾氣極壞——很可能是故意在醞釀情緒，準備在三小時後在體育館發表演說。

施密特博士開始翻譯這封信，其中說到捷克政府已經通知張伯倫，戈德斯堡備忘錄「完全不能接受」；這完全符合張伯倫在戈德斯堡的預言。這時，據施密特說，希特勒猛一下跳了起來，一邊叫：「再談判已毫無意義！」一邊就向門外走[58]。

照施密特的說法，這眞是令人難受的一幕。「這是我第一次也是唯一的一次親眼看到希特勒完全失去理智。」照在場的英國人的說法，元首後來又大步回到椅子上，不斷大聲叫嚷地打斷施密特的翻譯：「把德國人當黑人看……到十月一日我就要捷克斯洛伐克乖乖地聽我的話。法國和英國要是決定干涉，那就隨它們的便……我一點也不在乎。」

張伯倫在信中建議，由於捷克人已經情願把希特勒所要的蘇臺德區交給德國，捷克斯洛伐克和德國應立即各派代表舉行會議「達成協議」來解決「移交這塊領土的辦法」。他還說，他願意讓英國代表也列席這次會議。希特勒的答覆是，只有捷克人先接受了戈德斯堡備忘錄，並且同意德國在十月一日佔領蘇臺德區，他才肯同他們談判細節。他說，他一定要在四十四小時內——在九月二十八日下午二時以前得到肯定的答覆。

那天晚上，在擠得滿滿的柏林體育館內，希特勒瘋狂地叫囂，在我們這些愕然的聽眾看來，他似乎已破釜沉舟，把一切後路都絕了。他時而狂吼，時而尖叫，我從來沒有看見過他任性發作到這種地步。他惡毒地對「貝奈斯先生」進行人身攻擊，宣稱要和平或戰爭現在全看捷克總統的決定了，不論怎麼說，他都要在十月一日拿下蘇臺德區。他滔滔不絕、怒不可遏的語言和群眾中不斷迸發的歡呼喝彩，使他忘乎所以，如醉如狂。雖然如此，他還是很狡猾，沒有忘記給英國首相一點甜頭。他感謝張伯倫爭取和平的努力，並且重申這是他在歐洲最後一次的領土要求。他鄙夷不屑地嘟囔：「我們不想要捷克人！」

在整個演說的過程中，筆者的座位剛好在希特勒頂上的樓座裡，盡力想把他的演說當場口譯並廣播出去，可是不大容易。那天晚上，我在日記裡記著：

自從我觀察他這麼些年以來，他今天晚上看起來完全失去了自制。在他坐下來以後，戈培爾就跳上講壇，對著麥克風大叫：「有一點是肯定的：一九一八年再不會重演了！」希特勒抬頭看著他，眼睛裏有一種瘋狂、急切的神色，似乎這句話就是他想了一下午而沒有想出來的。他跳了起來，眼睛裡閃著我永遠也忘不了的狂熱光芒，把右手大揮了一下，然後向桌子一捶，用他那強有力的肺部使盡全力大叫一聲：「對！」（Ja）接著就精疲力竭地癱倒在椅子上。

第二天（九月二十七日）中午，他第二次接見威爾遜爵士的時候，已經完全恢復了。這位英國特使並不是受過什麼特殊外交訓練的人，不過也像首相一樣急於把蘇臺德區送給希特勒，只要這位獨裁者肯和和平平地接受。他請希特勒注意，在體育館演說後，當晚張伯倫隨即在倫敦發表回應聲明。張伯倫說，鑒於德國總理對捷克問題的諾言缺乏信心，英國政府將認爲自己「負有道義上的責任」來保證捷克的諾言「順利地、充分地而且以盡量合理的速度」付諸實現。他相信總理將不會拒絕這一建議。

但是，希特勒對此並不感到興趣。他說，他再也沒有什麼信要帶給張伯倫先生。現在一切要看捷克人了。他們可以接受也可以拒絕他的要求。但是，「要是他們拒絕的話」，他怒氣衝衝地大叫道：「我就要消滅捷克斯洛伐克！」他繼續發出這一威脅，顯然極爲得意。

即使對於好說話的威爾遜來說，這顯然也太過分了。他站起來說：「在這種情況下，我奉首相之命作下述聲明：『如果法國爲履行其條約義務而參加對德作戰的話，聯合王國將認爲有義務支援法國。』」

「我只能表示已注意到這種情勢」希特勒火氣很大地回答說：「這意味著，如果法國決定進攻德國的話，英國將感到也有義務進攻德國。」

霍拉斯爵士說這不是他的本意。他說，到底是和平還是戰爭，最後要看希特勒如何辦來決定了。這時，希特勒已經把情緒醞釀到了火兒相當大的程度，他叫道：「要是法國和英國要打，就讓他們打吧！我根本不在乎。今天是星期二，到下星期一，我們就在打仗了。」

從施密特關於會議的正式記錄來看，威爾遜顯然還想把談話繼續下去，但是韓德森大使勸他停下來。雖然如此，這位毫無經驗的特使還是在會談完了以後，趁自己同元首單獨在一起的時候私下向希特勒保證：「我將設法使那些捷克人頭腦清楚一點。」（施密特的記錄是以德文寫成，但是威爾遜的這句話是原封不動用英文記下來的），後者表示他「對此表示歡迎」。也許，元首一定認爲，還可以哄張伯倫再走幾步，來讓捷克人「頭腦清楚一點」。總之，那天晚上，他就口授了一封措辭狡猾的信給首相。

寫這封信是有充分理由的，柏林——還有別的地方——在九月二十七日這一天，有許多情況已經改變了。

下午一點鐘，威爾遜剛走不久，希特勒就發出了一個「極機密」的命令，命令由大約二十一個加強團，也就是七個師組成的突襲進攻部隊，從訓練地區進駐捷克邊境的出擊點。命令說：「他們必須在九月三十日準備好按照『綠色方案』行動。在前一天中午十二時得做出決定。」幾小時以後，元首又下令進一步的祕密動員。在當時所採取的各項措施中，有一項是又動員了五個師到西線[59]。

但是即使希特勒一股勁兒進行軍事行動，這一天之內還有許多事情使他感到猶豫不前。爲了在群眾中激起戰爭狂熱，希特勒下令，在黃昏時分乘幾十萬柏林人下班上街的時候，在德國首都檢閱一個摩托師。結果，至少對最高統帥說來是一場大失敗。普通的柏林老百姓根本就不想聽到戰爭。我那天晚上的日記記下了這一幕令人感到意外的景象。

我到了菩提樹下大街，當時（軍隊的）隊伍正轉向威廉街。我預料將看到一場盛大的遊行。我想像著我曾在報紙上讀到過的一九一四年的情景，那時，就在這條街上，歡呼的人群向行進中的士兵投擲鮮花，少女們跑上去吻他們……但是今天，他們只顧急急走到地下鐵車站，根本就不想看，稀稀落落站在人行道上的那幾個人也是一聲不響，完全沉默……這是我看見過最震撼的反戰示威。

在一個警察的慫恿下，我沿著威廉街走到總理廣場。希特勒就站在總理府的陽臺上檢閱隊伍。……那裡大約兩百來人，希特勒的臉色由陰沉而轉爲惱怒，很快就回到了屋裡，讓軍隊自己行進，根本不加檢閱。今天晚上所看到的事情幾乎重新燃起了我對德國人民的一點信心。他們是十足反對發動戰爭的。

在總理府內，還有更壞的消息——這是從國外來的。從布達佩斯來的消息說，南斯拉夫和羅馬尼亞通知匈牙利政府，如果它進攻捷克的話，它們就將對匈牙利採取軍事行動。這樣戰爭就要擴大到巴爾幹，而這卻是希特勒所不願見到的。

巴黎來的消息更嚴重。那裡的德國武官打來一份「特急」電報，不但呈給外交部而且也呈給最高統帥部和參謀總部，它內容說，法國的部分動員幾乎不亞於總動員：「因此我估計，到下動員令以後的第六天，第一批六十五個師就可以在德國邊境部署完畢。」希特勒明白，在這樣大的兵力面前，德國人一共只有十二個師，其中半數是戰鬥力成問題的後備部隊。不但如此，德國武官還報告說：「一旦德國採取戰爭行動……法軍很可能立即從下阿爾薩斯和洛林向美因茲發動進攻。」

最後，這位德國軍官報告柏林，義大利在法意邊界上完全沒有採取任何行動來牽制法國軍隊[60]。那位豪邁的盟友墨索里尼看來是要在決定性的關頭拋棄希特勒。

而且，美國總統和瑞典國王也突然橫加干涉。就在前一天，九月二十六日，羅斯福向希特勒發出呼籲，請他協力維持和平。雖然希特勒在不到二十四小時內就給了他答覆，說和平完全取決於捷克人，可是美國總統在當天九月二十七日星期三又發來了一份電報，建議各有關國家立即舉行會議，並且暗示，如果爆發戰爭，全世界將視希特勒爲戎首[61]。

在一九一四至一九一八年的大戰中曾證明是德國忠實朋友的瑞典國王，態度更爲直率。這天下午，德國駐斯德哥爾摩公使給柏林發來了一份電報，說國王匆促召見了他，告訴他，如果希特勒不把十月一日的限期推遲十天的話，世界大戰就不可避免地一定要爆發。德國是唯一要對此負責任的國家，而且，「從目前各個國家的組合情況看來」，同樣不可避免地，德國一定要失敗。在斯德哥爾摩冷靜、中立的氣氛下，這位精明的國王至少在估計軍事形勢方面要比柏林、倫敦和巴黎的政府首腦客觀得多。

羅斯福總統，也許是因爲必須考慮到美國人的心情，強調指出美國對戰爭不會干涉，甚至也不願「在目前的談判中」承擔任何責任，這樣，他的兩次和平呼籲就大大減少了力量。德國駐華盛頓大使漢斯·狄克霍夫（Hans Dieckhoff）因此認爲必須在當天就發一個「特急」電報給柏林。他指出，如果希特勒最後訴諸武力而英國對此反對的話，他有理由假定「美國的全部籌碼都將投在英國這一邊」。而且，這位通常在元首面前進言的時候總是十分膽怯的大使還加了一句：「我認爲我有責任大大強調這一點。」他不想看見德國政府在估計美國的態度方面重犯它在一九一四年犯過的錯誤。

那麼布拉格如何呢？那裡是不是有了軟化的跡象呢？這天晚上，德國武官圖深特上校給最高統帥部來了一個電報：「布拉格情況平靜，最後的動員措施業已完成……徵召入伍的兵員總數估計爲一百萬人，其中野戰軍佔八十萬人……。」[62]這個數目等於德國在東西兩線所有有訓練的兵員的總數。捷克人和法國人加在一起，兵力超過德國人一倍以上。

希特勒面對著這些事實與發展，無疑地也考慮到威爾遜臨走時的話和張伯倫的性格及其對戰爭的極端恐懼，他在九月二十七日天剛黑就口授了一封信給張伯倫。施密特博士這時應召前來把這封信翻譯成英文，他感到這位獨裁者似乎是「在要採取極端步驟」的時候縮了回去。那天晚上，英國政府已下令艦隊動員，希特勒對此事是否知悉，無從證實。不過，雷德爾海軍上將要求在晚上十點鐘晉見元首，可能德國海軍已經探悉英國的行動。英國的動員令是晚上八點鐘下達，十一點三十八分公布的，關於這些，雷德爾可能都已在電話中報告了希特勒。不論怎麼樣，雷德爾到了以後，他請求元首不要打仗。

希特勒這時確實知道的是：布拉格毫無畏懼，巴黎在急速動員，倫敦態度轉硬，他自己的人民漠然無動於衷，他的將領堅決反對他，而他關於戈德斯堡建議的最後通牒到第二天下午兩點鐘就要到期了。

他這封信措辭極妙，用意深沉，一字一句都算好了要打動張伯倫。信的語調是溫和的，希特勒否認會「剝奪掉捷克斯洛伐克得以生存的一切條件」，否認他的軍隊到了分界線以後會繼續前進。他打算同捷克人談判細節，並「保證給予捷克斯洛伐克剩餘的部分」。捷克人所以堅持己見只是因爲他們希望在英國和法國的援助下發動一場歐洲大戰。雖然如此，他還是不準備放棄對和平的最後一線希望。他最後說：

> 我必須請你來判斷，在這些事實面前，你是否認爲應當繼續努力……來破壞這種陰謀並且使布拉格政府在這個最後時候恢復理智[63]。

最後時刻

希特勒的信是用急電拍給倫敦的，在九月二十七日晚上十點三十分到達張伯倫手中，首相剛剛過完了忙碌的一天。

這天下午剛回到倫敦的威爾遜爵士，帶來了令人不安的消息，關於他同希特勒第二次會談的內容，刺激了張伯倫和他的核心內閣打算採取行動。他們決定動員英國艦隊，徵召空軍輔助隊，並且宣布了緊急狀態。在公園和廣場上已經開始挖起防空壕來，倫敦學校裡的兒童也開始疏散。

首相還馬上給布拉格的貝奈斯總統發出了一份電報，警告後者，他從柏林得到的消息表明「如果到明天（九月二十八）下午兩點，捷克斯洛伐克政府還沒有接受德國的條件的話，德國軍隊馬上就會越過捷克斯洛伐克邊界。」但是張伯倫雖然光明正大地把消息通知了捷克人，卻還是忍不住要在電文的最後一段教訓他們：「波希米亞將受到德國軍隊的蹂躪，另外幾個國家不論做什麼，都不能挽救你的國家和你的人民免於這種命運。不論世界大戰的結果如何，都一定是這樣。」

這樣，張伯倫就不是把戰爭的責任放在希特勒頭上，而是把它放到了貝奈斯的頭上。他在這裡所提出的軍事上的看法，我們知道，就是連德國的將軍們都認為是胡說八道。不過，他最後還是加了一句，他不願承擔告訴捷克人該怎麼辦的責任。這要由他們自己來決定。

然而，難道真的是由他們自己來決定嗎？貝奈斯還沒有來得及回答這份電報，第二份電報馬上又來了。這一回，張伯倫可是努力要告訴捷克政府該怎麼辦了。他建議在十月一日接受德國人有限度的軍事佔領——即佔領處於捷軍工事之外的埃格爾和阿舍——然後由德、捷、英三方聯合組成一個邊界委員會迅速確定其他應轉交給德國人的地區（這些建議同時還由韓德森大使在當晚十一點鐘遞交德國外交部。大使還請求外交部立即轉交希特勒）。接著，首相還提出了進一步的警告：

這個計畫如果不能實現，貴國除遭到武力侵略與武力肢解以外，將別無其他出路。而且，雖然這可能引起損失無數生命的衝突，但是不論這一衝突的結果如何，捷克斯洛伐克都將再也不能按原有疆界重建故國[64]。

這樣，捷克人收到了朋友們的警告（法國也加入這些最新的建議），就是說：即使捷克斯洛伐克和盟邦們在大戰中打敗了德國，也必須把蘇臺德區讓給德國。含意十分明白：既然蘇臺德區總歸不是你們的了，爲什麼還要冒險把歐洲投入戰爭？

辦完了這件事情以後，首相就在晚上八點三十分向全國廣播：

爲了一個遙遠的國家，爲了那些我們毫無所知的人爭吵，我們居然……還在這裡挖壕溝，這有多麼奇怪，多麼荒誕，多麼不可思議！

希特勒已經得到了「他實際上所要求的東西」。英國已經保證捷克人將接受這一要求，並且付諸實施。

我將毫不猶豫地到德國去做第三次訪問，只要我認爲這樣做有好處……。

就算我們同情一個被強鄰壓境的小國，也絕不能不顧一切地使整個大英帝國僅僅爲了它而陷入一場大戰。如果要打仗，也必須是爲了比這更大的問題……。

從靈魂深處來說，我是一個愛好和平的人。國與國之間的武裝衝突，對我說來無異於夢魘；但是，如果我看到任何國家執意要用武力的恐怖來統治世界的話，我還是認爲必須予以抵抗，因爲在這種統治之下，信仰自由的人們將感到生活已失去價值。但是戰爭是一件可怕的事情，在進入戰爭以前，我們必須考慮清楚，我們冒險所求的是否確實有價值。

按照惠勒－班奈特的記載，大部分的英國人睡前聽了這一廣播以後，心裡都認定英國和德國將在二十四小時以內開戰了[65]。但是普通老百姓並不知道那天深夜在唐寧街後來又發生了些什麼。十點三十分，希特勒的信到了。這正是首相急切要抓住的一根救命稻草。他馬上答覆元首說：

讀了你的信以後，我確信不必打仗也不用等待，你就會得到一切想要的東西。如果你願意的話，我立刻親自到柏林，同你、捷克、法國和義大利的代表一起討論有關移交的各項安排。我深信我們能在一週之內達成協議。這個長期未決的問題延遲一陣子就可以解決，我不相信因此你就要發動戰爭，而使人類文明化爲烏有[66]。

首相還發了一份電報給墨索里尼，請他敦促元首接受這一計畫，並且同意出席擬議中的會議。

長久以來，首相一直在心裡醞釀這樣一場會議。早在七月中，韓德遜爵士就曾在給倫敦的電報中提出過同樣的建議。他建議由德、義、英、法四大國來解決蘇臺德問題。但是英國外交部告訴大使和首相，要召開這樣一次會議，將很難排除其他國家參加[67]。所謂「其他國家」指的就是同布拉格訂有互助條約的俄國以及捷克斯洛伐克。張伯倫從戈德斯堡回來以後就深信希特勒絕不會參加任何包括蘇聯在內的會議，他的這種看法是完全正確的。首相本人也並不希望有蘇聯參加。雖然連英國最普通的人都明白，萬一對德開戰的話，蘇聯參加到西方一邊來將有極大的價值，邱吉爾也曾一再向英國政府首腦指出這一點，但是，首相似乎沒有看到這一點。如我們所知，在德國併吞奧地利以後，俄國曾建議召開會議來討論如何對付德國下一步的侵略，但是張伯倫拒絕了。儘管當時李維諾夫還是不斷聲明，俄國會信守對捷克斯洛伐克的保證，張伯倫卻無意讓蘇聯人來干涉他的決心，他要把蘇臺德區給希特勒作爲和平的代價。

但是直到九月二十八日星期三，他還沒有打算把捷克人排除在會議之外。而且就在九月二十五日，布拉格方面拒絕希特勒在戈德斯堡提出的要求以後，首相還曾召見了捷克駐倫敦大使揚·馬薩里克（Jan Masaryk），建議捷克斯洛伐克應當同意在「有德國、捷克斯洛伐克和其他國家參加的國際會議」上進行談判。第二天，捷克政府表示接受這一建議。現在，我們從張伯倫九月二十七日深夜給希特勒的電報中看到，他特別提出「捷克斯洛伐克的代表」應當參加擬議中的德、義、法、英會議。

「黑色的星期三」和哈爾德的反希特勒密謀

被稱爲「黑色的星期三」的九月二十八日來臨的時候，柏林、布拉格、倫敦和巴黎都惴惴不安，滿懷重憂。戰爭看來是躲不過了。

「一場大戰再也難以避免了」，約德爾在日記裡記下戈林在這天早晨說的一句話。戈林還說：「戰爭可能要進行七年，而我們一定會勝利。」[68]

在倫敦，挖防空壕，疏散學童，遷移醫院，一切都在繼續進行。在巴黎，人們爭先恐後地往已經塞得滿滿的火車上擠，在城外的公路上，汽車擠得開都開不動。德國西部的景象也差不多。約德爾在那天上午的日記中記下了德國難民逃離邊境地區的消息。下午兩點，希特勒所定下的要捷克斯洛伐克接受戈德斯堡建議的期限就要到了。然而布拉格並沒有任何會接受這些建議的跡象。不過，別的跡象倒還有一些：威廉街的活動極爲緊張，法國的、英國的、義大利的大使發狂似地來而復去，去而復來。但是，一般群眾，事實上還有德國的將領們，對此都是蒙在鼓裡的。

對某幾個將軍，特別是對參謀總長哈爾德將軍來說，實現他們推翻希特勒的時候已經到來了。他們要這樣來挽救自己的祖國，使它不至於投入一場他們認爲注定要失敗的歐洲大戰。據倖存者後來的記述（包括哈爾德、吉斯維烏斯和沙赫特所寫的第一手的材料[69]。每一個人寫的材料中都包含有很多混淆不清與自相矛盾的東西，在若干點上又彼此矛盾。必須記住，這三個人都是爲納粹政權服務而開始發跡的，在戰後都急於要證明自己很早就是反對希特勒而且熱愛和平的。在外交部任里賓特洛甫的祕書處長的埃里希．科爾特，也是曾參加過這一密謀而且活到戰後的重要人物之一。他在紐倫堡曾起草了一份記述一九三八年九月事件的長篇備忘錄，筆者曾見過這一材料），整整九月一個月，密謀分子一直都在忙著籌畫這件大事。

哈爾德將軍同奧斯特上校以及後者的上司情報局局長卡納里斯海軍上將保持著密切的聯繫，卡納里斯設法使哈爾德隨時能知悉希特勒的政治行動和國外情報。我們上面已經知道，密謀分子曾把希特勒準備在九月底進攻捷克斯洛伐克的決心通知過英國，並且曾請求英國政府表明，英國將同法國一起以武力回擊德國的侵略。幾個月以來，負責柏林軍區因而應提供大部分軍隊來實行政變的維茨萊本將軍一直有所猶豫，因爲他懷疑倫敦與巴黎已在暗中容許希特勒在東方自由行動，因而不會爲捷克斯洛伐克而參戰——這種見解也是其他幾個將軍所共有的，也正是希特勒和里賓特洛甫希望別人持有的。如果事實確是如此的話，那麼照維茨萊本和哈爾德這樣的將軍們看來，推翻希特勒的計畫就毫無意義了。因爲在第三帝國目前這個階段，他們所關心的只是除掉元首來避免一場德國在其中絕無取勝希望的歐洲大戰。如果確實沒有觸發大戰的危險，如果張伯倫打算滿足希特勒對捷克斯洛伐克的要求而不會打仗，那麼他們就看不出有什麼理由要發動叛變。

爲了要讓這些將軍們確信法國和英國眞的會打，奧斯特上校和吉斯維烏斯安排哈爾德將軍和維茨萊本將軍同沙赫特會面。沙赫特因爲曾爲德國重整軍備計畫籌款並且仍然留在內閣內而在軍方享有很高的威信，除此而外，他還被認爲是英國事務專家。沙赫特向他們擔保，如果希特勒想以武力來對付捷克的話，英國是會打的。

九月十三日深夜，密謀分子之一埃里希．科爾特在德國外交部得到了消息，張伯倫緊急提議「立即坐飛機前來」設法和平解決捷克危機。這個消息在密謀分子中間引起了驚愕。他們本來估計希特勒在紐倫堡開完黨大會以後就會在十四日回到柏林，並且，據科爾特說，計畫在這一天或者第二天就起事。然而，元首並沒有回到首都（歷史學家和密謀分子們對希特勒在九月十三日與十四日的行蹤，說法有相當大的不同。根據哈爾德將軍的一項備忘錄，邱吉爾說希特勒「在九月十三日早晨」從貝希特斯加登到達柏林，哈爾德與維茨萊本在得悉此事以後，「決定在當晚八點鐘舉事」。下午四點他們在得悉張伯倫飛赴貝希特斯加登以後，取消了這一計畫。見邱吉爾：《第二次世界大戰回憶錄：風雲緊急》頁三二一。然而哈爾德的記憶肯定錯了——因此邱吉爾的說法當然也錯了。現由美國國會圖書館收藏的希特勒起居注中有幾項記載表明：十三日、十四日他是在慕尼黑，他在那裡曾到鮑曼〔Martin Bormann〕的家裡同里賓特洛甫舉行了會談。他還曾到一個名叫松尼溫克爾〔Sonnenwinkel〕的夜總會，在九月十四日晚上才動身赴上薩爾斯堡），相反，他到慕尼黑去了，而且在十四日又到了貝希特斯加登，在那裡等候英國首相第二天來訪。

密謀分子感到極度失望，理由有兩層：第一，只有希特勒在柏林，他們的計畫才能實行，由於紐倫堡大會已使捷克危機更爲激化，他們認定他一定要立即回到首都。第二，雖然有幾個密謀分子像英國人民一樣，自我安自慰地認爲，張伯倫飛到貝希特斯加登去是爲了警告希特勒，不要重犯威廉二世在一九一四年的錯誤，而錯估了英國對德國侵略行爲的態度。但是科爾特是深悉底蘊的。科爾特曾見到張伯倫的緊急電報，上面明明說他想見希特勒是「爲了要設法求得和平解決的辦法」。不但如此，他還看過他的哥哥德國駐倫敦大使館參事西奧多．科爾特發來的電報，報告說，首相準備大大滿足希特勒對蘇臺德區的要求。

科爾特說：「這件事情對我們計畫的影響肯定是致命的。在英國首相要前來德國同希特勒討論『世界和平』的時候，要舉事推翻希特勒，當然是不可思議的。」

雖然如此，據埃里希．科爾特說，到九月十五日晚間，也已參加密謀的施密特博士（我們知道，他是希特勒—張伯倫會談中的唯一翻譯者——也是唯一的目擊者）透過「事先安排好的暗號」通知他，元首仍然執意要征服捷克斯洛伐克全境，他已向張伯倫提出無法接受的條件，「希望會遭到拒絕」。這個情報使得密謀分子又振奮了起來。科爾特當晚就把它通知了奧斯特上校。後來的決定是，等希特勒一回到柏林就執行原計畫。「不過最重要的是，」奧斯特說：「我們必須讓這隻鳥兒飛回到它在柏林的籠子裡來。」

這隻鳥兒在戈德斯堡會談完了以後，就在九月二十四日下午回到它的「籠子」裡來了。九月二十八日，也就是「黑色的星期三」的早晨，希特勒在柏林已經待了將近四天了。在九月二十六日，從他在體育館那一場發作看來，他顯然已決心破釜沉舟，把自己的後路都絕了。九月二十七日，威爾遜爵士從他那裡回到倫敦的時候，兩手空空，一無所獲，英國政府的反應是下令艦隊動員，並且警告布拉格防範德國的突然進攻。我們也知道，希特勒在這一天還曾命令他的「進攻部隊」進駐捷克邊境的陣地，並且準備在九月三十日——即三天以後——「行動」。

密謀分子還在等什麼呢？他們自己所規定的條件都已經具備了。希特勒在柏林。他已決定打仗。他已選定在九月三十日進攻捷克斯洛伐克——離現在只有兩天了。要就馬上舉事，要就坐失時機。

科爾特說，在九月二十七日這一天，密謀分子選定了採取行動的日子：九月二十九日。吉斯維烏斯在紐倫堡作證的時候以及在他寫的書裡都說，將軍們——哈爾德與維茨萊本——在九月二十八日得到了一份文件抄本，內容是希特勒在前一天晚上向張伯倫提出的無禮要求。看過這封「侮辱信」後，將軍們決定立即行動：

那天（九月二十七日）深夜，奧斯特得到了這封「侮辱信」的一份抄本，九月二十八日早晨，我把這封信交給了維茨萊本。維茨萊本又帶著它去見哈爾德。現在，參謀總長終於得到了他所希望的、毫不含糊的眞憑實據。希特勒並不是在虛聲恫嚇而是眞的要發動戰爭了。

哈爾德臉上滾下了憤怒的眼淚……維茨萊本堅持現在是行動的時候了。他勸哈爾德去見布勞希契。過了一會兒，哈爾德回來了，說他帶來了好消息：布勞希契也生氣了，很可能會參加起事[70]。

但是，要不是這封信在轉抄過程中有了改動，就是將軍們誤解了它的意思，因爲，我們上面已看到，這封信在語調上實在是十分溫和的，它保證「同捷克人進行深入談判」並且「保全捷克斯洛伐克剩餘的部分」，希特勒建議張伯倫不妨繼續努力。這封信表現得富有和解精神，因此英國首相在接讀以後，立即打電報給希特勒，建議召開大國會議來解決各項細節問題，並且同時致電墨索里尼請他也支持這一建議。

將軍們對這最後一刻鐘的姑息行爲，顯然毫無所知，但是，陸軍總司令布勞希契將軍可能微有所聞。據吉斯維烏斯說，維茨萊本從哈爾德的辦公室打電話給布勞希契，告訴他一切均已就緒，請求他親自領導起事。但是這位陸軍總司令卻不置可否。他告訴哈爾德和維茨勒本說，他得先到元首的總理府去看一看，搞清楚將軍們對形勢的估計是否正確。吉斯維烏斯說，維茨萊本接著就急忙忙趕回他的司令部。

「吉斯維烏斯，」他興奮地宣布：「時間已經到了！」

九月二十八日那天上午十一點鐘，德國外交部科爾特的辦公桌上電話響了。齊亞諾從羅馬打來了電話，要求立即同德國外交部長講話。里賓特洛甫當時不在——他在總理府——因此那位義大利外相就要求把電話改接義大利大使阿托利科。德國人偷聽了這次通話並且把它錄了音。原來是墨索里尼，而不是他的女婿要講話。

墨索里尼：我是領袖，聽得清嗎？

阿托利科：聽得清。

墨索里尼：要求立即會見總理。告訴他，英國政府透過柏斯勳爵（Eric Drummond, Earl of Perth，英國駐羅馬大使）。要求我出面調停蘇臺德問題。雙方分歧很小，告訴總理，我和法西斯義大利支持他。他必須做出決定。不過，告訴他，我贊成接受這個建議。聽清楚了嗎？

阿托利科：聽清楚了。

墨索里尼：快去！[71]

當阿托利科大使滿臉通紅、上氣不接下氣（這是翻譯員施密特博士注意到的）趕到總理府的時候，希特勒正同法國大使弗朗索瓦—龐賽在密談。弗朗索瓦—龐賽是費了九牛二虎之力才見到總理的。早一天深夜，執意要超出張伯倫一頭的法國外交部長龐納，曾打電話給他的駐柏林大使，指示他盡快去見希特勒，提出法國關於交出蘇臺德區的建議，其內容比英國建議還要慷慨得多。英國首相在九月二十七日晚上十一時向希特勒發出的建議還只是讓希特勒在十月一日佔領蘇臺德區的第一區——這不過是對一塊被包圍的領土象徵性的佔領——現在法國人竟然建議在十月一日交出三個大區，其中包括絕大部分雙方意見有分歧的地區。

這是一項誘人的禮物，然而法國大使要把它送出去居然還碰到了極大的困難。他在九月二十八日上午八點鐘打電話求見總理，到了十點鐘還沒有回音，於是他就派他的武官趕到參謀總部去把這個他還無法提出的建議通知德國的將軍們。後來，他請韓德森爵士幫忙。這位英國大使隨時樂意爲任何人效勞，只要可以防止戰爭——不論代價是什麼。於是他馬上給戈林元帥打了一個電話。戈林回答說，他將設法安排這一約會。事實上，韓德森也在設法給自己找一個見希特勒的機會。因爲他奉到命令要向希特勒提出一封「首相親自寫的最後信件」，也就是張伯倫在前一天深夜寫的信，其中保證希特勒「不必打仗，不用等待」就能得到他所希望得到的一切，並且建議召開大國會議來確定細節。 72

希特勒在上午十一點十五分接見了弗朗索瓦—龐賽。大使發現他神情甚爲緊張不安。法國大使手裡拿著一張倉促畫成的地圖，上面標示著大片的捷克土地，而捷克的主要盟國——法國，要將這些拱手交給希特勒。他竭力勸說希特勒接受法國的建議，使歐洲得以避免一場大戰。儘管里賓特洛甫做了否定的評論（據法國大使自稱，他對這些評論曾不客氣地加以駁斥），希特勒聽了倒是頗爲動容——特別是，據施密特博士的觀察，對大使提出的那張慷慨的地圖頗感興趣。

到十一點四十分，談話突然被打斷了，有人通報說，阿托利科帶著墨索里尼給元首的緊急口信來了。希特勒帶著施密特走出去歡迎那位氣喘吁吁的義大利大使。

「我給你帶來了領袖的緊急口信。」天生一副粗嗓子的阿托利科，隔著老遠就嚷了起來[73]。他轉達完了以後，又加上一句說，墨索里尼要求元首不要下動員令。

據現在還活著的唯一見證人施密特說，維持和平的態勢此時已成定局。這時正當中午，離希特勒給捷克人的最後通牒所規定的限期只有兩小時了。

「告訴領袖，」希特勒對阿托利科說，顯然感到鬆了一口氣：「我接受他的建議。」[74]高潮過去了，這一天餘下來時間內所發生的事就只是尾聲了。韓德森繼阿托利科和弗朗索瓦—龐賽之後來到了希特勒的面前。

「在我的偉大的朋友和盟友墨索里尼的請求下，」希特勒告訴漢德遜說：「我已經延遲二十四小時動員我的軍隊。」我們知道，希特勒早已把一切可以動員的軍隊都動員了。他打算同墨索里尼再次商量之後，再決定如大國會議等其他問題[75]。

在此以後，柏林和羅馬之間打了不少電話——施密特說兩位法西斯獨裁者還曾直接通過一次話。九月二十八日下午二時以前幾分鐘，就在希特勒的最後通牒即將到期之際，他終於打定了主意，對英法義三國政府首腦匆匆發出了請帖，請他們在第二天中午到慕尼黑來與元首會同解決捷克問題。對布拉格和莫斯科沒有發出請帖。希特勒不能容許俄國來插手干涉，因爲俄國與法國曾一起保證，假如德國進攻捷克，他們會出兵維護捷克領土完整。至於捷克人，就算在被判決死刑的時候也不讓他們參加。

韓德森爵士在回憶錄中，認爲在這一關鍵時刻挽回和平的主要功臣就是墨索里尼，大部分研究這一段歷史著學者也同意他的看法（布洛克在《希特勒——關於暴政的研究》（Alan Bullock, *Hitler-A Study in Tyranny*）一書頁四二八頁說：「幾乎可以肯定地說，是墨索里尼的干預扭轉了局面。」）然而這肯定是慷慨過度了。義大利是歐洲大國中最弱的一個，它的軍事力量實在無足輕重，以致德國的將軍們，就像他們的文件中所表明的那樣，簡直視之爲一個笑柄。英國和法國是德國人心目中唯一要盤算的力量。然而，從一開頭起就千方百計說服希特勒，要他相信可以不戰而取得蘇臺德區的卻正是英國首相。造成慕尼黑從而保持了整整十一個月和平的是張伯倫，而不是墨索里尼。對他自己的國家，對他的盟邦和朋友來說，這樣一樁功績所花的代價，我們以後還要談到，不過，不論這筆帳怎麼算，按其後果來看，這種代價幾乎是不可忍受的。

「黑色的星期三」二點五十五分，倫敦的天氣似乎不像早晨那樣黑暗陰冷了，英國首相就在這時開始向下院演說，他詳盡地報告了捷克危機的經過以及他和他的政府爲企圖解決這一問題所做的努力。按照他的說法，局勢仍然是不穩定的，然而已經有了好轉。他說，墨索里尼已成功地使希特勒把動員令推遲了二十四小時。現在已是四點一刻了，張伯倫已講了一個鐘頭又二十分鐘，他的演說已將近結束了。

> 不論尊貴的議員諸君對墨索里尼先生有什麼看法，我相信人人都會歡迎他這種……維護和平的表示。

就在這個時候，他的演說突然被打斷了。坐在前排的財政大臣約翰·西蒙爵士遞給他一份文件，那是坐在貴族席上的哈利法克斯勳爵傳過來的。

首相停了下來，看了一下文件，然後笑了。

> 事情還沒有完，我還有幾句話要告訴下院。我現在得到希特勒先生的通知，他請我明天早晨到慕尼黑去同他會面。他也邀請了墨索里尼先生和達拉第先生。墨索里尼先生已經接受了邀請，我毫不懷疑達拉第先生也將接受。我也沒有必要說我的答覆將如何了……。

確實已沒有必要了。這所古老的議事堂，這個議會之母，以它史無前例的狂熱掌聲來回答首相的演說。歡呼狂叫響成一片，議事日程單扔得滿場亂飛，許多人熱淚縱橫，在這番狂亂激動之中，大家聽到一個超乎一切的聲音，它表達了所有人的深切感情：「爲我們的首相感謝上帝！」

捷克公使、捷克斯洛伐克共和國國父的兒子揚・馬薩里克從外交官席上望下來，看到這一幅景象，簡直不能相信自己的眼睛。後來，他到唐寧街拜會了首相和外交大臣，想探明他那將做出全部犧牲的國家是否會被邀參加慕尼黑會議。張伯倫和哈利法克斯回答說，它不會被邀請，希特勒不會贊成。馬薩里克，眼睜睜地盯著這兩個敬神畏天的英國紳士；他費了好大的力氣才克制住了自己的感情。

「如果你們在犧牲了我的國家後能夠維持住世界和平的話，」他最後說，「我將是第一個向你們歡呼的人。但是要是不能如此，那麼，兩位先生，願上帝拯救你們的靈魂！」[76]

那些密謀分子，那些將軍和文官，哈爾德將軍、維茨萊本將軍、沙赫特、吉斯維烏斯、科爾特以及其他的人們，在這決定命運的一天中午前，還曾相信（如維茨萊本所說）時機已經到來，現在他們又怎麼樣呢？他們很容易就找到推托之詞。不過，這些話都是事情過了很久，一切已成陳跡以後才說出來的。這時他們急於要向世人表白，在德國在經過先前長期的流血戰爭後，他們是多麼反對希特勒，反對這場將使德國完全毀滅的蠢劇。

「全是內維爾·張伯倫不好！」他們都這樣說。由於他同意參加慕尼黑會議，因而逼得他們在最後一分鐘取消了他們推翻希特勒和納粹政權的計畫！

一九四六年二月二十五日，在進行了很久的紐倫堡審判臨近尾聲的時候，哈爾德將軍受到了美國檢方、紐約青年律師山姆·哈里斯（Sam Harris）上尉的單獨盤問。哈爾德說：

原來的計畫是，盡量避免流血衝突，用軍隊佔領總理府，佔領爲黨員和希特勒的積極支持者所把持的政府各官署，特別是各部，然後就在德國全國人民面前審判這一集團……。到了這一天（九月二十八日），維茨萊本在中午到我的辦公室來看我。我們討論了這個問題。他請我給他下執行的命令。我們討論了其他的細節——諸如他需要多少時間等等。在討論過程中得到消息，英國首相和法國總理同意和希特勒做進一步的談判。維茨萊本當時在場。我因此收回了執行的命令。由於發生了這一情況，行動的全部基礎已經消失了……。

我們堅決相信我們是會成功的。但是不料來了個張伯倫先生，局勢一下子就扭轉了……不再有戰爭的危險，也失去使用武力叛變的時機……只能等待新的機會到來……。

「我是不是可以理解爲，你是說，要是張伯倫不到慕尼黑來的話，你們的計畫就會執行，而希特勒早就會被推翻？」哈里斯上尉問他。

「我只能說計畫會執行，」哈爾德回答說：「我不知道它是否會成功。」[77]

在紐倫堡審訊和在戰後所寫的書中，沙赫特博士都誇大了自己在歷次反希特勒密謀中的角色。他也認爲德國人所以沒有實行九月二十八日的計畫，罪在張伯倫：

從歷史後來的發展，我們可以十分清楚地看到，由維茨萊本和我所策畫的第一次政變，是唯一眞正能夠扭轉德國命運的一次嘗試。它也是唯一及時計畫好並準備好了的一次嘗試。在一九三八年秋天，我們仍然有可能指望把希特勒交付最高法院審判，但是以後歷次想推翻他的努力，就都須設法搞掉他的生命才行了……我及時做好一切準備要發動這場政變，差一點兒就大功告成。歷史執意與我作對。外國政治家的干涉是我事前估計不到的變數[78]。

在紐倫堡的在證人席上，吉斯維烏斯堅決地爲沙赫特辨護，他補充說：

不可能發生的事情竟然發生了。張伯倫和達拉第飛到慕尼黑來了。我們的起事完蛋了。有幾個鐘頭，我一直在設想，不管怎麼樣，我們還能起事。但是維茨萊本不久就告訴我，部隊絕不會反叛元首……張伯倫救了希特勒[79]。

是不是他救了希特勒呢？還是說，這只是德國的文官和將軍爲他們沒有及時行動找到的藉口呢？哈爾德在紐倫堡受訊問的時候，向哈里斯上尉解釋說，進行「革命行動」要能夠成功，有三個條件：

第一個條件是，要有清醒而堅決的領導團體。第二個條件是，人民願意擁護革命主張。第三個條件是，要正確選擇時機。照我們看來，第一個條件是沒問題的，我們有清醒而堅決的領導團體。第二個條件我們認爲也是具備的，因爲……德國人民不要戰爭。因爲害怕戰爭，全國人民同意革命行動。第三個條件——正確選擇時機——也很好，因爲我們原來預料在四十八小時內就會收到命令採取軍事行動。因此，我們堅決相信，我們是會成功的。

可是，不料來了個張伯倫先生，戰爭的危險一下子就避免了。

我們大可懷疑，哈爾德將軍所說的第一個條件，究竟是否像他所說的那樣具備？因爲，要是果眞有「清醒而堅決的領導」，這些將軍怎麼會猶豫了四天之久呢？他們手裡握著的軍事力量，可以輕而易舉地把希特勒和他的政權掃除掉：維茨萊本在柏林城內外有整整一個軍——第三軍，布洛克道夫—阿爾菲爾德在波茨坦附近有一個精銳的步兵師；霍夫納（Höfner）在南邊還有一個裝甲師，此外，在首都還有兩名高級警官赫爾道夫伯爵和舒倫堡伯爵，他們手下龐大裝備精良的警察部隊可爲臂助。據密謀分子自己說，只要哈爾德一聲令下，所有這些軍官就可以以壓倒的兵力應聲行動，而被希特勒的戰爭企圖嚇得要命的柏林老百姓——就筆者親身對他們的觀察——一定會主動支持這一政變。

要是張伯倫不同意到慕尼黑來的話，哈爾德和維茨萊本到底會不會行動，是一個永遠不能有多少把握來回答的問題。這些將軍當時所以想推翻希特勒，只是爲了避免一場肯定要失敗的戰爭，而不是爲了結束希特勒統治的恐怖與暴政。考慮到他們這個心態，那麼要是沒有慕尼黑會議的話，他們很可能已經採取行動了。然而，到底這個密謀是否確已準備得十分充分，武裝部隊是否確已枕戈待命，而哈爾德與維茨萊本是否確實差一點兒就要下令行動，迄今爲止，我們並沒有材料足以證實這一切。我們只有幾個密謀參加者的一面之詞，他們在戰後都急於表白自己多麼反對國家社會主義，而且他們所說的和所寫的自辯之詞往往是相互矛盾而且混淆不清的（舉例來說，密謀參加者之一、最高統帥部經濟與軍備局局長、極有才華的格奧爾格．托馬斯〔Georg Thomas〕將軍對起事未成的解釋是：「這一計畫不幸未能執行，因爲，在受命執行這一任務的司令長官〔維茨萊本〕看來，不能信任年輕的軍官來進行這種性質的政治行動。」見他所寫的〈思想與境遇〉〔Gedanken und Ereignisse〕，載一九四六年十二月號《瑞士月刊》〔*Schweizerische Monatshefte*〕）。

如果，像這些密謀分子所說的那樣，他們的計畫曾經如箭在弦上的話，那麼，張伯倫宣布去慕尼黑的消息肯定是拆了他們的臺。在人人都能看到希特勒不用戰爭就能取得重大勝利的時候，這些將軍確實很難逮捕他並且把他當作戰爭罪犯來審判。

在這一切不能肯定的情況中，有一點是肯定的——在這裡必須承認沙赫特博士的看法是對的——那就是，對於想推翻希特勒、迅速結束第三帝國、挽救德國和世界免於戰爭的德國反對派來說，這樣的天賜良機是一去不返了。如果可以一概而論的話，那麼可以說，把自己的無能諉過於外國人，正是德國人的弱點。當然，張伯倫、哈利法克斯、達拉第和龐納，他們對慕尼黑以及往後的災難要負最大的責任。但當時他們沒有認眞看待這批將軍和文官的「謀反行動」，這卻是可以原諒的。因爲大部分這些謀反者，直到當時都還以他們極大的才幹爲希特勒盡忠效力。張伯倫等，至少是他們在倫敦和巴黎的某些顧問，也許還會回憶起最近的德國歷史上的一些陰暗事實：正是軍隊，它幫助這個前奧地利下士取得了政權；正是軍隊，因爲希特勒給了它以重新武裝的機會而滿懷歡喜；軍隊也顯然並不反對國家社會主義制度對個人自由的摧毀；當施萊歇爾將軍被暗殺、總司令弗立契將軍被卑鄙誣陷以致免職時，軍隊也都不吭一聲；就在最近，軍隊還支持了對奧地利的併呑，事實上還提供了武裝力量助其實現。不論倫敦和巴黎那些主要的綏靖姑息主義者頭上可以加上什麼樣的罪責，而且儘管這種罪責無疑極大，事實仍然是，德國的將軍們自己以及他們的文官共謀者錯過了大好時機，沒有能毅然採取行動。

慕尼黑的投降：一九三八年九月二十九至三十日

九月二十九日午後十二點三十分，希特勒人在巴伐利亞的這個巴洛克風格城市。在這裡，在某個破破爛爛的小咖啡館的陰暗後室裡，他開始其卑微的政治生涯，也曾在大街上遭到啤酒館政變失敗的慘劇。但他現在儼然像一個征服者一樣，迎接英國、法國和義大利的政府首腦到來。

那天一清早，他就到前德奧邊境上的庫夫斯坦（Kufstein）去迎接墨索里尼，希望能讓雙方在會議上採取一致立場。在到慕尼黑的火車上，希特勒懷著好鬥的情緒，指著地圖向義大利的領袖解釋，他打算怎樣「清算」捷克斯洛伐克。他說，要是那天開始的談判不能立刻取得結果，他就要訴諸武力。據當時在場的齊亞諾引用希特勒自己的話說：「此外，終有一日我們要並肩對英國和法國作戰。」墨索里尼表示同意[80]。

張伯倫並沒有像希特勒那樣事先去看達拉第，為兩個西方民主國家制定一個共同戰略，來同兩個法西斯獨裁者對壘。事實上，當我們在慕尼黑同英國和法國代表團的人接觸過後，就越來越看清楚，張伯倫到慕尼黑來的時候，已經打定主意不讓任何一個人，當然不讓捷克人，甚至也不讓法國人，阻礙他同希特勒迅速達成協議（前一天傍晚六點四十五分，張伯倫給貝奈斯總統發了一個電報，正式通知他在慕尼黑開會的消息。他說「我會充分考慮捷克斯洛伐克的利益……我到慕尼黑去，就是要設法在德國和捷克斯洛伐克兩國政府的立場之間尋求妥協。」貝奈斯立即覆電說：「我請求，在未聽取捷克斯洛伐克意見的情況下，在慕尼黑不做任何決定。」[81]）至於達拉第，他整整一天都像是暈頭轉向地那樣跟著跑，根本不需要提防他，然而業已下定決心的首相還是不放心。

十二點四十五分，會議在柯尼斯廣場（Königsplatz）著名的元首府（Führerhaus）展開。這次會談不過是高潮的尾聲，只是辦一個正式手續，把希特勒的要求不折不扣地按時交給他而已。施密特博士勤奮地負責在場德、法、英三種語言的翻譯工作，就他的觀察，會談一開始就有一種「普遍親善的氣氛」，韓德遜大使後來回憶說：「他們在會談的任何時候都沒有動氣。」沒有人當主席。整個進程都是很隨便的。根據戰後發現的德國人的記錄[82]來看，英國首相和法國總理拼命迎合希特勒。甚至在他做了如下的露骨發言以後，他們還要拼命地迎合他：

如同他體育館演說中所表達的，他無論如何都要在十月一日進軍。其他人回應他說，這一行動將具有暴力行動的性質，因此要盡量避免使這一行動不具有這種性質。雖然如此，仍然必須立即採取行動。

會議在墨索里尼發言時接觸到了實質問題。他是第三個發言的（達拉第被留在最後）。他說，「爲了提供一個實際解決問題的辦法」，他帶來了一個明確的書面建議。這個建議的來源是很有趣的一件事，而且我相信，張伯倫到死都不知道。從弗朗索瓦－龐賽和韓德森的回憶錄來看，他們兩個人也是蒙在鼓裡。直到兩位獨裁者不得善終以後，這整個事件才眞相大白。

表面上義大利領袖提出一套他自己的折衷方案，不過這是騙人的。這套方案原來是前一天在柏林德國外交部，戈林、紐拉特和威茲薩克背著外交部長里賓特洛甫草擬出來的，因爲他們三人不相信他的判斷。戈林把它拿去給希特勒看，希特勒說可以。於是馬上就由施密特博士趕譯成法文，送給義大利大使阿托利科，阿托利科把它全文用電話傳到羅馬，那位義大利獨裁者在要上火車赴慕尼黑之前剛剛收到。這樣，所謂「義大利建議」不但成爲這次非正式會議上的唯一議程，而且成爲後來慕尼黑協定的基本條款，而實際上，這只不過是在柏林製造出的德國建議（埃里希．科爾特一九四八年六月四日在紐倫堡美國軍事法庭第四庭爲「美國控告恩斯特．威茲薩克」一案作證時，詳細地敘述了墨索里尼建議的來源。《德國外交政策文件彙編》〔*Documents on German Foreign Policy*〕第二卷第頁一〇〇五載有正式審訊記錄的摘要。科爾特在《幻想與現實》〔*Wahn und Wirklichkeit*〕頁一二九至一三一也有敘述。施密特博士在《希特勒的譯員》〔*Hitler's Interpreter*〕一書頁一一一證實了科爾特的敘述，並且說翻譯義大利領袖的建議「很容易」，因爲他在前一天已經在柏林翻譯過一道了。義大利外相齊亞諾，在九月二十九與三十日在慕尼黑寫的日記中曾談到墨索里尼所提出的文件「實際上是我們的大使館爲表明德國政府的願望而在前一天晚上用電話傳給我們的」。見《齊亞諾的祕密日記，一九三七至一九三八》（*Ciano's Hidden Diary, 1937-1938*），頁一六七）。

建議的措辭同希特勒被拒絕的戈德斯堡要求極爲相似，因此，上面這一事實本來似乎應當是十分明顯的，但是對達拉第和張伯倫或者隨他們來開會的英法駐德大使來說，卻並不是如此。據德國人的記錄說，法國總理「歡迎義大利領袖的建議，說它是本著客觀和現實的精神提出來的」，英國首相「也歡迎義大利領袖的建議，並且宣稱他本人也想到過一個同這個建議相似的解決辦法」。至於韓德森大使，據他以後寫的書說，他認爲墨索里尼「巧妙地結合了希特勒和英法建議而作爲他自己的建議提了出來」；弗朗索瓦—龐賽大使的印象是，與會者是根據「由霍拉斯．威爾遜起草的」一項英國備忘錄在進行工作[83]。這些不惜一切代價、一心只想姑息的英法政治家與外交家眞是容易欺騙啊！

既然「義大利」建議受到全體與會者這樣熱烈的歡迎，剩下的就只有少數細節還要推敲了。也許本來就不意外，過去是生意人出身而且曾任財政大臣的張伯倫，想知道在蘇臺德區的公有財產轉交給德國人以後，由誰來賠償捷克政府。希特勒（據弗朗索瓦—龐賽說，他因爲不能像墨索里尼那樣聽得懂用英、法文進行的談話，看起來臉色不大好而且心情也頗爲煩惱）激動地回答說，根本不給什麼賠償。首相提出反對，因爲根據戈德堡建議，捷克人在遷出蘇臺德區時，連他們的牲畜都不能帶走，他說：「難道這是說，農民要被逐出，而他們的牲畜倒要被留下嗎？」這時，希特勒冒火了。

「我們的時間太寶貴了，不能浪費在這些細枝末節上！」他對張伯倫嚷了起來[84]。首相就此再也不提這回事了。

一開始，他確也曾堅持應當有一個捷克代表出席，或者至少用他的話來說，「隨叫隨到」。他說：「如果沒有來自捷克政府的保證的話，他的國家當然不能擔保這一地區（指蘇臺德）能在十月十日（這是墨索里尼建議的日子）撤退完畢。」達拉第給了他不怎麼熱心的支持。他說，法國政府「絕不容許捷克政府在這件事情上拖延」，不過，他認為「在必要時能供諮詢的捷克代表如能出席，是有好處的。」

但是希特勒寸步不讓。他不允許有任何捷克人在他面前。達拉第馴順地退讓了，但是張伯倫最後還是贏得了一個小小的讓步。大家同意，像首相所建議的那樣，可以有一位捷克代表「在隔壁房間裡」，隨叫隨到。

那天下午會議上果然來了兩個捷克代表，一個是捷克駐柏林公使馬斯特尼，一個是布拉格外交部來的休伯特．馬薩里克（Hubert Masarik）博士，他們被冷淡地帶進了隔壁一個房間裡。他們在那裡冷冷清清地從下午二點一直等到下午七點，最後，天終於打他們頭上坍下來了。就在七點鐘的時候，曾參加倫西曼代表團而現在又跟張伯倫當隨員的阿希東—格瓦特金（Frank Ashton-Gwatkin）跑過來向他們宣布了壞消息，各國已經達成了全面協議，不過他還不能告訴他們細節，總之，它要比法英建議「苛刻」得多。馬薩里克問他能不能讓捷克人陳述意見，據這位捷克代表後來向政府報告說，這個英國人的答覆是：「我似乎太不瞭解大國的處境多麼困難，而且我不知道原來同希特勒談判是這麼難。」

晚上十點，這兩個鬱鬱不樂的捷克人給帶去見首相忠實的顧問威爾遜爵士。威爾遜代表張伯倫把四國協議的要點告知他們，並且交給他們一張捷克人應立即撤出蘇臺德區的地圖。當兩個捷克使者想提出抗議的時候，那位英國外交官打斷了他們的話頭。他說，他沒有話要說了，接著就馬上離開了房間。兩個捷克人繼續向阿希東—格瓦特金表示抗議，然而一點用處都沒有。

阿希東—格瓦特金也要走了，臨走的時候，他告誡他們說：「你們要是不接受的話，就得完全單獨地去同德國人打交道。也許法國人同你們說這句話的時候可能說得更客氣一點，不過你們可以相信我，他們同我們的看法是一樣的，他們不想管你們的事。」

雖然這話必然使兩位捷克使者十分傷心，但說的卻是老實話。九月三十日淩晨剛敲過一點（慕尼黑協定上寫的日期是九月二十九日，然而實際上直到九月三十日淩晨才眞正簽字。它規定由德國人佔領「居民主要爲日耳曼人的地區」。此項佔領由德國軍隊從十月一日到十月七日分四階段完成。剩餘的地區，在經「國際委員會」確定其邊界以後，應「在十月十日以前」予以佔領。「國際委員會」由四大國和捷克斯洛伐克的代表組成。英國、法國和義大利同意「這一地區的居民撤退工作應在十月十日完成，任何現有設備均不得加以破壞，而且捷克斯洛伐克政府應負責保證在撤退時不使上述設備遭受破壞」。除此而外，「國際委員會」將安排在種族成分未能肯定的地區進行「公民投票」，期限「不得遲於十一月底」。「國際委員會」並將確定新的邊界。在協定的一項附件中，英國和法國宣布「遵守協定……保障讓捷克斯洛伐克的新邊界不受無故侵略……在波蘭與匈牙利少數民族的問題解決以後，德國和義大利方面也將共同保衛捷克斯洛伐克。」[85]關於公民投票的支票根本沒有實現。甚至在波蘭和匈牙利少數民族的問題已經解決以後，德國和義大利也都從來沒正式宣告保障捷克斯洛伐克不受他國侵略，而且，我們下面還可以看到，英國和法國也不願信守它們的協定），希特勒、張伯倫、墨索里尼和達拉第就順序在慕尼黑協定上簽下了自己的名字。根據這個協定，德國軍隊將如元首過去一再預言的那樣，在十月一日進軍捷克斯洛伐克，並且在十月十日完成對蘇臺德區的佔領。希特勒已經得到他在戈德斯堡所沒有得到的東西了。

現在還剩下一件痛苦的——至少對犧牲者來說是痛苦的——事情要辦，那就是通知捷克人該在什麼時候放棄什麼東西。希特勒和墨索里尼對這一部分儀式不感興趣，接著就退席了，任務於是就落到捷克斯洛伐克的盟邦法國和英國的頭上。休伯特．馬薩里克在對捷克外交部的正式報告中，對這個場面有十分生動的敘述：

凌晨一點三十分，我們被帶到舉行會議的大廳。在場的有張伯倫先生、達拉第先生、霍拉斯．威爾遜爵士、萊若先生（Alexis Léger，編按：本名爲Saint-John Prerse，法國外交部祕書長，一九六〇年諾貝爾文學獎得主）、阿希東—格瓦特金先生、馬斯特尼博士和我。氣氛是令人窒息的，判決馬上就要宣布了。法國人顯然十分緊張，看來還竭力想在法庭面前保持法國的威信。張伯倫講了很長的一段話，介紹了協定的內容，並且把協定的文本交給了馬斯特尼博士……。

捷克人開始問了幾個問題，

但是張伯倫先生不停地打呵欠，一點也不掩飾他的倦怠，我問達拉第和萊若兩位先生，他們是否希望我國政府回應這個協或者發表聲明。可以看得出來，達拉第先生的神情十分緊張，萊若先生回答說四位政治家沒有多少時間。然後他以一種故作隨便的態度急急忙忙接著說，並不要求我們回應什麼，他們認爲這個計畫已成定局，我國政府必須在這一天，至遲到下午三點鐘，派代表到柏林去參加國際委員會的會議，最後還說，捷克斯洛伐克要派出的軍官應當在星期六到柏林，去商定第一個地區撤退工作的細則。他說，全世界的局勢已經開始緊張起來了。

他對我們講話的態度稱得上是夠生硬的了。這還是一個法國人……張伯倫先生一點也不想掩飾他的困倦，他們給了我們另一張略有改正的地圖。然後，他們對我們的話就說完了，我們可以走了[86]。

我還記得在這個決定命運的夜裡，希特勒在開完會以後趾高氣揚地走下元首府寬闊的臺階時眼睛裡閃耀出的那種勝利光芒，還記得穿著那特製的民兵制服的墨索里尼那副不可一世的神情，還記得張伯倫打呵欠的樣子和回到攝政宮飯店的時候那副睡意盎然的模樣。我那天晚上在日記寫道：

至於達拉第，看起來像是一個完全被打敗而且完全垮了的人。他到攝政宮飯店同張伯倫道別……有人問他，或者說剛開始問他：「總理先生，你對這個協定滿意嗎？」他轉過身來，口裡似乎要說什麼，然而他這時已精疲力竭，因此話沒有出口就一聲不響踉踉蹌蹌地推門出去了[87]。

張伯倫同希特勒會談世界和平問題還沒有完。第二天（九月三十日）早晨，他經過幾小時的睡眠，精神已經恢復過來了，心裡也爲前一天勞累的成績沾沾自喜，他又到元首在慕尼黑的寓所去看希特勒，想同他進一步討論歐洲的局勢，並且從希特勒那裡得到一點小小讓步，好加強他在國內的政治地位。

在這次意料不到的會面中，翻譯員又恰好是施密特博士，他也是這場會面唯一的見證人。施密特博士說，希特勒這天顯得臉色蒼白，情緒陰鬱。他心不在焉地聽著那位精力過人的英國政府首腦表示，相信德國在「實施慕尼黑協定方面會採取大度包容的態度」，並且再次表示，希望捷克人不會不講理，也不希望他們再製造麻煩，而如果他們造成了什麼困難的話，希望希特勒不會轟炸布拉格，以免「在平民中造成可怕的損失」。這些話還只是張伯倫開場白，接下來他發表許多雜亂無章的長篇大論。張伯倫在前一天夜裡已經對德國獨裁者下賤地投降，要不是施密特把它記錄在德國外交部的正式報告，人們也不能想像這番話會出自一個英國首相之口。就是在今天，人們在讀這個繳獲文件的時候也很不容易相信。

不過，這位英國領袖的開場白還只是前言。在那位脾氣不好的德國獨裁者聽來，張伯倫的話想必都不過是滔滔不絕的空話。他建議英德兩國進一步合作來結束西班牙內戰（在這場戰爭中，德國和義大利的「志願軍」正在為佛朗哥贏得勝利），建議促進裁軍，促進世界經濟繁榮，加強歐洲政治和平，甚至還建議解決俄國問題，然後，首相從口袋裡掏出一張紙來，上面已經寫好了他希望兩個人能在上面簽字並且立即發表的東西：

> 我們，德國元首兼總理和英國首相，今天再次舉行了會議，一致認為英德關係的問題對兩國和對歐洲都具有最大的重要性。
>
> 昨夜簽字的協定和英德海軍協定，象徵我們兩國人民再也不想彼此交戰的願望。
>
> 我們決心以協商的辦法處理任何其他涉及我們兩國的問題，我們決心繼續努力，消除可能引起分

歧的原因，從而有助於確保歐洲的和平。

據施密特在正式報告中說，希特勒看了一下這個宣言，很快就在上面簽了字，使張伯倫大爲滿意。施密特的印象是元首本來「有幾分勉強……只是爲了讓張伯倫高興」才同意的，而張伯倫，據他接著說：「對元首表示熱烈感謝……再三強調他預料這一文件將產生巨大的心理影響。」

這位蒙在鼓裡的英國首相當然不知道（如幾個德國和義大利祕密文件很久以後所透露出來的那樣），希特勒和墨索里尼就在這次慕尼黑會議中已經商量好，時候一到，他們就將「並肩」對英國作戰。我們很快就會看到，他也識不破在希特勒那陰鬱的心底裡已經又有許多別的東西在醞釀著了[88]。

張伯倫勝利地回到了倫敦——達拉第也同樣地回到了巴黎。得意洋洋的首相揮舞著他同希特勒簽署的宣言來迎接擁到唐寧街來的大群人們。他們向他高喊「好樣的內維爾！」還對他高唱「因爲他是一個呱呱叫的好人」。張伯倫笑逐顏開，站在唐寧街十號三樓的陽臺上向他們講了幾句話。

「我的好朋友們，」他說：「在我國歷史上，這是第二次把光榮的和平從德國帶回到唐寧街來（第一次指的是英國首相狄斯雷里一八七八年參加柏林會議）我相信，這是我們的時代的和平。」

《泰晤士報》宣稱：「沒有一個征服者從戰場上得勝歸來的時候曾帶著比這更高貴的桂冠。」居然有一個自發的運動來籌集一筆「全國感恩基金」來向張伯倫致敬，不過，他謙虛地拒絕了。只有海軍大臣達夫·古柏一個人因此辭職。在繼之而來的下院辯論中，當時仍在野的邱吉爾在那篇值得紀念的發言中說：「我們遭到了一場全面的十足的失敗。」然而，據他自己後來回憶，他被迫停了下來，一直等到暴風雨般的抗議聲平息以後才能接著講下去。

布拉格的情緒當然大相徑庭。九月三十日清晨六點二十分，德國代辦就把捷克外交部長克羅夫塔博士從床上叫起來，交給他慕尼黑協定的文本和一份邀請書，要捷克斯洛伐克派兩名代表參加「國際委員會」下午五點在柏林舉行的第一次會議。這個國際委員會是負責監督協議的執行。貝奈斯總統整個上午都在赫拉德欣宮中同政界與軍界的領袖會商。對他來說，除了屈服而外，別無其他出路。英國和法國不但拋棄了他的國家，而且如果他拒絕慕尼黑條件的話，它們還將支持希特勒使用武力。下午十二點五十分，捷克斯洛伐克投降了。爲此發表的官方公報說，它是帶著「對全世界提出的抗議」投降的。新任總理西羅維將軍在下午五點向捷克人民廣播，他憤懣地說：「我們被拋棄了，我們是孤獨的。」

一直到最後，英國和法國都還在對被它們誘騙、出賣的國家施加壓力。這一天，英國、法國和義大利的公使見了克羅夫塔博士，想確實弄清楚捷克人會不會在最後一分鐘起而反對投降。德國代辦漢克（Hencke Andor）博士在發給柏林的一份電報裡描述了這個場面。

法國公使想對克羅夫塔說些安慰的話，然而被外交部長打斷了：「我們是被迫落到這種地步的；現在一切都完了，今天輪到的是我們，明天輪到的就是別人了。」英國公使期期艾艾地跟上去說張伯倫已盡了最大努力，但是也得到了像法國公使得到的一樣的答覆。外交部長已經是一個完全垮了的人。他暗示只有一個願望：三位公使趕快離開[89]。

貝奈斯總統在柏林的要求下於十月五日辭職，後來因爲看到他的生命有危險，就飛到英國，開始度流亡生涯。他所遺下的總統職務由西羅維將軍暫代。十一月三十日，國民議會選舉心地善良然而性格軟弱的六六衰翁、最高法院院長艾米爾．哈查（Emil Hácha）爲殘存的捷克－斯洛伐克的總統，從這時起，這個國家的名字就在捷克和斯洛伐克之間正式加上了一個連接號。

凡是張伯倫和達拉第在慕尼黑忘了給德國的東西，都由所謂「國際委員會」一一交出了。這個草組成的委員會由義、英、法三國駐柏林大使、捷克駐柏林公使和德國外交部國務祕書威茲薩克男爵組成。每一次德國人多要土地時，委員會就總是按照他們的願望來解決問題，希特勒和最高統帥部也不只一次揚言要用武力威脅。最後，委員會在十月十三日表決，取消慕尼黑協定關於在有爭議地區舉行公民投票。這一套已經用不著了。

波蘭人和匈牙利人在揚言要對孤立無援的捷克斯洛伐克採取軍事行動之後，就像食屍的餓鷹一樣，乘虛而入，分得了一片土地。在以後十二個月中即將成爲本書下章主角的外交部長約瑟夫．貝克的要求下，波蘭得到了苔絲周圍大約六百五十平方英里的土地，上面居住著二十二萬八千人，其中倒有十三萬三千是捷克人。里賓特洛甫和齊亞諾在十一月二日給匈牙利分配了一塊大一點的土地，共有七千五百平方英里，上面住著五十萬馬札爾人和二十七萬兩千斯洛伐克人。

除此而外，柏林還逼著這個肢體殘缺、防務蕩然的國家成立一個顯然具有法西斯傾向的親德政府。人人都了然，從此以後，捷克斯洛伐克國家只是在第三帝國領袖的鼻息之下苟延殘喘而已。

慕尼黑的後果

根據慕尼黑協定，希特勒得到了他在戈德斯堡所要求的一切，而「國際委員會」又在他的威脅之下拱手奉上更多的東西。一九三八年十一月二十日的最後方案，強迫捷克斯洛伐克割給德國一萬一千平方英里的土地，上面住著兩百八十萬蘇臺德日耳曼人和八十萬捷克人。在這個地區之內有著大量的捷克工事，它們構成了在當時來說是歐洲最堅強的防線，只有法國的馬奇諾防線可比擬。

這還不算，捷克斯洛伐克的全部鐵道、公路、電話和電訊系統都被打爛了。根據德國人的統計，這個國家在被肢解以後喪失了百分之六十六的煤，百分之八十的褐煤，百分之八十六的化學工業，百分之八十的水泥工業，百分之八十的紡織工業，百分之七十的鋼鐵工業，百分之七十的電力工業，百分之四十的木材工業。好端端的一個富庶繁榮的工業國，僅僅在一夜之間就被瓜分豆剖、破產蕭條了。

無怪乎約德爾在慕尼黑協定簽字那天晚上那樣興高采烈寫他的日記了。

慕尼黑條約已經簽字了。捷克斯洛伐克的國家力量嚴格來說已經不存在了……由於元首的英明睿斷，由於他的決心，就算會引發世界大戰也絕不迴避，我們再一次不用武力就取得了勝利。現在希望的是，那些懷疑成性、意志薄弱而猶豫觀望的人也許已經轉變過來了，並且希望他們今後這樣保持下去[90]。

許多猶豫觀望的人轉變了，至於少數沒有轉變的人就陷入了絕望之中。像貝克、哈爾德、維茨萊本這樣的將軍和他們的謀士們再一次證明是錯了。希特勒得到了他要求得到的東西，他不發一槍就完成了又一次偉大的征服。他的威望達到了空前的新高度。在慕尼黑會議之後到過德國的人，都會像筆者一樣，深深感受到德國人民的狂喜之情。他們因爲戰爭業已避免而如釋重負。他們對希特勒兵不血刃的勝利感到得意洋洋，這不但是對捷克斯洛伐克的勝利，而且是對英國和法國的勝利。他們告訴你，在短短六個月之內，希特勒征服了奧地利和蘇臺德區，給第三帝國平添了一千萬人口和一大片有戰略意義的領土，爲德國稱霸東南歐打開了大門。而贏得這樣的豐功偉績竟不曾犧牲一個德國人的性命！他具有德國歷史上所罕見的天才本能，不但看穿了那些中歐小國的弱點，而且看穿了西方兩個主要的民主國家英國和法國的弱點，逼得它們向他的意志屈服。他發明了一套可以稱爲政治戰的新戰略戰術，而且取得了驚人的成就，這種政治戰已經使得眞刀眞槍的戰爭成爲不必要了。

在僅僅四年半的時間內，這個出身微賤的人，已經使在政治上一片混亂、在軍事上解除武裝、在經濟上接近崩潰的德國，歐洲大國中這個最孱弱的大國，一躍而被認爲是舊大陸最強大的國家，所有其他的國家，甚至英國和法國，都在它的面前發抖。在這個令人目眩的躍進過程中，沒有一個凡爾賽條約的戰勝國阻擋過它的進路，即使在它們有力量這樣做的時候，也沒有這樣做的膽量。事實是，在他取得了最大勝利的慕尼黑會議上，英國和法國還曲意予以支持。而且想必使希特勒自己也最感詫異的，也肯定使貝克將軍、哈塞爾以及參加他們那小小反對派的一夥人莫名其妙的，是主宰著英國和法國政府的那些人（元首在慕尼黑會議後有一次在背後輕蔑地管他們叫「小蛆蟲」）當中，竟然沒有一個人看到由於他們對這位納粹領袖的每一步侵略行動都不加回擊而造成的後果。

在英國，似乎只有邱吉爾一個人看到了這一點。再沒有別的人比他十月五日在下院的演說裡把慕尼黑的後果說得更明白的了：

我們遭到了一場全面的十足的失敗……我們正處在第一等的大禍之中。到多瑙河的門戶……到黑海的門戶已經洞開了。所有中歐的和多瑙河流域的國家都將一個接一個落入……以柏林為中心的……龐大的納粹政治體系中……不要以爲這是結尾。它不過是開始……。

然而，邱吉爾並不是在朝之身，他的話並沒有受人注意。

法國和英國在慕尼黑的投降是有必要的嗎？希特勒不是在虛聲恫嚇嗎？

說來矛盾的是，我們現在知道，這兩個問題的答案都是「不」。所有戰後還活下來的接近希特勒的將軍都一致認爲，要是沒有慕尼黑的話，希特勒就會在一九三八年十月一日進攻捷克斯洛伐克，他們還認爲，不論倫敦、巴黎和莫斯科會出現什麼樣暫時的猶豫，英國、法國和俄國最後都一定會參戰。

而對這一段歷史說來最重要的一點是，德國的將軍們一致認爲，在這場戰爭中德國將打敗仗，而且敗得很快。支持張伯倫和達拉第的人（他們在當時佔絕大多數）說，慕尼黑妥協挽救了西方，不但使西方免於戰爭，而且使西方免於在這場戰爭中失敗，因而也保全了倫敦和巴黎，使它們沒有被德國空軍夷爲平地。這種論調至少就後兩點來說，受到了德國將軍們的駁斥，特別是最接近希特勒而且從頭至尾最狂熱的支持他的那些人。後一類人中最重要的一個人就是凱特爾將軍，他是最高統帥部長官，又是經常隨侍在希特勒身邊的寵臣。在紐倫堡審訊時，當問到德國將領對慕尼黑妥協的反應是什麼時，他回答說：

我們特別高興，因爲沒有採取軍事行動……我們一直認爲我們要用來進攻捷克斯洛伐克邊境工事的裝備是不夠的，從純軍事的觀點看，我們缺少能突破邊境工事的手段[91]。

盟國的軍事專家總是估計德國軍隊可以輕而易舉地攻下捷克斯洛伐克，然而凱特爾的證詞卻說情況並非如此。除此而外，還必須加上後來成爲德國最傑出的戰地指揮官之一曼施坦因元帥的證詞。當他在紐倫堡（不像凱特爾和約德爾那樣，他沒有受到可能判處死罪的起訴）就慕尼黑事件時期的德國實力作證，說明當時的情況時說：

如果戰爭爆發，無論是我國的西部邊境還是我國的波蘭邊境，都無法有效防守，而且毫無疑問的是，只要捷克人起而自衛，我們就會被他們的工事所攔阻，因爲我們沒有突破它的手段[92]（希特勒自己在視察了捷克的防線以後，也至少對這一點有些相信。他後來告訴國際聯盟駐但澤的高級專員卡爾·布克哈特〔Carl Burckhardt，著名的歷史學家〕博士說：「慕尼黑事件以後，我們才能夠從捷克斯洛伐克內部來瞭解它的軍事實力，我們所看到的一切使我們捏了一把汗；我們當初冒了一次嚴重的危險。捷克的將軍們所計畫的東西是十分堅強的。我現在才懂得了我的將軍們爲什麼主張克制。」見貝提納：《法蘭西的掘墓人》，頁五）。

那位最高統帥部的「智囊」約德爾，在紐倫堡出庭爲自己辯護的時候，是這樣說的：

要以五個作戰師和七個後備師的兵力擋住一百個法國師的進攻，是完全談不上的，更不要說西線工事現在還只是個施工現場。這在軍事上是不可能的。93

如果，確實像這些德國將軍承認的那樣，希特勒的軍隊缺乏突破捷克防線的手段，而且要在西線抵擋具有壓倒優勢的法國兵力，德國又確實處在一種「軍事上不可能的」形勢，不但如此，像我們前面所知道的那樣，在將領中間還存在著嚴重的分歧，甚至陸軍參謀總長都在準備推翻元首以躲避一場無法取勝的戰爭——既然如此，那麼，爲什麼法國和英國的參謀總部居然會不知道？還是說，他們其實是知道的呢？如果他們確實知道的話，英國和法國政府的首腦又會在慕尼黑被逼到犧牲自己那麼多的根本利益？在尋求這些問題的答案時，我們碰到了直到現在都沒有弄清楚的慕尼黑時代的一個謎。甚至對軍事問題素來關心的邱吉爾來說，在他卷帙浩繁的回憶錄中，也幾乎沒有涉及這個問題。

不能想像英國和法國的參謀總部和兩國政府會不知道德國陸軍參謀總部反對歐洲大戰。因爲，上面已經說過，柏林的密謀分子在八月和九月之間至少曾通過四條線把這一點告訴了英國人。而且我們已經知道連張伯倫本人都知道了這件事情。到九月初，巴黎和倫敦絕不可能不知道貝克將軍的辭職，也絕不可能不知道，這位德國陸軍中威信最高、能力最強的領袖，他反抗希特勒對部隊會造成的影響。當時在柏林的人一般都承認，英國和法國的軍事情報工作是做得相當好的。簡直難以相信，倫敦和巴黎的軍事首腦人物會不知道德國陸軍與空軍顯著的弱點以及它們不可能在兩條戰線上同時作戰。

法國陸軍參謀總長甘末林將軍——就算他天性謹慎達到極點也罷——掌握著將近一百個師，到底還有什麼理由懷疑他對付不了德國人擺在西線五個正規師和七個後備師，長驅直入到德國去呢？

總體說來，據甘末林後來自己說[94]，他並沒有多少懷疑。九月十二日，就在希特勒在紐倫堡大會閉幕會議上大發雷霆對捷克斯洛伐克百般威脅的那一天，這位法軍統帥曾經向達拉第保證，如果戰爭爆發的話，「西方民主國家可以按照自己的意志來決定和平條件」。他還寫了一封信給達拉第說明他所以如此樂觀的理由。九月二十六日，在戈德斯堡會議以後，捷克危機處於最高潮的那一天，隨法國政府領導人同赴倫敦的甘末林又向張伯倫重申了他的保證，並且具體分析了軍事形勢，想給英國首相而且也給自己那位動搖的總理打氣。他在這一方面顯然沒有達到目的。最後，就在達拉第飛赴慕尼黑前夕，甘末林又向他簡要地說明蘇臺德區領土讓步的最大限度，以避免危及法國安全。主要的捷克要塞，還有鐵路幹線，某些戰略性的支線和主要的國防工業，絕不能給德國。除此而外，他還說，絕不能讓德國人切斷摩拉維亞山峽。要是在法德交戰時，這些都是不錯的意見，捷克斯洛伐克也能幫助於法國。然而，我們已經看到，達拉第不是能照此行事的人。

在慕尼黑時代，人們說得極多的是，張伯倫投降的理由之一是害怕倫敦被德國的轟炸所毀滅，毫無疑問，法國人也是一想到他們美麗的首都會從空中被炸毀就膽戰心驚。現在我們才明白，以當時德國空軍的實力來看，倫敦人和巴黎人，同他們的首相和總理一樣，是驚慌過度了。德國的空軍已同陸軍一樣用來集中對付捷克斯洛伐克了，因此也就同陸軍一樣不可能在西線進行激烈的戰鬥。即使德國人能勻得出那麼幾架飛機去空襲倫敦和巴黎，也很懷疑它們能不能到達目的地。英國和法國戰鬥機的防禦力量儘管很弱，德國人也並沒有足夠的戰鬥機來掩護他們的轟炸機，就算他們有戰鬥機，它們的基地也太遠了。

也有人認爲（特別是弗朗索瓦—龐賽和韓德森這兩位大使），慕尼黑妥協給了西方民主國家幾乎一年的時間，使它們能在整軍方面趕上德國。事實證明，這種論點不過是謊言。正如邱吉爾所說，而且也爲盟國方面所有嚴謹的軍事歷史學家所同意的那樣：「與德國相比，英法兩國號稱因慕尼黑妥協而『得到』的一年喘息時間，使它們的態勢比慕尼黑危機時期更差。」[95]我們下面就可以看到，德國方面一年以後所有的軍事計畫都證明了這一點，而以後發生的事變，當然又消除了任何懷疑。

現在根據我們所獲得的德國祕密文件和戰後德國人的親口描述，回過頭再來看這一段歷史，就可以做出下面這樣一個總結，這也是慕尼黑時代的人們想不到的。

德國在一九三八年十月一日沒有能力對捷克斯洛伐克和法國、英國作戰，更不用提再加上一個俄國了。要是它打的話，它將很快、很容易地被打敗，那也就會是希特勒和第三帝國的末日。要是在最後一分鐘由於德國陸軍的干預而避免了一場歐洲大戰的話，希特勒就可能被哈爾德和維茨萊本以及他們的同黨所推翻，他們將在他最後下令進攻捷克斯洛伐克之際按照預定計畫把他逮捕。

希特勒公開吹噓「不論在什麼情況下」他將在十月一日進軍蘇臺德區，因此就給自己堵死了退路，弄得自己下不了臺。他已處在貝克將軍所早已預見到的「無法維持」的地位。要是他在做了這一番斬釘截鐵的威脅和宣言之後自己又退了回來的話，他就存在不了多久。獨裁政治就是這麼一回事，而他的獨裁政治尤其是如此。對他來說，後退，如果不是不可能的話，也是極端困難的，要是他想後退的話，那麼，他在歐洲，在本國人民當中，尤其重要的是在他的將領當中，勢必威信掃地，其結果就將置他於死地。

張伯倫對希特勒這種要什麼就給什麼這種執迷不悟的態度，他的貝希特斯加登和戈德斯堡之行，還有最後那一次決定命運的慕尼黑之行，挽救了希特勒，使他有了下臺的梯子，把他在歐洲、在德國、在軍隊中的威信，提高到幾個星期以前還無法想像的程度，這一切也把第三帝國同西方民主國家和俄國相抗衡的力量提高到無可估量的程度。

對法國來說，慕尼黑是一場大災禍。實在不懂的是，爲什麼巴黎當時居然沒有認識到這一點。法國在歐洲的軍事地位毀了。如果德國完全動員起來的話，法國的軍隊絕不及德國軍隊的半數以上。因爲德國的人口幾乎比它多一倍；法國的軍火生產能力也比德國小；由於這兩個原因，法國煞費苦心地在東歐即在德國——還有義大利——的側翼同捷克斯洛伐克、波蘭、南斯拉夫和羅馬尼亞等較小的國家建立了同盟，這些國家加在一起的軍事潛力也抵得上一個大國。部署在堅固的山地工事中的三十五個訓練有素、裝備精良的捷克師，牽制著比這個數目還要大的德國軍隊，現在法國軍隊失去這支力量無異乎失去一條臂膀。然而這還不是一切，在慕尼黑事件之後，法國在東歐剩下的盟國還有哪個能對它的旦旦信誓有什麼信任呢？同法國結盟還有什麼價值呢？在華沙、布加勒斯和貝爾格萊德能聽到的答覆是：價值不大。這些首都現在都爭先恐後地想在爲時尚未太晚的時候，同納粹征服者做一筆盡可能不賠本的買賣。

莫斯科雖然沒有發生爭先恐後的忙亂，但是也引起了一些活動。雖然蘇聯同捷克斯洛伐克和法國都有軍事同盟，法國政府卻逕自同德國和英國打交道而一聲不吭就把蘇聯排除在慕尼黑會議之外。這一手是史達林決不能忘懷的，而兩個西方民主國家也爲此在今後的幾個月中付出了極大的代價。十月三日，也就是慕尼黑會議以後四天，德國駐莫斯科大使館參事提伯爾斯克希（Werner von Tippelskirch）向柏林報告了慕尼黑事件對蘇聯政策的「後果」。他認爲史達林將由此「得出結論」；他肯定蘇聯將「重新考慮它的外交政策」，將對它的盟邦法國不那麼友好，而對德國的態度將「更加積極」。事實上，這位德國外交官認爲「目前的局勢給德國與蘇聯提供有利的機會，兩國可以締結新的、更廣泛的經濟協定」[96]。在德國祕密檔案中，這是第一次提到柏林和莫斯科之間的風向要轉了，不論這時的風勢如何微弱，用不了一年，它就會產生重大的後果。

儘管希特勒取得了驚人的勝利，也儘管他不但給了捷克斯洛伐克而且給了西方民主國家難堪的屈辱，希特勒對慕尼黑妥協的結果還是感到失望。沙赫特曾聽見他在回柏林路途上對他的黨衛隊警衛人員嚷著說：「那個傢伙（指張伯倫）破壞了我進入布拉格的計畫！」[97]這是他心裡一直想要得到的東西。自從前一年的十一月五日，他對將領們第一次表達之後，就不斷向他們提起這個意圖。當時他就向他們說明，征服奧地利與捷克斯洛伐克，只是在東方大規模奪取生存空間和在西方同法國在軍事上一決雌雄的前奏。他在九月二十日曾對匈牙利總理說過，最好的事情還是「消滅捷克斯洛伐克」。他說「這才是唯一令人滿意的解決辦法」。他所擔心的「危險」就是捷克人會向他的全部要求屈服。

現在，張伯倫先生拿著他那把名聞天下的雨傘來到慕尼黑，逼著捷克人接受了他的全部要求，這樣就剝奪了他進行軍事征服的機會。從材料中可以看得十分清楚，這就是希特勒在慕尼黑以後一樁曲折的心事。他後來曾向他的將領們吐露：「從最初起，我就明白，我不能以蘇臺德日耳曼人的土地爲滿足，這只是暫時的解決辦法。」[98]

在慕尼黑事件以後沒有幾天，這位德國獨裁者就開始下一步，準備一勞永逸解決問題。

第十三章　捷克斯洛伐克再也不存在了

慕尼黑協定簽字還不到十天，甚至蘇臺德區的和平佔領還沒有完成，希特勒就給最高統帥部長官凱特爾將軍發出了一份極機密急電。

一、在目前形勢下，要擊破波希米亞和摩拉維亞捷克人的全部抵抗力量需要多少增援部隊？

二、集結或者調動新部隊需要多少時間？

三、上述措施如果在實行原定的復員、撤兵計畫之後執行的話，需要多少時間？

四、要達到十月一日那樣的待命狀態需要多少時間[1]？

凱特爾在十月十一日給元首回了一個電報，做了詳盡的答覆。不需要很長的時間，也不需要太多的增援部隊。在蘇臺德區已經有二十四個師，其中包括三個裝甲師和四個摩托化師。凱特爾說：「統帥部認爲，鑒於目前捷克抵抗力量微弱，有可能無需增援即能開始行動。」[2]

在得到這樣的保證以後十天，希特勒就把他的想法通知他的軍事負責人。

極機密

柏林，一九三八年十月二十一日。

國防軍未來的任務以及爲執行此項任務所需進行的戰爭準備工作，我將在以後的命令中予以規定。

在該項命令下達以前，國防軍必須隨時準備：

一、確保德國邊界的安全。

二、清算捷克斯洛伐克的殘存部分。

三、佔領米美爾區（Memel）。

米美爾是波羅的海沿岸一個大約有四萬人口的港口，德國人在凡爾賽條約以後將其割讓給立陶宛。既然立陶宛比奥地利和捷克斯洛伐克還要小、還要弱，奪取這一城市對德國軍隊來說實在算不了一回事，而希特勒在這個命令中也只是說，它應予「歸併」。至於捷克斯洛伐克：

必須在任何時候都能夠掃蕩殘存的捷克斯洛伐克，如果它採取敵視德國的政策的話。

國防軍應爲上述事變進行準備工作，規模要比「綠色方案」小得多；不過，因爲這一次沒有事先計畫好的動員措施，他們必須保證處於高度的準備狀態，受命執行這一任務的部隊編制與戰鬥序列，在平時即應安排準備進行突擊，俾使捷克斯洛伐克沒有任何可能進行有組織的抵抗。目標是迅速佔領波希米亞和摩拉維亞，並且切斷斯洛伐克[3]。

當然，斯洛伐克是可以用政治手段來切斷的，這樣就可以不必動用德國軍隊。德國外交部正是爲了這個目的而在努力工作。十月頭幾天，里賓特洛甫和他的助手們就不斷催促匈牙利人，逼他們也要在斯洛伐克分一杯羹。但是當匈牙利（其實它並不需要德國人來吊它的胃口）說到要乾脆拿下斯洛伐克的時候，威廉街就拿出它自己的主意來了。它對這塊地方的前途還有別的打算。布拉格政府在慕尼黑會議以後已立即給了斯洛伐克範圍極廣的自治。德國外交部建議暫時「容忍」這種處理。至於將來，那麼德國外交部政治司司長恩斯特·瓦爾曼（Ernst Wörmann）在十月七日的備忘錄中把德國的想法概括地說明了。他寫道：「一個獨立的斯洛伐克先天就是軟弱的，因此最有利於德國向東方滲入與殖民。」[4]

這對第三帝國說來又是一個轉折點。這是希特勒第一次想動手征服非日耳曼人居住的地區。在過去六個星期之內，他一直在私下或者公開向張伯倫擔保蘇臺德區是他在歐洲最後的領土要求。雖然首相對希特勒說的話百般相信，容易受騙到令人難以置信，但是他確有一些根據認爲，在吸收了原來住在德國境外而現在住在德國境內的日耳曼人以後，這位德國獨裁者就會罷休。元首不是一再說過他在第三帝國之內不要一個捷克人嗎？他不是在《我的奮鬥》和無數次公開演說裡面一再重申，德國要強大就得在種族上保持純粹，因而絕不能要外國人，特別是斯拉夫人。沒錯，這些都是他說過的。但是也許倫敦忘掉了，在《我的奮鬥》中，他也曾多次以狂妄的口氣宣告，德國的前途在於在征服東方取得生存空間。一千多年以來，這塊空間一直是斯拉夫人占著的。

水晶之夜

一九三八年秋天，納粹德國又到了另一個轉折點。它發生在後來在黨內稱爲「水晶之夜」（skristallnacht，編按：因爲到處都是碎玻璃而得名」）。

十一月七日，一個叫做赫爾徹爾·格林茲本（Herschel Grynszpan）的十七歲的德籍猶太難民開槍刺殺了巴黎德國大使館三等祕書恩斯特·馮·拉特（Ernst vom Rath）。不久以前，這個年輕人的父親同其他一萬名猶太人被裝在封閉式貨車裡押送出境到波蘭。這個青年人爲了給父親報仇，爲了報復納粹德國對猶太人的迫害，特意到德國大使館去想刺殺德國大使約翰內斯·馮·韋爾茲克（Johannes von Welczeck）伯爵。但是出來接見他的人卻是那位年輕的三等祕書，因而就把他當做了替死鬼。拉特可謂死得冤枉，因爲他本人是反納粹的，因此已受到祕密警察的監視，至少他從來不贊成德國統治者激烈的反猶傾向。

十一月九日晚上，納粹黨的頭子們在希特勒和戈林的領導下慶祝啤酒館政變周年紀念。慶祝剛完，第三帝國迄今爲止最瘋狂的排猶運動就開始了。照戈培爾博士和他所控制的報紙的說法，這是德國人民聽到巴黎的凶訊以後，「自發」地舉行示威。但是在戰後發現的文件證明了這種「自發性」其實是可疑的[5]。這些文件是戰前納粹時代的祕密檔案中最具爭議——也是最駭人聽聞的——一批文件。

據黨內法庭的首席法官瓦爾特·布赫（Walther Buch）少校所作的一份祕密報告說，戈培爾博士曾在十一月九日黃昏發出指示要在當晚「組織並進行自發的示威」。但是實際上組織的人是僅次於希姆萊的黨衛隊第二號人物海德里希。他年方三十四歲，爲人兇殘陰險，掌管著黨衛隊的保安處和祕密警察，他那天晚上用電傳打字機發出去的命令現在已在繳獲的德國文件中發現了。

十一月十日凌晨一點二十分，他發電報向國家警察和黨衛隊保安處的各分部和各站發出了一道緊急命令，指示他們會同黨和黨衛隊的領導人「商議組織示威的問題」。

一、採取的行動須不致危及德國人的生命財產（舉例來說，只有在火勢不致延及鄰近房屋時方得焚毀猶太人會堂）。

二、猶太人的店鋪與私人住宅可以搗毀，但不得劫掠……。

四、……警察不得攔阻即將舉行的示威……猶太人，特別是有錢的猶太人應予逮捕，人數視現有監獄能容納多少而定……逮捕這些猶太人以後，應立即與有關的集中營聯繫，以便盡快把他們關進集中營。

在整個德國，這一夜都是恐怖的一夜。猶太人會堂，猶太人的住宅和店鋪，到處都烈焰飛騰，猶太男女老幼在逃出火窟的時候，有很多被殺死了。第二天（十一月十一日）海德里希就給戈林打了一個初步的祕密報告：

猶太人店鋪和住宅摧毀的規模還不能得到確切的數字……就縱火所造成的實際損害而言，已知有八百一十五處店鋪被毀，一百七十一處住宅著火或搗毀，然而這只是一小部分而已……有一百一十九處猶太人會堂著火，另有七十六處完全搗毀……有兩萬名猶太人被捕。據報死亡者有三十六人，受重傷者也有三十六人。上述死傷者都是猶太人……。

那一天晚上被殺害的猶太人，最後的統計比初步人數大好幾倍。海德里希自己做完上述初步報告之後的第二天就說，猶太人店鋪遭到搶劫的有七千五百家。還發生了幾起強姦案，這在布赫少校的黨內法庭（根據他自己的報告來看）看來是比殺人更壞的事情，因爲這違反了禁止非猶太人與猶太人發生性關係的紐倫堡種族法律。違犯這一法律的人都被開除出黨而交給一般法庭處理。布赫少校認爲，黨員如果只是殺害猶太人「不得予以懲辦」，因爲他們不過執行命令。在這一點上，布赫倒是說得十分坦率。他還寫道：「社會上盡人皆知，像十一月九日那樣的政治運動是由黨組織和指揮的，不論黨是否承認這一點。」（布赫少校的報告如實地畫出了第三帝國司法狀況的眞面目。其中說到，「凡屬下列殺害猶太人案件等，業已停止起訴或只判以輕罪。」接著他列舉了一系列這種「案件」被害者與兇手的姓名。「黨員奧古斯特·弗魯林因槍殺猶太夫婦戈爾德堡及槍殺猶太人西那森……黨員威利·白林和約瑟夫·海克因槍殺猶太人羅森包姆和猶太女人茲維尼茨基……黨員海因里希·施密特和恩斯特·梅克勒因淹死猶太人伊爾索法……。」）。

無辜的德國猶太人由於拉特在巴黎被刺而受到的苦難還不僅是被殺、被焚、被搶劫而已。猶太人還得自己賠償自己的財產損失。因爲他們應得的保險金被國家沒收了。不但如此，他們還得集體付出一筆十億馬克的罰款，用戈林的話來說：「贖回他們可惡的罪行。」這筆附加的罰款，是在這位肥頭大耳的元帥所主持的會議上決定的，在場還有十二名內閣部長和高級軍官，這次會議還有一部分速記記錄保留到今天。

如果德國保險公司守信，賠償那些洗劫一空的房子和砸得稀爛的貨物，那麼這些保險公司都得破產。這些房子雖然是猶太人住的，然而絕大部分房主都是非猶太人。代表保險公司的希爾加德（Herr Hilgard）在會議上告訴戈林，僅僅砸破的門窗玻璃一項就值五百萬馬克（合一百二十五萬美元），而且大部分替換的玻璃要用德國非常缺乏的外匯到外國去買。

「不能再這樣幹了！」戈林嚷了起來。要知道，他不但擔任許多要職，而且還是德國經濟的主宰：「照這樣幹的話，我們受不了。不行！」他接著又衝著海德里希叫道：「我寧願你殺掉兩百個猶太人也不要毀掉那麼多值錢的東西！」（傑克遜〔Robert H. Jackson〕法官在紐倫堡問過戈林是否真說過這一番話。戈林回答說：「說過，這是在脾氣不好、心情激動的時候說的……並不是真打算這樣做。」[6]）。

「已經殺掉三十五個了。」海德里希答道，他是在為自己辯護。

當然在保留下來的這一部分一萬字速記記錄中，並不是所有的對話都是這樣一本正經的。戈林與戈培爾在研究如何進一步侮辱猶太人的問題時說了不少尋開心的話。宣傳部長說應當讓猶太人來清除猶太會堂的廢墟，把騰出來的地方做停車場，他認為什麼地方都不能讓猶太人去：學校、戲院、電影院、休養地、海灘、公園、甚至連德國的森林都不許去。他建議鐵路上要有專門給猶太人乘的車廂和房間，不過只有在全體亞利安人都有了座位以後才能給他們用。

戈林哈哈大笑地說：「很好，要是火車太擠了的話，我們就把猶太人攆出去，讓他們一路都單獨待在廁所裡。」

當戈培爾一本正經地要求禁止猶太人進入森林的時候，戈林回答說：「我們應當給猶太人一部分樹林，好讓不少長得特別像猶太人的野獸——大角鹿就有他們那樣的鷹鉤鼻子——也到那裡去過日子。」

在一九三八年這個嚴酷的一年中，第三帝國的領導人就是以這種類似的談話來打發時間的。但是國家所鼓動和組織的排猶運動所造成的兩千五百萬馬克損失，要由誰來陪償呢？這是個嚴重的問題，對於現在負責納粹德國經濟狀況的戈林來說尤其如此。希爾加德代表保險公司指出，如果他們對猶太人不守信用的話，那麼，無論在國內還是在國外，人們對德國保險業的信任就要喪失淨盡。另外一方面，他又實在看不出許多小公司要是付出保險費的話怎麼能不破產。

戈林很快就解決這個問題。保險公司得賠償猶太人的全部損失，但是每筆錢都由國家沒收，然後再由國家補償保險公司一部分損失。這種辦法並沒有使希爾加德感到滿意，從會議記錄看來，他一定感到自己碰上了一群瘋子。

戈林：猶太人可以從保險公司得到保險金，不過這筆保險金將予以沒收。保險公司因爲可以不必負擔全部的損失，因此還可以落得一點賺頭。希爾加德先生，你該覺得自己的運氣還不錯哩！

希爾加德：我沒有理由這樣覺得。我們不過是不必賠償全部損失而已，你卻說這有賺頭！

這位元帥是不習慣於聽這種話的，他很快就壓了一下這個莫名其妙的生意人。

戈林：等一等！照規矩你本來非得出五百萬不可。突然間，你面前來了一位像我這樣有點胖胖的天使，告訴你可以留下一百萬，說句良心話，這算不算是賺頭？我倒想跟你二一添作五平分呢，或者隨便你怎麼說都行。我一眼就看出來了，你滿意得渾身都輕鬆了。你得到了好大一筆好處！

這位保險商人還是很難領悟。

希爾加德：所有的保險公司都要賠錢。事實本來就是這樣。現在還是這樣。誰都說不出有什麼兩樣。

戈林：那你爲什麼不注意點兒，讓玻璃窗少砸破幾塊！

元帥跟這位一副生意腦筋的人實在談不下去了。希爾加德先生被請走，從此在歷史上就不再出現了。

有一名外交部代表居然大膽提出，對猶太人採取下一步行動的時候得考慮到美國輿論的反應（十一月十四日，即戈林召集這次會議後兩天，羅斯福總統把美國駐柏林大使休・威爾遜召回國內「有所諮詢」，威爾遜以後就再也沒有返回任所。德國駐華盛頓大使狄克霍夫在同一天向柏林報告說，由於德國的排猶運動，「這裡掀起了一場風暴」。十一月十八日，他就奉召返國，同樣也就再也沒有返回任所。十一月三十日，德國駐華盛頓代辦漢斯・湯姆森（Hans Thomsen）用密碼電報向柏林提出，「鑒於兩國關係緊張」，而且使館中的「祕密文件安全缺乏保障」，建議把「祕密的政治性檔案」運往柏林。他說：「這些檔案數量過多，如有萬一，無法很快銷毀。」⁷）這個意見氣得戈林大叫：「那個流氓的國家！……土匪的國家！」

經過冗長的討論之後，大家一致同意以下述方式解決猶太人問題：把猶太人從德國經濟中清除出去；把全部猶太人的企業和產業，包括珍寶和藝術品在內，轉交給亞利安人，對猶太人則以證券的形式給予若干賠償，猶太人可以動用這種證券的利息，但是不得動用本金。至於其他問題，比如把猶太人排除出學校、高級住宅區、公園、森林等等地方，以及在剝奪了他們的全部財產以後，是把他們驅逐出境或是封鎖在猶太隔離區內進行強迫勞動，則由一個專門委員會以後再去研究。

正如海德里希在會議快要結束時所說的那樣：「即使把猶太人清除出經濟生活，主要的問題還會存在，那就是把猶太人攆出德國的問題。」財政部長施維林．馮．克羅西克，這位榮獲羅德獎學金在牛津留過學、自命爲在納粹政府中代表「傳統的、正派的德國」的伯爵表示同意說：「我們要盡一切力量把猶太人攆到外國去。」至於猶太隔離區問題，這位德國貴族溫順地說：「我想，猶太隔離區的景象不是看了很舒服的。這不是個十分令人愉快的建議。」

在進行了將近四小時的討論之後，到下午二點三十分，戈林結束了會議：

我想以這幾句話來結束這次會議：德國的猶太族應當捐獻出十億馬克，以此作爲對他們各種可惡的罪行的懲罰。這是會起作用的。這些豬玀將再也不敢殺人了。附帶說一句，假如我是猶太人，絕不會想待在德國。

這個人，這個國家，還有它的元首，以後還給了猶太人比這次嚴重得多的打擊，時間也隔了沒有多久。從一九三八年十一月九日那一個到處起火、全國鼎沸的夜晚開始，第三帝國就一心一意走上了一條再也不能回頭的黑暗野蠻道路。在此以前也有許許多多猶太人被殺害，被拷打，被搶劫，但是這些罪行，除了集中營發生的以外，大部分還是褐衫隊暴徒出於自己的殘忍與貪欲而犯的，國家當局則只是袖手旁觀或者假裝沒看見。現在，德國政府自己組織和進行了一次大規模的排猶運動。十一月九日夜間的殺人、搶劫、放火燒毀猶太人的會堂、住宅和店鋪，都是政府幹的事情。而且向猶太人強徵十億馬克、把他們排除在經濟生活之外、剝奪他們剩餘的財產而且把他們趕入猶太隔離區的法令，這些都是公布在《國家公報》（*Reichsgesetzblatt*）上，其中三個還是在戈林召集會議的當天公布的。

在這樣一個自稱有上千年基督教和人道主義文化傳統的國家裡，竟發生這樣野蠻的行爲，這不免使世界輿論震驚和激動。反過來，希特勒又因爲全世界的這種反應而怒不可抑，並且更加認定這只不過證明了「猶太人的世界性陰謀」的力量和規模。

現在回過頭來看的話，不難發現，十一月九日加諸德國猶太人身上的恐怖和此後用來對付他們的殘忍手段，不過是一個凶兆，預示納粹統治已開始趨於削弱，最後終將爲那個獨裁者、他的政權和他的國家帶來徹底的崩潰。在本書數百頁的篇幅裡，隨處都能見到希特勒的自大狂，然而，直到現在爲止，在每一個他自己和國家命運的重大關頭，他還能克制自己的自大狂。在那些關鍵時刻，他表現出過人的才華，不但能大膽行動，而且每個步驟都經過深思熟慮，因而取得了一個接著一個壓倒性的勝利。但是現在，十一月九日的事件及其後果清楚地表明，希特勒已開始失去自制能力。他的自大狂已經佔了上風。那份由戈林在十一月十二日召開的會議記錄表明，歸根到底，希特勒才是那一夜浩劫的罪魁禍首；批准發動這場暴行的是他，要戈林提出把猶太人排斥出德國社會生活的也是他。從此以後，這位第三帝國的絕對主宰就很少再表現出過去曾一再使他自己脫身危難的那種自制能力。雖然他個人的長處以及他的國家的優勢以後還會繼續取得不少驚人勝利，對於這位獨裁者和他的國家來說，引向最後自我毀滅的有毒種子，現在就已經種下了。

希特勒的病是有傳染性的，整個國家都感染上了，就像感染上一種病毒一樣。從每一個個人來說，作者根據親身的體驗感覺到，許多德國人對十一月九日的暴行正如美國人、英國人和其他外國人一樣感到驚恐。但是，不論是基督教會的領袖們，還是將軍們，還是任何其他所謂「善良的」德國代表，都沒有一個人立刻公開提出抗議。他們順服於弗立契將軍所稱的「德國不可避免的命運」。

慕尼黑的氣氛很快就煙消雲散了。那年秋天，在薩爾布呂肯，在威瑪，在慕尼黑，希特勒都發表了氣勢洶洶的演說，警告其他各國，特別是英國人，還是專管自己的事情好，不要管「德國疆界以內的德國人的命運」。他咆哮說，德國人的命運純粹是德國自己的事情。用不了很久，即使是對德國政權做了這樣多姑息的張伯倫，也開始認識到德國政權的本性了。在多事的一九三八年漸漸向兇險的一九三九年過渡的時候，英國首相已逐步風聞到德國元首在背地裡策畫些什麼勾當了，然而當初為了歐洲和平他還曾盡心竭力想討好他（一九三九年一月二十八日，哈利法克斯勳爵祕密警告羅斯福總統說：「早在一九三八年十一月，就有越來越明確的跡象表明，希特勒正策畫一九三九年春天在國外進行進一步的冒險。」這位英國外交大臣說：「英國方面接到的報告說，希特勒在里賓特洛甫、希姆萊和其他人的慫恿下，正在考慮對西方國家發動進攻，為以後在東歐採取行動做準備。」[8]）

慕尼黑會議以後不久，里賓特洛甫就到了羅馬。據齊亞諾在十月二十八日的日記中說，他的心思

「完全都在」戰爭上[9]。里賓特洛甫告訴墨索里尼和齊亞諾說：

元首深信，我們不可避免地必須考慮到在幾年之內，也許在三年或四年之內，將同西方民主國家發生戰爭……捷克危機已經表明了我們的力量！我們處於能先發制敵的有利地位，並且能完全掌握局面。我們是不會受人進攻的。軍事形勢好到無與倫比：從一九三九年九月起，我們就可以同各民主大國打仗了（里賓特洛甫十月二十八日在羅馬同齊亞諾的談話記錄，由施密特博士記下。這份記錄證實了里賓特洛甫的好戰態度，他曾說德國和義大利必須有所準備，也許「即刻將同西方民主國家發生武裝衝突」。在這次會議上，里賓特洛甫也向齊亞諾保證慕尼黑已經表明了美國國內孤立主義的力量，「因此對美國是沒有什麼可以害怕的」[10]）。

在這位年輕的義大利外相看起來，里賓特洛甫是「自命不凡、舉止輕浮而且喋喋不休」。除了這些描述，他在日記裡又加上一句：「領袖說，你只要看一看他的腦袋就可以看得出他的腦子有多小了。」德國外交部長到羅馬來是爲了說服墨索里尼簽訂德日義軍事同盟條約。在慕尼黑的時候，這個條約的草案就已經交給了義大利人，但是墨索里尼一直在拖時間。據齊亞諾說，他還沒有打算對英國和法國關上大門。

希特勒自己那年秋天一直在想離間法國和同它隔海相望的盟國。十月十八日，當希特勒在貝希特斯加登高山頂上那座名爲「鷹巢」的怪誕的堡壘中接見弗朗索瓦—龐賽的時候（這一所異想天開的高山別墅，是花了極大的代價，整整三年的時間才造起來的。要到那裡十分困難，先得沿山走十英里長的一線小道，然後進入一條長長的、鑿山開出來的地道，盡頭處有一架電梯，把人送到三百七十英尺上面的一所房子。這所房子座落在海拔六千英尺的山頂上。從那裡可以看到阿爾卑斯山區驚心動魄的奇景壯觀，遠處可以看得到薩爾斯堡。弗朗索瓦—龐賽在後來描寫這所房子的時候說，他弄不清「這所房子的創造者，到底是一個正常頭腦的人，還是一個受到自大狂的折磨、受到征服欲與孤獨感侵襲的怪物？」），他在這位來向他告別的法國大使面前，對英國大加攻擊。大使發現元首臉色蒼白，滿臉倦容，但是還沒有疲勞到沒有力氣痛罵英國。他說，英國接連不斷以「威脅和動武」叫嚷著。它是自私的而且總帶著「優越的」架子。英國人毀掉了慕尼黑精神，以及諸如此類的話。法國就不同了，希特勒說，他希望同法國建立更友好更緊密的關係。為了證明這一點，他願意立即簽訂一項友好條約，保證尊重它的現有邊界（也就是再次表示德國對阿爾薩斯—洛林沒有任何領土要求），並且建議以協商的方法解決以後的任何分歧。

這項條約終於在一九三八年十二月六日由德法兩國外長在巴黎簽了字。慕尼黑會議之後，法國一直陷在失敗主義的驚恐，最近才多少有些恢復。條約簽字那天，筆者剛好在巴黎，因而得以親身感受到那種陰冷的氣氛。當里賓特洛甫坐著汽車在街道上經過時，街上沒有一個人歡迎他。有好幾位內閣閣員和法國政治界和文化界的領袖人物，包括參眾兩院議長尚尼納（Jules Jeanneney）和赫里歐（Édouard Herriot）在內，都拒絕出席社交活動來招待這位納粹貴賓。

龐納和里賓特洛甫的這次會面產生了一些誤解，對今後的局勢發展造成一定影響。德國外交部長宣稱龐納曾向他保證，在慕尼黑會議以後，法國對東歐已不再感興趣，他後來就把這一點解釋為法國將聽任德國在這一地區自由行動，特別是對殘存的捷克斯洛伐克和波蘭。龐納卻不承認這一點。根據施密特對這次會談的記錄，里賓特洛甫要求法國承認德國在東歐的勢力範圍時，龐納回答：「自從慕尼黑會談以來，局勢已有了根本的改變。」[11]這種模棱兩可的說法很快就被狡猾的德國外交部長引申爲一種明確的表示。他是這樣報告希特勒的：「在巴黎的時候，龐納宣稱他不再對有關東歐的問題感興趣。」法國在慕尼黑那樣快就屈服早就使元首相信了這一點。然而事實並非如此。

斯洛伐克「贏得了獨立」

希特勒在慕尼黑嚴正地答應，德國要保存捷克斯洛伐克的殘存部分，而今如何呢？當新任法國駐柏林大使羅伯特·庫倫德雷（Robert coulondre）一九三八年十二月二十一日向威茲薩克問起這一點的時候，那位德國外交部的國務祕書回答說，捷克斯洛伐克的命運是在德國掌握之中，他拒絕英法干涉。在此以前，當新任捷克外交部長契瓦科夫斯基（Františêk Chvalkovsky）在十月十四日卑躬屈膝地到慕尼黑來乞討希特勒手中的那一點殘羹剩飯，並且問德國是否準備同英國和法國一起保證，他國家大大縮短的邊境不會再有變動，元首鄙夷不屑地回答說：「英國人和法國人的保證不值一文錢……只有德國的保證才有用。」[12]

可是，到一九三年年初，仍然遲遲不見這種保證，理由十分簡單。元首並不想承諾此事。這會影響他緊跟著慕尼黑會議以後就定下的計畫。很快就根本不會有捷克斯洛伐克的存在了，還要保證什麼呢？要實現這一點，首先得引誘斯洛伐克分裂出去。

慕尼黑會議過了沒有幾天，戈林就在十月十七日接見了兩個斯洛伐克領袖裴迪南·杜爾坎斯基

（Ferdinand Durcansky）和亞歷山大・馬赫（Alexander Mach），還有斯洛伐克境內日耳曼少數民族的領袖弗朗茲・卡馬辛（Franz Karmasin）。杜爾坎斯基是新近取得自治地位的斯洛伐克的副總理，他向戈林保證，斯洛伐克所眞正需要的是「完全獨立，同時與德國建立政治上、經濟上和軍事上十分緊密的聯繫」。同一天外交部的祕密備忘錄中曾提到，戈林決定，斯洛伐克的獨立必須予以支持。「一個沒有斯洛伐克的捷克國家，更可以受我們自由擺布。斯洛伐克境內的空軍基地在對東方作戰時十分重要。」[13]這就是十月中旬戈林對這個問題的看法。

我們在這裡必須同時注意德國計畫中的兩套平行的做法：一方面是使斯洛伐克脫離布拉格而獨立，一方面是用軍事佔領捷克本土波希米亞和摩拉維亞，收拾這個國家的剩餘部分。如前面所述，希特勒在一九三八年十月二十一日曾命令德國國防軍準備好進行上述計畫（十一月二十四日，希特勒發布了另一項密令，指示國防軍準備武裝佔領但澤，不過這一步要晚一點執行。由此看來，元首早已在考慮完全征服捷克斯洛伐克以後的下一步）。十二月十七日，凱特爾將軍發布了他所謂的「對於十月二十一日命令的補充命令」：

極機密

關於「收拾殘存的捷克」，元首下達了下列命令。

此次作戰行動，預計不會有頑強的抵抗。以此原則進行準備工作。

必須使外人把此項行動看成僅僅是一項和平行動，而不是作戰行爲。

因此，此項行動只能由平時的武裝部隊執行，不必用動員辦法增援……[14]。

儘管捷克斯洛伐克親德的新政府盡力討好希特勒，它在新的一年開始的時候，也已逐漸認識到這個國家的命運已經定局了。爲了進一步討好希特勒，捷克內閣在一九三八年聖誕節以前就解散了共產黨，並且解除了日耳曼人學校裡所有猶太教師的工作。一九三九年一月十二日，外交部長契瓦科夫斯基在給德國外交部的一份電報中強調說，他的政府「將在各方面滿足德國人的願望，以此來努力證明它的誠心善意。」同一天，他還促請駐在布拉格的德國代辦注意，四處都在傳說「捷克斯洛伐克即將併入德國」。[15]

爲了想探明這點殘山剩水還能不能挽救，契瓦科夫斯基最後說服希特勒答應於一月二十一日在柏林接見他。這是一幕極慘的景象，雖然對捷克人說來，接踵而來的下一幕還要更慘。捷克外交部長在這個不可一世的德國獨裁者面前搖尾乞憐，希特勒當時盛氣淩人的樣子達到了極點。希特勒說，捷克斯洛伐克是由於「德國的克制」才免於慘遭浩劫。雖然如此，捷克人若不改弦易轍，他還是要「消滅」他們。他們必須忘卻自己的「歷史」，那不過是「給小學生聽的廢話」。他們必須唯德國人的命令是聽，這是他們唯一的自全之道。具體地說，捷克斯洛伐克必須退出國際聯盟，大大縮減它的軍隊——「因爲反正它一點作用也沒有」——參加反共公約，在外交政策方面接受德國的指導，同德國訂立優惠的貿易協定，其中有一個條件是，未經德國同意，捷克不得建立任何新工業（希特勒還要求捷克斯洛伐克國家銀行把價值達三億九千一百二十萬克朗的黃金一部分轉交給德國的國家銀行。二月十八日，戈林寫信給德國外交部說：「鑒於通貨狀況日益困難，我強烈地要求馬上從捷克斯洛伐克國家銀行那裡轉交三千萬至四千萬金馬克到我們手中；我們迫切需要這筆黃金來執行元首的重要命令。」[16]），解雇一切對德國不友好的政府官員和報刊編輯，最後還有，像德國的紐倫堡法律那樣，宣布猶太人不受法律保護（希特勒對他的客人說：「在我們看來，猶太人是要加以消滅的。」）。同一天，契瓦科夫斯基又從里賓特洛甫那裡聽到了新的要求。後者威脅說，捷克人若不立即悔過自新，並且照德國人要他們做的一切行事，將有「不堪設想的後果」。這位德國外交部長在希特勒面前雖然是一個馴良的奴才，在他能佔上風的人面前卻是一個霸道的粗漢。他叮囑契瓦科夫斯基不能對英國人和法國人提起德國的新要求，而只需堅決照辦就是[17]。

沒想到捷克斯洛伐克做這麼多退讓，還不能過問德國究竟會不會保全捷克的邊境問題！不過顯然巴黎和倫敦也沒有什麼人擔心這問題。慕尼黑協定簽訂以後已經過去四個月了，希特勒仍然還沒有履行他的諾言——在英法的保證之外，加上德國的保證。一直到二月八日，英國和法國才終於向柏林聯合提出了一項口頭照會，說兩國政府「如能瞭解德國政府的立場，知道它將以何種方式實現慕尼黑協定，給予捷克斯洛伐克保證，將不勝欣慰。」[18]

據繳獲的德國外交部文件證實，德國的答覆是希特勒親自起草的，而且直到二月二十八日才完成。它說由德國做出擔保的時機尚未到來。德國將「首先等待捷克斯洛伐克內部局勢的澄清」[19]。

元首早就在左右那裡的「內部局勢」，使之按顯而易見的結局發展了。二月十二日他在柏林總理府接見了伏伊特赫．都卡博士，後者是斯洛伐克的領袖之一，由於長期被囚禁而對捷克人深懷怨憤。據這次會見的德國祕密文件記載，都卡博士稱希特勒爲「我的元首」，他要求這位德國獨裁者使斯洛伐克獨立自主。「我把我國人民的命運交在你的手中，我的元首，」他說：「我國人民期待從你這裡獲得完全的解放。」

希特勒的答覆多少有點閃爍其詞。他說，很不幸，他不瞭解斯洛伐克問題。要是他知道斯洛伐克人想要獨立的話，他在慕尼黑早就會這麼安排了。「斯洛伐克一旦能夠獨立，將使他至感快慰……他可以在任何時候擔保斯洛伐克獨立，甚至今天都可以……。」對都卡教授來說，聽到這些話同樣至感快慰。他後來說：「這是我一生中最偉大的一天。」[20]

捷克斯洛伐克悲劇的下一場現在可以開幕了。然而，在本書中屢見不鮮的歷史諷刺情節又再次上演。沒想到逼著這場悲劇沒有完全準備好就提前開幕的，竟是布拉格的捷克人。一九三八年三月初，他們陷入了進退兩難、走投無路的局面。我們上面已經知道，由德國政府所鼓動起來的斯洛伐克和魯塞尼亞（Ruthenian）的分裂運動（匈牙利也在鼓動魯塞尼的分裂，其實饑似渴地要併吞那塊彈丸之地）已鬧到這樣的地步，如果不把它們鎮壓下去，捷克斯洛伐克就會瓦解。在這種情況下，希特勒肯定會佔領布拉格。然而，如果分裂主義者被中央政府壓下去，同樣可以肯定的是，元首也會利用由此引起的紛亂，照樣進軍布拉格。

捷克政府在反復猶豫之後，在對分裂主義者的挑釁已忍無可忍的情況下，選擇了第二條路。三月六日，捷克斯洛伐克總統哈查博士解散了魯塞尼亞的自治政府。三月九日夜間，又解散了斯洛伐克的自治政府。第二天，他下令逮捕了斯洛伐克總理提索（Josef Tiso）神父、都卡博士和杜爾坎斯基，並且宣布在斯洛伐克實行戒嚴。這個對柏林百依百從的政府一共就採取了這麼一個勇敢行動，然而這個行動卻很快就變成了使它遭到毀滅的一場慘禍。

搖搖欲墜的布拉格政府居然採取如此果斷的行動，這完全出乎柏林的意料。戈林這時已經到陽光明媚的聖雷莫休假去了。希特勒正準備動身去維也納慶祝德奧合併一周年。但是這位善於當機立斷的大師現在立刻緊張地工作起來。三月十一日，他決定發出最後通牒，要佔領波希米亞和摩拉維亞。這個文件是由凱特爾將軍奉希特勒之命在當天起草並且在當天送達德國外交部的。它要求捷克人接受軍事佔領時不得抵抗[21]。不過，它暫時還是「最高軍事機密」。

現在是希特勒「解放」斯洛伐克的時候了。哈查總統任命斯洛伐克自治政府駐布拉格代表卡洛·西多爾（Karol Sidor）代替提索出任斯洛伐克的新總理。西多爾於三月十一日星期六回到斯洛伐克的首府布拉提斯拉瓦（Bratislava），當天就馬上召集了新內閣會議。到晚上十點鐘的時候，會議突然被一群奇怪的不速之客打斷了。奧地利的吉斯林、納粹省長賽斯—英夸特和奧地利的納粹黨組織領袖約瑟夫·貝克爾（Josef Bürckel）率領五名德國將軍闖進了會議廳，要閣員們立即宣布斯洛伐克獨立。他們宣稱，希特勒已經決定馬上要徹底解決斯洛伐克問題，如果現在不宣布獨立，那麼他將再也不管斯洛伐克的命運了[22]。

西多爾是反對同捷克人割斷一切聯繫的，因此遲遲不決。但是第二天，被軟禁的提索神父就從修道院裡逃了出來。他本人雖然已不再是閣員，卻要求立即召開內閣會議。爲了防止受到德國高級官員與將軍們的干擾，西多爾把閣員們召集到自己的寓所來開會，後來看到這樣也不安全——因爲德國衝鋒隊已開入市區接防——他又把會議挪到當地一家報紙的辦公室裡繼續開下去。這時提索通知他，他剛剛收到貝克爾的一份電報，請他立刻到柏林去見元首。貝克爾威脅他，要是他拒絕這項邀請的話，在布拉提斯拉瓦附近多瑙河對岸的兩個師的德國軍隊就將開進來，而斯洛伐克也將由德國和匈牙利瓜分。第二天早晨（三月十三日，星期一），這位矮小圓胖的神父（在筆者的回憶中，提索神父的寬度幾乎同他的高度相等。他的胃口大得驚人。他有一次告訴保羅·施密特博士：「在我精神緊張的時候，我就吃半磅火腿，這樣就能使我的精神和緩下來。」他後來是死在絞刑架上的。他在一九四五年六月八日被美國軍方逮捕，然後轉交給當時剛剛重建故國的捷克斯洛伐克，在經過四個月的審訊以後，於一九四七年四月十五日判處死刑，於四月十八日執行）就到了維也納，他本來想搭火車去柏林，不料一到那裡就被德國人裝上飛機送到了柏林。對元首說來，是一點時間都不許浪費的。

當提索和杜爾坎斯基在三月十三日晚上七點四十分到達柏林總理府的時候，他們發現希特勒旁邊不但坐著里賓特洛甫，而且還坐著兩名最高級將領：德國陸軍總司令布勞希契和最高統帥部長官凱特爾。雖然這兩位斯洛伐克人也許不熟悉，但是他們兩人還是發覺元首這時正處於一種典型的精神狀態中。這裡，我們又一次多虧繳獲了會議的內部記錄，才得以透過這位德國獨裁者不可思議的心靈，看到他日益嚴重的自大狂，看到他如何編造荒唐的謊言，發出可怕的威脅，而在當時他一定是自以爲這種謊言和威脅只有在場的人知道，絕不會爲外人所知的[23]。

「捷克斯洛伐克，」他說：「完全靠德國的恩惠才得以免於進一步被肢解。」德國已經表現了「最大限度的自制」。然而捷克人卻還不知道感恩戴德。「最近幾個星期以來，」他毫不費力地就醞釀出一腔怒氣，接著說下去：「情況變得無法容忍了。過去的貝奈斯精神又在借屍還魂了。」

斯洛伐克人也使他失望了。慕尼黑協定簽訂以後，他曾經因爲不讓他的匈牙利朋友併吞斯洛伐克而同他們「發生了爭吵」。他本來以爲斯洛伐克是想要獨立的。

他現在把提索召來，是要他在極短的時間內澄清這個問題……問題是：斯洛伐克究竟是否想要獨立過日子？……這不是可以用幾天來考慮答覆的問題，而是在幾個小時內就要答覆的問題。要是斯洛伐克想獨立的話，他會給予支持，甚至給予擔保……如果它猶豫不決或者不願同布拉格脫離關係，他就聽任今後發生的事情去決定斯洛伐克的命運，而他對這些事情再也不能負什麼責任了。

就在這個當兒，據德國記錄透露，里賓特洛甫「交給元首一份剛剛收到的報告，報告中說匈牙利軍隊已在斯洛伐克邊境調動。元首看了這份報告，把內容告訴了提索，並且表示希望斯洛伐克馬上就做出決定」。

提索當時並沒有表明自己的決定，他請元首「原諒他，在聽了德國總理這番話以後，他還不能立刻做出確定的決定。」不過，他馬上又說，斯洛伐克人「將證明自己不會辜負元首的恩惠」。

在那天在德國外交部一直進行到深夜的會議上，斯洛伐克人終於證明了自己沒有辜負元首的恩惠。併吞奧地利前夕曾在維也納充當希特勒的祕密代理人的威廉・凱普勒（Wilhelm Keppler），現在又在布拉提斯拉瓦充當同樣角色，他後來在紐倫堡作證時說，德國人幫助提索起草了一份電報，好讓這位「總理」一回到布拉提斯拉瓦就發出，其中將宣告斯洛伐克獨立並且迫切要求元首負責保護這個新國家[24]。它使人想起剛好一年以前由戈林口授的賽斯－英夸特那份籲請希特勒派遣德國軍隊到奧地利的電報。這一次，納粹黨人製造「電報」的技術已臻完善無缺。這份電報大爲簡短，由提索在三月十六日及時發到了柏林，希特勒馬上答覆說，他將樂於「負責保護斯洛伐克國家」。

那天晚上，里賓特洛甫也在德國外交部起草了一份斯洛伐克「獨立」宣言，並且把它趕譯成斯洛伐克文讓提索帶回到布拉提斯拉瓦。第二天（三月十四日，星期二）這位「總理」就向議會宣讀了這份宣言（據一位德國特務報告說，宣讀時內容略有更動）。有幾個斯洛伐克議員認爲至少應該再討論一下，但是就連這種提議也被日耳曼少數民族的領袖卡馬辛壓了下去，他警告說，要是對宣布獨立再有任何耽誤的話，德國軍隊就要來佔領了。在這樣的威脅面前，狐疑滿腹的議員們只好屈服。

「獨立的」斯洛伐克就這樣在一九三九年三月十四日誕生了。雖然英國的外交代表很快就向倫敦報告了它誕生的經過，我們馬上就會看到，希特勒當天晚上（三月十四日）完成了他在慕尼黑會議上未完成的事業以後，張伯倫很快就找到藉口，辨稱英國所以沒有履行它對捷克斯洛伐克的保證，是因爲斯洛伐克要「獨立」。

馬薩里克和貝奈斯締造的捷克斯洛伐克共和國至此已經壽終正寢。布拉格被逼得走投無路的領導人又一次幫了希特勒的忙，完成了自己國家的最後一幕悲劇。老態龍鍾、不知所措的哈查總統請求希特勒予以接見（歷史學家關於這一點的意見是有分歧的。有人認爲，是德國人強迫哈查到柏林去的。他們根據的可能是法國駐柏林大使發出的一份電報，說他「從可靠方面」獲悉這一消息。但是從後來發現的德國外交部文件中可以很清楚地看到，是哈查採取的主動。他在三月十三日第一次透過德國駐布拉格使館要求會見希特勒，三月十四日上午再次提出這一要求。希特勒在那天下午表示同意[25]），希特勒慷慨地答應了。這正好給了他一個機會，使他有一個舞臺來演出他一生事業中最厚顏無恥的一場戲。

這位德國獨裁者在三月十四日等候捷克斯洛伐克總統光臨的時候，舞臺上的一切都已經準備就緒了。在他的巧妙的擺布之下，斯洛伐克和魯塞尼亞都已宣布獨立，因而布拉格政府手裡現在只剩下波希米亞和摩拉維亞這兩塊捷克人的土地了。捷克斯洛伐克，這個英國和法國曾擔保其邊界完整的國家，實際上不是已經不再存在了？和希特勒在慕尼黑一起做出嚴正的擔保的張伯倫和達拉第早已「下戲退場」了。他們會這樣做，他是沒有懷疑的——而且是料得很準的。這就消除了任何引起外國干涉的危險。但是爲了要做得加倍保險——爲了保證他的下一步行動按照國際法的含混標準，至少在紙面上看起來完全合法、完全正當，他就要強迫那個登門求見的軟弱昏聵的哈查接受他的解決辦法。他本來要用武力解決，但用這種做法，他就可以使人感到那確實是捷克斯洛伐克總統正式請求他這樣做的——就像併吞奧地利和慕尼黑會議所已經證明了的一樣，在歐洲只有他一個人完全掌握了這種兵不血刃就奪人之國的新式手段。他在取得德國政權時做得天衣無縫的「合法」外表，在征服非德國的領土時也做得無懈可擊。

希特勒還演了一場活劇來欺騙德國人民和其他容易受騙的歐洲人民。好幾天以來，德國的挑釁分子都一直設法在布拉格、布爾諾（Brno）和伊赫拉瓦（Jihlava）這樣一些捷克城市裡尋釁滋事。然而，他們並沒有取得多大的成就，因爲據德國駐布拉格使館報告：「捷克警察奉命，即使受到挑釁，也不得對日耳曼人採取任何行動。」[26]不過，雖然滋事不成，戈培爾博士還是煽動德國報紙捏造捷克人迫害可憐日耳曼人的消息，並且據此進行瘋狂的宣傳。據法國大使庫倫德雷報告巴黎說，這些消息就是戈培爾博士在蘇臺德危機時期所編造出來的消息，連標題也是那樣——其中包括捷克野獸擊倒懷孕的日耳曼女人以及捷克蠻人「血洗」赤手空拳的日耳曼人。這樣，希特勒就可以向自尊的德國人民保證，他們的同胞絕不會長此以往，無人保護。

這就是當時的形勢，這就是希特勒的計畫。我們現在從德國檔案中得知，就在這樣的局面下，載著哈查總統和他的外交部長契瓦科夫斯基的火車在三月十四日晚間十點四十分開進了柏林車站。因爲心臟衰弱，哈查總統不能乘坐飛機。

哈查博士的劫難

德國人的禮節是無可挑剔的。捷克總統受到了一個國家元首所應當享有的一切正式的禮遇。車站上排列著儀仗隊，德國外交部長親往迎接貴賓並且塞給他的女兒一束鮮花。總統一行在豪華的阿德隆（Adlon）飯店最好的套房裡下榻，還專門爲哈查小姐備著巧克力糖，那是希特勒親自送的禮物，他認爲人人都同他那樣喜歡吃甜食。當年邁的總統和他的外交部長到達總理府的時候，還有黨衛隊的儀仗隊向他致敬。

他們直到半夜一點十五分才見到希特勒。哈查想必已經知道有什麼在等待他了。他的火車還沒有離開捷克的國境，他就得到布拉格來的消息說，德國軍隊已經佔領了重要的捷克工業城市奧斯特拉瓦，而且沿著波希米亞和摩拉維亞的邊境擺好了陣勢。他在深更半夜一走進元首的書房，就看到除了里賓特洛甫和威茲薩克以外，希特勒旁邊還站著戈林元帥（他是在聖雷莫休假地奉急令趕回來的）和凱特爾將軍。他在走進這個龍潭虎穴的時候，大概沒有注意到希特勒的私人大夫、江湖庸醫西奧多・莫勒爾（Theodor Morell）博士也在那裡。然而，那位醫生確實就在旁邊，他在旁邊是大有理由的。

德國方面的祕密記錄表明，會談一開頭就是一副悲慘的場面。可憐的哈查博士，儘管過去當過德高望重的最高法院法官，卻拋棄了一切個人尊嚴，在傲慢自大的德國元首前面搖尾乞憐。也許總統認爲只有用這種辦法才能使希特勒大發慈悲，爲他的人民挽回一點東西，但是不管他的動機如何，從德國祕密檔案中的記錄看來，他所說的話即使在事隔多年以後的今天看來也是令人作嘔。哈查要希特勒相信他自己從來沒有搞過政治。他很少見到捷克斯洛伐克共和國的建國者馬薩里克和貝奈斯，即使偶爾看見，也沒喜歡過他們。他說他們的政府對他來說是「格格不入」的──「甚至在慕尼黑會議以後政府剛剛改組，他就自己問自己，捷克斯洛伐克成爲一個獨立國到底是不是一件好事。」

他深信捷克斯洛伐克的命運是操在元首手中……而且他認爲在元首的手中比較安全……然後他談到了他所最關心的事情就是人民的命運。他感到元首會完全理解他的想法，捷克斯洛伐克有權保持民族傳統……捷克斯洛伐克的錯處在於，那裡仍然還有許多人支持貝奈斯制度……政府正在用一切辦法來壓制他們。這大體上就是他要說的東西。

希特勒於是講了要講的話。在詳細列舉了馬薩里克和貝奈斯的捷克斯洛伐克種種對不起德國和德國人的事情，並且再次表示捷克人在慕尼黑會議以後不幸沒有絲毫改變，他說到節骨眼兒上來了：

他認爲總統這次不顧年高體弱，長途跋涉，對他的國家會有極大的好處，因爲現在離德國出兵干預不過只有幾小時了……他對任何國家都不抱惡意……殘存的捷克斯洛伐克所以能存在完全是由於他的一片好心……去年秋天，他並沒有想出最後的結論，因爲他認爲兩國還可能共處，但是他毫不懷疑，如果貝奈斯的影響不能完全消失的話，他就要把這個國家完全消滅。

他舉了一些「例子」，指出這些影響仍在。

因此，在上星期日，即三月十二日，他做出了最後決定……**他已下令德國軍隊進駐捷克斯洛伐克，並且下令把捷克斯洛伐克併入德國。**

據施密特博士的觀察：「哈查和契瓦科夫斯基坐在那裡，就像一塊木頭似的。只有他們的眼神才表明他們還活著。」但是希特勒還沒有完，他還得用條頓式的恐怖威脅（譯者：古代條頓民族實行一種裁判法，被告把手放到火、熱水中或服毒藥，若不受傷，便算無罪，這裡所謂「條頓式的恐怖」即指類似的酷刑）來羞辱他的客人。希特勒繼續說：

德國軍隊已經在今天進軍了。在某一處兵營遇到了抵抗，但已經無情地予以撲滅。明天早晨六點鐘，德國軍隊即將從四面八方進入捷克，德國空軍將佔領捷克飛機場。有兩種可能性。第一種可能性是德軍進駐時可能發生戰鬥。在這種情況下，一切抵抗均將以兇猛的武力予以撲滅。另外一種可能性是德軍進駐將以和平方式實現，在這種情況下，元首不難慷慨允許捷克斯洛伐克保持它自己的生活方式，允許給它以自治以及某種程度的民族自由。

他之所以要做這一切，都不是出於仇恨，而是爲了保護德國。要是去年秋天捷克斯洛伐克沒有讓步的話，捷克民族早已消滅乾淨了。沒有人會阻止他這樣做。要是打仗的話……兩天之內捷克軍隊就不會再存在了。當然，也會有一些德國人死傷，而這只會產生仇恨，而這種仇恨又會迫使他爲了自衛，而拒絕給予捷克人自治。全世界誰也不會管這件事。他在讀外國報紙的時候是同情捷克人民的。他所得到的印象可以用一句德國諺語來概括：「摩爾人已經盡到責任了，摩爾人可以走了。」

正因爲如此，他才請哈查到這裡來，這是他能對捷克人民做一番好事的最後機會……也許哈查此行可以防止發生最壞的情況。

時間一小時一小時地過去。到六點鐘，德國軍隊就要開進去了。他幾乎不好意思說，德國和捷克的兵力比例是德軍一個師對捷軍一個營。他現在願意建議哈查還是同契瓦科夫斯基下去商量一下該怎麼辦才好。

該怎麼辦才好呢？完全垮了的總統並不需要退下去做決定。他立刻就告訴希特勒：「形勢十分清楚。抵抗是無謂的。」但是，問題是，現在已經過了兩點了，在短短四小時的時間裡，他怎樣才能設法使全體捷克人民克制自己不要抵抗呢？元首回答說，他最好同他的同伴去商量。德國的軍事機器已經開動而無法停止了。哈查應當立即同布拉格聯繫。根據德國人的會議記錄，希特勒最後說：「這是一個影響深遠的決定，然而他也在這上面看到兩國人民之間可能獲致長期和平的時代的曙光。要是捷克人下了另一個決定，他們就會看到捷克斯洛伐克的毀滅。」

說完了這些話，他就請客人們暫時退出去。那時是淩晨二點十五分。在隔壁的一間房間裡戈林和里賓特洛甫對那兩個苦命人加緊施壓力。法國大使發給巴黎的一份正式電報中描繪了這個場面。他說，從確實可靠的消息獲悉，哈查和契瓦爾科夫斯基抗議對他們國家的淩辱。他們說，他們不能在投降的文件上簽字。如果他們這樣簽了字，他們將永遠受到他們的人民的詛咒。庫倫德雷先生在報告中寫道：

> 兩位德國部長（指戈林和里賓特洛甫）毫無任何憐憫之心。他們硬是圍著桌子逼著哈查博士和契瓦科夫斯基先生，一次又一次把放在桌上要他們投降的文件擲到他們面前，把筆塞到他們手裡，不斷

地重複說，要是他們繼續拒絕的話，兩小時之內，布拉格就有一半會被炸成廢墟，這還不過是開始。成百架轟炸機正在等待起飛的命令，如果不簽字的話，他們在早晨六點鐘就會得到命令（戈林在紐倫堡的被告席上承認，他曾告訴哈查：「我深感抱歉，我不得不轟炸美麗的布拉格。」他解釋說，他並不打算當眞實行這一威脅——「因爲不會有此必要。不過，我認爲這樣的說法可以作爲一種論據，加速整個事情的發展。」[27]）

似乎不論什麼時候，不論什麼場合，只要第三帝國的戲劇達到高潮的時候總會設法在場的施密特博士，在這個當口聽到戈林大聲叫莫勒爾醫生。

「哈查昏過去了！」戈林大叫。

這些納粹凶徒當時很害怕那位精疲力竭的捷克總統會死在他們手裡，而且據施密特說，害怕「第二天全世界都會說他是在總理府被謀害的」。莫勒爾醫生的專長是打針——幾年以後他差一點兒把希特勒給打針打死——這回也給哈查博士打了針，使他醒了過來。總統總算恢復了一些，能夠拿得住德國人塞給他的電話聽筒，在里賓特洛甫下令接通的專線上同他在布拉格的政府講話。他把所發生的事情告訴了捷克內閣並且建議投降。然後，莫勒爾醫生又給他打了一針，他的精神多少又好一些。這樣，已經完蛋了的捷克斯洛伐克共和國的總統又踉踉蹌蹌地回到希特勒的面前，在他自己國家的死刑判決書上簽了字。時間是一九三九年三月十五日清晨三點五十五分。

據施密特的記載，文件是「希特勒在事先」準備好的，而當哈查暈倒的時候，這個德國翻譯又在忙著謄寫官方公報。公報也是在「事先」寫好的，也是要強迫哈查和契瓦科夫斯基簽字的。公報的全文如下：

柏林，一九三九年三月十五日

元首應捷克斯洛伐克總統哈查博士和捷克斯洛伐克外交部長契瓦科夫斯基博士的要求，今天在柏林接見他們。接見時，外交部長馮・里賓特洛甫也在座。在會談中，雙方以完全坦率的精神研究了最近幾個星期以來在捷克斯洛伐克領土上發生的事件所造成的嚴重局勢。

雙方一致認爲，必須盡一切努力來保全中歐這一部分的安寧、秩序與和平。捷克斯洛伐克總統宣告，爲了達到這一目標，並且爲實現最後的和平起見，他滿懷信心地把捷克人民和捷克國家的命運交到德國元首的手中。元首接受了這一宣告，並且表示他願意把捷克人民置於德國保護之下，並且保證他們的民族生活能夠在自治的條件下，按照他們的特質而得到發展。

至此，希特勒詭辯欺詐的伎倆也許已經達到登峰造極的地步了。

據他的一個女祕書說，希特勒在簽完了字以後，衝進他的辦公室，擁抱了在場的每一個女人，高聲叫道：「孩子們！這是我平生最偉大的一天！我將以最偉大的德國人而名垂青史！」

他沒有想到，捷克斯洛伐克的末日可能就是德國的末日的開始。他怎麼能想到呢？我們現在都已看到，從一九三九年三月十五日的黎明開始，引向戰爭，引向失敗，引向災難的大路已經平鋪在面前了。這是一條又短又直的路。希特勒一旦走上了這條路，順勢而下，就像他以前的亞歷山大和拿破崙一樣，就是要停也停不住了[28]。

三月十五日，清晨六點鐘，德國軍隊大舉進入了波希米亞和摩拉維亞。他們一點抵抗都沒有遇到。因此到黃昏的時候，希特勒就可以以勝利者的姿態進入布拉格。在他看來，由於張伯倫在慕尼黑的搗鬼，使他當時沒有能夠實現這個願望。在離開柏林以前，他對德國人民發表了一篇堂皇的宣言，重複那些無聊的謊言，說什麼捷克人的「野蠻行爲」和「恐怖行爲」逼得他不得不出面制止。然後，他狂妄地宣告「捷克斯洛伐克再也不存在了！」

那天晚上，他睡在俯視著伏爾塔瓦河（Voltava）的赫拉德欣宮裡。這是古代波希米亞國王寶座所在的地方，不久以前才被拋棄的馬薩里克和貝奈斯曾住在那裡，爲中歐歷史上第一個民主國家賣力工作。元首的報仇是徹底的，而且從他所發布的一系列告示中，可以看出他感受到報仇的甜蜜滋味。三十年前，他作爲一個奧地利人在維也納流浪的那些日子，他對捷克人所懷的宿怨，以及去年因爲貝奈斯膽敢反抗他這位不可一世的德國獨裁者而重又燃起的新仇，這一下完全報清了。

第二天，他就在赫拉德欣宮宣布成立波希米亞和摩拉維亞保護國。雖然他聲稱，這個國家要讓捷克人「自主和自治」，但是他的措辭本身就已經說明要使捷克人完全匍匐在德國人腳下。一切權力都交給「德國保護長官」，交給他的國務祕書和民政首腦，他們全由元首任命。爲了緩和英國和法國輿論的激烈反對，希特勒起用了早已打入冷宮的「溫和分子」紐拉特，任命他爲保護長官（紐拉特在紐倫堡受審時說，當希特勒任命他做保護長官時，他「完全出乎意料」，而且他在擔任這一職務時還有「顧慮」。不過，他還是擔任了這一職務，因爲希特勒向他解釋說，之所以任命他，是爲了要向英國和法國證明「他不想執行對捷克斯洛伐克敵視的政策」[29]）蘇臺德的兩位最高領袖康拉德·漢萊因和打手頭子卡爾·赫爾曼·弗朗克分別被任命爲民政首腦和國務祕書，好讓他們有機會對捷克人肆意報仇雪恨。不久以後，德國警察頭子希姆萊就在保護國確立了堅強的控制。他讓臭名遠揚的弗朗克爲他工作，做了保護國的警察頭子兼黨衛隊隊長（先提一下這齣戲裡幾個角色的下場。他們後來的命運頗讓人玩味。弗朗克在戰後被捷克法院判處死刑，而且於一九四六年五月二十二日在布拉格公開絞死。漢萊因一九四五年在被捷克抵抗軍逮捕以後自殺了。契瓦科夫斯基成了保護國駐柏林的代表，在一九四四年被盟國飛機炸死。哈查於一九四五年五月十四日被捷克人逮捕，但是在審訊以前就死了）。希特勒在宣布保護國成立的公告裡說：

一千年以來，波希米亞和摩拉維亞一直是德國人民生存空間的一部分……捷克斯洛伐克已表明是先天就不能存在的，因此現在已不能不歸於解體。德國不能容忍這些地區繼續動亂不已……因此，德國按照自衛的法則現在決定斷然加以干涉，在中歐重建一種合理秩序的基礎。因爲一千年來它的歷史已經證明，由於德國人民的偉大的品格，只有他們才能承擔這一任務。

德國野蠻統治的漫漫長夜現在已降臨到布拉格和捷克的土地上了。

三月十六日，希特勒答覆了號稱是提索總理發來而實際上我們已經知道是在柏林起草的電報，把斯洛伐克也置於他的仁慈的保護之下，德國軍隊很快就開進了斯洛伐克以實行「保護」。三月十八日，希特勒到維也納去批准「保護條約」。這個條約由里賓特洛甫和都卡博士於三月二十三日在柏林簽字，它附有一項祕密議定書，把開發斯洛伐克經濟的權利完全交給了德國人[30]。

至於位在捷克斯洛伐克東端的魯塞尼亞，它在三月十四日宣布成立「喀爾巴阡－烏克蘭共和國」，但是它的獨立只存在了二十四小時。它要求希特勒予以「保護」的呼籲沒有起作用。希特勒早已把這塊土地賞給匈牙利了。在繳獲的德國外交部檔案中，有一封很有趣的信是匈牙利攝政霍爾蒂在三月十三日親筆寫給希特勒的。

> 閣下：謹致衷心的感謝！我無法表達我有多麼快樂，因爲這塊水源地區（魯塞尼亞）對匈牙利說來——我不喜歡用誇大的字眼——是一個根本問題……我們以極大的熱忱來處理這件事情。計畫已經制定了。星期四即三月十六日將發生邊境事件，星期六將繼之以大舉進攻[31]

事情發展的結果是，並不需要什麼「事件」。匈牙利軍隊只要在三月十五日早晨六點鐘開進魯塞尼亞就行了。進軍時間是配合德國人在西方行動的時間。第二天這塊土地就正式併入了匈牙利。

這樣，哈查抵達柏林總理府是在三月十五日清晨一時十五分，而到這一天結束時，捷克斯洛伐克就像希特勒所說的已不再存在了。

不論是英國還是法國，都沒有動一動來挽救它，雖然在慕尼黑會議的時候它們都曾嚴正地擔保捷克斯洛伐克不受侵略。

在那次會議以後，不但希特勒而且連墨索里尼都得出了這樣的結論：英國太軟弱了，正因爲如此，英國的首相才變得那樣事事通融，他們今後對倫敦已不必再放在心上了。一九三九年一月十一日，張伯倫在哈利法克斯勳爵陪同下到了羅馬，希望改進英義關係。當這兩個英國人到羅馬車站的時候，筆者也剛好在那裡。我在當天的日記裡記著墨索里尼在歡迎客人的時候，「做作出一副笑臉」。

在這一批人離開車站，墨索里尼在我面前經過的時候，他同他的女婿齊亞諾開著玩笑，說著俏皮話[32]。當然，我聽不出他們到底在談什麼，但是，齊亞諾後來在他的日記裡透露了他們所談的要點。齊亞諾在一月十一日和十二日的日記中寫道：

張伯倫到達……我們同這些人的距離有多遠！那是另一個世界。我們在飯後同領袖一直在談這個題目。他說：「這些人不同於創造了大英帝國的法蘭西斯．德萊克（Francis Drake）這些偉大冒險家，他們不是一樣材料做成的人。說到底，這些人不過是有錢人沒出息的末代子孫而已，他們會把他們的帝國敗掉的。」

英國人沒有鬥志。他們想盡可能退得慢一點，然而他們並不鬥爭……我們同英國人的會談結束了，但是什麼結果都沒有。我給里賓特洛甫打了電話，告訴他這次訪問是「一個大空炮」（一場笑劇）……。

齊亞諾在一月十四日寫道：

我隨領袖到車站去給張伯倫送行……當火車開動的時候，張伯倫眼睛裡充滿了眼淚，他的同胞們就唱「因爲他是一個呱呱叫的好人」。領袖問道：「他們唱的什麼歌？」[33]

雖然在蘇臺德危機的時候希特勒還顧到張伯倫的意見，但從戰後繳獲的德國文件中卻找不到一個字可以證明，他往後還會有什麼顧忌。從那時以後，他就不顧英國的保證，不顧慕尼黑協定，也不顧消滅殘存的捷克斯洛伐克後英國首相會怎麼想。三月十四日，當希特勒在柏林等著要羞辱哈查的時候，倫敦下院憤怒地質問張伯倫，英國曾向布拉格當局保證不受侵略，而德國怎會如此策畫分裂斯洛伐克，張伯倫氣衝衝地回答：「根本沒有發生這樣的侵略。」

但是到第二天（三月十五日）在這樣的侵略已經發生以後，首相就又利用斯洛伐克宣告「獨立」來作爲不履行諾言的藉口了。他解釋說：「這一宣告已使我國承諾擔保其國界的國家，因爲內部分裂而歸於結束。英王政府因此認爲自己已不再受到這項義務的任何約束。」

希特勒的戰略因此取得了盡善盡美的結果。他給了張伯倫一個下臺階的機會，而張伯倫也果然接受了。

有趣的是，首相甚至不願指責希特勒食言悔約。他說：「我經常聽到有人指責某人背信棄義，這些話在我看來似乎並沒有充分的根據，因此對這些指控我不發表任何意見。」他完全沒有表達任何意見來指責元首。甚至在三月十五日早上，元首在德國總理府對哈查設下卑鄙的騙局後——即使當時還不知道細節——首相還是保持沉默。

因此，就無怪乎那一天英國人提出的抗議——如果可以稱做抗議的話（三月十六日張伯倫告訴下院，「迄今爲止」還沒有對德國政府提出任何抗議）——會那樣不痛不癢，也無怪乎德國人對它以及英法兩國以後的意見採取那樣自大、那樣藐視的態度了。

英王政府無意也不必要去干涉與其他政府有直接關係的事情……我們關切的是，如何成功地讓全歐恢復信任、緩和彼此的緊張，德國政府想必也是同樣的立場。我們對近來中東的爭端感到遺憾，這會傷害彼此的信任……[34]。

這份照會代表哈利法克斯勳爵的正式發言，由漢德遜大使在三月十五日交給里賓特洛甫，但一個字都沒有提到這一天發生的事情。

法國人倒至少還具體一點。新上任的法國駐柏林大使庫倫德雷，既沒有韓德森那種對捷克人的輕蔑，也沒有他英國同事那種對納粹主義的幻想。三月十五日上午，他要求見里賓特洛甫，但是這位愛好虛榮而且報復心重的德國外交部長已經動身到布拉格去了，他想同希特勒一起去羞辱一個被打垮的民族。那天中午，國務祕書威茲薩克接見了庫倫德雷。大使一上來就說出了張伯倫和韓德森還沒有準備說的話：由於對波希米亞和摩拉維亞進行軍事干涉，德國已經違反了慕尼黑協定和十二月六日的法德宣言。後來自稱一直堅決反納粹的威茲薩克男爵，當時態度極爲傲慢，足以使里賓特洛甫相形見絀。他自己在這次會見的報告中說：

> 我對大使說得很不客氣，並且告訴他不要再提慕尼黑協定，不要再教訓我們背信違約……我告訴他，從昨天晚上同捷克政府達成的協議看來，我看不出法國大使有什麼理由要採取任何行動……我可以肯定，在他回到大使館的時候，就會看到新的指示，可以讓他安心[35]。

三天以後，到三月十八日，在國內憤怒的輿論壓力，英國和法國終於向德國提出了正式抗議。這一次威茲薩克在傲慢狂妄方面又勝過了他的上司里賓特洛甫，而且又是他自己提供了證據。在從德國外交部檔案中發現的一份報告中，他以洋洋自得的口吻談到他如何拒絕接受法國的正式抗議，如何退回外交照會：

我立刻把照會裝回到信封中，扔還給大使，並且說，我斷然拒絕從他手裡接受有關捷克—斯洛伐克問題的一切抗議。我也不願表示已注意到了這項照會，我願建議庫倫德雷先生請他的政府修改這一照會……[36]。

庫倫德雷不像韓德森，他不是一個被德國人一嚇就倒的大使。他回敬說，他的政府的照會是經過適當的考慮以後才寫的，他無意請求加以修改。當國務祕書仍然拒絕接受這一文件時，大使請他注意通常的外交慣例，並且說，法國完全有權讓德國政府知道它的觀點。威茲薩克最後（據他自己的說法）就讓那份照會放在桌子上，並解釋說，他將「認爲它是透過郵局寄給我們的」。但是在他厚著臉皮做出這番表示以前，還曾說出了這樣一番話：

從法律的觀點來說，事實上有一項由元首和捷克—斯洛伐克總統共同發表的宣言。捷克總統自己請求來到了柏林，然後馬上宣布他願意把他國家的命運置於元首的手中。我不能設想法國政府能比教皇管得還多，甚至想干涉柏林和布拉格已經解決了的問題（庫倫德雷關於這次會晤的報告，刊載在法國黃皮書法文版第七十八號，頁一〇二至一〇三。他證實了威茲薩克說過這些話。後來在紐倫堡審訊時，這位德國外交部國務祕書申辯說，他在寫有關這類會晤的報告時，總是有意地誇張他的親納粹感情，以掩蓋他實際上的反納粹活動。庫倫德雷的報告足以證明，威茲薩克說的這些話完全是肺腑之言）。

英國大使在三月十八日傍晚遞交了英國政府的抗議書。威茲薩克對這位好好先生的態度大不相同。英國現在才說，「我們不得不認爲過去幾天內發生的事情在徹底否定慕尼黑協定」，並且認爲「德國的軍事行動缺乏任何法律根據」。威茲薩克在寫到這件事情的時候，指出英國照會在這方面並不如法國抗議得那麼嚴重，因爲法國照會曾說，法國「不承認德國佔領的合法性」。

韓德森在三月十七日就曾見過威茲薩克，告訴他自己奉召返國「以備諮詢」。這位國務祕書說：「韓德森還想打探一些消息，好讓張伯倫能回應他的政敵……韓德森解釋說，英國對捷克斯洛伐克的領土並沒有切身利益。而他本人念茲在茲的。是歐洲的未來。」37

甚至希特勒摧毀捷克斯洛伐克的行動都沒有使這位英國大使驚醒，使他認清他所奉使的政府的本質，他也似乎絲毫沒有覺察到他所代表的政府在這一天處於什麼狀況。

因爲，非常出人意料地，張伯倫在三月十七日，也就是希特勒消滅捷克斯洛伐克以後兩天，突然感到大夢初醒。他受到相當大的外界刺激，因爲對於希特勒最近的侵略，絕大部分英國報紙（甚至包括《泰晤士報》在內，不過沒有《每日郵報》）和下院反應都極爲強烈，這使張伯倫大吃一驚。更嚴重的是，議會裡許多他的支持者和內閣裡的半數閣員，都起來反對對希特勒做任何進一步的姑息。據德國駐英大使給柏林的報告，哈利法克斯勳爵尤其極力主張首相要認清新的形勢並且當機立斷，改弦更張[38]。張伯倫開始感到他自己作爲政府首腦和保守黨領袖的地位已岌岌可危了。

他改變主意來得非常突然。直到三月十六日晚間，約翰・西蒙爵士代表政府在下院發言時，他對於捷克人的態度還是極其冷酷無情，整個發言充滿了「慕尼黑精神」，因此，據報紙報導，在議會裡引起了「罕見的憤慨」。第二天，張伯倫在七十壽辰的前夕，原來預定要在他的家鄉伯明罕發表一篇演說。他已經起草好了一篇專談國內問題而且特別著重談社會福利的演說。到下午火車開往伯明罕的時候，據法國外交界人士告訴筆者，張伯倫最後下了決心。他扔掉了準備好的講稿，很快寫下了一份完全不同的演說提綱。

張伯倫在廣播中對全英國以及世界大部分地區道歉，因爲兩天以前他感到不得不向下院作了一篇「極其克制、極其謹慎……而且有點失之於冷淡和客觀的聲明」。他說「我希望在今天晚上糾正那個聲明」。

首相終於看到希特勒欺騙了他。他重新舉出了希特勒的歷次保證：希特勒曾經說過，蘇臺德區是他在歐洲最後的領土要求，他「不想要一個捷克人」，而現在他卻食言背信了——「他是一個無法無天的人」。

現在他們告訴我們，併吞這塊土地是捷克斯洛伐克國內紛擾的局面逼出來的……如果那裡有動亂的話，難道不是從外部煽動起來的嗎？這到底是一場侵略的結束，還是一場新侵略的開始呢？這到底是最後一次對一個小國的進攻，還是會有別的進攻繼之而來呢？是不是其實這就是以武力征服世界的計畫中的一個步驟呢？我雖然並不準備做出什麼新的泛泛的保證，也無法說出在目前無法預見的條件下我國將如何行動，但是，如果以爲我國由於認爲戰爭是一件無謂而殘酷的事情因而已失盡血性，以至在受到挑戰的時候也不會盡其全力來同其他國家一起予以抵抗，那就是大錯而特錯了。

對張伯倫和英國來說，這是一個突然的而且決定性的轉折。第二天，希特勒就接到機警的德國駐倫敦大使的警告。赫伯特·馮·狄克森三月十八日發出了一份長篇報告，告訴德國外交部，「繼續幻想英國對德國的態度無根本改變就錯了」[39]。

對於任何一個讀過《我的奮鬥》，或是看過一眼地圖，知道德國軍隊在斯洛伐克的新部署，瞭解慕尼黑會議以後的德國外交行動走向的人來說，或者對曾經研究在過去一年裡希特勒如何一步步地對奧地利和捷克斯洛伐克進行兵不血刃的征服行動的人來說，哪一個小國是希特勒「時間表」上的下一個目標，是十分明顯的。張伯倫，像其他人一樣，也是完全了然的。

三月三十一日，在希特勒進入布拉格之後十六天，首相告訴下院說：

如果一旦發生顯然威脅到波蘭獨立的行動，而波蘭政府認爲必須盡全力予以抵抗，英王政府將有責任立即給予波蘭政府全力支持。他們已給予了波蘭政府與此相同的保證。我還可以加一句，法國政府也授權我明白表示，它在這個問題上與我們持同樣的立場。

第十四章　輪到了波蘭

一九三八年十月二十四日，慕尼黑會議之後不到一個月，里賓特洛甫在貝希特斯加登的格蘭德飯店（Grand Hotel）請波蘭駐柏林大使約瑟夫・利普斯基（Józef Lipski）吃飯。波蘭，同德國一樣，而且事實上同德國沆瀣一氣，奪得了一塊捷克的土地。這頓飯吃了三個鐘頭。據德國外交部的一份材料指出，餐桌上的談話「是在非常友好的氣氛中進行的」[1]。

雖然如此，那位納粹外交部長閒話不多就言歸正傳。他說波蘭和德國之間達成全面解決的時機已經來了。他接著說，第一件事情就必須「同波蘭談一談但澤的問題」。那塊地方應當「歸還」德國。德國還想造一條超級公路和一條雙軌鐵路經過波蘭走廊，把德國同但澤和東普魯士連接起來。兩者都要享有治外法權。最後，希特勒還希望波蘭參加反共公約對付俄國。爲了報答這些讓步，德國情願把波德條約從十年延長到二十年並且擔保波蘭的邊界完整。

里賓特洛甫強調說，這些問題他都當成「極祕密的事情」。他建議波蘭大使「口頭」向外交部長約瑟夫・貝克報告：「要不然的話，就有極大的危險可能走漏風聲，特別是可能走漏給報界知道。」利普斯基答應向華沙報告，不過他告訴里賓特洛甫，他個人「看不出有什麼可能」會把但澤歸還德國。他還進一步提醒德國外交部長注意最近發生的兩件事情——在一九三七年十一月五日和一九三八年一月十四日，希特勒曾兩次親自向波蘭人保證，他不會提議對《但澤法規》（Danzig Statute）做任何變更[2]。里賓特洛甫回答說，他並不希望現在就得到答覆，不過他建議波蘭人「考慮考慮」。

華沙政府並不需要很多時間來仔細思量。一個星期以後，十月三十一日，外交部長貝克就給波蘭駐柏林大使發來了如何答覆德國人的詳細指示。但是直到十一月十九日，後者才有機會見到里賓特洛甫，納粹黨人顯然要波蘭人好好地考慮考慮他們的答覆。答覆是否定的。不過作為一種表示諒解的姿態，波蘭願意簽訂一項關於但澤地位的德波協定來代替國際聯盟對這個自由市的擔保。

「任何其他的解決辦法，」貝克在他給利普斯基的備忘錄中寫道：「特別是任何想把這個自由市併入德國的企圖，一定會不可避免地引起衝突。」他還在這份由利普斯基讀給里賓特洛甫聽的備忘錄中說，已故的波蘭獨裁者畢蘇斯基（Józef Pilsudski）元帥曾在一九三四年談判一項互不侵犯條約的時候說過：「但澤問題是判斷德國對波蘭的意圖最可靠的標準。」

這樣的答覆是不合里賓特洛甫的口味的。他對貝克所採取的態度感到遺憾，並且忠告波蘭人「值得再費一番腦筋來認眞地考慮考慮德國的建議」[3]。

對波蘭在但澤問題上的拒絕，希特勒的反應要激烈得多。十一月二十四日，在里賓特洛甫與利普斯基會晤以後五天，他對三軍司令又發出了一道命令。

極機密

元首下令：除了在一九三八年十月二十一日訓令中所提及的三項緊急任務（收拾殘存的捷克斯

> 洛伐克，佔領米美爾，保護德國邊境）而外，還應當做好準備，使德國軍隊能出敵不意佔領但澤自由邦。
>
> 準備工作應在下面的基礎上進行：條件是，利用政治上有利的形勢，對但澤實行**準革命式**的佔領，而不是**對波蘭發動戰爭**……。
>
> 用於這一目的的部隊絕不能同時擔任佔領米美爾的任務，以便在必要時，兩項軍事行動得同時進行。海軍將從海上進擊，以支援陸軍的作戰……各兵種作戰計畫應在一九三九年一月十日以前交上來。

雖然貝克剛剛警告過，德國如企圖奪取但澤，將「不可避免地」引起衝突，但希特勒現在卻深信他可以辦到這一點而不致引起戰爭。但澤是在當地的納粹黨人控制之下，而他們是像蘇臺德人一樣聽命於柏林的。因此不難在那裡造成一種「準革命式的」形勢。

因此，兵不血刃就佔領了奧地利和蘇臺德區的希特勒在一九三八年臨近歲尾的時候，又已經一心在盤算進一步征服殘存的捷克斯洛伐克、米美爾和但澤了。凌辱一下許士尼格和貝奈斯並沒有費什麼力氣。現在要輪到約瑟夫・貝克了。

可是，剛過了新年不久，一九三九年一月五日，元首在貝希特斯加登接見波蘭外交部長的時候，他還沒有準備給他好看，就像剛給過許士尼格以及稍後給哈查的那種待遇。得先把殘存的捷克斯洛伐克收拾掉再說。從波蘭人和德國人關於這次會晤的祕密記錄看來，希特勒的態度顯得比較和解。一開頭，他就說，他「隨時準備爲貝克效勞」。然後，他又問，波蘭外交部長是不是有什麼「特別的」心事？貝克回答說，但澤是他心上的一塊疙瘩。顯然，這也是希特勒心上的一塊疙瘩。

「但澤是德國人的」，元首對他的客人說：「它永遠是德國人的，而且遲早要成爲德國的一部分。」不過，他可保證，「不會在但澤製造什麼既成事實」。

他要求得到但澤，要修一條經過走廊的德國公路和德國鐵路。要是他和貝克能夠「擺脫老方式而按照全新的方式尋求解決辦法」，他肯定他們會達成對兩國說來都是公平合理的協議。

貝克可不敢這樣肯定。雖然，他第二天對里賓特洛甫老實說，他當時並不想對元首過於直率，他還是回答說「但澤問題是極其困難的一個問題」。他在總理的建議中看不出能給波蘭什麼「對等的東西」。希特勒因此指出：「波蘭的對德邊界包括走廊在內若受到條約的擔保，對波蘭說來是極大的好處。」這顯然並不能打動貝克，不過，最後，他答應繼續考慮這一問題[4]。

在盤算了一夜以後，波蘭外交部長第二天同里賓特洛甫在慕尼黑做了一次談話，他請後者轉告元首，雖然以前同德國人的歷次談話都使他十分樂觀，而同希特勒的會面卻第一次使他深爲悲觀。特別是在總理所提出的但澤問題上，他「看不出有什麼可能取得協議」[5]。

貝克上校，像本書所寫過的許多其他人一樣，是經過了一段時間才有所覺醒而有這種悲觀的看法。同絕大多數波蘭人一樣，他是激烈反俄的。不但如此，他也不喜歡法國人。他在一九二三年在巴黎任波蘭大使館武官時，曾經被法國指控盜賣法國陸軍文件而驅逐出境，因此對法國人懷有宿怨。也許對他這樣一個人來說，在一九三二年成爲波蘭外交部長以後，傾向德國是很自然的。他從一開頭就對納粹獨裁政權抱有熱烈的同情。過去六年之中，他曾盡力使他的國家接近第三帝國而削弱它同法國的傳統關係。

在所有同德國接壤的國家中，從長期來說，波蘭是最應該有所戒懼的。但是在所有這些國家中，它卻是最沒有看到德國的危險的。凡爾賽和約之中，再沒有哪一條比建立波蘭走廊、給波蘭以出海通道並且把東普魯士同德國分開的條款更使德國人怨恨的了。把自古以來漢薩同盟的港口但澤從德國分割出去，使它成爲處於國際聯盟監督下然而在經濟上又完全處於波蘭支配下的一個自由市，這件事情也同樣引起德國輿論的憤怒。就是軟弱和平的威瑪共和國也把這看成是波蘭毀傷了德國的肢體而不肯予以承認。我們上面已經看到，早在一九二二年，塞克特（Hans von Seeckt）將軍已經這樣說明了德國陸軍的態度：

> 波蘭的存在對德國生存的基本條件來說是不能容忍的，不能並存的。波蘭必須去掉——由於它自己內在的孱弱而且由於俄國行動的結果——也一定會在我們的協助下去掉……消滅波蘭必須成爲德國政策的一個根本目標……這是可以利用俄國並且在它的協助下達到的。

多麼像預言啊！

德國人忘記了，也許是不願意記起，凡爾賽和會給予波蘭的土地，包括構成了波蘭走廊的波森省和波美拉尼亞在內幾乎全部都是在普魯士、俄羅斯和奧地利三國瓜分波蘭時被普魯士搶走的。有一千多年，那裡住的都是波蘭人——在很大的程度上，目前也仍然是如此。

凡爾賽和約所締造的新國家，沒有一個像波蘭那樣命運多舛。在剛剛復國以後那幾年動盪的歲月裡，它對俄國、立陶宛、德國，甚至捷克斯洛伐克都曾進行過侵略戰爭（同捷克斯洛伐克的那一次是爲了爭奪煤礦豐富的苔絲地區）。波蘭人由於有一百五十多年被剝奪了政治自由，因而缺乏現代的自治經驗，他們無法建立穩定的政府，也就不能開始解決經濟問題和農業問題。一九一八年革命的英雄畢蘇斯基元帥，在一九二六年引兵進入華沙，奪取了政權並且逐步地以他自己的獨裁統治（雖然他是一個老社會黨人）代替了混亂的民主政體。他在一九三五年逝世以前最後所做的事情中，有一件就是同希特勒簽訂了一項互不侵犯條約。這項條約在一九三四年一月二十六日簽訂，先前已經說過（見本書第一卷第七章），這是最早開始破壞德國的東方鄰國和法國之間的同盟體系、削弱國際聯盟和它的集體安全觀念的行動之一。在畢蘇斯基死後，波蘭主要是由一小群「上校」統治著，他們是在畢蘇斯基麾下曾在第一次世界大戰時對俄國作戰的波蘭軍團的一些領導人。居於魁首地位的是斯密格里—利茲（Edward Smigly-Rydz）元帥，他是一個出色的軍人，然而卻完全不是一個政治家。外交政策歸於貝克上校掌握，從一九三四年起，這個政策就越來越親德了。

這種政策必然是自殺的政策。說眞的，誰要是研究一下波蘭在凡爾賽和約以後的歐洲的地位，很難不得出下面的結論：波蘭人在二十世紀三〇年代，就像在幾個世紀以前一樣，被他們民族性中某種致命的弱點所驅使而走向自我毀滅，而這一次，就像前幾次一樣，他們自己就是最大的敵人。只要但澤和波蘭走廊繼續保持現狀，在波蘭和納粹德國之間就不可能有持久的和平。波蘭的國力也絕不足以吃得消同兩個強大的鄰國俄國和德國發生不和。它同蘇聯的關係自從一九二〇年以來一直不好，在那一年，它進攻了由於世界大戰和內戰而大爲削弱的俄國，結果發生了一場殘酷的戰爭（這場戰爭的結果是，波蘭把它的東部邊界向按人種劃分的寇松線以東推進了一百五十英里，讓蘇聯吃了大虧。這條邊界把四百五十萬烏克蘭人和一百五十萬白俄羅斯人歸於波蘭人的統治之下。因此，波蘭的西部邊界既已被德國人認爲是不可接受的，它的東部邊界又被俄國人認爲是不能接受的。柏林和莫斯科一九三九年夏天開始靠攏合作的時候，西方民主國家似乎沒有看到這個事實）。

希特勒主動同波蘭簽訂了一九三四年的波德條約，目的就是要乘機取得一個如此堅決反俄國家的友誼，而且同時使它疏遠日內瓦和巴黎，從而破壞凡爾賽和約所造成的歐洲體系。這在德國並不是一個很得人心的行動。從塞克特將軍時代起就是親俄反波的德國陸軍是對之憤憤不滿的。但是當時這對希特勒卻有很大的好處。波蘭對德國友好的關係使他能騰出手來辦該先辦的事情：進兵萊茵地區，摧毀獨立的奧地利和捷克斯洛伐克。對所有這些加強德國、削弱西方、威脅東方的行動，貝克和華沙的其他上校們都以無法解釋的盲目態度欣然作壁上觀。

如果波蘭外交部長，像他自己所說，在新年開始的時候就已因爲希特勒的要求而陷入悲觀的話，他的情緒隨著春天的到來而更加大大低沉了。雖然一九三九年一月三十日，希特勒在向國會發表一年一度的講話時，客氣地談到了「德國和波蘭之間的友誼」，並且宣稱這是「保持歐洲政治生活穩定的因素之一」，里賓特洛甫在四天以前到華沙進行國事訪問時卻談得要直率得多。他再次向貝克提出了希特勒對於但澤和走廊交通的要求，一再說這些要求是「極其公道的」。但是不論在這些問題上，還是在要波蘭參加反共公約對付蘇聯的問題上，這位德國外交部長都沒有得到滿意的答覆[6]。貝克上校對他的朋友現在非常警惕，事實上他已開始有所行動了。二月二十六日，德國駐華沙大使報告柏林，貝克已主動設法使英國邀請他在三月底訪問倫敦，而且他還可能在那以後訪問巴黎。儘管爲時已晚，波蘭，正如德國大使毛奇在電報裡所說的那樣，還是「希望同西歐民主國家取得聯繫……因爲它害怕可能在但澤問題上同德國發生衝突」[7]。就像許多想遷就希特勒永無饜足的欲望的人們一樣，貝克眼睛裡的翳障也開始掉下來了。

當三月十五日希特勒佔領波希米亞和摩拉維亞並且派兵保護「獨立的」斯洛伐克的時候，他們眼睛裡的翳障終於完全而且永遠掉下來了。波蘭在那天早晨醒來的時候，發現它的南部邊界已經被在斯洛伐克的德國軍隊包圍上了，就像它北部邊界早就被在波美拉尼亞和東普魯士的德國軍隊包圍上了一樣。僅僅一夜之間，它在軍事上就三面被圍，變得無防可守了。

一九三九年三月二十一日，在歐洲走向戰爭的這一段歷史上是一個值得記憶的日子。

這一天在柏林、華沙和倫敦都有頻繁的外交活動。法蘭西共和國總統在外交部長龐納陪同下，到達英國首都進行國事訪問。張伯倫向法國人建議，他們兩國同波蘭和蘇聯一起發表正式聲明，宣布四國將立即協商制止在歐洲進行進一步侵略的步驟。三天以前，李維諾夫曾建議——像他在剛好一年以前在德國併吞奧地利以後曾建議過的那樣——召開歐洲會議，這一次由法國、英國、波蘭、蘇聯、羅馬尼亞和土耳其參加，它們將採取共同行動來制止希特勒。但是英國首相認爲這一建議「尚未成熟」。他對莫斯科十分不信任，因而認爲由四國（包括蘇聯在內）發表一項宣言，就是他所能做的極限了（張伯倫三月二十六日在一封私人信件中寫道：「我必須承認對俄國有最深刻的不信任。我絲毫不相信它有能力進行一場有效的攻勢，即使它想這樣做。而且我還不相信它的動機……此外，它還受到許多小國，特別是波蘭、羅馬尼亞和芬蘭的憎恨與猜疑。」見法林：《張伯倫傳》頁六〇三）。

他的建議由英國駐華沙大使在同一天（三月二十一日）提交給貝克，但是就包括俄國人在內這一點而論，卻受到了頗爲冷淡的對待。波蘭外長甚至比張伯倫還要不相信蘇聯，除此而外，他也同英國首相一樣認爲俄國的軍事援助沒有什麼價值。他保持著這種看法，一直到大禍臨頭都毫未改變。

但是，在三月二十一日這一天，對波蘭說來最致命的事件還是發生在柏林。里賓特洛甫請波蘭大使在中午去見他。據利普斯基在事後所寫的報告中說，德國外長這一次破天荒地對他不但態度冷淡，而且咄咄逼人。里賓特洛甫警告說，元首「對波蘭的態度已愈來愈感到驚訝」。德國希望它關於但澤和通過走廊的鐵路和公路的要求能得到滿意的答覆。這是繼續維持波德友好關係的一個條件。里賓特洛甫明白指出：「波蘭必須認清它不能在蘇聯和德國之間採取中間道路。」它唯一的自救之道就是「同德國和它的元首保持合理的關係」。其中就包括採取共同的「反蘇政策」。不但如此，元首還希望貝克「早日訪問柏林」。同時，里賓特洛甫極力地建議波蘭大使趕回華沙親自向他的外交部長解釋目前的局勢。利普斯基向貝克報告說：「他建議，不要推遲同希特勒的會談，免得總理會得出這樣的結論，認爲波蘭已拒絕了他的全部建議。」8

附帶一場小型侵略

在離開威廉街以前，利普斯基問里賓特洛甫能否告訴他一點同立陶宛外交部長談話的內容。德國人回答說，他們曾討論了米美爾問題：「這個問題應該解決了」。

實際上，里賓特洛甫確曾在前一天接見了立陶宛外交部長約札斯·埃爾巴伊斯（Juozas

Urbays），後者在訪問羅馬以後回國途中路過柏林。里賓特洛甫要求立陶宛立即把米美爾區歸還德國。要不然的話：「元首就要以閃電般的速度採取行動了。」他還警告說，立陶宛人絕不能欺騙自己，以爲可以希望「從外國得到什麼援助」[9]。

事實上，幾個月以前，在一九三八年十二月十二日，法國大使和英國代辦曾請德國政府注意，據說米美爾境內的日耳曼人在計畫策動叛亂，請德國政府運用其影響，務使由英法兩國擔保的《米美爾法規》（Memel Statute）能受到尊重。德國外交部的答覆表示，他們對英法這一舉動「不勝驚異」，而且里賓特洛甫還下了命令，如果今後還有這類舉動，就該告訴兩國大使館「我們眞心希望法國和英國最後會對干涉德國的事情感到厭倦」[10]。

有一段時間，德國政府的領導人，尤其是黨和黨衛隊的領袖們，就按照奧地利事件和蘇臺德事件中我們已經熟知的那種手法，組織米美爾的日耳曼人鬧事了。德國武裝部隊也受命予以合作，而且，我們已經知道，慕尼黑會議以後三個星期，希特勒就曾命令他的軍事首腦在準備收拾殘存的捷克斯洛伐克的同時，準備佔領米美爾。因爲先前海軍沒有得到機會分享征服的光榮，畢竟他們無法向四面都是陸地圍繞的奧地利和蘇臺德區進軍。所以希特勒這次決定應從海上出兵佔領米美爾。十一月間，海軍方面就已經擬好了執行這次侵略的計畫，代號叫做「斯德丁運輸演習」（Transport Exercise Stettin）。希特勒和雷德爾對於顯示海軍威力的小小表現興趣極高，硬是在三月二十二日從斯未諾契（Swinoujscie）出海，登上袖珍戰鬥艦德意志號前往默默爾。這一天剛好是元首勝利進入布拉格之後的一星期，毫無防禦的立陶宛甚至還沒有來得及向德國人的最後通牒表示屈服。

三月二十日，若干年以後自稱對納粹的殘暴手段一貫反感的威茲薩克通知立陶宛政府，必須派全權代表「在明天乘專機」到柏林來簽字，把米美爾地區交給德國，「絕不容許拖延時間」。立陶宛人順從地在三月二十二日下午來了，但是，儘管由里賓特洛甫親自施行壓力，儘管暈船的希特勒坐在他那戰鬥艦上不斷催促，他們在決定是否投降的問題上還是要花些時間。據繳獲的德國文件透露，元首從德意志號上兩次發出急電給里賓特洛甫，問他立陶宛是否已按照德國人的要求投降。這位獨裁者和他的海軍上將必須知道他們是否不得不開炮衝進米美爾港。最後，到三月二十三日淩晨一點三十分，里賓特洛甫才總算能發電報，把立陶宛人已經簽字的消息告訴他的主子[11]。

三月二十三日下午二點三十分，希特勒再一次以勝利者的姿態進入一個剛剛被佔領的城市，並且在米美爾市戲院裡再一次對著如醉如狂的「解放了的」日耳曼人發表演說。凡爾賽和約上又一條被撕毀了。又一次不流血的征服完成了。儘管元首不可能知道，這是最後的一次不流血的征服了。

波蘭問題熾熱化

德國併吞米美爾這一舉對波蘭政府說來是「一樁極不愉快的意外」，這是德國駐波大使漢斯—阿道夫・馮・毛奇在第二天從華沙報告柏林的話。他還說：「主要的理由是，人們普遍擔心下一次就該輪到但澤和走廊了。」[12]他還報告德國外交部，波蘭的後備兵已徵召入伍。第二天，三月二十五日，情報局局長卡納里斯海軍上將報告說，波蘭已動員了三級役齡的後備兵，並且正在把部隊向但澤周圍地區集中。凱特爾將軍並不認爲這能表明「波蘭人有什麼尋釁的意圖」，不過他指出，「但是陸軍參謀總部卻持有比較嚴重的看法」[13]。

希特勒在三月二十四日從默默爾回到了柏林，第二天就同陸軍總司令布勞希契進行了長時間的談話。從後者關於這次談話的內部記錄看來，領袖看來還沒有下定決心到底用什麼辦法來搞波蘭[14]。事實上，他那一刻不停的腦筋裡似乎充滿了各式各樣的矛盾。利普斯基大使第二天就該回來了，但是元首卻並不打算見他。布勞希契寫道：

利普斯基將在星期天（三月二十六日）自華沙返任。他原來是奉命前去探詢波蘭是否願在但澤問題上達成妥協。元首在三月二十五日晚間走了：他不願在利普斯基回來的時候待在柏林。里賓特洛甫將首先同他談判。不過元首並不願意用武力解決但澤問題。他不想因此把波蘭推入英國的懷抱之中。

如果利普斯基暗示，波蘭政府在波蘭人民面前負不起自動割讓但澤的責任，才會考慮對但澤實行軍事佔領。這種解決辦法將造成一種既成事實而使波蘭政府易於應付。

這對希特勒當時的心思和性格是一個很有趣的透視。三個月以前，他曾經親自向貝克保證，德國不會在但澤製造什麼既成事實。可是他也還記得波蘭外交部長曾向他強調指出，波蘭人民永遠不會容許把但澤轉交德國。要是德國人乾脆把它拿了過來的話，是否會使波蘭政府比較容易接受這樣一個既成事實呢？迄今爲止，希特勒在估計他的外國敵手的弱點和利用這種弱點方面一直是一個天才，但是這一次，他的判斷第一次開始失靈了。統治著波蘭的「上校們」是一批昏庸糊塗的人，然而在但澤問題上他們卻實在不想要、也不會接受什麼「既成事實」。

這個自由市是希特勒心上的第一件大事，但是他想的還不止於此，正如慕尼黑會議給了他蘇臺德區以後他還想要捷克斯洛伐克。布勞希契寫道：

元首並不想解決波蘭問題。不過現在就該著手了。最近得尋求解決，必須要有特別有利的政治條件。在這種情況下，波蘭將被徹底打垮，以至在今後幾十年內不必視為一個政治因素。元首心裡想的解決辦法是要推進邊界線，從東普魯士的東部邊界直到上西里西亞的東端。

布勞希契十分清楚這條邊界的意義。那是德國在戰前的東部邊界，它是被凡爾賽會議所取消的，而且過去只有在沒有波蘭存在的情況下才存在過。

如果希特勒對波蘭將做什麼答覆曾有懷疑的話，那麼當利普斯基大使在星期天（三月二十六日）回到柏林並且以書面備忘錄提出波蘭的答覆以後[15]，這種懷疑就都消散了。里賓特洛甫馬上就看了這個備忘錄而且拒絕了它。他對波蘭的動員措施大發雷霆，並且警告大使注意「可能的後果」。他也宣布波蘭軍隊對但澤領土的任何侵犯都將被認為是對德國的侵略。

波蘭的書面答覆，雖然是用息事寧人的口氣措辭，但是對德國的要求來說，卻是堅決的拒絕。它表示願意進一步討論如何讓德國在波蘭走廊的鐵路和公路交通更便利，但是拒絕考慮給予這類交通以治外法權。至於說到但澤，波蘭願意以波德聯合擔保來代替國際聯盟的擔保，但是並不想看到這個自由市成為德國的一部分。

納粹德國這時還從來沒有碰到過一個小國敢於拒絕它的要求，因此里賓特洛甫對利普斯基說「這使他想起另一個國家所採取過的某些冒險的步驟」——所謂另一個國家顯然是指波蘭幫著希特勒一起肢解掉的捷克斯洛伐克。當利普斯基第二天再次被里賓特洛甫召到德國外交部去的時候，他心裡一定也清楚，第三帝國現在要用它過去用來對付奧地利和捷克斯洛伐克而非常成功的同樣手段來對付波蘭了。納粹外交部長在場大發雷霆，因爲據說日耳曼少數民族在波蘭境內遭到迫害。他說，這件事情「在德國」造成了「嚴重的影響」：

最後，（德國）外交部長表示他再也無法理解波蘭政府的態度了……波蘭大使昨天交來的建議不能認爲是解決爭執的基礎。兩國之間的關係已因此迅速惡化[16]。

華沙並不像維也納和布拉格那樣容易嚇倒。第二天，三月二十八日，貝克召見了德國大使並且告訴他，即使里賓特洛甫宣稱波蘭對但澤的任何行動都將形成開戰的理由，他也不得不聲明，假如德國或者納粹的但澤參議會企圖想要改變這個自由市的現狀，都將被波蘭認爲是開戰的理由。

「你這是想用刺刀逼著談判！」大使大聲說。

「這是你們自己的方法。」貝克回答道[17]。

覺醒了的波蘭外交部長對柏林所以能夠比貝奈斯更硬，是因爲他知道，一年以前還是竭力幫助希特勒實現對捷克斯洛伐克企圖的英國，現在在波蘭問題上已採取了完全相反的方針。貝克曾宣稱波蘭拒絕在任何形式下與俄國合作，不願參與發表四國宣言，因而搞垮了與英國的關係。但在三月二十二日，他卻向英國駐華沙大使霍華德．肯納德（Howard Kennard）爵士建議立即締結一項祕密英波協定，規定在遭到第三國進攻的威脅時，兩國立即進行協商。但是，這時張伯倫和哈利法克斯已經聽到德國在但澤和走廊地區附近調集軍隊的消息，聽到英國情報機關提供的德國對波蘭提出要求的消息（但是狡詐的貝克卻向英國人否認有這回事），他們要求兩國關係不僅止於「協商」，而且還要更進一步。

三月三十日晚間，肯納德向貝克遞交了英法兩國的聯合建議，主張同波蘭簽訂互助條約，以便在一旦受到德國侵略時互相支援[18]（在發給肯納德的電報中，指示說得很清楚，這個條約將不包括俄國在內。電報說：「現在已很清楚，如果讓俄國公開參加發起這一計畫，我們打算穩定局勢的努力將歸於失敗。英王政府若干駐外使團最近拍回來的電報警告我們，如果讓俄國參加，不但會危害我們建設性的努力，而且還會加強參加反共公約各國之間的關係，並且引起若干友好國家的不安。」）但是就是這一個行動也已經趕不上事態的發展了。英國政府又接到了德國可能立刻進攻波蘭的消息，這使它當天晚上就問貝克，他是否反對英國單方面對波蘭的獨立做出臨時擔保。張伯倫要求在第二天就得到答覆，因爲他要回答議會就這個問題提出的質詢。貝克——可以想見他心上一定感到一塊石頭落了地——對此當然沒有什麼好反對的。事實上，他告訴肯納德：「我毫無猶豫地表示同意。」[19]

第二天，三月三十一日，如我們上面已知道的那樣，張伯倫在下院做了他那歷史性的演說，宣布如果波蘭受到進攻並且進行抵抗的話，英國和法國「將給予波蘭政府全力支持」。

對任何一個在一九三九年三月最後一個週末曾在柏林的人（筆者剛好也在那裡）來說，英國突然對波蘭做出單方面保證的消息，雖然受到德國東西兩方的鄰邦的歡迎，卻似乎是無法理解的。我們已經看到，一次又一次，當一九三六年德國人進軍非武裝的萊茵地區時，當一九三八年他們奪取奧地利、以發動歐洲大戰相威脅而奪取蘇臺德區的時候，甚至在半個月以前他們奪走了捷克斯洛伐克的時候，英國和法國本來都可以在俄國的支持下，採取行動來制止希特勒，而它們自己只要付出很小的代價。但是，對和平如饑似渴的張伯倫卻不採取這樣的行動。不但如此，他還做過了頭，用他自己的話說，他不惜以自己的政治生命爲賭注，來幫助希特勒在毗鄰各國取得他想要的東西。他沒有做任何事情來挽救奧地利的獨立。他配合那位德國獨裁者摧毀了捷克斯洛伐克的獨立，而捷克斯洛伐克卻是德國東方唯一眞正的民主國家，西方的唯一友邦，唯一支持國際聯盟和集體安全的國家。捷克斯洛伐克在山地工事中憑險固守的三十五個師，訓練與裝備俱臻上乘，對西方極具有軍事價值，但張伯倫連這一點都不考慮，而英國還只能派出兩個師到法國去。事實上，德國軍隊不能在兩條戰線上同時作戰，而且照德國將領們看來，甚至沒有力量擊破捷克的防線。

現在一夜之間，張伯倫在一心一意、毫無顧惜地拋棄了許多東西以後，終於對希特勒佔領殘存的捷克斯洛伐克的行動感到了可以理解的憤慨，終於單方面出面擔保一個由一批政治上愚鈍的「上校們」所統治的東歐國家了，這批上校到目前爲止一直是同希特勒密切合作的，而且像一群狼一樣同德國人一起瓜分了捷克斯洛伐克，就因爲他們和英國人幫助德國征服了捷克斯洛伐克，他們的國家才陷入了軍事上無法防守的地位（張伯倫不可能不知道波蘭在軍事上的弱點，一週以前，英國駐華沙武官索德上校曾在三月二十二日向倫敦發了一個長篇報告，談到波蘭「三面被德國包圍」這種極壞的戰略地位，也談到了波蘭武裝部隊的弱點，特別是缺乏現代武器與裝備[20]。四月六日，當貝克上校正在倫敦談判互助條約的時候，索德上校還有英國駐華沙空軍武官瓦吉爾空軍上校又提出了一項新的報告，內容更加令人沮喪。瓦吉爾強調說，在今後十二個月中，波蘭空軍「至多只能有飛機六百架左右，多數不是德國飛機的對手」。索德報告說，波蘭的陸軍與空軍同樣缺乏現代化裝備，他們在受到德軍全面進攻時只能做有限的抵抗。肯納德大使在歸納這兩位武官的報告時告訴倫敦，波蘭人在德國人進攻面前將守不住走廊地區和西部邊界，他們將不得不退到波蘭中部的維斯杜拉河〔Vistula〕上，「因此，一個友好的俄國對波蘭是絕頂重要的。」[21]張伯倫在最後關頭決定冒這樣一場風險的時候，還根本不想得到俄國的幫助，他在一年之內已經兩次拒絕了它的建議，採取聯合行動以防止納粹進一步侵略。

終於，他做了恰恰是一年多以前他堅決聲稱英國永遠不會做的事情：讓另外一個國家來做出他自己的國家是否走向戰爭的決定。

雖然如此，首相這個激烈的行動，儘管已經拖得很晚了，還是給希特勒造成了一個完全不同的局面。十分明顯，從現在起，英國已成了阻擋他實行進一步侵略的障礙。他再也不能施展過去的伎倆，對周圍的國家逐個地蠶食鯨吞，而西方民主國家卻只是站在一旁討論怎麼辦才好。不但如此，張伯倫的行動看起來是各國結盟共同反對德國的第一個認眞步驟，而且，如果德國無法適時地還擊，從俾斯麥時代以來德國一直所恐懼的包圍將再度形成。

白色方案

張伯倫給予波蘭擔保的消息，使得德國獨裁者又一次暴跳如雷。他當時剛好同情報局局長卡納里斯海軍上將在一起。據後者說，希特勒聽到這個消息以後，就繞室狂走，攥著拳頭使勁捶大理石的桌面，他氣得咬牙切齒，嘴歪眼斜。他大罵英國人：「我要給他們點苦頭嘗嘗，教他們受不了！」[22]

第二天，四月一日，他在威廉港舉行的戰鬥艦「提爾皮茨」號下水典禮上發表演說，當時的情緒極其好鬥，看來顯然連他自己都對自己的話感到沒有把握，因此臨時下令取消把他的演說直接廣播。他指示可以在以後用他的錄音重新廣播，而錄音是可以改編的（實際上，在希特勒已開始講話以後，才突然切斷美國廣播網的轉播線路。這件事情在紐約引起了希特勒被刺的謠傳。我當時正在柏林德國廣播公司短波部的控制室裡，親自照料對紐約哥倫比亞廣播公司的轉播線路。線路切斷以後，我提出了抗議，德國官員回答說，這個命令是希特勒親自下的。不到一刻鐘，哥倫比亞廣播公司就從紐約給我打電話，要我查對關於希特勒遇刺的消息，我當時正從一條直通威廉港的電話線中清清楚楚地聽著希特勒在咆哮，因此很容易就證明了這個消息是無稽之談。那天要行刺是不容易的，因爲元首講話的時候四面都有防彈玻璃屏擋著）然而就是改編過的、重新廣播的演說也有不少對英國和波蘭的警告：

如果它們（指西歐盟國）以爲今天的德國會耐心十足地坐在一旁，一直等到它們建立起衛星國而且拿它們來對付德國的話，那麼它們就是把今天的德國錯當成戰前的德國了。

那種宣稱自己準備爲那些大國從火中取栗的人必須明白他會燙壞自己的手指頭……。

他們在自己國內說，他們將武裝起來，並且將繼續不斷武裝下去，我只能對那些政治家們說：「你們休想把我拖垮！」我下定決心要這樣繼續幹下去。

從取消直接廣播這一點就看得出，希特勒還相當謹慎，知道避免過分刺激外國輿論。那一天，柏林本來有消息說，他將宣布廢除英德海軍條約作爲對張伯倫的第一個回擊。但是，他在演說裡只是說，如果英國不再想遵守這一條約的話，德國「將毫不在乎地予以同意」。

希特勒這一回也像過去那樣，用呼籲和平的老調來結束他的演說：「德國沒有任何進攻他國人民的打算……正是出於這種願望，我在三個星期以前決定把即將召開的黨代表大會命名爲『和平的黨代表大會』。」——這是一個隨著一九三九年夏季形勢的演變越來越令人啼笑皆非的口號。

這是做給群眾看的。實際上，在兩天以後，希特勒就在四月三日以最祕密的方式答覆了張伯倫和貝克上校。這個答覆包含在給國防軍的一項極機密命令中。它一共只複寫了五份，代號叫做「白色方案」（Fall Weiß），它在以後的世界史中帶來了越來越嚴重的威脅。

極機密

白色方案

波蘭目前的態度要求……在軍事上開始進行準備，以便在必要時永遠消除從這個方向來的威脅。

一、政治上的要求與目的

……目的是要消滅波蘭軍事力量並且在東方造成一種能滿足國防要求的局面。至遲在戰爭爆發之時，必須宣告但澤自由邦爲德國領土的一部分。

政治領導人認爲在這種情況下，他們的任務是在可能範圍內孤立波蘭，這就是說把戰爭限制在波蘭境內。

法國國內危機日益發展，英國態度因此而趨於持重，可能在不太遠的將來就形成這樣一種局面。

俄國的干涉……不會對波蘭有什麼用處……義大利的態度是羅馬——柏林軸心已經決定了的。

二、軍事上的結論

加強德國武裝部隊這一偉大目標仍然要由西方民主國家的對立程度來決定。「白色方案」只包括這類準備工作的一些預行補充措施……。

如果我們能以突然的、有力的打擊來開始戰爭，並且迅速取得進展的話……孤立波蘭將格外容易做到，即使在戰端已啓以後也是如此。

三、武裝部隊的任務

德國國防軍的任務是殲滅波蘭武裝力量。爲達到這一目的，必須準備進行突然襲擊。

至於對但澤：

如果出現有利的政治形勢可資利用，對但澤的突然佔領也許會在「白色方案」之外單獨執行……軍事佔領將由東普魯士境內的陸軍予以執行，海軍將從海上支持陸軍的行動。

白色方案是一個冗長的文件，另外還有若干「附件」、「附錄」和「特別命令」，其中絕大部分曾在四月十一日一起重新發布過，後來隨著衝突的時間日益逼近，當然還有所增補。但是，早在四月三日，希特勒就已經給白色方案加上了下列命令：

一、準備工作之進行，務須做到能在一九三九年九月一日以後的任何時間內發動軍事行動。

希特勒在取得蘇臺德區以前很早就定下了行動的日期——一九三八年十月一日，這一回也是一樣，一九三九年九月一日這個更加重要的日期也要嚴格遵照。

二、武裝部隊最高統帥部負責定出白色方案的確切的時間表，並且負責協調海陸空三軍的行動時間。

三、三軍作戰計畫與詳細的時間表務須在一九三九年五月一日以前送交最高統帥部[23]。

現在的問題是，希特勒到底能不能像他在奧地利人和（在張伯倫的幫助下）在捷克人身上所做到的那樣，對波蘭人施加壓力，一直搞到他們肯接受他的要求，或者說波蘭人到底會不會堅持立場，在納粹進攻的時候予以抵抗，而如果抵抗的話，用什麼來抵抗。筆者曾花了四月份第一個星期的時間在波蘭尋求答案。就筆者所能見到的來說，答案是，波蘭人不會向希特勒的威脅屈服，如果國土受到侵略，他們是會起來抵抗的，然而從政治上和軍事上來說，他們的地位實在糟糕透頂。他們的空軍已經過時了，他們的陸軍臃腫不靈，他們受到德國人的三面包圍，戰略地位幾乎是絕望的。不但如此，德國已經加強了它的西壁防務，因而在波蘭受到進攻時，英法要對德國發動攻勢將極爲困難。最後，越來越清楚的是，即使德國人已經到了華沙的大門口，那批剛愎自用的波蘭「上校們」也永遠不會同意接受俄國的援助。

事變發展得越來越快。四月六日貝克上校在倫敦同英國簽訂了一項協定，把英國單方面的擔保改變爲一項臨時的互助條約。雙方宣布，一俟細節商妥以後即將簽訂長期條約。

第二天（四月七日）墨索里尼派兵進入阿爾巴尼亞，這樣他在征服了衣索比亞以後，又征服了這個小小的山國。他因此得到了一塊進入希臘和南斯拉夫的跳板。在歐洲已經十分緊張的空氣中，這使得敢於抵抗軸心國家的小國更加膽戰心驚。德國外交部的材料證實，義大利的行動是在德國完全贊同之下進行的，義大利事先就把意圖通知了德國。四月十三日，法國和英國對希臘和羅馬尼亞做了擔保，以此來回擊軸心國家。這樣，雙方的陣線就在逐漸形成了。四月中旬，戈林到了羅馬，而且頗使里賓特洛甫難堪地在十五日、十六日兩日同墨索里尼進行了兩次長談[24]。他們同意，他們「需要兩到三年的時間」來準備一場「全面戰爭」，但是戈林宣稱，就是戰爭來得更快的話，「軸心國家的地位也已十分堅強，能夠擊敗任何可能的敵人」。

這次會談也提及四月十五日羅斯福總統到羅馬和柏林後發出的一項呼籲。據齊亞諾說，領袖開頭連看都不屑一看，戈林說根本不值得給予答覆。墨索里尼認爲這是「小兒痲痺症的結果」，戈林則說「羅斯福害了初期神經病」。美國總統在給希特勒和墨索里尼的電報裡提出了一個直率的問題：

你們是否願意做出保證，聲明你們的武裝部隊不會進攻或者侵入下列獨立國家的領土？

下面開列了三十一個國家的名單，其中包括波蘭、波羅的海諸國、俄國、丹麥、荷蘭、比利時、法國和英國。總統希望這種不侵略的擔保有效期「至少應有十年」，或者「二十五年，如果我們敢於看得那麼遠的話」。如果能做出這種保證的話，他答應美國將參加世界範圍的「談判」，來使世界解除「軍備競賽的重負」，並且打開國際貿易的道路。

「你曾一再聲明，」他提醒希特勒說：「你和德國人民並不想要戰爭。如果這是眞的話，世界上就不需要戰爭了。」

現在看起來，這似乎像一個天眞的呼籲，但是元首卻感到頗爲狼狽，因而不得不表示他要答覆——不是直接答覆，而是在德國國會四月二十八日專門召集的一次會議上發表演說。

與此同時，從繳獲的德國外交部材料得知，威廉街在四月十七日一份電報中，向所有羅斯福所曾提到的國家（但不包括波、俄、英、法）提出兩個問題：它們是否感到自己受到德國的任何威脅？它們曾否授權羅斯福做這一呼籲？

里賓特洛甫在發給駐在上述各國的使節的電報中說：「我們毫不懷疑，對兩個問題的答案都將是否定的，但是，雖然如此，爲了特殊的理由，我們想要立即得到確鑿的證實。」所謂「特殊的理由」，到希特勒在四月二十八日演說的時候就完全清楚了。

到四月二十二日，德國外交部就可以向元首提出報告，絕大部分國家，包括南斯拉夫、比利時、丹麥、挪威、荷蘭和盧森堡在內，都「已經對兩個問題做了否定的答覆」——這個答覆很快就表明這些國家的政府對第三帝國的看法多麼天眞。然而，從羅馬尼亞還是來了一個尖刻的答覆：「德國政府自己知道是否會有這樣的威脅。」波羅的海邊上的小小的拉脫維亞開頭不知道到底要它做出什麼樣的答覆，但是德國外交部馬上讓它明白了過來。四月十八日，威茲薩克打電話給他駐在拉脫維亞首府里加（Riga）的公使：

告訴他，我們不懂拉脫維亞外交部長的答覆。就羅斯福來電所提出的問題，其他的政府幾乎都已經答覆了，而且當然是否定的，可是門特斯（Vilhelms Munters）先生卻把這種可笑的美國宣傳當作一個他要同內閣討論的問題。要是門特斯先生不能對我們的問題乾脆回答「不」的話，我們就要把拉脫維亞算在那些甘願做羅斯福先生同黨的國家裡面去了。我是說，我估計，只要馮・科茲先生（Herr von Kotze，德國公使）照上面這些話去說，就能得到明白的答覆了[25]。

結果果然如此。

希特勒對羅斯福的答覆

這些答覆都是給希特勒的彈藥，在一九三九年四月二十八日這個宜人的春日裡，當他口若懸河地開始了對國會演說的時候，他充分地利用了這些材料。我相信這是做過最長的重要公開演說，講了足足兩小時以上。在許多方面，特別在打動德國人和納粹的外國朋友這一點上，也許是他空前最精彩的一次演說，肯定是筆者親耳聽到他所做的最了不起的演說。他雄辯滔滔，機鋒橫溢，極盡尖酸刻薄，虛僞狡詐之能事，這種本領已經達到空前未有的高峰，而且以後再也沒有能達到過。演說雖然是準備給德國人聽的，但它不僅在全德國電臺上廣播，而且在全世界幾百家電臺上廣播：在美國也由各大廣播公司轉播。在此以前和以後，都不曾再有過那天那麼遍及全世界的聽眾（在發表這篇演說的那一天，威茲薩克打電報給德國駐華盛頓代辦漢斯・湯姆森，要他使元首的演說在美國得到最廣泛的宣傳介紹，並且告訴他為此將給他額外的經費。五月一日，湯姆森回電說：「對這篇演說的興趣超過了迄今所知的任何演說，我已因此按照原定計畫指示把英譯本在這裡印刷寄發……給千千萬萬各階級各行業的人們。費用以後再報銷。」[26]

一如往常，希特勒在開場先訴說凡爾賽和約的罪惡和它所加在德國人民頭上的種種不平和長期痛苦，接著首先對英國和波蘭做了答覆，這個答覆震動了憂心忡忡的歐洲。

他先說他對英國的欽佩和友誼，然後表示不信任它，攻擊它對德國實行新的「包圍政策」，他宣布廢除一九三五年的英德海軍條約。他說，「它的基礎已經消失了」。

對波蘭也一樣，他公開了一直保守祕密的、他向波蘭提出的關於但澤和走廊地帶的建議，把這個建議稱做「為了歐洲和平的利益而可能想像得出的最大的讓步」，並且告訴德國國會，波蘭政府已經拒絕了這個「獨一無二的建議」。

> 我對波蘭政府這種不可理解的態度感到遺憾……最壞的是，波蘭現在同捷克斯洛伐克一年前一樣，在一個國際誹謗運動的壓力之下，相信它非徵召軍隊不可，雖然德國並沒有徵召過一個人，而且連想都沒有想到過要以任何方式來反對波蘭。這件事本身就是令人遺憾的，後代終有一天將能夠判斷它拒絕這一建議是否確實正確……這是我一度提出的……實在是獨一無二的妥協……。

說德國打算進攻波蘭的消息——希特勒接著說——「不過是國際新聞界的捏造」（在上千萬聽他演說的人裡面，不見得有一個人能知道，僅僅三個星期以前，他就給武裝部隊下達了書面命令，要他們準備「至遲」在九月一日消滅波蘭）。新聞界的這種捏造——他繼續說——已使得波蘭同英國簽訂了協定，「在某種條件下會強迫波蘭對德國採取軍事行動」。因此，波蘭已經背棄了波德互不侵犯條約！「因此，我認爲這一協議已經受到波蘭單方面的破壞，從而已經不再有效。」

在他自己單方面地撕毀了兩個正式條約以後，希特勒接著向國會說，他願意商談一個替換辦法！「我只能歡迎這樣的建議，」他說：「沒有人比我對這種前景更感到高興了。」我們已經知道，這是他過去每當撕毀一項條約時常用的老手法，但是，這一回卻行不通了，儘管他很可能還不知道。

希特勒下面就轉向羅斯福總統，德國獨裁者的辯才在這裡發揮到了頂點。可以肯定地說，在普通人聽來，這些話充滿了僞善與欺騙，但是對那些仔細挑選出來的國會議員們和成千萬德國人說來，他那運用自如的嬉笑怒罵，聽起來卻眞是一番享受。當德國元首用越來越動人的效果，幾乎無止無休地取笑美國總統的時候，那些腦滿腸肥的議員們不斷地哄堂大笑。他先把羅斯福來電中的論點一個一個舉出來，然後笑容滿面地停了一會，於是就像一個老師那樣壓低了嗓子說：「答案是——」然後就做了答覆（筆者只要一閉上眼睛，就憶起當時的景象，希特勒每過一會兒就要停下來，輕輕說一聲：「答案是——」，這時高高坐在主席座位上的戈林就忍俊不禁笑了起來，而議員們早就等著，只要「答案是——」一出口，就大笑大叫起來）。

羅斯福先生宣稱，他認爲一切國際問題都可以在會議桌上解決。

答案是——要是這些問題果眞能在會議桌上得到解決的話，我將不勝高興。然而，我的懷疑是有事實根據的，那就是，最明顯地表示不信任會議有用處的國家正是美國自己。因爲歷史上最偉大的會議就是國際聯盟……它代表全世界各國人民，並且是按照一位美國總統的意志而建立起來的，然而，第一個在這種努力面前表示退縮的國家就是美國……只是在無目的地參加了國際聯盟好多年以後，我才決意學美國的樣……。

北美的自由並不是從會議桌上獲得的，同樣，南北戰爭也不是在會議桌上決定勝負的。至於爲達到最後征服整個北美大陸而進行的無數鬥爭，我就不說了。

我所以提起這些話，只是爲了要表明您的意見，羅斯福先生，儘管毫無疑問應當受到最大的尊重，然而卻不能在您自己國家的歷史或者世界其他各國的歷史裡找到任何證明。

希特勒提醒總統，德國曾經參加過——在凡爾賽開的——一次會議，不是去參加討論，而是去聽別人叫它做什麼：它的代表「受到的屈辱甚至比蘇族（Sioux，北美印第安人原住民）的酋長所受到的屈辱還要大」。

對於羅斯福總統要求他保證不進攻三十一個國家中任何一個國家，希特勒的答覆最後進入到了核心。

答案是——羅斯福先生怎麼知道，哪一個國家認爲自己受到德國政策的威脅而哪一個國家又認爲自己沒有受到這種威脅呢？或者說，羅斯福先生，既然在他自己的國家內定然有大量的工作壓在他身上，怎麼還居然能夠自以爲瞭解其他國家的人民和政府，知道他們內在精神上和心理上的感受呢？

最後，羅斯福先生要求我們向他保證德國武裝部隊不會進攻，尤其是不會侵入下列各獨立國家的領土或者屬地……。

希特勒然後慢吞吞地宣讀了各個國家的名字，我還記得，在他抑揚頓挫拉著調子念到這些名字的時候，國會的笑聲越來越大。我相信，沒有一個議員，沒有一個在柏林的人，包括筆者，曾注意到他狡猾地漏掉了波蘭的名字。

這時候，希特勒就打出了他的王牌，至少他自己心裡一定是這樣想的。

答案是——我曾經不厭其煩向上面所提到的那些國家調查了一下。第一，它們是否認爲它們自己受到了威脅，而最重要的是，第二，美國總統向我們所提出的問題是應它們的請求提出來的呢，還是至少在它們的同意下提出來的呢？

所有的答覆都是否定的……誠然，我並沒有對某些國家提出詢問，因爲這些國家——例如，敘利亞——目前還沒有取得自由，而是在民主國家的軍隊佔領之下，因而被剝奪了它們的權利。

雖然如此，除了這些國家而外，一切與德國接壤的國家都得到了保證……比羅斯福先生在他那奇怪的電報裡要我做的保證……約束力要大得多……。

我必須請羅斯福先生注意一兩個歷史的錯誤。他提到了，舉例來說，愛爾蘭，他要求我聲明德國不會進攻愛爾蘭。我剛剛讀到愛爾蘭總理德·瓦勒拉（Eamon de Valera，希特勒在這裡對「總理」這個字用的是蓋爾語「Taoiseach」，這是大有講究的）的一篇演說，奇怪的是，他在這篇演說裡，同羅斯福先生的意見相反，並沒有非難德國壓迫愛爾蘭，而是譴責英國不斷侵略愛爾蘭……。

同樣，羅斯福先生也沒有注意到下面的事實：巴勒斯坦目前並不是在德國軍隊佔領下而是在英國軍隊佔領下，這個國家的自由受到了最殘暴的武力手段的壓制……。

希特勒接著說，雖然如此，他還是準備「對羅斯福先生的每一個國家以他所要求的那種保證」。而且，還不僅如此！說到這裡，他的眼睛猛然亮了起來。

我不想錯過這個機會，因此首先要對美國總統最爲擔心的地區，即美國本土和美洲所有其他國家，向他提出保證。

我在這裏嚴正地宣告一切關於德國打算進攻或者侵入美洲的說法，不論以何種方式在流傳，都是純屬捏造的欺人之談。且不談這種說法，僅就軍事上的可能性來說，也只能出自愚蠢的想像。

德國國會議員們笑得聲震屋瓦，然而希特勒卻一絲笑容不露，保持著他那一本正經的神態，以期達到最大的效果。

下面就是長篇大論的結束語——我相信在德國人的耳朵聽起來，一定是他歷來講得最精彩的一段演說了。

羅斯福先生！我深知貴國幅員廣大，財富充盈，使您自詡要對全世界的歷史和所有國家的歷史負責任。而我，先生，所處的地位卻要平凡得多，局面也要小得多……。

我接受了這樣的一個國家，它因爲信任外國的諾言和由於民主政府的惡劣制度而面臨著徹底的毀滅……我克服了德國的混亂，重新建立了秩序，並且大大增加了生產……發展了交通，使龐大的公路綱得以興建，運河得以開鑿，巨大的新工廠得以出現，同時也致力於提高我國人民的文化與教育水平。

我曾做到了使七百萬失業工人全體重新得到工作……我不但使德國人在政治上團結了起來，而且使他們重新武裝了起來。我也曾致力於一頁一頁地撕毀那多達四百八十八條的條約，其中包含著任何國家人民和任何一個人都無法忍受的最卑鄙的壓迫。

我把一九一九年從我們手裡搶走的地方奪回來給了德國。我把成百萬被迫與我們分離而飽受辛酸的德國人領回到了自己的祖國……然而，羅斯福先生，沒有流一滴血，沒有給我國人民，當然也沒有給別國人民帶來戰爭的苦難……。

你的任務，羅斯福先生，比較起來要容易得多。你在一九三三年出任美國總統，我也在那一年出任德國總理。你在發軔之初就是世界上最大最富的國家的首腦……貴國的局面之大，足以使你有時間，有閒暇來注意世界性的問題……你的關心和主張所涉及的地區要比我的地區大得多，因爲，羅斯福先生，上蒼所命我托生的地區，因而也是我必須爲之工作的地區，不幸要小得多，雖然對我來說，它要比任何其他東西更加可貴，因爲它完全是我國人民所有的！

雖然如此，我相信，正是這樣，我才能對我們全都關心的事情盡最大的貢獻，那就是：全人類的正義，幸福，進步與和平。

就欺騙德國人民這一點來說，這篇演說是希特勒最光輝的傑作。但是對前一些日子裡曾在歐洲旅行過的人來說，可以很容易地看得出，它已不像希特勒以前許多演說那樣再能欺騙外國人民和政府了。和德國人相反，他們能夠看破這種騙人的迷魂陣。而且他們明白這位德國元首，儘管是辯才無礙而似乎把羅斯福駁得體無完膚，實際上並沒有眞正答覆總統的根本問題：他的侵略是否已經到頭？它是否要進攻波蘭？

從後來的事實來看，這是希特勒一生中在和平時期所發表的最後一篇重大公開演說。迄今爲止這個前奧地利流浪漢是盡可能以他的口才來建功立業的，從今以後，他就企圖在歷史上給自己留下征戰者的名聲了。

希特勒隨後就到貝希特斯加登避暑去了。雖然貝克上校五月五日在向議會演說時答覆了希特勒的演說，而且當天又給了德國一份正式的政府備忘錄，但希特勒對之並沒有做公開的回應。波蘭政府和貝克本人都以是平靜的語調做出回應，但立場卻十分堅定：

> 十分清楚，那種只有一個國家提出要求而另外一個國家必須對這些要求照單全收的談判並不是談判。

俄國的插手：一

希特勒在四月二十八日對國會的演說中，沒有像往常那樣攻擊蘇聯。他一個字都沒有談到俄國。貝克上校在答覆中提到，德國所做的許多其他暗示，「比表面上談到的問題含義更爲深遠」，並且

「在必要時回到這個問題」——話雖說得很含蓄，然而指的顯然是德國以前想勸誘波蘭參加反共公約一起對付俄國的企圖。不過貝克並不知道，張伯倫也不知道，這些反俄的努力現在已經放棄了，柏林和莫斯科都在醞釀著新的念頭。

納粹德國和蘇維埃俄國之間達成和解，以致於在全世界產生了巨大的影響，但兩國首都到底是什麼時候開始採取步驟的，很難確切搞清楚。上面曾經提到，早在一九三八年十月三日，也就是慕尼黑會議以後四天，就可以微微看出風向開始轉變的跡象了。當時德國駐莫斯科大使館的參事報告柏林，史達林將從蘇臺德問題的解決方案中（那次把他排除在外）得出某種結論，很可能變得對德國「更加積極」。這位外交官竭力主張「擴大」兩國之間的經濟合作，而且一個星期以後又在第二份電報中重新提出了這項建議[27]。到十月底，德國駐莫斯科大使舒倫堡伯爵通知德國外交部說，他「打算在最近的將來去見人民委員會主席莫洛托夫（Vyacheslav Molotov），設法找到辦法解決德蘇關係」[28]。鑒於希特勒以往一直對莫斯科抱極端仇視的態度，這種主意很難是大使自己設想出來的。這種暗示想必是從柏林來的。

從繳獲的德國外交部檔案看來，事實果然如此。在德國人看來，第一步應當改進兩國之間的貿易關係。一九三八年十一月四日，外交部有一項備忘錄透露：「戈林元帥辦公室催得很緊，至少要設法恢復我們同俄國的貿易，特別是在俄國的原料方面。」[29]俄德經濟協定到那年年底就要期滿了，因此雙方就延長這一協定進行了談判，威廉街這個時期的檔案中盡是反映這次談判過程的材料。雙方彼此都有很大的猜疑，但是大體上又都有所接近。十二月二十二日這一天，俄國貿易官員和德國第一流的解決經濟問題老手尤利烏斯．施努爾（Julius Schnurre）進行了長時間的談判。

新年剛過，蘇聯駐柏林大使亞歷克賽．梅利卡洛夫（Alexei Merekalov）頗爲難得地光臨威廉街，通知德國外交部「蘇聯希望在德蘇經濟關係方面開始一個新時代」。雙方舉行了前途似乎大可樂觀的談判有幾個星期之久，但是到一九三九年二月就幾乎完全停頓了。表面上是因爲無法決定應當在莫斯科還是在柏林舉行談判，然而德國外交部經濟政策司司長一九三九年三月十一日的一份備忘錄表明，眞正的理由是：雖然德國急需俄國的原料，而且戈林一直在要求把這些原料弄到手，德國卻沒有商品來同蘇聯交換。司長認爲：「就德國在原料方面所處的地位而言，談判破裂是極可惋惜的。」30

但是，即使第一次加強兩國經濟關係的嘗試暫時失敗了的話，當時還不乏其他一些跡象。一九三九年三月十日，史達林在莫斯科第十八次黨代表大會上發表長篇演說，三天之後，用心細密的舒倫堡就爲這篇演說給柏林打了一個長長的報告。他認爲：「史達林對英國的諷刺和批評要比對所謂侵略國家、特別是對德國的諷刺和批評尖銳得多，這點很値得注意。」大使著重舉出了史達林說的這幾句話：「民主國家的弱點……清楚地表現在它們已經放棄了集體安全的原則而轉向不干涉和中立的政策。這種政策骨子裡是希望使侵略國轉而以其他國家爲目標。」他還援引蘇聯獨裁者指責西方盟國的話：

> 它們持續推動德國人東進，容許他們得到可能輕易獲得的勝利品，而且勸告他們說：「你們只要對布爾什維克開戰就行了，以後一切都會順遂的。這看來很像是鼓勵……看起來目的似乎……是要激起蘇聯對德國的憤怒……挑撥我們去同德國發生沒有根據的衝突。」

在結論中，史達林提出了下列指導原則：

一、繼續實行和平政策，鞏固我國和世界各國的經濟聯繫。

二、……絕不讓那些慣於使他人爲自己火中取栗的戰爭販子把我國拖入到衝突中去[31]。

決定俄國大政方針的那個人是在發出明白的警告，聲明蘇聯不打算中別人的圈套，去同納粹德國打仗而使英法得以脫身。如果倫敦沒有注意到這一點的話，至少柏林是注意到了這一點的（雖然美聯社曾從莫斯科發出一條消息，載三月十二日《紐約時報》說，史達林譴責外國力圖把俄國拖入對德戰爭，這番談話讓莫斯科外交界人士開始談論蘇德可能修好，但是英國大使威廉·西茲〔William Seeds〕爵士卻顯然沒有參加過任何這種談論。史達林的演說後，他向英國外交部做的報告中，一點都沒有提到這種可能性。不過，有一個西方的外交官，即現在駐在布魯塞爾的前美國駐莫斯科大使約瑟夫·戴維斯〔Joseph E. Davies〕是從史達林的演說中得出了正確的結論。他在三月十一日的日記中說：「這是一個非常重要的聲明，它顯然意味著對英國和法國政府的警告，蘇聯人已經對『不現實地』反對侵略者感到厭倦了。這對英國外交部和蘇聯之間的談判是一個眞正的凶兆。這肯定是我所見到的最有意義的危險信號。」三月二十一日他又寫信給參議員凱·皮特曼〔Key Pittman〕說：「……希特勒正在拼命設法使史達林疏遠法國和英國。除非英國人和法國人覺醒過來，我擔心他會成功。」[32]）。

即令如此，史達林的演說和隨之而來的許多外交往來表明，蘇聯的外交政策雖然十分審愼，仍然是完全公開的。我們上面曾提到，納粹在三月十五日佔領捷克斯洛伐克三天之後，俄國政府就曾建議召開六國會議來討論防止進一步侵略的辦法，可是張伯倫說它還「沒有成熟」而把它否定掉了（哈利法克斯勳爵曾在三月十九日向蘇聯駐倫敦大使伊凡．邁斯基〔Ivan Maisky〕解釋爲什麼英國不能接受俄國的提議，到羅馬尼亞的布加勒斯特舉行會議。他說英國政府沒有一個大臣抽得出時間到布加勒斯特去。這一拒絕十分明顯傷了俄國人的感情，使他們在以後歷次同英國人和法國人的談判中鬧彆扭。邁斯基後來告訴保守黨議員羅伯特．包思拜〔Robert Boothby〕說，這次對俄國的拒絕「對爭取有效的集體安全政策是又一次毀滅性的打擊」，而且它決定了李維諾夫的命運[33]）。那是三月十八日的事情。兩天以後，莫斯科發表了一項官方公報，否認蘇聯曾向波蘭和羅馬尼亞保證「在它們一旦受到侵略時」給予援助。理由是：「不論是波蘭還是羅馬尼亞都沒有要求蘇聯政府給以援助，也沒有告訴它們遭到任何威脅。」德國大使急急忙忙把這個聲明拍電報報告柏林[34]。

英國政府在三月三十一日對波蘭所做的單方面擔保，很可能使史達林相信英國人認爲同波蘭人結盟要比同俄國人結盟好，而且張伯倫一心一意要把蘇聯排除在歐洲大國集團之外，就像他在慕尼黑時代所做的一樣[35]。

在這種情況下，德國人和義大利人開始看到了有些空子可鑽。現在在外交方面對希特勒已有重大影響的戈林在四月十六日到羅馬去見了墨索里尼，並且請那位義大利領袖注意史達林最近在共產黨代表大會上的演說。他自己對蘇聯獨裁者所說「俄國人絕不會當炮灰，讓資本主義國家利用自己」的話印象甚深。他說他「要問一下元首是否有可能謹慎地對俄國放出一些觸角……試探有無修好的希望」。他還提醒墨索里尼「在元首最近的一些演說中絕口沒有提到過俄國」。據德國方面關於這次會談的祕密記錄記載，義大利領袖熱烈地歡迎軸心國家同蘇聯修好。義大利獨裁者也感到莫斯科有一些變化；他認爲修好可能「比較容易地實現」。墨索里尼說：

目標是要誘使俄國大體根據史達林的演說的方針，對英國的包圍政策表示冷淡和不贊成的態度……不但如此，軸心國家在反對富豪政治和資本主義的意識形態鬥爭方面，在某種程度上同俄國政府的目標是相同的[36]。

這在軸心國家政策方面是一個根本性的轉變，毫無疑問，要是張伯倫知道了的話，他一定會吃驚的。也許這也會使李維諾夫吃驚。

就在戈林和墨索里尼會談的當天（四月十六日），這位蘇聯外交人民委員在莫斯科接見了英國大使，並且正式建議英國和法國同蘇聯締結三邊互助條約。這個條約要求締約國簽訂一項軍事協定來使互助條約具有實效，還要求由簽字國（如果認爲合適的話，還可以加上波蘭），對中歐和東歐所有認爲自己受到納粹德國威脅的國家做出擔保。這是李維諾夫最後一次努力爭取三國結盟對付第三帝國，這位俄國外交部長把自己的政治生涯押在以集體行動制止希特勒的政策，他這次一定認爲自己終將能夠把西方民主國家同俄國團結起來以實現這一目的。邱吉爾在五月四日發表演說、抨擊倫敦遲遲不接受蘇聯的建議：「如果沒有俄國的積極協助，要組成一條反對納粹侵略的東方戰線是絕不可能。」東歐任何其他國家（肯定包括波蘭在內）都沒有在那個地區維持一條戰線的力量。然而俄國的建議卻竟然在倫敦和巴黎引起了驚愕。

但是，甚至在這一建議被拒絕以前，史達林就採取了第一步認眞的行動，同另一方面打起交道來了。

在李維諾夫向英國駐莫斯科大使提出內容廣泛的建議的第二天，即四月十七日，蘇聯駐柏林大使就前往德國外交部拜訪了威茲薩克。據這位國務祕書在事後的記要中說，這是梅利卡洛夫將近一年以前上任以來第一次來訪。威茲薩克寫道：

在開頭就德俄經濟關係談了一些意見以後，大使就轉到政治方面來，並且直截了當地問我對德俄關係抱什麼看法……大使的話大致如下：

俄國的政策是始終一貫的。主義上的分歧對俄國和義大利之間的關係並沒有發生多大不利的影響，也不應當妨礙它同德國的關係。俄國並沒有利用德國和西方民主國家之間的摩擦來反對我們，它也不想這樣做。就俄國而論，它沒有理由不該同我們在正常基礎上相處，而從正常的關係之中就可以產生越來越改善的關係。

梅利卡洛夫先生是以這番話（這是他這次談話的最終目標）來結束這次會談的。他打算在一兩天內回莫斯科去[37]。

在這位蘇聯大使要到俄國首都述職，那裡正在醞釀著一件非常的事情。

事情在五月三日暴發了出來。這一天，在蘇聯報紙裡頁，一個不引人注意的地方，在叫做「短訊」的一欄裡面，夾著一條短短的消息：「李維諾夫已因爲他自己的請求而被解除了外交人民委員的職務。」他的職位由人民委員會主席莫洛托夫繼任。

第二天，德國代辦就這次人事更動向柏林做了如下的報告：

> 這次突然更動在此間引起眾人驚訝，因爲李維諾夫正在同英國代表團談判，而且在五一節的檢閱中就站在史達林的近旁……。
>
> 因爲李維諾夫剛在五月二日接見了英國大使，而且就在昨天的報紙上還出現在五一節檢閱的要員席名單中，他的免職看起來一定是史達林自己臨時決定的……在上一次黨代表大會上，史達林曾要求人們小心，免得蘇聯被人拖入衝突。莫洛托夫不是猶太人，而且以史達林「最親密的朋友和最緊密的合作者」著稱。他的任命顯然是爲了要保證使外交政策能嚴格按照史達林制定的路線執行[38]。

李維諾夫突然免職一事的重要性是誰都看得到的。這意味著蘇聯外交政策有了劇烈的轉變。李維諾夫是鼓吹集體安全，鼓吹加強國際聯盟的力量，鼓吹以同英國和法國結盟對付德國來保障俄國安全的主要人物。張伯倫在締結這樣一種同盟的建議面前遲疑退縮，注定了這位俄國外交人民委員的命運。照史達林的判斷——而在莫斯科只有他的判斷才能算數——李維諾夫的政策已經失敗了。不但如此，這種政策還有個風險危險，使蘇聯可能同德國進行戰爭，而西方民主國家卻很可能設法置身局外。史達林因此感到現在是該試一試新方針的時候了（李維諾夫的日記《一部日記的注釋》〔*Notes for a Journal*〕後來公開發表，如果日記的內容可信的話，慕尼黑會議把蘇聯排除之後，史達林就已經在考慮這樣一種變化了。日記中有一處說一九三八年臨近年底的時候，史達林告訴李維諾夫說：「我們準備同德國人達成協議……而且還要使波蘭不能爲害。」一九三九年一月，這位外交人民委員寫道：「看來他們已經決定要把我免職了。」在同一天的日記中，他透露他同蘇聯駐柏林大使館之間的全部來往現在都必須透過史達林，而且梅利卡洛夫大使在史達林的指示下即將同威茲薩克談判，以便讓希特勒「實際上」明白：「我們在此以前一直不能達成協議，但是現在能夠了。」這份《日記》是一本可疑的書。英國研究蘇聯的權威愛德華·卡爾〔Edward Hallett Carr〕教授曾對之做過一番研究，無疑地在某些部分已被修改到「全屬虛構」的程度，但是有很大一部分仍然足以代表李維諾夫的觀點）。如果張伯倫能同希特勒拉關係的話，難道這位俄國獨裁者就不能嗎？至於李維諾夫這個猶太人被莫洛托夫所代替這一事實（德國大使館在致柏林的電報中，特別強調後者不是猶太人），可以想像在高級納粹人士中是會有相當影響的。

爲了使德國人不至於看不到這一人事更動的重要性，蘇聯代辦格奧爾基·阿斯塔霍夫（Georgi Astakhov）在五月五日同德國外交部東歐經濟問題專家施努爾博士會談時也提到了這件事情。施努爾報告說：

阿斯塔霍夫談到了李維諾夫免職的事情並且設法……打聽這件事情是否會引起我們對蘇聯的態度的改變。他強調莫洛托夫的身分具有極重要的意義。他絕不是在外交政策方面的一個專家，然而他卻會對未來的蘇聯外交政策起更大的作用[39]。

這位代辦也請德國人恢復在二月間破裂了的貿易談判。

英國政府五月八日才答覆對蘇聯四月十六日關於締結軍事聯盟的建議，而答覆實際上是拒絕。它使得莫斯科更加懷疑張伯倫不願意同俄國締結軍事條約來防止希特勒取得波蘭。

因此，俄國人也就無怪要加緊同德國人拉關係了。五月十七日，阿斯塔霍夫再次到外交部見了施努爾，在討論過有關貿易的問題以後，就把話題又轉到了更大的問題上。施努爾報告說：

阿斯塔霍夫宣稱德國和蘇聯之間在外交政策上並沒有衝突，因此在兩國之間並沒有理由保持敵意。確實，在蘇聯有一種受德國威脅的感覺。但是，毫無疑問，這種受威脅的感覺和莫斯科的不信任心理是有可能消除的……在回答我偶然問到的一個問題時，他談到了英蘇談判，大意是說，照目前的情況看來，英國所希望的結果很難成爲現實[40]。

三天以後，到五月二十日，舒倫堡大使同莫洛托夫在莫斯科做了一次長談。新上任的外交人民委員態度「至爲友好」，並且告訴德國大使，如果能建立必要的政治基礎的話，兩國之間的經濟談判是可以恢復的。這是莫斯科的一種新的試探，然而老奸巨猾的莫洛托夫做的卻非常審愼。當舒倫堡問他所謂「政治基礎」是什麼意思時，這位俄國人回答說，這是兩國政府都該考慮的東西。大使用盡一切辦法想從這位足智多謀的人民委員嘴裡套出點東西來，結果都是枉然。「他是，」舒倫堡告訴柏林說：「以態度有點頑強著稱的。」大使在離開俄國外交部的時候，順便去看了一下蘇聯副外交人民委員弗拉季米爾·波將金（Vladimir Potemkin），告訴後者，他沒有能搞清楚莫洛托夫要的政治性質的東西是什麼。舒倫堡報告說：「我請波將金先生幫我搞清楚」[41]。

柏林和莫斯科之間重新恢復接觸一事，並沒有逃過法國駐德大使警惕的眼睛。早在五月七日，在李維諾夫免職以後四天，庫倫德雷先生就報告法國外交部長，根據元首的一個親信告訴他的消息，德國正在設法與俄國取得共識，其結果，除了別的不談，將意味著波蘭的第四次瓜分。兩天以後，法國大使又給巴黎發出了一個電報，談到柏林新近謠傳「德國已經或者即將向俄國提出瓜分波蘭的建議」[42]。

《鋼鐵盟約》

雖然德國國防軍的高級將領對義大利的軍事實力評價很低，希特勒現在卻急於要同義大利成立軍事同盟，而墨索里尼卻一直不忙於締結。兩國最高統帥部參謀人員之間的談判從四月份起就已經開始了，凱特爾向最高統帥部報告他的印象是，無論是義大利的部隊還是它的軍備，情況都不佳。他認爲，要打仗就得當機立斷，要不然義大利人就不會參加了[43]。

到四月中旬，齊亞諾在日記裡說[44]，他覺察到有越來越多的跡象表明，德國隨時都可能進攻波蘭，從而掀起一場義大利思想上並無準備的歐洲大戰。他對此頗爲震驚。四月二十日，在柏林的阿托利科大使打電報告訴齊亞諾說，德國對波蘭的行動已「迫在眉睫」，齊亞諾就催大使趕快安排他同里賓特洛甫的會談，好讓義大利不至弄得措手不及。

五月六日，兩位外交部長在米蘭會面了。齊亞諾帶來了墨索里尼的書面指示，向德國人強調指出義大利至少在三年之內希望避免戰爭。大出義大利人意外的是，里賓特洛甫同意德國也希望能維持這麼久的和平。說眞的，齊亞諾覺得那位德國外交部長還是第一次那樣「心平氣和，輕鬆愉快」。他們研究了歐洲的形勢，同意改進軸心國同蘇聯的關係，然後休會進晚餐，慶祝會談成功。

晚餐以後，墨索里尼來了電話，要瞭解會談進行得怎麼樣。齊亞諾告訴他進行得很順利，這時，義大利領袖突然心血來潮，要他的女婿向報界發表一項公報，宣布德國和義大利已決定締結軍事同盟。里賓特洛甫開頭有些猶豫，最後同意把這件事情向希特勒請示，而德國元首一接到電話以後，馬上就同意了墨索里尼的建議[45]。

這樣，墨索里尼在經過一年多的徘徊猶豫以後，就在這一時衝動之下，把自己同希特勒的命運無可改變地結合到一起了。這件事情也是一個最早的跡象，表明這位義大利的獨裁者，同德國的那位一樣，已開始喪失那種鐵一般的自制力。而直到一九三九年這一年爲止，他們兩個人都一直是靠這種自制能力來冷靜清醒地謀求自己的民族利益。對墨索里尼說來，後果很快就證明是一場災難。

這個條約後來被稱爲《鋼鐵盟約》（The Pack of Steel）。五月二十二日，雙方在柏林總理府以相當盛大的排場簽訂盟約。齊亞諾贈給里賓特洛甫一枚「聖母領報」（Annunziata）頸章。這不但使得戈林妒火中燒，而且，據義大利外長的觀察，還使得他差一點眼淚都流了出來。事實上，這位肥頭大耳的元帥硬是鬧了一場，大發牢騷說這個頸章實際上應當贈給他，因爲眞正促成了這一同盟的是他。

「我答應馬肯森（August von Mackensen，德國駐羅馬大使），」齊亞諾報告說：「我會設法給戈林弄到一枚頸章。」

齊亞諾發現希特勒看起來「身體甚好，舉止安詳，不那麼咄咄逼人」。雖然他看起來似乎老了一些，眼角周圍的皺紋也似乎更深了一些，這很可能是因爲缺乏睡眠的緣故（齊亞諾五月二十二日的日記充滿了關於希特勒和他周圍那批奇怪人物的珍聞軼事。戈培爾夫人抱怨元首使他的朋友們通宵不眠。她還大聲嚷嚷「老是希特勒一個人在講話，他叨嘮個沒有完，使客人都厭煩了。」齊亞諾也聽到有人暗示「元首對一個美麗的女郎懷有愛慕的感情。她年華雙十，有一對美麗文靜的眼睛，容貌端正，體態風流，名字叫希格麗·馮·拉普斯〔Sigrid von Lappus〕。他們經常親密地相會。」見《齊亞諾日記》〔*The Ciano Diaries*〕頁八五。齊亞諾自己就是一個獵豔能手，顯然對此大感興趣。他一定還沒有聽說過希特勒的情婦愛娃·布勞恩〔Eva Braun〕，她這個時候很少獲准到柏林來）。當元首看著兩位外交部長在文件上簽字的時候，他的精神極好。

這是一個措辭直率的軍事同盟條約。從希特勒堅持要放在序言的一句話看來，這份條約是極具侵略性的。這句話說：「兩國爲它們的主義的內在血緣關係團結在一起……決心並肩協力行動以取得它們的生存空間。」條約的核心是第三條。

締約雙方都不希望見到其中有一方陷入與其他國家的軍事糾紛之中，若不幸發生，則另一個締約國應立即以盟國的身分以其全部軍事力量在地面、海上和空中予以援助和支持。

第五條規定在一旦發生戰爭時，兩國中的任何一國都不得單獨停戰或媾和[46]。

後來的事實證明，墨索里尼打開頭就沒有遵守前一條，而到結局的時候也沒有遵守後一條。

希特勒破釜沉舟：一九三九年五月二十三日

在鋼鐵盟約簽字的次日，五月二十三日，希特勒就把他的軍事首腦召到了柏林總理府的書房裡，直率地告訴他們，若不流血就不可能再取得什麼勝利，因此戰爭是不可避免的。

這次會議比一九三七年十一月五日同樣的一次會議要大一些，那一次元首首次把他要進行戰爭的決定告訴了三軍首長。這一次在場的軍官有十四人，其中包括陸軍元帥戈林，海軍元帥雷德爾（現在他已晉級元帥），布勞希契將軍，哈爾德將軍，凱特爾將軍，空軍總監埃哈德·米爾契（Erhard Milch）將軍，海軍參謀長奧托·施尼溫（Otto Schniwind）海軍上將等。元首的副官魯道夫·施蒙特中校也在場；而且從歷史的觀點來說，值得慶幸的是，他做了記錄。在繳獲的德國文件中就有他的這項記錄。十分明顯，希特勒在這次會議上講的話是當作頭等機密的，因此沒有謄錄任何副本；我們所引用的是施蒙特手寫的原稿[47]。

在說明希特勒如何走向戰爭的祕密文件中，這是最能說明問題也是最重要的文件之一。在一小撮將在一場武裝衝突中指揮武裝部隊的軍官面前，希特勒拋開了他自己那一套宣傳和外交上的欺騙，老實說明了他爲什麼一定要進攻波蘭，而且在必要時還要對英國和法國作戰。他以令人咋舌的精確性，對戰爭的進程，至少是頭一年的戰爭進程做了預言。但是儘管他講得十分乾脆率直，他的演說——這次會上只有這位獨裁者一個人說話——仍然透露出他迄今爲止還沒有完全表現出來的心裡的惶惑和混亂。尤其是，英國和英國人總是使他感到摸不透，這種情況一直要繼續到他生命的最後一天。

但是關於戰爭在什麼情況下到來以及他在發動戰爭時的目標，他說得十分清楚十分確切，每一個陸海軍將領在五月二十三日離開總理府的時候，心裡都明白夏天結束的時候會發生什麼事情。他一開頭就說，德國的經濟問題只有在歐洲取得更多的生存空間後才能解決，而「如果不侵略或者不進攻其他國家人民的領土，這是辦不到的。」

不流血已再也不能取得新的勝利了……。

但澤根本不是爭執的中心問題。中心問題是要把我們的生存空間向東方擴張，是要得到我們的糧食供應，是要解決波羅的海國家的問題……在歐洲已沒有別的出路……如果命運強迫我們同西方攤牌的話，能在東方擁有大片地區就具有不可估量的價值。我們在戰時要比在平時更難依靠豐收。

除此而外，希特勒還說，還可以從東方非日耳曼國家的領土上的居民那裡得到勞動力——這裡已經露出了他後來實施奴隸勞動制度的端倪。

以誰爲第一個對象是十分明顯的。

根本不存在放過波蘭的問題，我們只有一個決定要做：

一有合適的時機就進攻波蘭。

我們不能期望重演捷克事件。這次得打仗了。我們的任務是孤立波蘭。能否把它孤立是有決定性意義的。

這樣，這次是得打仗了。是不是同「被孤立了的」波蘭一國打呢？元首在這一點上並沒有說清楚。事實上，他顯得思想有點混亂，而且自相矛盾。他說，最後發動攻擊的命令必須由他來下。

絕不能同時同西方——法國和英國——攤牌。

如果不能肯定德波衝突不至導向同西方作戰的話，那麼，戰鬥主要應當針對英國和法國。

因此根本問題是：進攻波蘭、同它的衝突只有在西方國家置身事外的條件下才能取勝。

要是不能辦到這一點的話，最好一面同西方幹起來，一面把波蘭結束掉。

在聽到這一連串前後矛盾的話的時候，那些將軍們想必曾感到猶豫畏縮，也許鬆了一鬆他們的單鏡片，雖然在施蒙特的記錄裡並沒有說到發生過這種事情，也沒有說到在這批經過挑選的聽眾中有人膽敢提出問題，要求把事情說得明白一些。

希特勒接著把話題轉到了俄國。他說：「俄國也許不想過問消滅波蘭的事情，這種可能性不能排除。」另一方面，如果蘇聯同英國和法國結盟的話，「那就將使我給英國和法國來幾下破壞性的打擊」。這將是重犯威廉二世在一九一四年所犯的錯誤。雖然在這次演說中，希特勒表示從第一次世界大戰得出了若干條教訓，但他卻沒有提到這一點。他的思路現在轉到了英國身上。

元首懷疑有同英國實行和平解決的可能。必須對攤牌有心理準備。英國把我國的發展看成將形成一種稱霸的局面，因而會削弱英國的地位。因此英國是我們的敵人，同英國的衝突是生死鬥爭。

這種衝突究竟將是什麼樣的一種局面呢？

英國不可能用幾次有力的打擊就把德國結束掉，把我們打倒。對英國來說，把戰爭盡可能推進到魯爾區，這才會具有決定性的意義。他們將不惜流法國人的血（西壁！）。我們能存在多久，決定於我們能否保有魯爾。

在下定決心重蹈德皇之覆轍——如果英法同俄國結盟就向它們進攻——以後，希特勒現在宣布，他還將在另一點上步德皇之後塵，這一點最後證明給德國帶來了大禍。

必須對荷蘭和比利時的空軍基地實行軍事佔領。中立的宣告可以置之不顧。如果英國想干涉波蘭戰爭的話，我們就必須對荷蘭進行閃電式的進攻。我們的目標是必須在荷蘭境內建立一條新的防線，一直推到須德海。對英法的戰爭是一場決定生死存亡的戰爭。

認爲我們可以僥倖取勝的想法是危險的；這種可能性是沒有的。我們必須破釜沉舟，有進無退，而且它將不再是誰是誰非的問題，而是八千萬人民生死存亡的問題。

雖然他剛剛宣布德國將「一有合適的時機」就進攻波蘭，雖然他的聽眾知道幾乎德國的全部軍事力量都已集中起來要達到這個目的，希特勒一邊嘮嘮叨叨，一邊還是忘懷不了英國。

「英國，」他強調說：「是反對德國的主力。」從此開始，他就討論起英國的長處和短處來了。

英國人的本性是驕傲、勇敢、頑強、堅忍的，而且是天生的組織家。他們懂得如何利用每一種新形勢。他們愛好冒險，而且有著北歐人種固有的膽略……。

英國本身就是一個世界大國。三百年來一直如此，它的力量由於有盟國而更加強大。這種力量不但表現在具體的東西上，而且還必須看到是一種心理上的力量，它遍布整個世界。

除此而外，還有無可估量的財富以及隨之而來的償付能力。

還有地緣政治上的安全地位，而且受到強大海軍和英勇空軍的保護。

但是，希特勒告訴他的聽眾說，英國也有它的弱點，接著他就一一列舉如下：

要是我們在上次大戰中再多兩艘戰鬥艦和兩艘巡洋艦，而且從早晨就開始日德蘭戰役的話，英國艦隊早就被殲滅，英國早就屈服了（希特勒對日德蘭之戰的瞭解顯然是錯誤的）。世界大戰就會那樣結束。在從前……要征服英國就必須派兵入侵。因爲當時英國可以自給糧食，今天它再也辦不到了。

一旦英國的供應被切斷，它就將被迫投降。因爲糧食和石油的進口完全要靠海軍保護。

德國空軍襲擊英國不會迫使它投降。但是如果英國艦隊被殲滅的話，它就會立即投降。沒有疑問，突然襲擊可以迅速決定大局。

拿什麼來進行突然襲擊呢？雷德爾海軍元帥肯定會認爲希特勒是在吹牛。按照一九三八年年底制定的所謂Z計畫，德國的海軍力量要到一九四五年才能開始趕上英國。而當時在一九三九年的春天，德國還沒有足以擊沉英國海軍的重型軍艦，即使突然襲擊也不行。

也許英國還可以用別種辦法來加以打垮。這裡希特勒倒又是實事求是，他提出了一項戰略計畫，一年之後，這項計畫居然一一實現，而且獲得了驚人的成功。

一開始就必須猛擊敵人或者給以最後決定性的打擊。關於誰是誰非、條約義務之類的考慮可以根本不去管它。當我們處理波蘭問題時沒有「意外」陷入對英作戰時，才可能去考慮那些。必須既爲長期戰爭也爲突然襲擊進行準備，英國在大陸上可能進行的任何干涉都必須予以擊潰。陸軍必須佔領對海軍和空軍有重要意義的基地。如果我們能佔領並且保住荷蘭和比利時同時打敗法國的話，就創造了能夠戰勝英國的基礎。

這樣，空軍就能從法國西部就近封鎖英國，而海軍就能以潛艇做範圍更廣的封鎖。

一年多以後發生的情況竟然同他所說的完全一樣。元首在五月二十三日還強調，另一個決定性的戰略計畫也要付諸實行。他說，如果德軍在上次大戰開始的時候不向巴黎進攻而向英吉利海峽各港口迂迴包抄的話，戰爭的結局就會不同。也許是那樣。無論如何他要在一九四〇年這樣試一試。

希特勒在結束的時候說：「目標永遠是要逼得英國屈膝投降。」他顯然已經暫時完全把波蘭拋到腦後了。

還有一個最後的考慮。保密是成功的決定性前提。我們的目標必須對義大利和日本保守祕密。

連希特勒自己的陸軍參謀總部都沒有受到完全的信任，雖然參謀總長哈爾德將軍也坐在那裡靜聽。元首宣布：「我們的計畫工作絕不能交給參謀總部，那樣祕密就無法保證了。」他下令最高統帥部成立一個小組來制定各項軍事計畫。

這樣，希特勒就在一九三九年五月二十三日像他自己所說的那樣，下定了破釜沉舟的決心。仗是打定了。德國要在東方取得生存空間。爲此，在一有機會的時候就要進攻波蘭。但澤算不了一回事。那不過是一個藉口。英國是主要的障礙，它是反對德國的主力。好，連它一起搞掉拉倒，法國也一樣。這是一場生死鬥爭。

當一九三七年十一月五日元首第一次對他的三軍首腦講起他的侵略計畫的時候，布洛姆堡元帥和弗立契將軍曾提出過抗議——至少是認爲德國沒有力量打一場歐洲大戰。第二年夏天，貝克將軍爲了同樣的理由辭去了陸軍參謀總長的職務。但是在一九三九年五月二十三日，至少從記錄上看，竟沒有任何一個陸海軍將領敢吭一聲，質疑希特勒的方針是否明智。

他們看到，他們的工作不是提出疑問，而是盲目服從。他們早已運用他們的才能制定軍事侵略計畫了。早在五月七日，陸軍參謀總部的古恩特·布魯門特里特（Güenther Blumentritt）上校同倫德斯泰特將軍和曼施坦因將軍一起組成一個「工作小組」，研擬實行白色方案可能遭遇的形勢。事實上它就是征服波蘭的計畫。這是一個設想大膽的計畫，後來在實際執行中只做了很少的改動[48]。

雷德爾海軍元帥在五月十六日簽發的一項極機密命令中提出了白色方案的海軍作戰計畫。因爲波蘭只在但澤以西沿波羅的海有幾英里的海岸線，而且只有一支極小的海軍，因此並估計不會遭到什麼困難。元帥所主要擔心的是法國和英國。波羅的海的門戶將由潛艇布防。兩艘袖珍戰鬥艦和兩艘戰鬥艦準備同「其餘的」潛艇一起在「大西洋作戰」。根據元首的指示，海軍應當準備好在九月一日執行「白色方案」所規定給它的任務。但是雷德爾催他屬下的司令官趕緊把計畫定好，因爲「由於最近的政局發展」，行動可能來得更快[50]。

在一九三九年五月完了的時候，德國預定在夏末開始戰爭的各項準備工作已經在全力進行了。巨大的軍火工廠日夜開工，緊張地生產著槍炮、坦克、飛機和軍艦。陸海空三軍能幹的參謀人員擬訂計畫的工作已經進入最後一個階段。部隊也因爲徵召新人進行「夏季訓練」而擴大了。希特勒看到他所取得的成就大可心滿意足了。

在希特勒向他的軍事首腦講話的第二天，五月二十四日，最高統帥部經濟與軍備局局長格奧爾格·托馬斯將軍在對外交部工作人員所做的一次內部報告中就曾列舉了這些成就。托馬斯告訴他的聽眾，從前的帝國陸軍花了十六年的時間——從一八九八年到一九一四年——才把兵力從四十三個師增加到五十個師，而第三帝國的陸軍在四年之內就從七個師一躍增加到五十一個師。其中有五個重裝甲師，四個輕裝甲師，一支任何其他國家都沒有的「現代化騎兵」。海軍在幾乎是一無所有的基礎上建立了一支有兩艘兩萬六千噸的戰鬥艦（在談到德國戰鬥艦的噸位的時候，托馬斯將軍還欺騙德國外交部。有一份日期標明爲一九三八年二月十八日的德國海軍文件[51]提到，根據英德海軍協定的限制，所以必須提供假的戰鬥艦噸位數字提供給英國政府。號稱兩萬六千噸的艦隻，實際噸位是三萬一千三百噸；號稱三萬五千噸的戰鬥艦，實際噸位是四萬一千七百噸，這也是英國和美國海軍艦隻的最高噸位。這是納粹騙術的一個絕妙的典型）、兩艘重巡洋艦、十七艘驅逐艦和四十七艘潛水艇的艦隊。它已經有兩艘三萬五千噸的戰鬥艦，一艘航空母艦，四艘重巡洋艦，五艘驅逐艦，七艘潛艇下了水，而且還在計畫造數量更龐大的艦隊。空軍從完全一無所有開始，白手起家建立了一支有二十一個中隊、人員二十六萬人的部隊。至於軍火工業，托馬斯將軍說，已經在生產更多的軍火，比上次大戰產量最高的時期還要多，而且多數部門的產量遠遠超過任何其他國家。這位將軍宣布，事實上，德國重整軍備的總成績「在世界上很可能是獨一無二的」。

儘管德國的軍事力量在一九三九年夏初已經十分強大，希特勒計畫在秋初進行的戰爭能否取勝還要看這是一場什麼樣的戰爭。德國仍然還沒有——也許永遠不會——強大到能打敗法國、英國和俄國再加上波蘭的聯合力量。在這個決定命運的夏天開始的時候，一切都決定於元首有沒有能力限制戰爭的範圍——首先是，使俄國不至同西方結成軍事同盟。這個李維諾夫下臺前提出的方案，雖然張伯倫最初予以拒絕，但到五月底的時候又開始重新考慮。

俄國的插手：二

在下院五月十九日的辯論中，邱吉爾觀察到，英國首相繼續對蘇聯的合作建按採取了冷淡甚至是不屑的態度。他有點懶洋洋地向下院解釋說：「在兩國政府之間有一道幕，或者說一道牆，極難穿過。」另一方面，邱吉爾在勞合．喬治的支持下爭論說，莫斯科提出了一個「公平的建議」，比張伯倫自己的建議要「更簡單，更直接，更有效」。他請英王政府「給腦袋裡裝上點兒殘酷的現實。如果沒有一條有效的東方戰線，就不可能在西方有令人滿意的防務，而如果沒有俄國，就不可能有一條有效的東方戰線」。

張伯倫在四面八方暴風雨般的批評之下只得屈服，最後在五月二十七日指示英國駐莫斯科大使表示同意開始談判互助條約、軍事條約和保護被希特勒威脅的國家（五月二十七日，駐莫斯科的英國大使和法國代辦向莫斯科提出了英法兩國擬議中的條約草案。出乎兩位西方使節意料的是，莫洛托夫對之甚爲冷淡[52]）。狄克森大使從倫敦通知德國外交部，英國政府雖然採取這一步驟，心裡是「老大不願意的」。不但如此，狄克森還看穿了張伯倫採取這一行動的主要理由。他在發給柏林的急電中報告說，英國外交部已經得到「德國在莫斯科伸出觸角」的風聲，並且害怕德國可能會成功地使蘇俄保持中立甚至誘使它同情德國。那樣就將是包圍政策的徹底瓦解[53]。

五月份的最後一天，莫洛托夫在蘇聯最高蘇維埃會議上以外交人民委員的身分做他上任以後的第一次演說，他痛斥西方國家猶豫不前，並且宣告，它們要是認眞想同俄國一起制止侵略的話，就必須拋開枝節問題，在三個主要點上達成協議：

一、締結一項純屬防禦性質的三邊互助條約。

二、協同保障中歐和東歐的國家，包括所有與蘇聯接壤的歐洲國家在內。

三、締結一項明確的協定，規定三國彼此間的提供有效的援助形式及範圍，並且也提供這些援助給被威脅侵略的小國。

莫洛托夫還宣布，同西方談判並不意味著俄國將放棄同德國和義大利「從實際出發建立商務聯繫」。他說，事實上，同德國恢復商務談判「並非不在考慮之中」。舒倫堡大使在向柏林報告這篇演說內容的時候指出，莫洛托夫表示俄國仍然準備同英國和法國締結條約，「條件是必須接受它的全部要求」，但是從這篇演說中也可以清楚地看出，還得花很長的時間才能達成眞正的協議。他指出莫洛托夫曾「避免刺激德國並且表示願意繼續進行已在柏林和莫斯科開始的談判」[54]。

希特勒在柏林現在也突然表示出願意繼續談判了。

五月份最後的十天，希特勒和他的顧問們想盡了千方百計向莫斯科提出建議來阻撓英俄談判。莫洛托夫在五月二十日同舒倫堡大使的談話給柏林的感覺是給德國潑了冷水。第二天（五月二十一日），威茲薩克就打電報給大使說，鑒於外交人民委員說的話，「我們必須靜坐等待，看俄國人是否會說得更明白點」[55]。

但是希特勒已經把九月一日規定爲進攻波蘭的日子，因而無法靜坐等待了。在五月二十五日前後，里賓特洛甫把威茲薩克和德國外交部法律司司長弗雷德里希·高斯（Friedrich Gaus）召到了他在索能堡（Sonnenburg）的鄉間別墅（這段過程根據的是高斯在紐倫堡提出的口供。此項口供曾遭到紐倫堡法庭的拒絕，未被當做書面證據，也未收入《納粹的陰謀與侵略》〔*Nazi Conspiracy and Aggression*〕或者《主要戰犯的審訊》〔*Trial of the Major War Criminals*〕等大部頭的史料彙編。然而這並不能損害其眞實性。法庭對一切涉及納粹—蘇聯在這一時期合作的文件都處理得十分謹慎，四位法官中有一位是俄國人），告訴他們，元首想「在德國和蘇聯之間建立比較過得去的關係」。里賓特洛甫寫好了一個給舒倫堡的指示草稿，相當詳細地說明了他應當對莫洛托夫採取的新路線，並且要他立即去見莫洛托夫，「越快越好」。這份草稿現在也在繳獲的德國外交部文件中[56]。

根據文件上面的一個批注來看，這份文件是五月二十六日交給希特勒的。它是一個很能說明問題的材料。它表明，到這一天，德國外交部還深信，英俄談判可以成功，除非德國進行決定性的干涉。里賓特洛甫因此建議舒倫堡告訴莫洛托夫：

德國和蘇俄之間在外交事務方面並不存在著實際的利害對立……現在是考慮使德蘇關係和平化和正常化的時間了……義德同盟並不是針對蘇聯的。它完全是針對英法聯盟的……。

如果事與願違，我們竟致同波蘭發生衝突的話，我們堅定地相信，就是這樣的事情也完全毋需引起與蘇俄的利害衝突……我們甚至可以說到這樣的地步，在解決波德問題的時候，不論解決的方式如何，我們將盡可能考慮到俄國的利益。

下面接著就要指出俄國同英國結盟的危險。

我們還看不出有什麼東西能眞正誘使蘇聯積極參加英國的包圍政策……這意味著俄國要承擔單方面的義務而得不到英國任何眞正有價值的報酬……不論條約怎麼訂法，英國都無法給予俄國任何眞正有價值的報酬。由於西線的存在，一切西歐的援助都是不可能的……我們因此深信，英國將再次遵行它的傳統政策，讓其他國家爲它火中取栗。

舒倫堡還得強調說明德國「對俄國沒有任何侵略意圖」。最後，他還奉命告訴莫洛托夫，德國不但準備同蘇聯討論經濟問題，而且還準備同它討論「在政治關係方面恢復正常」。

希特勒認爲這份草稿說過了頭，因此下令留下不發。據高斯說，元首對兩天以前張伯倫在五月二十四日的樂觀聲明印象甚深。首相當時告訴下院說，由於英國提出新建議，他希望「不久」就可以同俄國達成全面的協議。希特勒害怕的是碰釘子。他並沒有放棄同莫斯科修好的想法，但是決定暫時還是以採取比較謹慎的態度爲好。

五月份最後一週之內，元首心中的逡巡猶豫，在繳獲的德國外交部文件中也有記載。五月二十五日或者這一天前後——確切的日期無法確定——他突然主張立即同蘇聯談判來阻撓英俄談判。舒倫堡爲此要立刻去見莫洛托夫，但是里賓特洛甫給舒倫堡的指示根本沒有發出去。原來五月二十六日給希特勒看過之後就把它取消了。那天晚上，威茲薩克打電報給舒倫堡，要他保持「完全保留的態度——你個人在得到進一步的指示以前不能採取任何行動」[57]。

德國外交部國務祕書給駐莫斯科大使的這份電報和一封信都是五月二十七日寫好的，然而直到五月三十日加上一段重要的附言以後才發出去。這很足以說明柏林的猶豫[58]。威茲薩克在五月二十七日給舒倫堡寫信的時候告訴他，柏林的看法是英俄協議「很不容易防止」，因此德國徘徊猶豫，不想對之進行決定性的干涉，因爲害怕那樣會在莫斯科引起「一陣韃靼人的大笑」。此外，國務祕書還透露，日本和義大利對德國打算在莫斯科採取的行動反應冷淡，盟國的這種保留態度也對柏林產生了影響，使它決定靜觀待變。他最後說：「因此，我們現在還想觀望一下莫斯科和巴黎—倫敦相互間的關係到底搞到多深。」

由於某種理由，威茲薩克並沒有把他的信立即發出；也許他覺得希特勒還沒有完全打定主意。當他到五月三十日發出這封信的時候，他加了一個附言：

除以上所寫的而外，我還必須再說幾句。元首已經批准，即令如上所述，現在還得同俄國人進行一次聯繫，雖然是一次十分有限的聯繫。這件事將透過我今天同俄國代辦談話來進行。

這次同阿斯塔霍夫的談話並沒有太多的收穫，但是它表明德國人做了一番新的嘗試。威茲薩克召見俄國代辦的藉口是討論蘇聯駐布拉格貿易代表團的前途。俄國人渴望繼續保持這個代表團。兩位外交家圍繞這個題目兜來兜去，想摸對方的底。威茲薩克說，他同意莫洛托夫所說，政治問題和經濟問題不能截然分開，並且表示對「蘇德關係正常化」感興趣。阿斯塔霍夫說，莫洛托夫並不打算「把今後的蘇德談判關上大門」。

雖然兩個人都小心翼翼，德國人還是感到受了鼓勵。在五月三十日晚上十點四十分，威茲薩克給在莫斯科的舒倫堡發出了一份「特急」電報[59]：

同迄今爲止所採取的策略相反，我們現在已最後決定同蘇聯進行某種程度的接觸（在美國國務院一九四九年出版的《納粹—蘇聯關係》〔*Nazi-Soviet Relations*〕這本德國外交部文件集中，這份電報的英譯文，措辭要強烈得多。主要的一句是這樣翻譯的：「我們現在已經決定同蘇聯進行明確的談判。」這一句話使得許多歷史學家，包括邱吉爾在內，都認爲這份五月三十日的電報標誌著一個決定性的轉折點，代表希特勒想同莫斯科做一筆交易。實際上，這樣一個轉折點要晚一點才會出現，如威茲薩克五月三十日在給舒倫堡的信的附言中所說的，希特勒目前批准的這一次行動是「十分有限的」）。

也許是墨索里尼在五月三十日給希特勒的一份長長的祕密備忘錄加強了元首轉向蘇聯的決心，雖然這種轉向是十分謹愼的。在夏季開始的時候，義大利領袖就越來越感到懷疑，馬上展開大戰是否是明智的決定。他對希特勒說，軸心國家「同富豪統治的、自私自利的、保守主義的國家之間的戰爭」，是「不可避免的」。但是——「義大利需要有一個準備的時期，時間可能要延長到一九四二年年底……只有從一九四三年開始，進行戰爭的努力才能有最大的成功希望。」在列舉了爲什麼「義大利需要有一段和平時期」的一些理由以後，義大利領袖的結論是：「由於所有這些理由，義大利不希望匆促進行歐洲大戰，雖然它深信這樣的大戰是不可避免的。」60

希特勒已經決定在九月一日進攻波蘭，但他還沒有把這個祕密告訴他這位好友與盟友。他回答說，他以「最大的興趣」讀了墨索里尼的祕密備忘錄，並且建議兩位領袖在將來會面時進行討論。同時，元首決定試一試能不能在克里姆林宮牆上撬開一條縫。六月份整整一個月，德國大使館和俄國對外貿易人民委員阿那斯塔斯．米高揚（Anastas Mikoyan）之間一直在莫斯科進行關於簽訂新貿易協定的預備性談判。

蘇聯政府對柏林仍然是十分猜疑的。據舒倫堡在六月二十七日給柏林的報告，克里姆林宮認爲德國人之所以迫切要談判貿易協定，是想破壞俄國同英法的談判。他告訴柏林說：「他們害怕一等到我們達到了這個目的，我們就會讓談判慢慢不了了之。」[61]

六月二十八日，舒倫堡同莫洛托夫做了長談。據他在給柏林的一份特急電報裡說，這次談話是「在友好的氣氛中」進行的。雖然如此，當德國大使以一種保證的口吻，談到德國剛剛同兩個波羅的海國家締結的互不侵犯條約時（德國擔心英法俄可能對與蘇聯接壤的拉脫維亞和愛沙尼亞做出擔保。爲了搶先一步，它匆匆忙忙在六月七日同這兩個波羅的海小國簽訂了互不侵犯條約。甚至在此以前，德國就曾在五月三十一日同丹麥訂了一個類似的條約，這個條約看來給了丹麥一種安全感。令人驚訝的是，以最近的形勢發展來看，丹麥人居然有這種感覺），蘇聯外交人民委員尖刻地回答說：「鑒於波蘭的經驗，他必須懷疑這種條約的持久性。」舒倫堡對這次談話的結論是：

我的印象是，蘇聯政府對瞭解我們的政治觀點和同我們保持接觸感到很大的興趣。雖然莫洛托夫所說的話，毫無問題地表現出強烈的不信任，他還是說同德國關係的正常化是值得歡迎的，也是可能的[62]。

大使要求用電報指示他下一步該怎麼辦。舒倫堡是塞克特、馬爾贊（Maltzan）、布洛克道夫—倫佐（Ulrich von Brockdorff-Rantzau）派碩果僅存的人物。這一派在一九一九年以後一直主張德國同蘇俄修好，並且在《拉帕洛條約》（Treaty of Rapallo）中實現了這種修好。他在一九三九年整整一年中所發的電報表明，他眞誠地想恢復威瑪共和國時期同俄國的密切關係。但是，也像所有老派的德國職業外交家一樣，他不瞭解希特勒。

突然在六月二十九日，希特勒從貝希特斯加登的山間別墅中下令中斷同俄國人的談判。

貝希特斯加登，一九三九年六月二十九日

……元首決定如下：

告訴俄國人，我們從他們的態度中看出，是否接受他們在一月份給兩國經濟談判所確定的原則，將作爲今後的談判能否繼續的條件。因爲這些原則是我們所不能接受的，我們目前沒有興趣同俄國恢復經濟談判。

元首已同意上項答覆可以稍稍推遲幾天[63]。

事實上，這項命令的內容在第二天就用電報告訴了莫斯科德國大使館。威茲薩克在電報中說：

外交部長的意見是，在有新的指示以前，在政治方面說的話已經夠了，在目前來說，我們不要再提出談判。關於可能同俄國政府舉行的經濟談判，此間的考慮還沒有結論。在這一方面，你暫時也不要採取進一步的行動，聽候指示[64]。

在德國祕密文件中找不到任何跡象能解釋希特勒爲何突然改變主意。俄國人本來已經開始對他們在一二月份提出的建議表示讓步了。而施努爾早在六月十五日就曾警告過，經濟談判的破裂，對德國說來，不但是經濟上的挫折，而且是政治上的挫折。

英法蘇談判當時進展遲緩，因此也不可能使希特勒喪氣到要採取這樣的決定。他從莫斯科德國大使館的報告中知道，俄國同西方國家在對波蘭、羅馬尼亞和波羅的海國家提供擔保的問題上陷入了僵局。波蘭和羅馬尼亞很樂意得到英國和法國的擔保，但是在一旦德國對之侵略的時候，英法兩國除了採取建立西方戰線的間接辦法，很難對它們有什麼幫助。可是它們又拒絕接受俄國的擔保，甚至不許蘇聯軍隊通過它們的國境去抗擊德國的進攻。拉脫維亞、愛沙尼亞和芬蘭也堅決不願接受俄國的任何擔保。這種態度，照德國外交部文件後來的透露，是由於德國悍然威脅，要是它們的決心動搖的話，就要對它們採取報復。

在這種僵局之下，莫洛托夫在六月初建議英國派外交大臣到莫斯科來參加談判。顯然，在俄國人看來，這樣不但有助於打破僵局，而且將表明英國是有誠意要同俄國達成協議的。哈利法克斯勳爵不願意去（根據英國外交部的文件，哈利法克斯在六月八日告訴邁斯基，他曾考慮首相應當派他到莫斯科去，「但是實在抽不開身來」。邁斯基在斯特蘭走了以後，在六月十二日向哈利法克斯提出，「在時局比較平靜的時候」，外交大臣能到莫斯科去是一大好事。但是哈利法克斯再次強調，「目前」他實在不可能離開倫敦[65]）。安東尼·艾登（他至少是前任外交大臣）表示願意代他前去，可是張伯倫拒絕了他的建議。後來決定派外交部一位能幹的職業外交官斯特蘭去。斯特蘭曾在駐英國莫斯科大使館任職而且能講俄語，但是在國內外都並不知名。派這樣一個低級的人物去領導這樣重要的一個代表團，而且是去同莫洛托夫和史達林直接談判，這對俄國人說來是一個信號——他們後來這麼說——表明張伯倫仍然沒有嚴肅認眞地看待同蘇聯建立同盟來制止希特勒。

斯特蘭在六月十四日到達莫斯科。但是，雖然他和法國代表一起同莫洛托夫會談了十一次，他的出場對英蘇談判的進展並沒有多大影響。半個月以後，俄國的猜疑和憤懣公開在《眞理報》（*Pravda*）的一篇文章上表現了出來。那是安德烈．日丹諾夫（Andrei Zhdanov）寫的，題目叫做〈英國和法國政府不想在平等的基礎上同蘇聯締結條約〉。雖然日丹諾夫自稱是「作爲私人而不是代表蘇聯政府」寫的，但是他不但是政治局委員和蘇維埃外交委員會主席，而且，如舒倫堡在就此事向柏林所做的報告中所說的那樣，還是「史達林的心腹之一，他的文章無疑是奉上面的命令寫的。」日丹諾夫寫道：

在我看來，英國和法國政府似乎並不想努力達成一項蘇聯眞正能接受的協議，而只是想談論一項協議，以便向他們本國的輿論表明所謂蘇聯的不妥協態度，從而好同侵略者締結協定。今後幾天之內就將表明事實是不是如此[66]。

這段文字無疑地是把史達林的想法公開於世：他不僅不信任英國和法國，也懷疑西方盟國最後可能像一年以前在慕尼黑那樣同希特勒做成一筆交易。舒倫堡大使告訴柏林，這篇文章的目的之一是「把談判破裂的可能性歸咎於英國和法國」[67]。

總體戰計畫

希特勒仍然還不肯吞俄國的釣餌，也許這是因爲整個六月份他都在貝希特斯加登忙著監督一項工作：把夏末進攻波蘭的軍事計畫準備完畢。

到六月十五日，他就收到了布勞希契將軍關於陸軍對波蘭進行軍事行動的極機密計畫[68]。這位陸軍總司令學著他主子的話說：「進行這一軍事行動的目的，是摧毀波蘭的武裝力量。政治領袖們要求戰爭應當以強力的襲擊開始，而且迅速取得勝利。陸軍總司令部打算要突然攻入波蘭領土，不讓波蘭軍隊進行一般的動員與集中，同時以西里西亞為一翼，以波美拉尼亞—東普魯士為另一翼向同一中心發動進攻，殲滅集中在維斯杜拉河—那雷夫（Narew）河一線以西的波軍主力。」

為了實現他的計畫，布勞希契成立了兩個集團軍——南路集團軍：由第八軍團、第十軍團、第十四軍團組成；北路集團軍：由第三軍團、第四軍團組成。南路集團軍由倫德斯泰特將軍指揮，將從西里西亞發動進攻：「以華沙為總方向，擊潰抗擊的波蘭軍隊，以盡可能強大的兵力盡速佔領維斯杜拉河兩岸的華沙，目標在於同北路集團軍合作，殲滅波蘭境內仍然在頑抗的波蘭軍隊。」北路集團軍的第一個任務是打開走廊，「建立德國和東普魯士之間的聯繫」。各個集團軍所屬各軍團和空軍及海軍都有詳細具體的目標。布勞希契說，在開戰的第一天，但澤就要被宣布為德國領土，並且將由德國指揮下的地方力量把它拿下來。

同時發布的一項補充命令，八月二十日將下令部署軍隊執行「白色方案」，「一切準備工作必須在那一天完成」。[69]

一個星期以後，即六月二十二日，凱特爾將軍向希特勒交上了一份「白色方案的初步時間表」[70]。元首審閱以後表示「基本上」同意，但是「徵召大量的後備兵入伍通常會驚動群眾……所以一切非軍事的機構、雇主或其他私人發問時，就告訴他們，這次徵兵是為了要進行秋季演習。」希特勒還規定：「爲了安全的理由，切勿執行陸軍總司令部的某項建議，在七月中旬把邊境一帶的醫院騰空。」

希特勒所計畫打的是總體戰，它不但要求軍事動員，而且要求國家全部資源總動員。爲了統一調度這個規模龐大的工作，第二天（六月二十三日）就在戈林主持下召開了國防會議。出席會議的大約有三十五名高級文武官員，代表軍隊的有凱特爾、雷德爾、哈爾德、托馬斯和米爾契，此外還有內政部、經濟部、財政部和交通部的部長以及希姆萊等人。自從國防會議成立以來，這還只是第二次開會，但是，據戈林解釋，這個機構只有在要做出最重要的決定時才開會，而且從繳獲的這次會議的祕密記錄可以看出，他毫不含糊地讓到會者都明白，戰爭已近在眼前，但是在爲工農業提供勞動力和其他許多有關全面動員的問題上還有許多工作有待完成[71]。

戈林告訴國防會議，希特勒已決定徵召大約七百萬人，爲了擴大勞動力的供應，經濟部長馮克博士應安排「何種工作可以交給戰俘和交給監獄及集中營裡的犯人去做」。希姆萊馬上湊上來說：「在戰時可以大大利用集中營。」。戈林接著又說：「可以從捷克保護國雇幾十萬工人到德國，在其監督之下做工，特別在農業方面。他們可以住在臨時營房裡。」很明顯，納粹的奴隸勞動計畫已經在形成了。

內政部長弗立克（Wilhelm Frick）保證在「公共行政方面節約勞動力」。他承認在納粹統治之下，官僚的人數已經增加了「二十倍到四十倍——眞是一件吃不消的事情」。結果決定成立一個委員會來糾正這種可悲的局面。

陸軍參謀總部運輸處處長魯道夫・格爾克（Rudolf Gercke）上校所做的報告，甚至於還要悲觀。「在運輸方面，」他直率地說；「德國目前還沒有準備好打仗。」

德國的運輸條件能否適應任務的要求，當然要看戰爭能否限制在波蘭而定。如果德國要在西線對法國和英國作戰的話，那麼運輸系統根本就不夠用。國防會議七月間曾召開兩次緊急會議，目的就在於「最遲到八月二十五日，使西壁防線能夠達到最大限度的準備狀態，能用到當時爲止最多的物資」。克魯伯兵工廠和鋼鐵卡特爾的高級職員被請來設法一點一滴地搜羅必要的鋼鐵來完成西線工事的裝備。因爲德國人知道，在德軍主力投入波蘭的時候，英法軍隊是否會對德國西部發動重大進攻將取決於西線工事的堅固程度。

雖然希特勒在五月二十三日曾難得那麼坦率地告訴他的將領們說，但澤根本不是同波蘭發生爭執的原因，但是在這年仲夏裡，這個自由市好像成了一個火藥桶，隨時都有可能爆炸而引起戰爭。這段時間德國人一直在把武器偷偷運入但澤，並由正規軍軍官去訓練當地的警衛隊使用這些武器（六月十九日，陸軍總司令部通知外交部，有一百六十八名德國軍官「已獲准以考察爲名義穿便服到但澤自由邦旅行」。七月初，凱特爾將軍問外交部：「但澤現有十二門輕炮和四門重炮，如果公開出來並且帶著它們來進行操練的話，在政治上是否明智，或者是否還是把這些武器隱蔽起來爲好。」[72]德國人到底是怎樣才把重炮在波蘭稽查眼睛底下偷運進但澤的，德國文件沒有透露）。武器和軍官都是從東普魯士越過邊境偷運進去的，而爲了對他們加強監視，波蘭人還增加了海關官員和邊防部隊。這時已完全按照柏林的命令行事的但澤地方當局，就設法阻撓波蘭官員執行任務，以此來對付他們。

這種衝突在八月四日達到了高潮，當時有四名波蘭駐但澤的外交代表通知地方當局，波蘭海關稽查已奉命「攜帶武器」執行他們的任務，但澤市民任何妨礙他們執行任務的行動都將被認爲是對波蘭官員的「暴力行爲」，如果發生這種情況，波蘭政府將「毫不延遲地對自由市採取報復」。

對希特勒說來，這是又一個跡象表明波蘭人不會被嚇倒，德國駐華沙大使的意見又加深了這種印象。他在七月六日給柏林的電報中說，如果「明顯地侵犯了」波蘭在但澤的權利，波蘭是會打仗的，這點「已很難有什麼懷疑」。從里賓特洛甫在電報空白處的親筆批語中可以知道，元首也看過這封電報[73]。

希特勒怒不可遏，第二天（八月七日）就把但澤的納粹黨領袖艾伯特．福斯特（Albert Forster）召到貝希特斯加登，告訴後者說，他對波蘭人的耐心已經達到了極限。柏林和華沙之間連續交換了怒氣沖沖的照會——語調之激烈使雙方都不敢公布。八月九日，德國政府警告波蘭，它要是再給但澤下最後通牒，「將造成德波關係的嚴重化……德國政府對此絕不能負任何責任」。第二天，波蘭政府尖刻地回答說：

> 我們將一如既往，反對自由市當局想損害波蘭在但澤所享有的利益。我們將以合適的手段與方法悍衛自己，並把德國政府的任何干涉……視爲侵略行爲[74]。

沒有一個橫在希特勒道路上的小國曾用過這樣的措辭。第二天，八月十一日，當希特勒接見國際聯盟駐但澤高級專員卡爾．布克哈特的時候，脾氣極壞。希特勒告訴這位已經接受了德國對但澤大部分要求的瑞士人說：「如果波蘭人敢動一個小指頭的話，他就將用他手中的強大武器以雷霆萬鈞之勢壓下去，這種武器波蘭人連想都沒有想到過。」這位高級專員後來報告說：

我說，這樣會引起全面衝突。希特勒先生回答說，要是他不得不打仗的話，與其留到明天打，還不如就在今天打，他不會像威廉二世時代的德國那樣行事，德國皇帝對充分使用各種武器，老是有各式各樣的顧忌，而他將毫無憐憫，無所不用其極[75]。

這是對付誰呢？當然是對付波蘭。必要時也要對付英國和法國。是不是也要對付俄國呢？對蘇聯來說，希特勒終於拿定了主意。

俄國的插手：二

俄國人採取了一個全新的主動步驟。

七月十八日，蘇聯駐柏林的商務代表巴巴林（E. Babarin）帶著兩名助手，到德國外交部拜會了施努爾，通知他俄國願意延長並且加強德蘇經濟關係。他帶來了一份詳細的備忘錄，建議簽訂一項貿易協定，大大增加兩國貨物的交易，並且宣稱，如果雙方之間少數分歧能得到澄清的話，他已受權能在柏林簽訂一項貿易條約。施努爾博士關於這次會談的內部報告表明，德國人對此頗為高興。施努爾指出，這樣一個條約，「至少會在波蘭和英國產生影響」[76]。四天以後，在七月二十二日，俄國報紙在莫斯科宣布，蘇德貿易談判已在柏林恢復。

就在這一天，威茲薩克相當興奮地用電報給在莫斯科的舒倫堡大使發去了一些頗為有趣的新指示。關於貿易談判的問題，他告訴大使說，「我們將以明顯的合作態度採取行動，因爲出於總體考慮，希望盡可能早日簽訂條約。」他接著還說：「我們同俄國人的談判，就政治方面而言，我們認爲，在我們（六月三十日）的電報中要你靜觀等待的時期已經過去了。你因此有權在那裡把線再接起來，不過也不必做得太急。」[77]

這種線事實上是四天以後即七月二十六日在柏林接上的。施努爾博士奉里賓特洛甫之命請蘇聯代辦阿斯塔霍夫和巴巴林在柏林一家豪華的飯館裡吃飯，向他們進行試探。這兩個俄國人並不用怎麼試探。據施努爾在關於這次談話的內部報告中說，「俄國人一直待到夜半十二點半」，而且「以非常活潑而又關心的態度談到了我們感興趣的政治和經濟問題」。

在巴巴林的熱烈贊同下，阿斯塔霍夫宣稱蘇德政治修好符合兩國的根本利益。他說，在莫斯科，人們總是無法瞭解爲什麼納粹德國對蘇聯這樣敵視。而那位德國外交官在回答的時候就解釋說：「德國在東方的政策現在已採取了完全不同的方針。」

就我們這方面來說，根本不存在威脅蘇聯的問題。我們的目標針對著一個完全不同的方向……德國的政策是針對英國的……我可以想像，在適當地情況下，考慮到對俄國極爲重要的問題，雙方能爲彼此的利益做出意義深遠的安排。

雖然如此，一旦蘇聯同英國結盟反對德國的話，這種可能性就不存在了。現在是德國和蘇聯達成諒解的良好時機，但是在同倫敦締結條約以後就不再會如此了。

英國能給俄國什麼呢？說得最好，也無非是參加歐洲大戰和同德國作對。與此對比，我們能給俄國什麼呢？中立和使之置身於可能發生的歐洲衝突之外，而且，如果莫斯科願意的話，還有德蘇對兩國共同利益的共識，這種共識，正如過去歷次一樣，將有利於兩國……從波羅的海到黑海到遠東全線，在我看來，都不存在（德國和俄國之間）有爭執的問題。除此之外，儘管它們對生活的看法有所不同，在德國、義大利和蘇聯的意識形態方面有一點是共同的：它們都反對西方的資本主義民主政體[78]。

這樣，在七月二十六日的深夜，在柏林一家小小的飯館裡，靠著一頓由幾個二流外交家享用的美酒佳餚，德國第一次認眞地提出了想同俄國完成一筆交易的要求。施努爾所採取的新路線是由里賓特洛甫面授的。阿斯塔霍夫聽得十分高興。他答應施努爾立即把他的話報告莫斯科。

在威廉街，德國人焦急地等待著要看蘇聯首都會有什麼樣的反應。三天以後，威茲薩克讓信使給在莫斯科的舒倫堡送去了一份密信。

我們急欲知道對阿斯塔霍夫和巴巴林談的話是否在莫斯科引起了任何反應，此事對我們十分重要。如果你能有機會安排再同莫洛托夫做一次談話的話，請循同樣的方針對他進行試探。如果莫洛托夫放棄了他迄今爲止所採取的矜持態度的話，你可以再進一步……在波蘭問題上尤其是如此。不論波蘭問題如何發展，我們都準備……保全蘇聯的利益並且同莫斯科政府達成諒解。在波羅的海地區的問題上，如果談判進行得順利的話，也可以提出，我們將調整我們對波羅的海國家的態度，以尊重蘇聯在波羅的海的重大利益[79]。

兩天後，七月三十一日，國務祕書又給舒倫堡發了一個「急密」電：

參看我們七月二十九日的信件，該信將由信使於今日送達莫斯科：在你與莫洛托夫下一次會晤的日期確定以後，請立即電告日期和時間。我們急盼你能早日見到他[80]。

柏林給莫斯科的指示中有著急的表示，這還是第一次。

柏林的著急是有充分理由的。七月二十三日，法國和英國已最後同意了俄國的建議——立即舉行軍事參謀人員的談判，擬定一項具體規定三國如何對付希特勒軍隊的軍事條約。雖然張伯倫直到七月三十一日才在下院宣布了這一協議，德國卻早就得到了風聲。七月二十八日，韋爾茲克大使從巴黎電告柏林，他從「一個消息極其靈通的人士」那裡得悉，法國和英國已在籌組軍事代表團赴莫斯科，法國代表團將由杜蒙克（Aimé Doumenc）將軍率領，大使把他說成是「一個特別能幹的軍官」，曾在馬克西姆．魏剛（Maxime Weygand）將軍手下任副參謀總長[81]。據德國大使在兩天後發來的一份補充電報中說，他的印象是，巴黎和倫敦已同意舉行軍事參謀人員談判，並把這看做是防止莫斯科談判中斷的一個最後辦法[82]。

這個印象是有充分根據的。從英國外交部的內部文件中可以看出，莫斯科的政治談判到七月份最後一個星期已陷入僵局，主要因爲無法對「間接侵略」下定義。英國人和法國人認爲，俄國人對這個名詞的解釋太寬了，這樣它就有可能會被俄國人利用成爲干涉芬蘭和波羅的海國家的藉口，即使那裡並沒有什麼嚴重的納粹威脅。對於後面這一點，至少倫敦是不能同意的，法國人倒準備比較馬虎一點。

而且，俄國人在六月二日堅持在簽訂互助條約的同時，還要簽訂一項軍事協定，詳細規定三國彼此間的軍事援助的「方法、方式和範圍」。西方國家對俄國的軍事力量估價並不太高（英國最高統帥部像德國最高統帥部後來那樣，遠遠低估了紅軍的潛力。這很可能主要是它的駐莫斯科武官發回來的報告所造成的印象。舉例來說，陸軍武官法爾布拉斯〔Roy Firebrace〕上校和空軍武官哈拉威爾（Hallawell）中校曾在三月六日給倫敦打了一個很長的報告，大意說，雖然紅軍和俄國空軍的防禦能力相當大，但是它們沒有能力發動眞正的攻勢。哈拉威爾認爲俄國的空軍「同陸軍一樣，由於後勤工作的垮臺而陷於癱瘓的可能，不排除由於敵人的進攻而陷於癱瘓的可能」。法爾布拉斯認爲對高級軍官的整肅已經使紅軍大大削弱。不過他也曾向倫敦指出：「紅軍認爲戰爭是不可避免的，而且毫無疑問正在盡力準備迎接戰爭。」[83]），因此想推脫莫洛托夫的這一要求。他們只同意在簽訂政治協定以後才開始軍事參謀人員的談判。但是俄國人堅持不讓步。後來，英國人爲了想做成這筆交易，在七月十七日建議立即開始軍事參謀人員的談判，條件是蘇聯不再堅持同時簽訂政治協定和軍事協定，並且——外加一條——接受英國關於「間接侵略」的定義，但是，莫洛托夫的答覆是乾脆的拒絕。他說，除非法國人和英國人同意把政治和軍事協定一攬子解決，就沒有繼續進行談判的必要。俄國人要終止談判的威脅在巴黎引起了驚慌，那裡對蘇聯—納粹之間暗送秋波的行動似乎比倫敦要感覺敏銳得多。很大程度上是由於法國的壓力，英國政府才在八月二十三日一面拒絕接受俄國人關於「間接侵略」的解釋，一面勉強同意了開始談判三國軍事條約[84]。

張伯倫對軍事參謀人員談判這件事實在談不上有什麼熱心（同莫洛托夫在莫斯科談判的斯特蘭甚至比張伯倫還要冷淡。他在七月二十日報告外交部說：「老實說，在我們還不能肯定蘇聯將成爲我國的盟國以前，就希望我們去同他們談軍事機密，這不合道理。」俄國人的看法恰恰相反，莫洛托夫在七月二十七日向英法代表明白表示：「重要的是要弄清楚，每一個締約國到底能對共同的事業提供多少個師，這些師將駐在什麼地方。」[85]俄國人在政治上承擔義務以前，他們首先要知道，他們到底能希望從西方得到多大的軍事幫助）。八月一日，狄克森大使從倫敦報告柏林，英國政府人士對同俄國人舉行軍事談判一事「都抱懷疑態度」。他寫道：

這一點可以從英國軍事代表團的成員來證明（英國代表團的人員是海軍上將雷金納德．普倫克特〔Reginald Plunkett，他曾在一九三五至一九三八年任普利矛斯基地司令〕，空軍中將查爾斯．伯納特〔Charles Burnett〕爵士和陸軍少將海伍德〔Heywood〕）。那位海軍上將……事實上已列入退休名單，而且從來沒有在海軍參謀部工作過。那位陸軍將領也純粹是一員作戰軍官。那位空軍將領是一位出色的駕駛員和教練，但並不是一位戰略家，這似乎可以表明這個軍事代表團的任務與其說是去締結作戰協定，還不如說是去摸一摸蘇軍戰鬥力的底……德國武官也認爲，英國軍界人士對即將同蘇聯武裝部隊舉行的談判抱有一種令人吃驚的懷疑態度[86]。

事實眞是如此，英國政府的懷疑態度竟然嚴重到忘了給普倫克特海軍上將參加談判的證明文件——伏羅希洛夫（Kliment Voroshilov）元帥在第一次參謀人員會議上就對這樣一種疏忽（如果可以稱之爲疏忽的話）表示不滿。這位海軍上將的全權證書直到八月二十一日才送到，這時早已沒有用處了。

但是，雖然普倫克特海軍上將沒有帶著書面證明文件，他可確實帶著書面的祕密指示，告訴他在莫斯科的軍事談判中該採取什麼方針。據很久以後公布的英國外交部文件透露，普倫克特海軍上將奉命要「使（軍事）談判進行得極慢，密切注視政治談判的發展」，一直等到政治方面達成協議爲止[87]。這項指示還向他說明，在政治條約簽訂以前，不能告訴俄國人什麼機密的軍事情報。

但是，既然政治談判已在八月二日中斷，而且莫洛托夫已經表明，除非軍事談判能有若干進展，他不會同意重開談判，人們就很難不得出這樣的結論：張伯倫政府並不急於擬議的互助條約，確定各國所承擔的軍事義務，而是蓄意拖延時間（這是阿諾德·湯恩比和他的合作者在《大戰前夕，一九三九年》〔*The Eve of War, 1939*〕一書中所作的結論，主要是根據英國外交部文件得出的，見該書頁四八二）。事實上，英國外交部的機密文件使人很難懷疑，到八月初的時候，張伯倫和哈利法克斯已經放棄同蘇聯達成協議以制止希特勒。當時他們認爲，如果他們能繼續莫斯科的軍事談判的話，這倒也許還可以制止德國獨裁者在今後四個星期之內採取觸發戰爭的決定性步驟（八月十六日，空軍中將伯納特爵士從莫斯科報告倫敦：「我認爲，如果我們不能使對方同意簽訂條約的話，政府的政策就是把談判盡可能地延長。」英國駐莫斯科大使西茲也在七月二十四日，即英國政府同意舉行軍事談判的第二天，打電報給倫敦：「我對軍事談判的成功不表樂觀，我也不認爲軍事談判能迅速結束。但是現在開始談判，將給軸心國家一點輕微的警告，也可以刺激我們的友邦，而且這一談判可能延長到足以避過今後幾個危險的月份。」[88]英法情報機關早就知道，莫洛托夫曾同德國大使會談過，知道德國力圖使俄國參與再次瓜分波蘭——那是庫倫德雷早在五月七日就警告過巴黎的——知道德國已在波蘭邊境集結重兵，也知道希特勒的意圖，從這些事實看來，英國人還相信能在莫斯科耍拖延策略，眞有點令人吃驚）。

同英國人和法國人相反，俄國人派出的軍事代表團成員都是最高級的軍官：國防人民委員伏羅希洛夫元帥，紅軍總參謀長沙波希尼科夫（Boris Shaposhnikov）將軍和海軍及空軍的最高司令官。俄國人不可能不注意到，英國人曾在七月間派帝國參謀總長陸軍上將艾德蒙．艾隆賽德（Edmund Ironside）爵士到華沙去同波蘭參謀總部談判軍事問題，而現在竟然不考慮派這樣高級的軍官到莫斯科來。

英法軍事代表團實在不能說是趕赴莫斯科的。坐飛機的話，一天就到了。可是他們卻是坐一條慢船，一條既載客又裝貨的輪船去的，路上所花費的時間足夠瑪麗皇后號把他們送到美國去。他們在八月五日啓開赴列寧格勒，到八月十一日才到莫斯科。

這時已經太遲了，希特勒已經搶在他們頭裡了。

當英國和法國的軍官們還在等他們那條把他們送到列寧格勒去的慢船的時候，德國人卻在迅速行動。在柏林和莫斯科，八月三日是一個關鍵性的日子。

那天中午十二點五十八分，歷來都是無例外地讓國務祕書威茲薩克來起草電報的外交部長里賓特洛甫，親自給在莫斯科的舒倫堡發了一份標明「機密—特急」的電報。

我昨天曾同阿斯塔霍夫做了一次很長的談話，詳情另電告知。

我表示，德國方面希望改善德俄關係，並且說，從波羅的海到黑海沒有一個問題不能加以解決，使雙方都感滿意。阿斯塔霍夫希望就目前重大問題進行更具體的會談，爲此……我宣稱，如果蘇聯政府願意透過阿斯塔霍夫通知我，也希望把德俄關係置在新的確定基礎之上的話，我自己隨時準備參加這種會談[89]。

外交部已經知道，舒倫堡當天稍晚的時候將去會見莫洛托夫。在里賓特洛甫的電報發出以後一個小時，威茲薩克也發出了自己的電報，同樣標明「機密—特急」。

鑒於政局演變甚快，並且爲了利於迅速行動，不管你今天同莫洛托夫的談話結果如何，我們都急需更加具體地在柏林繼續進行協調德俄的談判。爲此目的，施努爾將在今天接見阿斯塔霍夫，並將告訴他，我們準備更加具體地繼續談判[90]。

里賓特洛甫突然表示希望就從波羅的海到黑海的每一個問題進行「具體」談判，這當然會使俄國人大吃一驚——里賓特洛甫在下午三點四十七分發給舒倫堡的第二份電報中說，他曾「給了阿斯塔霍夫一個微微的暗示，表明我們將同俄國對波蘭的命運達成共識」——但這位德國外交部長卻向他駐莫斯科的大使強調，他曾告訴俄國代辦「我們並不著急」[91]。

這是裝腔作勢，而那位機靈的蘇聯代辦也看透了這一點。他在十二點四十五分在外交部見到施努爾的時候故意說，雖然施努爾看起來很著急，德國外交部長昨天「可並沒有表示這麼著急」。對此，施努爾巧妙地應付了過去。他在一份內部報告中寫道：

> 我告訴阿斯塔霍夫先生[92]，雖然外交部長昨夜並沒有對蘇聯政府表示任何著急，我們仍然認為最好是利用**今後幾天**來繼續談判，好盡快打下一個基礎。

這樣，對德國人來說，這就成了今後幾天就要見分曉的問題。阿斯塔霍夫告訴施努爾說，他從莫洛托夫那裡得到了對德國建議的「一個臨時答覆」。這個答覆在很大程度上是否定的。雖然莫洛托夫也希望改善關係，但是阿斯塔霍夫說：「莫洛托夫說，迄今爲止對德國的態度還不瞭解有什麼具體的東西。」

蘇聯外交人民委員那天晚上在莫斯科直接向舒倫堡表達了他的看法。午夜剛過，德國大使就發回了一個長長的電報[93]，報告他曾同莫洛托夫談了一個小時又一刻鐘，莫洛托夫「放棄了他往常那種矜持的態度而難得直爽起來」。這點看來是沒有什麼疑問的。因爲在舒倫堡重申了德國認爲兩國之間「從波羅的海到黑海」都不存在任何分歧的看法，而且重申了德國想「達成」雙方的共識後，那位硬梆梆的俄國外長就舉出了幾件德國對蘇聯的敵對行爲：反共公約，支持日本反俄，不讓蘇聯人參加慕尼黑會議。

莫洛托夫問道：「怎麼能說德國最近的聲明能同這三件事情沒有矛盾呢？德國政府態度的改變目前還沒有證明。」

舒倫堡看來有點灰心了。他打給柏林的電報說：

我的總體印象是，蘇聯政府目前已決心同英國和法國締結協定，只要他們能滿足蘇聯全部願望……我相信我的話已經給莫洛托夫留下了印象，但是我們這方面仍然要做巨大的努力，才能使蘇聯政府改變方針。

雖然這位德國老外交家對俄國事務十分熟悉，他顯然過高估計英法談判代表在莫斯科的進展。他也還看不出，柏林爲要改變蘇聯的外交方針，已付出的「龐大努力」已到什麼程度。

在威廉街，對蘇聯外交方針可以改變的信心越來越高。要是蘇聯保守中立的話，英國和法國就不會爲波蘭打仗，就是打的話，也可以很容易把他們擋在西線工事之外，等到德國軍隊把波蘭人迅速打垮以後，再以全力回師西向來對付他們。

機警的法國駐柏林代辦聖哈杜因（Jacques Tarbé de St. Hardouin）注意到了德國首都氣氛的改變，就在八月三日這一天，當柏林和莫斯科兩地外交活動十分頻繁的時候，他報告巴黎說：「過去一個星期之內，在柏林可以覺察到政治氣氛有一種十分肯定的改變……在納粹領導人當中，進退兩難，徘徊猶豫，想拖延時間，甚至想姑息遷就到下個階段。」94

德國盟友的猶豫

德國的盟國義大利和匈牙利的態度就不然了。夏天一天天過去，布達佩斯和羅馬的政府越來越害怕自己的國家會被拖到希特勒發動的戰爭中去，而且是站在德國一邊。

七月二十四日，匈牙利總理特萊基（Pál Teleki）伯爵給希特勒和墨索里尼發出了內容完全相同的信，通知他們「一旦發生全面戰爭的話，匈牙利將按照軸心國家的政策決定其政策」。說完這番豪語以後，他又縮了回來。同一天，他就給兩位獨裁者發出了第二封信，聲明「爲了防止對我七月二十四日的信可能發生任何誤解，我……再說一遍，從道義立場來說，匈牙利不能夠對波蘭採取武裝行動」[95]。

布達佩斯來的第二封信使希特勒又一次大發雷霆。當他八月八日在上薩爾斯堡接見匈牙利外交部長察基（Pál Csáky）伯爵的時候（里賓特洛甫也在場），他一開頭就說匈牙利總理的信使他「大爲震驚」。據爲外交部所寫的內部紀要說，他強調指出，在「一旦發生德波衝突的時候」，他從來也沒有指望要匈牙利——或者任何其他國家——援助。他還說，「特萊基伯爵的信是不能忍受的」。他提醒他的匈牙利客人，匈牙利是靠了德國的慷慨大度才從捷克斯洛伐克收回那麼多的領土。要是德國在戰爭中失敗了的話，他說：「匈牙利也必然會隨之被粉碎。」

繳獲的外交部文件中有德國方面關於這次談話的紀要，它暴露了希特勒在這個決定命運的八月份的心理狀態。他說，波蘭對德國來說，在軍事上根本不是什麼問題。儘管如此，他還是從一開頭就在考慮同時在兩條戰線上作戰。他口出狂言：「世界上沒有任何力量可以攻破德國的西線工事。在我的一生中沒有一個人能夠嚇唬我，英國也辦不到。我也不會因人們經常預言的神經衰弱而垮下來。」至於俄國：

蘇聯政府是不會對我們打仗的……蘇聯人不會重複沙皇的錯誤，爲英國流血犧牲。雖然如此，他們可能設法使自己不參加軍事行動，而靠犧牲波羅的海國家或者波蘭來佔點便宜。

希特勒這一番話效果十分顯著，在同一天舉行的第二次會談結束的時候，察基伯爵要求他「把特萊基寫的兩封信就當沒有寫一樣」。他還說，他也要對墨索里尼做同樣的請求。

幾個星期以來，義大利領袖一直在爲德國元首可能把義大利拖入戰爭而焦躁不安。他派駐柏林的大使阿托利科不斷送來越來越使他吃驚的消息，報告希特勒已決心進攻波蘭（典型的例子是阿托利科同里賓特洛甫在七月六日舉行會談後發回的一份生動報告。納粹外交部長告訴他，如果波蘭膽敢攻擊但澤的話，德國將在四十八小時以內在華沙解決但澤問題！如果法國居然爲但澤出面干涉，從而掀起大戰的話，也隨它去；德國沒有比這再高興的了。這樣法國就會被「消滅」；英國如果敢蠢動的話，結果將是大英帝國的覆滅。俄國呢？它馬上就會簽訂一項俄德條約，俄國絕不會出兵。美國呢？元首的一篇演說就足夠把羅斯福打敗了。美國人無論如何也不會動的。對日本的恐懼就足以使美國老實了。阿托利科報告說：「當里賓特洛甫在描繪這幅戰爭圖景的時候，我難以置信地靜靜聽著，他的想像力已在他腦袋裡樹立了這幅不可磨滅的圖景……除了他這幅圖景，即德國在一切方面對一切對手都必然勝利——這可確實是令人驚奇——什麼別的可能也都看不見……最後，我提到，就我所知，領袖和元首之間曾有一項完全的共識：義大利和德國是在準備一場不是馬上就打的戰爭[96]。但是機靈的阿托利科根本不相信最後這一點。整個七月份內，他的電報都是預告德國在波蘭的行動已迫在眉睫。」）自從六月初以來，墨索里尼一直在要求同希特勒再次會晤，終於在七月中決定於八月四日在伯倫納隘口會晤。七月二十四日，他透過阿托利科向希特勒提出了關於他們討論的「若干基本原則」。如果元首認爲戰爭「不可避免」的話，義大利將站在它一邊。但是領袖提醒元首，對波蘭的戰爭是不能限制在波蘭境內的，它將擴大爲歐洲大戰。墨索里尼認爲，現在還不是軸心國發動這樣一場戰爭的時候。他因此提出「在今後幾年內實行建設性的和平政策」，德國同波蘭，義大利同法國都通過外交談判來解決它們的分歧。不但如此，他還建議舉行另一次大國會議[97]。

元首的反應，據齊亞諾在七月二十六日的日記中所記，是不贊同的。因此，墨索里尼決定最好還是推遲他同希特勒的會晤[98]。八月七日，他提出兩國外交部長立即會晤，以代替原來的首腦會議。齊亞諾在這些日子裡寫的日記表明，羅馬的不安情緒在與日俱增。八月六日，他寫道：

我們必須尋找一條出路。要是一味跟隨德國的話，我們就將走向戰爭，而且是在對軸心國，尤其是對義大利，在最爲不利的條件下進入戰爭。我們的黃金儲備已經減少到幾乎蕩然無存了。我們的鋼鐵儲備也是如此……我們必須避免戰爭。我向領袖建議由我同里賓特洛甫會談……在這次會談中，我將設法繼續討論墨索里尼關於舉行世界會議的建議。

八月九日——里賓特洛甫已同意了我們會談的建議。我決定在明天晚上動身，以便同他在薩爾斯堡會面。領袖切望我用確鑿的證據向德國人證明，在這個時候爆發戰爭是一件蠢事。

八月十日——領袖比過去更加深信必須推遲戰爭。他親自擬定了關於薩爾斯堡會談的報告的大綱。報告的結尾暗示應舉行國際談判來解決如此危險地擾亂了歐洲生活的各種問題。

在讓我走以前，他囑告我應該坦率地告訴德國人，我們必須避免同波蘭發生衝突，因爲這種衝突將無法限制在波蘭境內，而全面的大戰對任何人都是一場災難[99]。

這位年輕的法西斯外交部長是帶著這樣一種值得稱讚的、然而在當時的環境下是天眞的想法和建議到德國去的，在那裡，在以後的三天內——八月十一日、十二日、十三日——他從里賓特洛甫那裡，尤其是從希特勒那裡，經歷了他一生中最大的震驚。

齊亞諾在薩爾斯堡和上薩爾斯堡：八月十一日、十二日、十三日

八月十一日，齊亞諾同里賓特洛甫在薩爾斯堡郊外後者的別墅中談了大約十個小時。這所別墅在富許爾（Fuschl），是那位納粹外交部長從一個奧地利的保皇黨人那裡奪過來的，至於那位保皇黨人，爲方便起見，已經送到集中營裡去了。據這位容易衝動的義大利人後來的報告，兩人見面的氣氛甚爲陰冷。當兩個人在聖沃夫岡（St. Wolfgang）的白馬旅社吃晚飯的時候，一句話都沒有交談。實在也沒有多大必要。里賓特洛甫這天早些時候已經告訴過他的客人，進攻波蘭的決定是不容修改的。

「那麼，里賓特洛甫，你們到底想要什麼？」齊亞諾說他曾這樣問過：「是走廊還是但澤？」

「再也不是那點兒東西了，」里賓特洛甫用他那閃閃發亮的眼睛冷冷地瞪著他回答說：「我們要戰爭！」

齊亞諾說，同波蘭的衝突不可能限制在波蘭，如果波蘭受到攻擊，西方民主國家會打仗；但是這種種論據都遭到了乾脆的拒絕。四年以後，一九四三年聖誕節的前兩天，當齊亞諾躺在義大利維羅納

監獄的第二十七號牢房中等待處決的時候（這是德國人指使的），他仍然還記著在薩爾斯堡郊外富許爾所度過的八月十一日這陰冷的一天。在一九四三年十二月二十三日，他在他最後一頁日記上寫道，里賓特洛甫「有一次同他在薩爾斯堡的奧地利皇宮飯店裡冷冰冰地吃飯的時候」曾同他打賭說，法國和英國一定會保守中立，里賓特洛甫以一批古代德國盔甲同齊亞諾賭一幅義大利名畫——他不堪回首地提到，輸家後來根本就沒有付出這筆賭注[100]。

齊亞諾後來又到了上薩爾斯堡。希特勒在八月十二日和十三日在那裡的兩次會議上重申法國和英國絕不會打仗。同納粹外交部長相反，元首的態度倒很親熱，但是他要打仗的決心卻一樣沒有轉彎的餘地。這不但可以從齊亞諾的敘述中得到證實，而且可以從繳獲文件中德國方面關於這次會談的祕密記錄中得到證實[101]。義大利外長看到希特勒站在一張大桌子前面，上面攤著軍用參謀地圖。他一開頭就解釋德國的西壁防線力量。他說，這是攻不破的。除此之外，他輕蔑地補充說，英國只能派三個師到法國去。法國的師當然要多得多，但是因爲波蘭「在很短的時間內」就會被擊敗，德國那時就可以在西線集中一百個師來進行「那時就將開始的生死存亡的鬥爭」。

事實會不會如此？幾分鐘以後，被齊亞諾的初步反應弄得心煩意亂的元首就自相矛盾起來了。義大利外交部長按照原來的打算向希特勒慷慨陳詞。據德國人的記錄說，他表示「義大利對完全意料不到的嚴重局勢大感驚訝」。他抱怨德國沒有經常把情況通知它的盟國：「此外，德國外交部長五月間在柏林和米蘭還曾聲明但澤問題將在適當時候予以解決。」當齊亞諾接著宣稱對波蘭的戰爭將擴大爲歐洲大戰的時候，他的主人打斷了話頭說，他的看法並不如此。

「我個人，」希特勒說：「絕對相信西方民主國家到最後無路可走的時候就會退縮而不敢發動全面戰爭。」根據德國的會議記錄記載，對這番話，齊亞諾回答說：「我希望元首的話會證明是對的，不過我可不相信。」義大利外交部長接著就詳細列舉了義大利的弱點，照德國人的記載看來，他這番長篇訴苦最後想必已經使希特勒認識到義大利在未來的戰爭中對他並沒有多大用處（有一次里賓特洛甫顯然被激怒了，他對齊亞諾說：「我們用不著你們！」齊亞諾反唇相譏說：「等著以後瞧吧！」見哈爾德將軍未出版的日記，一九三九年八月十四日[102]。哈爾德說，他是從威茲薩克那裡聽來的）。齊亞諾說，墨索里尼所以要推遲戰爭的理由之一是，「他極爲重視按原定計畫舉行一九四二年的世界博覽會」。希特勒這時已經完全沉迷在軍事地圖上，一心在盤算怎樣打仗，聽了這句話一定感到很驚異。同樣一定曾使他大感意外的是，齊亞諾居然天眞地拿出一份公報的草稿請他同意發表，其中說軸心國外交部長的會議「重申了兩國政府的和平願望」，並且表示相信能「透過正常的外交談判」來保持和平。齊亞諾說明領袖心裡本來想的是要舉行一個有歐洲主要國家參加的和平會議，但是由於尊重「元首的顧慮」，他願意退而求其次，只進行通常的外交談判。

希特勒在頭一天還沒有完全拒絕舉行國際會議的建議，但是他提醒齊亞諾：「在今後列強開會時已再也不能把俄國排除在外面了。」這是第一次提到蘇聯，然而並不是最後一次。

最後，當齊亞諾設法想要他的主人明確表示到底決定在哪一天進攻波蘭的時候，希特勒回答說，因爲秋天多雨，他的裝甲師和摩托師在一個很少有高級路面的國家裡會無法行動，因此「同波蘭算帳就必須在八月底的時候，不是用這種辦法就是用那種辦法來進行。」

齊亞諾終於得到了這個日期，或者說是可能的日期中最晚的一個日期。因爲過了一會兒之後，希特勒就又大發雷霆，說要是波蘭人採取任何新的挑釁行動的話，他決定「在四十八小時之內進攻波蘭」。因此，他接著說，「任何時候都可能對波蘭採取行動」。這場發作結束了第一天的談話，只是希特勒還答應要考慮一下義大利的建議。

用了二十四小時的時間考慮這些建議後，元首在第二天告訴齊亞諾，最好還是不要就他們的談話發表任何種類的公報（雖然德國方面的記錄明明寫著齊亞諾已同意希特勒的意見：「在會談結束時不發表任何公報。」德國人馬上就出賣了他們的義大利盟友。德國官方通訊社「德意志通訊社」在齊亞諾走了之後兩小時就發表了一項公報，絲毫沒有同義大利人做任何商量。公報說，雙方討論了當前的一切問題——特別討論了但澤問題——結果達成了「百分之百」的協議。公報還說，沒有任何一個問題懸而未決，已不再需要繼續會談，因爲已經沒有必要了。阿托利科發了火。他向德國人提出抗議，責備他們背信食言。他也向韓德森暗示，戰爭已迫在眉睫。接著他怒氣衝衝地發電報回羅馬，把德國人發表的公報說成是「馬基維利式的」。他指出這種做法是處心積慮要想在德國進攻波蘭以後把義大利同德國栓在一起。他要求墨索里尼對希特勒要硬一點，要堅決要求德國人履行《鋼鐵盟約》中關於事先要「商量」的條款，並且根據這項條款，堅持要有一個月的寬限，通過外交途徑來解決但澤問題[103]）。他說：

預計秋天的氣候不好，所以重要的是，第一，讓波蘭在盡可能最短的時間內明白表明其意圖。第二，德國將絕不容忍任何進一步的挑釁行動。

齊亞諾問他：「什麼叫盡可能最短的時間？」希特勒回答說：「至遲到八月底。」他解釋說，雖然打敗波蘭只要半個月就夠了，但「徹底收拾」還得再花兩個星期到四個星期——後來的事實證明，這是精確的估計。

最後，到會談結束的時候，希特勒又按他的慣例對墨索里尼大加奉承，而事實上他從齊亞諾的話裡一定已經明白，再也不能指望墨索里尼了。他說，他個人感到十分有幸「生在這樣一個時代，除了他自己以外，另外還有一個政治家將作爲偉大而獨特的人物而名垂青史。他能同這樣一個人交朋友是他個人極大的幸福。當共同戰鬥的時刻到來，不論發生什麼情況，他都將永遠在領袖的左右。」

不論愛戴高帽子的墨索里尼會被這些話打動到什麼程度，他的女婿可是無動於衷。他第二次同希特勒會談以後，在八月十三日的日記中寫道：「我回羅馬的時候，對德國人，對他們的領導人，對他們辦事的方法，眞是討厭透頂了。他們出賣了我們，對我們撒謊。現在他們是在把我們拖進一場冒險中去。這場冒險是我們不想幹的，而且會危及我們的政權和我們整個國家。」

但是，當時義大利是希特勒最不在乎的國家。他的心思集中在俄國身上。在八月十二日同齊亞諾的談話臨近結束的時候，有「一封莫斯科來的電報」（德國方面的記錄是這樣說的）交給了元首。由於希特勒和里賓特洛甫要看電報，談話中斷了一會兒。然後他們把電報的內容告訴了齊亞諾。「俄國人，」希特勒說：「已經同意德國派一個政治談判代表去莫斯科了。」

第十五章　納粹—蘇聯條約

八月十二日下午，希特勒在上薩爾斯堡向齊亞諾透露內容的「莫斯科來的電報」，就像在本書以前所出現過的某些「電報」一樣，來源甚爲可疑。在德國檔案裡並沒有找到這樣一份從俄國首都來的電報。舒倫堡確實曾在八月十二日從莫斯科發過一份電報給柏林，但是他只不過報告了英法軍事代表團的到達以及俄國人同他們的客人親熱地相互敬酒的消息而已。

可是，希特勒和里賓特洛甫顯然想用來打動齊亞諾的「電報」也仍然不無根據。八月十二日曾從威廉街向上薩爾斯堡傳去過一份電報，報告俄國代辦那一天在柏林拜會施努爾的結果。阿斯塔霍夫通知施努爾說，莫洛托夫現在準備討論德國人提出來的問題，包括波蘭和其他政治性問題在內。蘇聯政府建議以莫斯科爲談判地點。但是，阿斯塔霍夫說明，此事不必著急。施努爾在那份顯然趕發到上薩爾斯堡的報告中談到，阿斯塔霍夫強調說：「莫洛托夫給他的指示中主要著重之處就在『逐步』這個詞上……談判只能逐步進行。」[1]

但是，希特勒可不能等待同俄國的談判「逐步」進行。正如他剛剛對震驚莫名的齊亞諾透露的那樣，他已經把突襲波蘭的最後期限規定在九月一日，而現在已經將近八月半了。如果他要有效地破壞英法同俄國之間的談判而同史達林辦成他自己的交易的話，就該快動手——不是一步一步來，而是大跳一步。

八月十四日是星期一，又是一個關鍵性的日子。這一天，顯然並沒有完全得知希特勒和里賓特洛甫天機的舒倫堡大使從莫斯科發了電報給威茲薩克，說莫洛托夫是一個「古怪而難辦的人」，而「我仍然認爲在對蘇關係方面應當避免採取任何操之過急的行動」，然而，就在同時，柏林卻給他發去了一份「特急」電報[2]。這份電報是里賓特洛甫發出的，發報地點是威廉街（外交部長當時仍舊在富許爾），時間是八月十四日晚上十點五十三分。它指示德國大使立即去見莫洛托夫並向他「一字不改地」照讀一封長信。

這封信，說穿了，是希特勒出的大價錢。里賓特洛甫的電報說：德蘇關係已經「到了一個歷史性的轉折點……德國和俄國之間並不存在任何實際的利害衝突……歷史上，當兩國是友邦的時候就一切順遂，當兩國是敵國的時候，那就不然了」。里賓特洛甫接著說：

> 由於英國的政策而在波德關係上所發生的危機，以及實行那種政策必然會與英國組成聯盟，德俄關係得迅速澄清。要不然的話，情況……很可能逆轉，而使德俄兩國政府不再恢復友誼，從而無法協同釐清東歐領土的問題。因此，兩國領導人絕不能坐失時機而應該當機立斷。如果，由於雙方不瞭解彼此的觀點與意向而使兩國人民終歸仳離的話，將是極大的不幸。

德國外交部長因此「以元首的名義」，準備在適當時機採取行動。

我們獲悉，蘇聯政府也有意願釐清德俄關係。不過，根據過去的經驗，透過一般的外交途徑只能慢慢地來完成，因此，我準備到莫斯科做一短期訪問，以元首的名義向史達林先生提出元首的意見。在我看來，只有透過這樣的直接討論才能使局面有所改變，爲德俄關係的最後解決奠定基礎。

英國外交大臣一直不願到莫斯科去，而現在德國外交部長卻不但願意去，而且急著要去——納粹領袖們正確地估計到，這樣一種對比一定會給多疑的史達林強烈的印象。德國人認爲最重要的就是要把他們的意見直接提給那位俄國獨裁者本人。因此里賓特洛甫在他的急電後面又加上了一個「附言」。他告訴舒倫堡：

我要求你不要把這項書面指示交給莫洛托夫先生，而是盡可能像我所指示你的那樣，確切地直達史達林先生；我授權你，如果有機會的話，請莫洛托夫先生允許你代表我晉見史達林先生，那樣，你就可以把這封重要的信件直接向他面陳了。除了同莫洛托夫會晤以外，同史達林進行詳細討論也是我做這次訪問的目的之一[3]。

在德國外交部長的建議裡，有一個沒有什麼掩飾的釣餌，德國人一定認爲克里姆林宮是會上鉤的。德國人這樣想不是沒有理由的。在重申「從波羅的海到黑海沒有任何問題不能按兩國完全滿意的方式解決」的時候，里賓特洛甫具體提到了「波羅的海國家、波蘭、東南歐問題等等」，而且他還說，有必要「協同釐清東歐的領土問題」。

德國已經準備同蘇聯瓜分東歐，包括波蘭在內。這是英國和法國所無法出的大價錢，而且顯然，即使他們能夠出，也是不願出的。希特勒在出了這筆價錢以後，很有把握不會被拒絕，因此，就在當天（八月十四日）再次召集了他的三軍司令長官，來聽他講進行戰爭的計畫和預測。

上薩爾斯堡的軍事會議：八月十四日

這次會議的唯一資料來源，是沒有出版的陸軍參謀總長哈爾德將軍的日記。這本日記的第一頁就是一九三九年八月十四日（哈爾德是用格貝爾斯伯格式〔Gabersberger〕速記法記下的。它記錄的時間從一九三九年八月十四日到一九四二年九月二十四日他被免除參謀總長職務，內容包括納粹德國最機密的軍事和政治活動，因此有極大的歷史價值。在上薩爾斯堡寫的日記中，有希特勒講話時他做的速記記錄，最後還有他自己做的摘要。很奇怪，沒有一家美國或者英國的出版商出版過哈爾德的日記。筆者在寫作本書時曾看到過這本日記的德文普通書寫體本，是哈爾德自己從速記本譯出來的。希特勒的工作日誌證實這次會議的日期，那上面還說除了三軍總司令布勞希契、戈林和雷德爾而外，建造了西壁防線的工程師托特博士也參加了這次會議）。「偉大的戲劇，」希特勒告訴他的挑選來的聽眾說：「現在已經接近高潮了。」雖然要取得政治上和軍事上的勝利就不能不冒風險，他還是肯定英國和法國不會打仗。光說一點就夠了，英國「沒有一個眞正有膽略的領袖。我在慕尼黑領教過的人物都不是能打一場新的世界大戰的人物」。但是就像前幾次同他的軍事首腦們開會時一樣，元首總是忘懷不了英國，他相當詳細地談到了英國的力量和弱點，特別是後一方面。據哈德爾的記錄說：

同一九一四年不同，英國不會再冒冒失失參加一場要持續好幾年的戰爭了……那是有錢國家才能做的……即使英國，現在也沒有錢打世界大戰。英國要打仗是爲了什麼？誰肯爲了一個盟國而找死？

希特勒問道，英國和法國在軍事上有什麼策略呢？他自己回答：

硬攻西壁是不大可能的。向北經過比利時和荷蘭包抄不可能迅速取勝。這些辦法都幫不了波蘭人的忙。

這些因素都表明英國和法國不會參加戰爭……沒有什麼東西逼它們非打不可。到慕尼黑來的那批人是不會冒險的……英國和法國的參謀總部對武裝衝突的後果有清楚的估計，因而是反對打仗的……。

所有這一切都支持這樣一種看法：雖然英國可能大唱高調，甚至召回大使，也許在貿易上實行全面禁運。它還是肯定不會進行武裝干涉。

因此，波蘭很可能單獨應戰，但是希特勒解釋說，仍然必須把它「在一兩個星期內」打敗，好讓全世界都看到它已完全垮臺，這樣就不會再設法搭救它了。

希特勒還沒有完全準備好告訴他的聽眾，他就在這一天同俄國做的那筆交易要達到什麼樣的程度，雖然這個消息一定會使那些深信德國不能同時在兩條戰線上打一場大戰的將軍們大爲快慰。不過他告訴他們的那一點也已經足以引起他們要求知道更多消息的欲望了。

「俄國，」他說：「絕不是肯爲人火中取栗的。」他講了一下同莫斯科之間從貿易談判開始的「稀疏的接觸」。他現在正在考慮是否「該派一個談判代表到莫斯科去，這個人是否該是一個顯要人物」。他說，蘇聯並不感到對西方負有什麼義務。俄國人也瞭解必須要摧毀波蘭的理由。他們對「畫定勢力範圍」是有興趣的。元首「準備同他們互相遷就」。

在哈爾德記得十分詳盡的速記記錄中，沒有一處提到，這位陸軍參謀總長自己，或者陸軍總司令布勞希契將軍，或者戈林，曾對元首把德國引入歐洲大戰的方針提出過異議——因爲，雖然希特勒信心十足，但法國和英國是否一定不會打仗，俄國是否一定會袖手旁觀，他還不是絕對肯定。事實上，剛好一個星期以前，戈林就曾接到過一個直接的警告說，如果德國進攻波蘭的話，英國人肯定會打仗。

七月初，他有一個名叫比爾格·達勒魯斯（Birger Dahlerus）的瑞典朋友。曾設法讓他相信英國輿論再也不會容忍納粹進一步的侵略行動。當德國空軍總司令表示懷疑的時候，達勒魯斯八月七日又曾在靠近丹麥邊境的石勒蘇益格—荷爾斯泰因（Schleswig-Holstein）自己的一所房子裡安排了一個機會，讓戈林以私人的身分會見了七名英國企業界人士。這幾個英國人竭盡全力要戈林相信，如果德國發動進攻的話，英國一定會履行它對波蘭的條約義務。他們不但在口頭上說，而且還提出了一個書面備忘錄。他們是否達到目的是可以懷疑的，不過，自己也是一個商人的達勒魯斯相信他們達到了目的（達勒魯斯一九四六年三月十九日在紐倫堡爲戈林的案子作證的時候，告訴庭上，戈林曾「以他的榮譽」向英國商人們擔保，他將盡其全力來避免戰爭。但是也許戈林在會見英國商人之後兩天所做的一項聲明才更確切地表明他當時的心理狀態。他大吹德國空軍的空防能力說：「一顆炸彈也扔不到魯爾來。要是有一架敵機到達魯爾的話，我的名字就不叫赫爾曼・戈林：你們叫我什麼都行。」這是他很快就要後悔的一次吹牛）。這位好事的瑞典人肯定在柏林和倫敦都同上層有聯繫。在今後幾個緊張的星期中，他曾在德國和英國之間擔當了某種調解人的角色。他能直通唐寧街，而且曾於七月二十日在那裡受到了哈利法克斯勳爵的接見，他同後者討論了英國企業界人士即將會見戈林的事情。此後不久，他又被希特勒和張伯倫親自召見。但是，雖然他爭取和平的努力出於好意，他實在太天眞了，要當一個外交家，更是幼稚外行得驚人。幾年以後在紐倫堡審訊中，大衛・馬克斯威爾—費夫（David Maxwell-Fyfe）爵士曾多方盤詰，使這個瑞典業餘外交家痛苦地承認上了戈林和希特勒的大當[4]。

哈爾德將軍是十一個月以前要推翻希特勒的密謀中的爲首人物，爲什麼他在八月十四日不發言反對元首走向戰爭的決定呢？或者，如果他認爲說話沒有用的話，爲什麼不根據慕尼黑前夕同樣的理由——戰爭將給德國帶來大禍——再次策畫推翻那位獨裁者呢？多年以後，哈爾德在紐倫堡受審的時候解釋說，在一九三九年八月中旬，不管希特勒嘴上怎麼說，他還是不相信元首會冒險發動戰爭[5]。哈爾德在八月十五日即伯格霍夫會議後的次日所記的日記還表明，他也不相信法國和英國會冒戰爭的危險。

至於布勞希契，他不是一個能對希特勒已經打定的主意提出疑問的人。哈塞在八月十五日從吉斯維烏斯那裡知道了上薩爾斯堡軍事會議的消息後，曾托人帶話給這位陸軍總司令說，他「絕對相信」，如果德國侵入波蘭的話，英國和法國一定會干涉。然而哈塞爾在日記中傷心地寫道：「同他沒有什麼好談的。他不是害怕，就是根本不懂這件事……對這些將軍們是沒有什麼指望了……只有幾個人腦袋還清醒：哈爾德、卡納里斯、托馬斯。」[6]

只有最高統帥部才智出眾的經濟與軍備局局長托馬斯將軍敢公開對元首提出異議。八月十四日的軍事會議過了沒有幾天，托馬斯在同大體上已不活動的密謀分子戈德勒、貝克和沙赫特討論以後，寫了一個條陳，親自讀給最高統帥部長官凱特爾聽。他說，速戰速和完全是幻想。對波蘭的進攻將觸發世界大戰，而德國卻缺少進行這場大戰的原料和糧食。但是全部思想完全來自希特勒的凱特爾，卻對這種認為會引起大戰的看法置之一笑。他說，英國太老朽了，法國太腐敗了，美國太不關心了，它們都不會為波蘭來打仗的[7]。

這樣當一九三九年八月下半月開始的時候，德國的軍事首腦們就全力準備起消滅波蘭的計畫來了，同時也準備，萬一西方民主國家出乎一切預料而出兵干涉的時候，要如何保衛德國西部。原定在九月份第一個星期開始舉行的一年一度的紐倫堡黨代表大會，希特勒曾在四月一日把它定位為「和平的黨代表大會」，在八月十五日暗暗地取消了。有二十五萬人被徵召入伍，到西線的軍隊中去。對鐵路運輸單位提前發出了動員令。陸軍總司令部已計畫好遷移到柏林東面的措森（Zossen）。同一天，海軍方面報告，袖珍戰鬥艦「斯比伯爵號」（Grap Spee）和「德意志號」及二十一艘潛水艇已準備好開赴大西洋防區。

八月十七日，哈爾德將軍在日記裡記下了一段奇怪的話：「卡納里斯同第一局（作戰局）查對過。希姆萊、海德里希，上薩爾斯堡：給上西里西亞送一百五十套附件齊全的波蘭軍服。」

這是什麼意思？直到戰後才弄清楚。這牽涉納粹黨人所製造的最離奇的一個事件。我們還記得，為了能使侵略奧地利和捷克斯洛伐克有所藉口，希特勒和他的將領們曾打算製造過像謀殺德國公使這樣的「事件」，這一次也正如過去一樣，他們因爲看到時間越來越少，就又想製造一個事件，至少照他們的想法，這樣就可以使他們在全世界面前有了侵略波蘭的理由。

這一事件的代號叫「希姆萊計畫」，做法十分簡單——也十分露骨。黨衛隊的祕密警察讓集中營裡的死囚穿著波蘭陸軍的制服，讓他們對格萊維茨（Gleiwitz）的德國廣播電臺發動假進攻。這個地方靠近波蘭邊境，這樣就可以指責波蘭進攻了德國。八月初，最高統帥部情報局局長卡納里斯海軍上將，接到了希特勒的手令，要他發給希姆萊和海德里希一百五十套波軍制服和若干波軍小型武器。這使他大爲奇怪，八月十七日，他問最高統帥部長官這是怎麼回事。那位沒有骨氣的凱特爾說，他也不怎麼看得起「這種行爲」，不過他告訴卡納里斯說，既然是元首親自下的命令，也就「沒有什麼法子」了[8]。卡納里斯雖然十分反感，但還是服從了希特勒的命令，把制服交給了海德里希。

這位黨衛隊保安處處長選定了一個叫做阿爾弗雷德·諾約克斯（Alfred Helmut Naujocks）的年輕黨衛隊資深特務來執行這項計畫。對這個奇怪的人物來說，接受這樣的任務既不是第一次，也不是最後一次。早在一九三九年三月，在德國佔領捷克斯洛伐克以前不久，諾約克斯就曾受海德里希指使把炸藥運入斯洛伐克，據他後來供認，這批炸藥就是用來「製造事件」的。諾約克斯是黨衛隊祕密警察的典型產物，是一種有文化的匪徒。他曾在基爾大學學過工程，在那裡第一次嘗到了同反納粹分子毆鬥的滋味，有一次他的鼻子給共產黨人打癟了。他是在一九三一年參加黨衛隊的，在一九三四年保安處成立時就到了那裡。像海德里希周圍許多別的年輕人一樣，他喜歡從事在黨衛隊內被認爲是一種花腦筋的研究——特別是「歷史」和「哲學」。同時他也很快地成了一個被認爲是難對付的年輕人（還有一個是斯科爾茲內〔Otto Skorzeny〕），可以被委託去執行希姆萊和海德里希所設想出來的那種不大光彩的任務〔諾約克斯在「文洛事件」〔Venlo Incident〕中也參加了一手，以後詳加敘述。在一九四五年五月德軍西進時，他僞裝成荷蘭和比利時邊防軍。戰爭初期，他在保安處管過一個科，專門僞造護照，在做這件事情的時候還提出了一項「伯恩哈德計畫」〔Operation Bernhard〕，異想天開地想在英國上空散發僞造的英國鈔票。海德里希後來對他感到厭倦了，硬把他派到黨衛隊的一個團裡在俄國服役，他在那裡負了傷。一九四四年，他到比利時負責財務管理，但是他在當時的主要工作似乎是在丹麥執行暗殺任務，對象是丹麥抵抗運動分子。他在比利時投奔了美國軍隊，很可能是爲了保全他的腦袋。事實上，他確實神通廣大。一九四六年，在他作爲戰爭罪犯囚禁期間，他驚險地逃出設在德國境內一個專門監禁戰爭罪犯的拘留營，因此逃脫了審訊。在寫作本書的時候，他仍然沒有逮捕歸案，其蹤跡也無人聞知，關於他越獄逃亡的事情，夏翁堡—李普在《皇冠與監獄之間》〔Schaumburg-Lippe, *Zwischen Krone und Kerker*〕一書中曾有敘述〕。一九四四年十月十九日，諾約克斯投奔了美國人，一年以後在紐倫堡做了宣誓證詞，其中談到希特勒爲了有藉口進攻波蘭，因而製造「事件」的經過。這樣就爲歷史保存了一段實錄。諾約克斯在一九四五年十一月二十日在紐倫堡的證詞中說：

一九三九年八月十日或者這一天前後，保安處處長海德里希親自下令，讓我進攻波蘭邊境附近的格萊維茨電臺，而且要裝作這支進攻部隊是波蘭人組成。海德里希說：「對外國報界和德國宣傳來說，都需要眞憑實據足以證明波蘭人組織這次進攻。

給我的命令是攻佔廣播電臺，佔領時間要長到足以讓一名歸我指揮的能說波蘭話的德國人廣播完一篇波蘭語的演說。海德里希告訴我說，這篇演說應當講到德國人同波蘭人之間開戰的時間已經到了……海德里希還告訴我說，他預料德國在幾天之內即將進攻波蘭。

我到格萊維茨去，在那裡等候了十四天……八月二十五日至三十一日之間，我去見了祕密警察頭子海因里希·繆勒（Heinrich Müller），他當時正在附近的奧普林。繆勒當著我的面同一個叫做梅爾霍恩（Mehlhorn）的人討論打算要製造另一個邊境事件（此人是黨衛隊大隊長梅爾霍恩博士，他在海德里希之下負責保安處。施倫堡〔Walter Schellenberg〕在回憶錄《迷宮》〔*The Labyrinth*〕頁四五至五〇中詳細談到，梅爾霍恩曾在八月二十六日告訴他，他受命在格萊維茨發動一次假進攻，但是後來梅爾霍恩裝病沒有去。梅爾霍恩的膽量後來幾年中要好得多。他是戰時祕密警察在波蘭搞恐怖行爲的主要指使者之一），要把事情做得看起來是波蘭士兵進攻德國軍隊那樣……繆勒說他有十二名到十三名的死囚，要讓他們穿上波軍制服，把他們弄死後放在出事地點，以此表明他們是在進攻時被打死的。爲了這個目的，海德里希部下的醫生要給他們打毒藥針，然後再用槍打，在他們身上造成傷口。事件發生之後，要把報界人士和其他人士帶到現場去……。

繆勒告訴我，他從海德里希處得到一個命令，要給我這樣一些死囚來布置格萊維茨的事件。他在提到這批死囚時所用的代號是「罐頭貨」[9]。

當希姆萊、海德里希和繆勒在希特勒的命令下準備利用這批「罐頭貨」爲德國侵略波蘭製造藉口的時候，元首在部署三軍方面也做出了第一個決定性的行動，準備應付可能會擴大的戰爭。在八月十九日——這是又一個關鍵性的日子——給德國海軍下達了出發的命令。二十一艘潛水艇奉命進入不列顛群島以北和西北的陣地，斯比伯爵號啓碇開赴巴西沿岸海面，它的姊妹艦德意志號也進駐據點，準備切斷英國在北大西洋的海上航路。潛水艇在八月十九日與二十三日之間啓航，斯比伯爵號的啓航日期是八月二十一日，德意志號是八月二十四日。

向各戰艦下達出發令以準備可能對英國採取行動的這一天是十分重要的。因爲正是在八月十九日這一天，在柏林進行了一個星期的瘋狂的呼籲以後，蘇聯政府終於給了希特勒以他所要求的答覆。

納粹—蘇聯談判：一九三九年八月十五至二十一日

舒倫堡大使在八月十五日晚上八時見了莫洛托夫，而且，按照柏林的指示，向他宣讀了德國外交部長的急電，後者表示準備到莫斯科來解決蘇德關係。據那天深夜德國大使發往柏林的「特急極機密」電報說，蘇聯外交人民委員「以最大的興趣」聽取了他的陳述，並且「熱烈歡迎德國想改善對蘇關係」。雖然如此，莫洛托夫畢竟是耍外交的老手，仍然不露一絲著急的跡象。他說，像里賓特洛甫所建議的那種訪問，「要求有充分的準備，才能使雙方的意見交換得到結果」。

什麼結果？這位詭計多端的俄國人給了一點暗示。他問道，德國政府是否有興趣在兩國之間簽訂一項互不侵犯條約呢？它是否準備發揮它對日本的影響來改善蘇日關係並且「消除邊境衝突」呢（指的是在滿洲—蒙古邊境上已經打了整整一夏天卻沒有宣戰的戰爭）？最後，莫洛托夫問道，如果蘇德聯合擔保波羅的海國家的話，德國以爲如何呢？

他最後說，所有這一類問題「都必須具體討論，那樣，在德國外交部長來到了這裡以後，就不會僅僅是交換交換意見，而是能做出具體決定」。他再一次強調「對這些問題進行充分的準備是必不可少的」[10]。

這樣看來，締結納粹—蘇聯互不侵犯條約的建議還是俄國人第一個倡議的——而且這個時候，他們還在同法國和英國商討協同作戰來制止德國侵略（這個消息英國政府很快就知道了。八月十七日，美國副國務卿桑納爾·威爾斯〔Sumner Welles〕曾把莫洛托夫對舒倫堡的建議通知了英國駐華盛頓大使。那是美國駐莫斯科大使斯坦哈特〔Laurence Steinhardt〕在前一天把這件事情報告給華盛頓的，而且十分確切[11]。斯坦哈特曾在八月十六日見過莫洛托夫）。希特勒對「具體討論」這樣一個條約當然大喜過望，因爲這個條約將使俄國置身於戰爭之外，從而能使他放膽進攻波蘭而無需害怕蘇聯干涉。而如果蘇聯置身於外的話，他深信英國和法國是會不寒而慄的。

莫洛托夫的這些建議正好就是希特勒所希望的東西；而且，它們比他所敢於提出的更具體，更痛快。只有一個困難：八月份快完了，而莫洛托夫還在那裡堅持在德國外交部長訪問莫斯科以前要有「充分準備」，希特勒可等不及蘇聯人這種慢吞吞的步子。威廉街在八月十六日清晨六點四十分就把舒倫堡關於他同莫洛托夫談話的報告用電話傳給了在富許爾的里賓特洛甫，里賓特洛甫又急急忙忙翻過山到上薩爾斯堡去向元首請示。到了午後，他們就擬好了給莫洛托夫的答覆，從電傳打字機上傳給在柏林的威茲薩克，指示他立即以特急電報發往莫斯科[12]。

納粹獨裁者無條件地接受蘇聯的建議。舒倫堡奉里賓特洛甫之命再次會見莫洛托夫並且通知他：

德國準備同蘇聯締結一項互不侵犯條約，而且，如果蘇聯政府也有同樣願望的話，這項條約的期限可定爲二十五年，期滿以前不得廢除。除此而外，德國還準備同蘇聯一起對波羅的海各國做出擔保。最後，德國也願意發揮影響來改進並鞏固俄—日關係。

德國政府一切裝作不急於同莫斯科做交易的僞裝都拋掉了。里賓特洛甫的電報接著說：

元首的意見是，鑒於目前時局的變化，並且鑒於不論哪一天都有可能發生嚴重的事變（在這一點上請向莫洛托夫先生說明，德國絕不能無限期地容忍波蘭的挑釁），亟須從根本上迅速澄清德俄關係，並澄清各自對當前問題的態度。

爲此，我已準備在星期五（八月十八日）以後的任何時候飛赴莫斯科，由元首授予全權，來談判德俄關係的全部問題，而且，如果時機成熟的話，簽訂相應的條約。

里賓特洛甫再次在這封電報後面加上了一段附言——他個人給大使的指示。

我要求你再一次把這一指示逐字讀給莫洛托夫聽，並且要求立即知道俄國政府和史達林先生的意見。爲讓你心中有數，再告訴你一句絕對要保密的話，如果我能在本週末或者下週初到莫斯科的話，對我們將特別有利。

第二天，希特勒和里賓特洛甫在高山頂上十分著急地等待著莫斯科的回答。莫斯科和柏林之間電訊來往當然不可能說來就來——然而那兩位高居在巴伐利亞阿爾卑斯山頂上的人卻似乎忘記了這一事實。到八月十七日中午，里賓特洛甫又給舒倫堡發了一封特急電，要求對方「用電報報告：你是什麼時候求見莫洛托夫的，會談安排在什麼時候」[13]。到吃晚飯的時候，那位被逼得很緊的大使的覆電來了，也是特急，說的是他在前一天深夜十一點鐘才接到外交部長的電報，要進行任何外交活動都太晚了。今天（八月十七日）早上他做的第一件事情，就是同莫洛托夫約好在晚上八點見面[14]。

對於現在急得如熱鍋上螞蟻一般的納粹領導人來說，這次會談的結果是失望的。俄國外交人民委員不但知道希特勒在著急，而且無疑也完全知道是爲了什麼理由，因此他就想種種辦法耍弄他們。在舒倫堡向他讀里賓特洛甫的電報的時候，莫洛托夫並不怎麼關心它的內容，聽完了以後，他就拿出了蘇聯政府對德國外交部長八月十五日第一次來信的書面答覆。

這份覆照一開頭就尖刻地回溯了納粹政府以前對蘇俄的敵視行爲，並且說，「直到最近以前，蘇聯政府都一直假定德國政府是在找機會同蘇聯發生衝突……更不用提德國政府利用所謂的反共公約，努力建立反對蘇聯的統一戰線」。覆照解釋說，正是由於這個理由，俄國「才參與組織一個反對德國侵略的聯合防禦陣線」。照會上還說：

雖然如此，如果德國政府現在要對過去的政策實行改變，準備認眞改善同蘇聯的政治關係，蘇聯政府只能對這樣一種改變表示歡迎，並且準備在自己這方面修改政策，以便認眞改善對德關係。

但是，俄國照會堅持，這一定要通過「認眞而實際的步驟」來做到——而不是像里賓特洛甫所建議的那樣跨一大步。

到底是什麼樣的步驟？

第一步：締結一項貿易與貸款協定。

第二步：「可在不久以後」締結一項互不侵犯條約。

在採取第二個步驟的同時，蘇聯人要求「簽訂一項特別議定書，明確規定締約雙方在外交政策上的利益」。這顯然是暗示，至少是在瓜分東歐問題上，莫斯科已經同意德國人的意見，認爲可以做一筆交易了。

至於德國方面所建議的里賓特洛甫訪蘇之舉，莫洛托夫宣稱，蘇聯政府對此「甚爲滿意」，「因爲派遣這麼一位顯要的政治家前來，特別能表現出德國政府的態度是十分認眞的，與英國適成顯著的對比，後者只派了像斯特蘭那麼一個二流角色到莫斯科來。雖然如此，對德國外交部長的來訪，仍然需要做充分準備。這種訪問必然會大事張揚，蘇聯政府卻並不喜歡招搖，而寧願不聲不響地做些實際工作」[15]。

莫洛托夫提都沒有提到里賓特洛甫所說的急迫的具體建議，即他要在週末到莫斯科來，而舒倫堡則也許因爲談話的結果有點出乎他意料之外，也沒有多提這件事。

第二天，里賓特洛甫在接到大使的報告以後，就催起這件事來了。十分明顯，希特勒現在是不顧一切了。八月十八日晚間，從他在上薩爾斯堡的夏令總部又給舒倫堡發出了一封由里賓特洛甫署名的特急電報。這封電報是在八月十九日清晨五點四十五分到達駐莫斯科德國大使館的，它指示大使「立即安排再次晉見莫洛托夫先生，並且盡可能爭取馬上同他會談」。再也沒有時間可以坐失了。「我要求你，」里賓特洛甫在電報裡說：「告訴莫洛托夫以下的話」：

……我們在正常情況下，當然也願意透過外交途徑來設法調整德俄關係，並且以通常的方式予以實現。但是目前不同尋常的形勢，按照元首的意見，已使我們有必要採取不同的方法以取得迅速的結果。

德波關係一天比一天尖銳。不論哪一天都可能發生會使公開衝突無法避免的事件……元首認爲，我們必須有心理準備，在努力澄清德俄關係的時候，德波衝突可能會突然爆發。他因此認爲，必須在事先就加以澄清。發生這樣一種衝突的時候，考慮到俄國的利益是非常重要的，如果不事先加以澄清德俄的話，是很難做到這一點的。

德國大使還要說，莫洛托夫所提到的談判的「第一步」，即締結貿易協定已經在當天（八月十八）在柏林完成了，現在是「著手」第二步的時候了。爲此，德國外交部長建議自己「立即動身來莫斯科」。他來的時候，「將由元首授予全權，來全面地而且解決全部問題」。里賓特洛甫補充說，到了莫斯科，他就能夠「考慮俄國人的願望」。德國人現在已不再兜圈子了。什麼願望？里賓特洛甫接著說：

我也將能夠簽訂一項特別議定書，明確規定締約雙方在外交政策問題上的利益；例如在波羅的海地區劃定勢力範圍。然而，這種解決只有口頭討論才辦得到。

這一次，大使絕不能從俄國人嘴裡得到一個「不」字。里賓特洛甫最後說：

請你注意，德國的外交政策在今天達到了一個歷史性的轉折點……請你一定要求對方迅速同意我訪問莫斯科，並且有力地反對俄國人任何相反的意見。在這一點上，你必須牢牢記住這樣一個決定性的事實，即公開的德波衝突可能很快爆發，因此，我能立即訪問莫斯科是我們最大的利益[16]。

八月十九日是決定性的一天，讓德國潛水艇和袖珍戰鬥艦開赴英國海面的命令一直壓著，要等莫斯科來了回音才發。這些艦艇要是打算在希特勒預定發動戰爭的日期九月一日到達指定地點的話，它們本應該馬上出發的，因爲剩下的時間已只有十三天了。受命突襲波蘭的兩路大集團軍也應該立即進入陣地了。

柏林，特別是上薩爾斯堡，空氣的緊張幾乎叫人不能忍受。希特勒和里賓特洛甫神經質地等待著莫斯科的決定。外交部那一天的各種文電透露了威廉街這種緊張不安的感覺。施努爾博士報告，同俄國人關於貿易協定的談判已經在前一天晚上「達成完全協議」後結束了，但是蘇聯卻拖著不肯在上面簽字。他說，簽字儀式本來要在今天（八月十九日）中午舉行，但是到了中午，俄國人又打電話來說，他們得等莫斯科來的指示。施努爾報告說：「顯然，他們是得到了莫斯科的指示，爲了政治上的理由而拖延簽字。」[17]從上薩爾斯堡，里賓特洛甫又給舒倫堡發去了一份「特急」電報，要他一定用電報報告莫洛托夫所說的任何一句話，或者足以表明「俄國人的意向」的每一個跡象，但是這天白天，從大使那裡一共只收到了一份電報，那是照轉蘇聯通訊社塔斯社在莫斯科的一則闢謠聲明。塔斯社否認外傳俄國和英法軍事代表團之間已在遠東問題上陷於僵局，不過，它又說三國代表團在「完全不同的問題上」存在分歧。對希特勒來說，這是一個信號——還有時間，也還有希望。

然後，到八月一九日晚上七點十分，那份望眼欲穿的電報終於來了。

機密

特急

蘇聯政府同意，德國外交部長在經濟協定宣告簽字以後一星期到莫斯科來。莫洛托夫說，如果締結經濟協定的消息明天公布的話，德國外交部長就可以在八月二十六日或者二十七日到達莫斯科。

莫洛托夫交給了我一份互不侵犯條約草案。

關於我今天同莫洛托夫兩次談話的詳細報告以及蘇聯草案的全文將立即用電報發出。

舒倫堡[18]

據大使報告，八月一九日下午二時在克里姆林宮開始的第一次談話繼續了一個小時，進行得並不很好。看起來，似乎無法一下子迫使俄國人接待德國外長。「莫洛托夫堅持，」舒倫堡在電報中說：「即使要在大體上確定訪問的日期，目前也是辦不到的，因爲那需要充分的準備……對於我再三指出而且極其強調的必需趕快的理由，莫洛托夫答稱，迄今爲止，甚至第一個步驟——締結經濟協定——都還沒有完成。首先，經濟協定要簽字並公布，而且要在國外發生預期的影響。然後才輪得到互不侵犯條約和議定書。」

「莫洛托夫顯然毫不為我的異議所動。莫洛托夫聲稱，他已把蘇聯政府的觀點告訴了我，已經再也沒有別的話要補充了，在這以後，第一次談話就結束了。」

但是，很快，他就有話要補充了。

「這次談話結束以後還不到半小時，」舒倫堡繼續報告說：「莫洛托夫通知我，要我在下午四點三十分再到克里姆林宮去見他。他為麻煩我表示歉意，並且向我解釋，他已經向蘇聯政府做了報告。」

接著，這位外交人民委員就交給這位又驚又喜的德國大使一份互不侵犯條約草案，並且告訴他，如果貿易協定能在明天簽字並公布的話，里賓特洛甫就可以在八月二十六日或者二十七日到莫斯科來。

「莫洛托夫並沒有對他突然改變主意舉出什麼理由，」舒倫堡在電報上補充說：「我猜想是史達林過問了這件事。」[19]

這個猜想無疑是正確的。據邱吉爾說，蘇聯想同德國簽訂條約的意圖是史達林八月十九日晚上向政治局宣布的[20]。從舒倫堡的電報中可以看得很清楚，這一天略早一點的時候——大概在下午三點到四點半之間——他把他那決定大局的決定告訴了莫洛托夫。

邱吉爾說，三年以後，當他在一九四二年八月間到莫斯科訪問時，「有一天清早」，這位蘇聯獨裁者當談到了他所以採取這一厚顏無恥行動的一些理由[21]：

我們的印象是，英國和法國政府並沒有決心在波蘭受到攻擊的時候打仗。但是他們卻希望英法俄在外交上的聯合會嚇退希特勒。我們肯定這樣做是達不到目的的。

邱吉爾回憶道：

史達林曾問：「法國動員起來以後，能拿出多少個師來對付德國？」答覆是：「大約一百個。」他又問：「英國能拿出多少個？」答覆是：「兩個，以後還可以再加兩個。」「啊，兩個，以後再加兩個。」史達林重複了一遍。然後他問道：「你知道不知道，要是我們同德國打仗的話，我們得在俄國戰場上投入多少個師？」停了一下，他自己回答說：「三百個以上。」

舒倫堡在報告關於他八月十九日同莫洛托夫談話的結果的電報中還曾說，他想勸誘蘇聯外交人民委員同意里賓特洛甫早日訪問莫斯科，「不幸，沒有成功」。不過，對德國人來說，此事非成功不可。侵入波蘭的全部時間表，實際上也就是取決於到底能不能在秋雨大降以前的短短時期內發動進攻。德國人害怕，要是莫斯科不能在八月二十六日或者二十七日以前接待里賓特洛甫的話，要是俄國人稍稍拖延一下的話，九月一日的預定日期就無法保證了。

在這個成敗關頭，希特勒決定直接同史達林打交道。他放下了架子，親自請求這位他長期以來一貫痛罵詛咒的蘇聯獨裁者立即同意他的外交部長到莫斯科去。他給在星期天（八月二十日）下午四點四十五分急急發電報到莫斯科去給史達林，離他收到舒倫堡的電報剛好過了十二個小時。元首指示大使「立即」把它交給莫洛托夫。

莫斯科史達林先生：

我衷心地歡迎簽定新的德蘇商務協定，認爲它是改變德蘇關係的第一步。這個協定是八月二十日星期天淩晨二時在柏林簽字的。

同蘇聯締結互不侵犯條約，對我説來，意味著確立德國的長期政策。德國從此將恢復過去若干世紀中對我們兩國都屬有益的政治方針……。

我接受你的外交部長莫洛托夫先生交來的互不侵犯條約草案，但是認爲迫切需要盡快地澄清與之有關的問題。

蘇聯所希望的補充議定書的內容，我深信，在最短期間就能夠得到澄清，如果能有一位負責的德國政治家親自到莫斯科去談判的話。如若不然，德國政府就無法明白，這項補充議定書怎麼樣才能在短時期內澄清並解決。

德國和波蘭之間的緊張關係已變得不可容忍了……不論哪一天都可以爆發危機。德國已經下定決心從現在起以在它支配下的一切手段來保護它的國家利益。

在我看來，鑒於我們兩國都有建立彼此間新關係的願望，最好是不要喪失任何時間。我因此再次建議你在星期二（八月二十二日）接見我的外交部長，至遲到星期三，八月二十三日。德國外交部長有最充分的權力來擬定並簽訂互不侵犯條約和議定書。鑒於目前的國際形勢，外交部長在莫斯科只能逗留一天，至多兩天，再長是不可能的。我將十分高興得到你盡早的答覆。

阿道夫．希特勒[22]

在以後的二十四小時中，從星期天（八月二十日）晚間希特勒給史達林的呼籲透過電臺發向莫斯科開始，到第二天的傍晚，元首一直是處在近乎精神崩潰的狀態中。他連覺都不能睡。半夜裡，他還打電話給戈林，說他心裡嘀咕史達林對他的電報會有什麼樣的反應，並且對莫斯科遲遲不做答覆感到惶惶不安。到八月二十一日淩晨三點鐘，外交部接到了舒倫堡的特急電報，說威茲薩克早先通知他希特勒會電報給他，但現在還沒有收到。大使提醒外交部，「公務電報從柏林到莫斯科要四到五小時，包括兩小時的時差在內。此外還必須加上翻譯密碼的時間」[23]。八月二十一日（星期一）上午十點十五分，急得不得了的里賓特洛甫給舒倫堡發了一個急電說：「請竭盡全力保證我能成行，日期如前電所示。」[24]中午過了不久，大使通知柏林：「我將於今日下午三時前往會見莫洛托夫。」[25]

最後，到八月二十一日晚上九點三十五分，史達林的覆電才到了柏林。

致德國總理阿道夫・希特勒：

感謝你的來信。

我希望德蘇互不侵犯條約將成爲改善我們兩國關係的一個決定性轉折點。

我們兩國人民都需要彼此間的和平關係。德國政府贊成締結一項互不侵犯條約，爲在我們兩國之間消除政治方面的緊張狀態並且提供基礎實現和平與合作。

蘇聯政府命我通知你，他們同意馮・里賓特洛甫先生在八月二十三日到達莫斯科。

約瑟夫・史達林[26]

就翻雲覆雨、不講信義這一點而言，納粹獨裁者在蘇維埃暴君身上眞算得上是棋逢敵手了。現在他們兩個人已經打開了道路，可以在一起最後完成這個不體面的時代一樁最卑鄙的交易了。

史達林的覆電在晚上十點三十分轉到在伯格霍夫的希特勒。筆者還記得，幾分鐘以後——晚上十一點剛過——德國廣播電臺的音樂節目突然中斷了，廣播員宣布：「德國政府和蘇聯政府已經協議締結一項互不侵犯條約。德國外交部長將在八月二十三日，星期三，到莫斯科完成這項談判。」

希特勒在得到史達林親自保證俄國將成爲一個友好的中立國以後，第二天（一九三九年八月二十二日）再一次把他的最高級將領召到了上薩爾斯堡，向他們宣揚他自己的偉大，並且要求他們打起仗來必須殘酷無情，不要有任何憐憫，並且告訴他們，他很可能在四天以後即星期六（八月二十六日）就下令進攻波蘭——比原定計畫提前六天。成全了這樣一件事情的，居然是元首不共戴天的敵人史達林。

一九三九年八月二十二日的軍事會議

將軍們發現希特勒又來了他那股極其狂妄和毫不妥協的勁兒。他告訴他們說：「我把你們叫來，是爲了要你們瞭解目前政治局勢的輪廓，這樣可以使你們深入瞭解我無可更改的決定，明白其成因，也可以加強你們的信心。在此以後，我們就可以討論軍事上的各項細節了。」首先，他說，是兩項關於個人的考慮（希特勒這一次講話沒有找到什麼官方的詳細記錄，只有幾份筆記已經公開。其中有兩份是由高級軍官在會上記下來的。遠洋艦隊司令赫爾曼．包姆〔Hermann Böhm〕海軍上將的那份筆記，在紐倫堡法庭作爲雷德爾海軍元帥辯護的文件，也曾以德文印行，見《主要戰犯的審訊》第四十一卷頁一六二五。哈爾德將軍也在他八月二十二日的日記裡，以他那自成一格的格貝爾斯伯格式速記法做了長篇記錄，這篇記錄已譯成英文，收在《德國外交政策文件彙編》第七卷，頁五七至五九。在紐倫堡審訊中，起訴人當作這次會議證據的主要文件，是美國軍隊在奧地利提羅爾的薩爾費爾丹〔Saalfelden〕繳獲的最高統帥部檔案中發現的一份紀要。這份紀要沒有具名，分爲兩部分，其英譯文收在《納粹的陰謀與侵略》第三卷，頁五八一至五八六，《紐倫堡文件789-PS》〔*Nuremberg Document*〕頁五八一至五八，《紐倫堡文件1014-PS》頁六六五至六六六，也收在《德國外交政策文件彙編》第七卷，頁二○○至二○六。這份分成兩個紀要的德文原文，則收在《主要戰犯的審訊》中。這份紀要所記的希特勒的話，要比包姆海軍上將和哈爾德將軍所記的更加生動。但是這三份記錄的內容都是一樣的，因此其眞實性是無可懷疑的。在紐倫堡審訊中，庭上曾對關於希特勒這次講話的第四份記錄有過一些懷疑，因而雖然曾在審訊過程中引用，最後卻並沒有作爲證件呈交。這份記錄的編號是紐倫堡文件C13，收在《納粹的陰謀與侵略》第七卷，頁七五二至七五四。它的內容無疑是眞實的，但是也許被沒有出席伯格霍夫會議的人修改。爲了拼湊希特勒的原話，我用了包姆和哈爾德的記錄，還在紐倫堡呈交法庭作爲證據的那份無人具名的紀要）：

我自己這個人和墨索里尼這個人。

從根本上說，一切都決定於我，決定於我的存在，原因就在於我的政治才能。除此而外，也在於這個事實：很可能再也沒有一個人能享有我所享有的德國全體人民的信任了。從今以後很可能再也沒有任何一個人能比我有更大的權力了。我的存在因此就具有極大的價値。但是，任何時候我都可能被一個罪犯或者一個瘋子幹掉。

第二個個人因素是義大利領袖。他的存在也是決定性的。要是他有個三長兩短的話，義大利對這個聯盟的忠誠就不再靠得住了。義大利的王室基本上是反對那位領袖的。

佛朗哥也是一支力量。他會保證西班牙保持「同情的中立」。至於說到「對方」，那麼，他向他的聽眾擔保：「在英國和法國沒有什麼傑出的人物。」

這位惡魔一般的大獨裁者，一直不斷地這樣嘮叨了有好幾個鐘頭，中間只因吃一頓遲開的中飯中斷了一會兒。從記錄上，找不到任何跡象表明有任何一個陸軍將領、海軍將領、空軍將領敢打斷他的話頭，對他的判斷提出異議，甚至對他的謊言也不敢否認。他說，他在春天就已經決定同波蘭開戰是不可避免的，不過他認爲他首先得對付西方。不過，後來逐漸「明白」，在那種情況下，波蘭會進攻德國，因此，它應當在現在就予以清算。

無論怎麼說，發動戰爭的時間已經來到了。

對我們來說，並不難做出決定。我們沒有什麼東西可以損失；我們只能得到好處。我們的經濟情況是，我們支持不了幾年了。戈林可以證實這一點。我們沒有別的選擇，我們必須行動……。

除了個人的因素而外，政治形勢也是對我們有利的；在地中海，義大利、法國和英國在爭雄；在遠東，存在著緊張局面……。

英國處在極大的危險中。法國的地位也在惡化。人口出生率在下降……南斯拉夫內部潛伏著崩潰的種子……羅馬尼亞比從前更弱了……在凱末爾死了以後，統治土耳其的是一批眼光短淺、動搖不定、軟弱無能的人物。

所有這些有利的形勢在兩三年後就不會存在了。誰也不知道我會活多久。因此，最好現在就攤牌，要再拖延個四五年就不保險了。

這些就是納粹領袖的瘋狂的推理。

他認爲西方「非常可能」不會打仗，不過這點風險是必須要冒的。難道他過去沒有冒過險嗎？在將軍們想後退的時候進軍萊茵地區，難道不是冒險嗎？在佔領奧地利、蘇臺德區和殘存的捷克斯洛伐克的時候，難道他沒有冒過險嗎？「漢尼拔在坎尼，腓特烈大帝在洛伊騰，興登堡和魯登道夫在坦能堡，」他說：「都是冒了險的。因此我們現在也必須冒險，只能由鐵的決心來制勝，決不容許軟弱退縮。」

有許多身居高位而心存觀望的德國人，在捷克問題解決了以後，給英國人談過話，寫過信，這造成了很大的損害。就在你們動搖失志而過早地屈服的時候，元首達到了他的目的了。

哈爾德、維茨萊本和托馬斯，也許還有別的參加過慕尼黑密謀的將軍在聽到這幾句話的時候，一定打了一個寒戰。希特勒所知道的，顯然比他們以爲他所知道的要多。

不論怎麼說，現在是要他們全體表現出自己戰鬥能力的時候了。希特勒提醒他們，他已經用「政治上的恐嚇」建立了一個大德意志，現在必須要「考驗軍事機器」了。「在西線的大決戰以前，軍隊必須進行一場眞刀眞槍的戰鬥。」波蘭提供了這樣的一個機會。

話頭接著又轉到了英國和法國。

西方要同我們作戰只有兩個可能：

一、封鎖：這起不了作用。因爲我們能自給自足，而且我們能從東方得到援助。

二、從馬奇諾防線進攻西線。我認爲這是不可能的。

另外一個可能性是影響荷蘭、比利時和瑞士的中立地位。英國和法國不會改變這些國家的中立。事實上，它們幫不了波蘭的忙。

會不會變成一場長期戰爭？

誰都不指望打一場長期戰爭。要是馮・布勞希契先生告訴我說，我要花四年的時間才能征服波蘭，我就會回答說那不行。說英國想打一場長期戰爭是胡扯。

在躊躇滿志地說完了波蘭、英國和法國的問題以後，希特勒打出了他最大的王牌，把話題轉到俄國。

敵人還有一個希望，希望我們征服波蘭以後，俄國會與我們爲敵。敵人沒有估計到我有這樣大的決心。我們的敵人是小蛆蟲，我在慕尼黑已經領教過他們了。

我深信史達林是不會上英國人的當的。只有瞎了眼的樂觀派才會相信史達林會傻到看不穿英國人的打算。維持波蘭的存在對俄國人並沒有什麼好處……李維諾夫的免職是決定性的。對我來說，這就像轟的一聲炮響一樣，顯示了莫斯科對西方國家態度轉變的跡象。

我逐步對俄國做了轉變，我們藉商務條約轉入了政治談判。最後俄國人提議簽訂一項互不侵犯條約。四天以前，我採取一項特別步驟，結果，俄國在昨天宣布它願意簽字了。同史達林的個人接觸已經建立了。里賓特洛甫後天就要去簽訂條約。波蘭現在已處在我要它處的地位了……我們開始摧毀英國的霸主地位了。我已經完成了政治上的準備，底下的路要由軍人來走了。

底下的路要由軍人來走了，這就是說，如果張伯倫不再來一個慕尼黑的話。「我只怕，」希特勒對他的將領們說：「有些『癩皮狗』（Schweinehund）會提議調停。」

到這裡，會議中斷，大家吃中飯去了。不過在吃飯以前，戈林還曾對元首表示感謝，感謝他給大家指出了道路，並且向他保證三軍一定盡自己的天職（根據《紐倫堡文件C13》的記載。戈林跳到了桌子上，「表現出極度興奮的感謝並做出誇張的承諾。他像一個野人一樣轉著跳舞。有幾個心存懷疑的人，一聲也沒有吭」。一九四五年八月二十八日到二十九日戈林在紐倫堡受審的時候，對這段描寫大爲惱怒。戈林說：「我否認我曾站在桌子上。我希望你們知道，這篇演說是在希特勒私邸的大廳裡講的。我並沒有在私人住宅裡跳到桌子上去的習慣。這是同一個德國軍官的儀態完全不相稱的行爲。」「但是，事實是，你在講話完了以後領導大家鼓了掌，你有沒有這樣做？」訊問他的美國人約翰．阿門〔John H. Amen〕上校這時向他提出了這個問題。「是的，不過不是在桌子上。」戈林答道[27]）。

希特勒下午的演說主要是用來給他的軍事首腦打氣，設法使他們堅強起來擔當面前的任務。從所有三份粗略的筆記都可看出這番話的性質。

> 我們必須有最堅強的鐵一般的決心。在任何情況面前都不容退縮。每一個人都必須認清我們已經下定決心，從一開始起就同西方國家作戰。一場生死的鬥爭……長期的和平對我們不會有什麼好處……一種大丈夫的氣概……我們的人比他們強……對方比我們弱……我國在一九一八年所以崩潰是因爲精神上準備不足。腓德烈大帝所以頂得住，只是因爲他堅忍不拔。
>
> 打垮波蘭是第一件要做到的事。目標是消滅主動反抗的勢力，而不是爲了到達一條規定好的界線。即使西線爆發戰爭的話，打垮波蘭仍然是首要目標。由於季節的理由，必須速戰速決。
>
> 我將提出發動戰爭宣傳上的理由——不必管它講得通，講不通。沒有人會問勝利者當初說的是不是實話。在發動戰爭和進行戰爭時，是非問題是無關緊要的，緊要的是勝利。
>
> 心要狠！手要辣！八千萬人民一定要得到他們應得的權利……誰強就是誰對……心要硬，不要發慈悲！要心如鐵石，不要有憐憫！誰若是仔細想過這個世界的道理的話，誰就懂得它的意義就在於優勝劣敗，弱肉強食……。

元首這時的情緒已到了條頓式盛怒的程度，在大發了這樣一通尼采式的訓誡以後平靜了下來，對馬上要進行的戰役發出了幾點命令。最根本的是速度。他對德國軍人有「不可動搖的信任」，如果發生任何危機的話，只可能是因為司令官喪了膽。第一個目標是要從東南方入維斯杜拉河地區，同時從北方入那雷夫河和維斯杜拉河之間的地區。他說，打敗波蘭以後可能對波蘭有所處置，但這絕不能影響軍事行動。不過對這一點他說得很模糊。他說，新的德國邊疆將根據「適當的原則」來決定。可能他會在德國與俄國之間成立一個小小的波蘭緩衝國。

他最後說，開戰的命令將在以後下達，很可能在星期六（八月二十六日）早晨。

第二天，八月二十三日，在最高統帥部各局首長會議以後，哈爾德將軍在日記裡寫道：「進攻日已確定在八月二十六日（星期六）。」

莫斯科盟國談判的僵局

到八月中旬的時候，西方民主國家同蘇聯之間在莫斯科的軍事談判事實上已陷於停頓——在這方面，波蘭人的不肯妥協要負主要責任。大家還記得，英法軍事代表團坐了一條慢船到列寧格勒以後，於八月十一日到達莫斯科，剛好在出使失敗的斯特蘭先生離開這個俄國首都一星期之後。斯特蘭把同俄國人談判這個困難而不愉快的差事交給將軍們去辦之後，顯然感到如釋重負（斯特蘭在七月二十日給外交部的一份電報中，把這說成是「一種令人感到屈辱的經驗」[28]）。

現在需要趕快擬定的是一項軍事條約，其中將詳細規定在什麼地方，以何種方式，用什麼武力來對付納粹軍隊。但是據英國方面對軍事談判的詳細記錄和英國代表的報告透露[29]，英法軍事代表團不是派到莫斯科去討論細節，而是討論「一般原則」。雖然如此，俄國人還是堅持要立即著手討論實際、具體而且——在英法方面看來——難辦的問題。對於英法方面由杜蒙克將軍在第一次會議上所宣布的原則，伏羅希洛夫的反應是，它們「太抽象、太不具體了，沒有使任何人承擔做任何事情的責任……我們在這裡開會」，他冷冷地說：「不是爲了作抽象的宣言，而且要制定一項全面的軍事條約。」

這位蘇聯元帥提出了一些非常具體的問題：有沒有什麼條約規定波蘭該採取什麼行動？一旦戰爭爆發的話，英國拿得出多少軍隊來援助法國軍隊。比利時會怎麼辦？他所得到的答覆是不大能令人放心的。杜蒙克說，他對波蘭的計畫一無所知。海伍德將軍說，英國人預期「在戰爭初期第一批可以派出十六個師，第二批再派十六個師」。伏羅希洛夫逼著要他說明在爆發戰爭的時候手邊到底有多少個師，海伍德回答說：「目前英國有五個正規師和一個機械化師。」這種不像樣的數目在俄國人聽起來，完全出乎意外而且令人不快，他們說，他們已準備好，戰爭一開始就擺出一百二十個步兵師來對付從西面來的侵略者。

至於比利時，杜蒙克將軍在回答俄國人的問題時說：「法國軍隊不能進入比利時，除非人家請他們進去，但是法國準備答應任何請求。」

這種答覆，在莫斯科的軍事談判代表們面前提出了一個關鍵性的問題，而這卻正是英國人和法國人渴望避免的問題。首先在第一次會議上，接著又在八月一四日一次關鍵性的會議上，伏羅希洛夫元帥強調，根本的問題是波蘭是否願意允許蘇聯軍隊進入它的領土去迎擊德國人。如果不願意的話，盟國又怎麼能阻止德國軍隊迅速席捲波蘭呢？在八月一四日那一次會議上，他具體問道：「英國和法國的參謀總部是否認為蘇軍可以越過波蘭，特別是越過維爾那（Vilna）山峽和加利西亞（Galicia）去同敵軍接觸？」

這是問題的核心。據西茲打電報告訴倫敦說：

俄國人現在提出了軍事談判成敗所繫的根本性問題，這個問題確實也是政治談判開始以來成為我們一切困難的根本問題，那就是，如何在蘇聯的鄰國始終維持某種抵制的情況下同蘇聯達成任何有效的協議，而這種抵制只有到……為時已晚以後才會取消。

如果這個問題提出來的話（它怎麼可能不提出來呢？），在普倫克特海軍上將的錦囊之中，有英國政府教他的應對方針。英國內部文件中透露出來的這項指示，在今天看起來，實在是天真到令人不可置信。鑒於波蘭和羅馬尼亞對於「可能進行合作的計畫甚至連考慮也不願考慮」，他要採取的「論點」是：

對波蘭和羅馬尼亞的侵略將大大改變它們的看法。不僅如此，德國如果能在俄國大門口佔據一塊地盤的話，也是對俄國大大不利的事情……因此，從俄國自己的利益出發，如果波蘭和羅馬尼亞受到侵略的話，它應當有援助這些國家的計畫。

如果俄國人認爲英國和法國政府，應當向波蘭、羅馬尼亞或者波羅的海國家提出建議，希望這些國家同蘇聯政府或者總參謀部實行合作。與會代表團不應立即做出承諾，應該向國內請示。

他們果然這樣做了。

在八月一四日的會議上，伏羅希洛夫要求對他的問題做「直截了當的答覆」。「如果沒有確切而毫不含糊的答覆，」他說：「軍事談判繼續下去是沒有用處的……蘇聯軍事代表團不能向自己的政府建議參加這樣一個顯然注定要失敗的計畫。」

甘末林將軍從巴黎指示杜蒙克將軍設法把俄國人從這個題目上引開去。但是俄國人不是好甩開的[30]。

據杜蒙克將軍後來報告，八月十四日的會議頗富於戲劇性。英國和法國代表被將死了。他們自己也知道，然而卻還想盡量回避這個問題。普倫克特和杜蒙克硬是說，波蘭人和羅馬尼亞人在自己的國家受到進攻時一定會馬上請求俄國人援助。杜蒙克十分有把握地說，他們會「央求元帥支持他們的」。普倫克特認爲，「不能想像」他們不會請求蘇聯的援助。他還——看起來不怎麼合乎外交策略——加了一句：「如果他們在必要時還不請求援助，而讓他們自己被征服的話，就可以預料他們將成爲德國的省分。」這是俄國人最不願見到的事情，因爲它意味著納粹軍隊陳兵蘇聯邊境，伏羅希洛夫特別注意到了這位海軍上將這句不該說的話。

最後，如坐針氈的英法代表認爲，伏羅希洛夫提出了他們所沒有資格處理的政治問題。普倫克特宣稱，既然波蘭是一個主權國家，首先得由它的政府來許可俄國軍隊入境。不過由於這是一個政治問題，它應當由有關政府去解決。他提議蘇聯政府向波蘭政府提出這個問題。俄國代表團同意這是一個政治問題。但是它堅持必須由英國和法國政府把這個問題向波蘭人提出來，並且對他們施加壓力，使他們懂道理。

鑒於俄國人在這個時候也在同德國人打交道，他們到底是眞心誠意地同英法軍事代表進行談判呢，還是他們像英法外交部（更不用提普倫克特海軍上將了）後來所說的那樣，僅僅爲了拖延談判，以便等待同希特勒成交，而堅持得軍隊開進波蘭境內呢（判斷這一點，時間是十分重要的。莫洛托夫直到八月十五日晚間才接到納粹關於里賓特洛甫訪問莫斯科的建議。不過，在此以前，他雖然沒有明確接受這個建議，卻曾暗示俄國對同德國締結互不侵犯條約一事有興趣，這當然會使同英法談判軍事同盟成爲多餘。筆者所能得出的最合適的結論是，當伏羅希洛夫在八月一四日要求「毫不含糊地答覆」是否允許蘇聯軍隊在波蘭境內迎擊德軍的時候，克里姆林宮仍然處於兩可之間。遺憾的是，可以澄清這一關鍵性問題的俄國文件還沒有發表。無論如何，史達林看來是直到八月十九日下午才下定最後決心）？

據英國和法國內幕人士透露，在開頭的階段，西方盟國的確認爲蘇聯軍事代表團是眞心誠意地在談判，甚至還認爲蘇聯代表團把這件工作看得過於認眞了。八月十三日，在軍事談判進行了兩天之後，西茲大使打電報給倫敦說，俄國軍事首腦似乎當眞「要搞點名堂出來」。結果，要普倫克特海軍上將「慢吞吞進行」的指示改變了。八月十五日英國政府就要他支持杜蒙克，盡快使軍事談判得出結果來。原來不讓他把機密軍事情報告訴俄國人的限制也取消了一部分。

杜蒙克將軍從達拉第總理那裡得到的指示，同英國海軍上將原來得到的拖延指示不同，是要設法盡早同俄國締結一項軍事條約。儘管英國人害怕消息可能走漏給德國人，杜蒙克在第二天的會議上就把法國兵力的數字告訴了俄國人。他把這稱之為「高度機密的數字」，而蘇聯代表也答應一俟會議結束，立即把他們「忘掉」。

杜蒙克和普倫克特要求本國政府指示如何回答俄國人關於波蘭的問題，等了三天都沒有回音。到八月十七日，杜蒙克就給巴黎打電報：「蘇聯是想要軍事條約的。它不想要我們給它一張沒有具體保證的廢紙。伏羅希洛夫元帥宣布……只要他所說的那個關鍵性問題解決以後，一切問題……都可以迎刃而解。」杜蒙克強烈地要求巴黎設法使華沙同意接受俄國的援助。

不但在莫斯科，而且也在西方國家首都，當時流行的看法都是，英法政府並沒有做任何工作來勸說波蘭人同意蘇聯軍隊在波蘭領土上迎擊德國人。事實並非如此，從最近發表的文件中可以看得很清楚，倫敦和巴黎是做了相當多的工作的——不過還不夠多。同樣清楚的是，波蘭人的反應，其愚蠢簡直不能令人置信[31]。

八月十八日，在英法兩國第一次試圖打開波蘭人的眼界讓他們認清現實以後，波蘭外交部長貝克告訴法國大使利昂·諾爾（Léon Noël），俄國人「在軍事上沒有什麼價值」，而波蘭參謀總長斯塔契維奇（Wactaw Stachiewicz）將軍也支持這種看法，宣稱他「看不出讓紅軍在波蘭領土上作戰有什麼好處」。

第二天，英法大使再次進見貝克，敦促他同意俄國建議。波蘭外交部長還是拖，不過答應在翌日給他們正式答覆。這一天英法使節在華沙的外交行動是同一天（八月十九日）法國外交部長龐納和英國代辦在巴黎會談的結果。使這位英國人感到有點意外的是，姑息希特勒最積極的龐納，因爲看到有可能因爲波蘭人的頑固而失去俄國這樣一個盟友也居然著急起來了。龐納告訴他說：

如果由於波蘭人的拒絕而使同俄國的談判歸於破裂的話，結果將不堪設想……波蘭人的拒絕是講不過去的，因爲這是在德國進攻時唯一能立即見效的援助。如果我們要求我們自己的國家參加戰爭，來保衛拒絕了這一援助的波蘭的話，英國和法國政府將處於毫無辦法的地位。

如果情況果眞如此——毫無疑問它一定如此——那麼，英法政府爲什麼不在這個千鈞一髮的時刻對華沙施加最後的壓力，乾脆說除非波蘭政府接受俄國援助，英國和法國看不出它們參戰援波有什麼用處。正式的英波共同安全條約當時尚未簽訂。爲什麼不能把波蘭接受俄國軍事援助，作爲締結這一條約條件之一呢？在張伯倫宣布英國單方面給予波蘭擔保之後四天，勞合・喬治四月三日在下院發表演說，敦促英國政府提出這一條件。他說：「如果我們沒有俄國的援助而參加戰爭的話，我們就是自投羅網。這是唯一能出兵進入那裡（波蘭）的國家……我不明白爲什麼我們在承擔這樣一個巨大的冒險以前不先取得俄國的同意……如果俄國之所以未能參與其事只是由於波蘭人有某種感情，不願意俄國人到他們那裡去的話，就該由我們來宣布這一條件。只有有了這個條件，我們才能有效地援助波蘭人，波蘭人如果不準備接受這一條件，責任就全在他們方面。」

龐納在八月十九日同英國駐巴黎代辦的談話中也提出了這個建議。但是，倫敦政府對這樣一種「計策」（唐寧街是這樣叫它的）感到不合適。張伯倫和哈利法克斯不肯走這樣的極端。

八月二十日上午，波蘭參謀總長告訴英國駐華沙的武官說：「在任何情況下都絕不能同意蘇聯軍隊進入波蘭。」當天晚上，貝克就正式拒絕了英法的要求。同一天晚上，哈利法克斯透過他駐華沙的大使，敦促波蘭外交部長重新加以考慮，並且用強烈的措辭著重指出波蘭的態度「破壞了」莫斯科的軍事談判。但是貝克絲毫不為所動。他告訴法國大使說：「我認為，對於外國軍隊使用我國領土的問題，不論什麼樣的討論都是不能進行的。我們同蘇聯沒有軍事協定，我們也不想要。」

在波蘭政府這樣一種盲目頑固的態度面前，法國總理達拉第著急了，他後來在一九四六年七月十八日對法國制憲議會講話時說，他決定不顧一切，自行其是。再一次呼籲波蘭人要現實一點以後，他在八月二十一日早晨打電報給杜蒙克將軍，授權他同俄國人按他所能爭取到的最好的條件簽訂軍事條約，不過，有一個條件：這項條約一定要由法國政府批准。與此同時，法國駐蘇大使保羅—艾米爾・納吉亞爾（Paul-Émile Naggiar）也得到龐納的命令（這是後者以後說出來的）通知莫洛托夫，法國「原則上」同意蘇聯軍隊在德國進攻波蘭時通過波蘭領土。

但是只要波蘭人還沒有答應，這就只是一種無用的姿態——而且，我們今天可以知道，鑒於俄德之間正在進行交易，這還是一種毫無意義的姿態。杜蒙克直到八月二十一日晚上才接到達位第的電報。當他第二天晚上——正是里賓特洛甫動身赴莫斯科的前夕——把這消息告訴伏羅希洛夫的時候，這位蘇聯元帥表示非常懷疑。他要求看一看證明，確定法國政府已授權杜蒙克簽訂軍事條約，准許俄國軍隊通過波蘭（杜蒙克已經這麼告訴他了）。顯然，杜蒙克拒絕了這一要求。伏羅希洛夫下一步要求知道英國的反應如何，是否已經得到了波蘭的同意。這些都是沒法回答的問題，杜蒙克只好答覆說，他並無所知。

但是到這個時候，無論是問題還是答案都已經沒有什麼實際意義了。它們提得太晚了。里賓特洛甫已經在到莫斯科的路上了。他的訪問是前一天晚上宣布的，同時還宣布了此行的目的：在納粹德國和蘇聯之間締結一項互不侵犯條約。

伏羅希洛夫看來已經對那位法國將軍產生了一種眞正的好感，很婉轉地向他示意：他們之間的接觸就快結束了。伏羅希洛夫說：

我只擔心一件事情。法國和英國方面已經讓政治和軍事談判拖得太長了。因此，在這個時候，我們絕不能排除這樣一種可能性：也許會發生某種政治事件（在軍事代表們前一天即八月二十一日上午的會議上，伏羅希洛夫要求會談不定期地休會，理由是他和他的同事因爲秋季演習而很忙。英法方面對這種拖延表示抗議以後，元帥答覆說：「蘇聯代表團的願望過去是、現在仍然是同意組織三國武裝部隊的軍事合作……蘇聯同德國並無共同邊界，只有在蘇聯軍隊有權通過波蘭和羅馬尼亞領土的條件下，它才能給英、法、波、羅以援助……如果不允許蘇聯軍隊進入波蘭和羅馬尼亞的領土，他們就無法同英法軍隊合作……蘇聯軍事代表團無法設想英國和法國的政府和參謀總部，在派出代表團到蘇聯來的時候……怎麼會在這樣一個最基本的問題上不給他們以指示……這只能表明有理由可以懷疑，他們是否願意同蘇聯進行認眞而有效的合作。」從軍事上來看，這位元帥的立的邏輯是顚撲不破的。法國政府，特別是英國政府沒有能予以響應，將證明是一場災難。不過，到八月二十一日這麼晚的一個日子還來重複這一番話——和其他的話——卻未免虛僞，伏羅希洛夫這個時候不可能不知道史達林八月十九日的決定）。

里賓特洛甫在莫斯科：一九三九年八月二十三日

所謂「某種政治事件」現在發生了。

里賓特洛甫在八月二十二日坐飛機動身去莫斯科。他隨身帶著希特勒親筆的全權證書，因此握有大權同蘇聯締結一經簽字立即生效的互不侵犯條約和「其他協定」。他也帶著大批隨員。第一天晚上，德國代表團在東普魯士的柯尼斯堡過夜，據施密特博士說，里賓特洛甫在那裡工作了整整一宵，不斷同柏林和貝希特斯加登通電話，而且爲準備同史達林和莫洛托夫會談而做了大量的筆記。

載著德國代表團的兩架禿鷲式運輸機在八月二十三日正午到達莫斯科。在大使館匆匆吃完午飯以後，里賓特洛甫就急急忙忙趕到克里姆林宮去會見蘇聯獨裁者和他的外交人民委員。第一次會議繼續了三個小時，里賓特洛甫在特急電報中告訴希特勒，這次會議對德國人說來進行得很好[32]。從德國外交部長的電報來判斷，雙方根本沒有任何困難就達成協議，決定簽訂互不侵犯條約，讓蘇聯置身於希特勒發動的戰爭之外。據他報告，唯一的困難是如何瓜分贓物這樣一個顯然很小的問題。俄國人要求德國人承認拉脫維亞的利包（Libau）和溫道（Windau）兩個小港「在他們的勢力範圍之內」。由於拉脫維亞全境都劃在兩國勢力範圍界線的蘇聯一面，這個要求並不是什麼多大的問題，希特勒很快就同意了。里賓特洛甫在第一次會議後還告訴元首說：「預期將就劃分整個東歐地區勢力範圍的問題簽訂一項祕密議定書」。

全部文件——互不侵犯條約和祕密議定書——當天晚上在克里姆林宮舉行第二次會談的時候簽字

了。德國人和俄國人達成協議太容易了，因此在這次會議一直開到第二天凌早一兩點鐘。在這個宴會上，絕大部分時間不是花在什麼嚴重的討價還價上，而是熱烈而友好地討論世界局勢、評論各國，中間還充滿了克里姆林宮慶祝會上絕不可少的敬酒乾杯。出席這次會議的德國代表團的一個團員曾寫了一份祕密備忘錄記下這個外人難以想像的場面[33]。

史達林曾問到德國的夥伴——義大利和日本——的野心，里賓特洛甫對此做了爽快的、令人放心的回答。談到英國的時候，蘇聯獨裁者和那位現在舉止盡量表現得規矩的納粹外交部長也發現彼此的看法馬上一致。史達林告訴他的客人說，英國派到莫斯科來的軍事代表團「從來也沒有告訴蘇聯政府，他們到底要什麼」。里賓特洛甫在回答時著重點出，英國老是想破壞德國和蘇聯之間的良好關係。他大言不慚地說：「英國是軟弱的，只想叫別人給它打仗，好讓它狂妄地僭取統治全世界的霸權。」

這份德國備忘錄說：「史達林極表同意，」他還說：「如果英國眞的統治了全世界的話，就要怪罪那些老是被它嚇唬的國家。它們太傻了！」

這個時候，蘇聯的統治者和希特勒的外交部長已經相處極爲融洽，即使提起反共公約也不能使他們感到尷尬了。里賓特洛甫再次解釋這個條約不是針對蘇聯而是針對西方民主國家的。史達林插話說：「事實上，反共公約主要是嚇壞了倫敦城（指英國金融界）和英國的店主們。」

在這個時候，據德國的備忘錄透露，里賓特洛甫由於史達林這種圓通的態度，興致高到竟然想說一兩句笑話——對這樣一個毫無幽默感的人來說，這實在是一件了不起的事情。備忘錄接著說：

德國外交部長開玩笑地說，史達林先生肯定沒有像倫敦城和英國的店主們那樣被反共公約嚇倒。德國人民對這件事情的看法可以拿一個笑話來說明，那是一向以機智和幽默出名的柏林人編出來的，他們說，史達林自己早晚都會參加反共公約的。

最後，納粹外交部長絮絮不休地談到德國人民將如何熱烈地歡迎同俄國達成共識。「史達林先生回答說，」德國備忘錄寫道：「他確實相信這一點。德國人要求和平。」

這樣的噱頭到互相敬酒的時候就愈來愈不堪了。

史達林先生自動地提議為元首幹一杯：

「我知道德國民族多麼愛他們的元首，我因此要為他的健康喝一杯。」

莫洛托夫先生提議為德國外交部長的健康幹一杯……莫洛托夫先生和史達林先生一再提議為互不侵犯條約、為德俄關係的新時代、為德意志民族乾杯。

德國外交部長也提議為史達林先生、為蘇聯政府、為德國和蘇聯兩國關係的順利發展乾杯。

雙方不久前還是不共戴天的死敵，現在彼此間說了這麼多熱情的話。雖然如此，但對納粹黨人能否信守這個條約，史達林的心中還是有保留的。當里賓特洛甫告辭的時候，他把他拉到一旁說：「蘇聯政府對這個新條約是十分認眞的。他可以用他的榮譽來擔保，蘇聯絕不會出賣它的夥伴。」

這一對新夥伴到底簽訂了些什麼呢？

在公開發表的條約中，雙方約定，任何一國都不得進攻對方。如果其中一方成了第三國的「敵對行動的目標」，另一方將「絕不以任何形式給予該第三國以支持」。德國和俄國也絕不「參加直接或間接針對另一方的任何國家集團」（主要條款的措辭幾乎完全按照莫洛托夫八月十九日交給舒倫堡的蘇聯草案，這是希特勒在給史達林的電報中也已經接受了。俄國草案特別規定，德蘇互不侵犯條約，只有在同時簽訂一項「特別議定書」，並且以之爲該條約不可分割的一部分的情況下方屬有效[34]。據參加晚上會議的弗雷德里希·高斯說，里賓特洛甫曾放入一段誇大的序言，強調蘇德友好關係如何形成，不過史達林的堅持放棄這段序言。這位蘇聯獨裁者發牢騷說：「蘇聯政府被納粹政府在臉上抹了六年屎之後，不能在突然之間把友誼的保證拿到群眾面前來。」[35]）。

這樣，希特勒就取得了他具體希望得到的東西：一旦波蘭受到進攻，而英國和法國又履行其條約義務出兵救援時，蘇聯同意不參加英法陣線（條約第七條規定，該條約在簽字以後立即生效。在這樣兩個極權主義的國家中，正式批准當然只是一種形式，但是也得花幾天的時間。希特勒堅持非有這一條規定不可）。

他所付出的代價是在這個條約的「祕密附屬議定書」裡：

值此德國和蘇聯互不侵犯條約簽字之際，以下簽字的全權代表在嚴守機密的會談中，討論了在東歐劃分他們各自的利益範圍的問題。

一、一旦波羅的海國家（芬蘭、愛沙尼亞、拉脫維亞、立陶宛）所屬的領土上發生領土的或政治變動時，立陶宛的北部邊界應成爲德國和蘇聯兩國利益範圍的邊界。

二、一旦波蘭國家所屬的領土上發生領土的或政治變動時，德國和蘇聯兩國的利益範圍將大體上以那雷夫河、維斯杜拉河和桑河（San）一線爲界。

締約雙方的利益是否需要維持一個獨立的波蘭國家，以及這個國家的邊界應如何劃定的問題，只有在今後政治局勢的發展中方能予以明確規定。

在任何情況下，兩國政府都將以友好的共識來解決這個問題。

德國和俄國就像在德皇和沙皇時代一樣，再一次就瓜分波蘭取得了一致。而希特勒還給了史達林在波羅的海東岸自由行動的權利。

最後，在東南歐，俄國人強調他們在比薩拉比亞（Bessarabia，那是蘇聯在一九一九年割給羅馬尼亞的）的利益，而德國人宣布他們對這一地區沒有利害關係——這個讓步是里賓特洛甫後來感到後悔的。

議定書最後說：「本議定書將由雙方嚴守祕密。」36

事實上，它的內容直到戰後繳獲了德國祕密檔案以後才爲世人所知。

第二天（八月二四日），當興高采烈的里賓特洛甫飛返柏林的時候，在莫斯科的英法軍事代表團要求見伏羅希洛夫。普倫克特海軍上將還曾給那位元帥送去了一封急信，要求他表明對繼續談判的看法。

過了一天之後，伏羅希洛夫在八月二十五日下午一時給了英法軍事參謀人員答覆：「鑒於政治形勢業已改變，繼續談判已經沒有什麼用處了。」

兩年以後，當德國軍隊違反上述條約而大舉侵入俄國的時候，史達林仍然認爲，背著到莫斯科談判的英法軍事代表團而同希特勒進行這筆醜惡交易，這並沒有什麼錯。一九四一年七月三日他在對俄國人民的廣播中自吹自擂地說：「我們保證了我國獲得一年半的和平及準備自己的力量來回擊敵人的可能，如果法西斯德國敢於冒險違反條約來進犯我國的話。因此這毫無疑義是我們贏了，而法西斯德國輸了。」（譯者：詳見史達林：《論蘇聯偉大衛國戰爭》，頁一三）。

究竟是不是如此呢？從那時以來，人們對這一點一直在爭論。這一筆卑鄙的買賣給了史達林一個「喘息時間」——正如沙皇亞歷山大一世一八〇七年在《提爾西特條約》（Treaties of Tilsit）從拿破崙手裡、列寧一九一七年在《布列斯特—立托夫斯克條約》（Treaty of Brest Litovsk）從德國人手裡所取得的一樣，這一點是顯而易見的。它也在一個短時期內給了蘇聯一個遠在俄國原有邊界之外的抗德前進陣地，其中包括在波羅的海國家和芬蘭的基地——而付出代價的是波蘭人、拉脫維亞人、愛沙尼亞人和芬蘭人。尤其重要的是，如蘇聯官方的《外交史》後來所特別強調的那樣，它使克里姆林宮可以放心，如果俄國在以後受到德國的進攻的話，西方國家也已經無可挽回地捲入了反對第三帝國的戰爭，而蘇聯就不會像史達林在一九三九年整整一個夏天都在擔心的那樣，得單獨對抗強大的德國。

所有這些毫無疑問都是事實。但是還有相反的論點。到希特勒掉頭進攻俄國的時候，波蘭和法國的軍隊以及英國派到大陸來的遠征軍已經被摧毀了，因此德國可以調動全歐洲的人力、物力撲向俄國，而又沒有西方戰場束縛它的手腳。一九四一年、一九四二年和一九四三年整整三年，史達林一直在抱怨歐洲沒有開闢第二戰場，俄國不得不承擔抗擊幾乎全部德國軍隊的壓力。一九三九至一九四

○年間，俄國是有機會創造一個西方戰場來牽制德國軍隊的。如果俄國支持波蘭而不是在背後給它一刀的話，它也不可能在半個月之內就被掃蕩淨盡。不但如此，如果希特勒知道，他要打波蘭和英法就必須也要打俄國的話，很可能根本就打不起來。即使是在政治上膽怯的德國將領們，根據他們後來在紐倫堡的證詞來判斷，也可能立定腳跟，反對同這樣強大的一個聯盟來進行戰爭。據法國駐柏林大使說，在五月底的時候，凱特爾和布勞希契都曾警告過希特勒，如果俄國參加敵人一方，德國很少有戰勝的可能性。

沒有一個政治家，即使獨裁者也罷，能夠預言長期的形勢發展。邱吉爾說，史達林同希特勒做交易一舉固然足以令人齒冷，然而「在當時卻是高度現實主義的」[37]，這種說法是可以討論的。史達林的首要考慮，同任何其他國家政府首腦的考慮一樣，是他自己的國家的安全。他後來告訴邱吉爾說，他在一九三九年夏天深信，希特勒就要打仗了。他決定俄國絕不能被別人騙到單獨對德作戰的倒楣局面中去。如果同西方結成靠得住的聯盟證明已不可能的話，那爲什麼不轉而聯合希特勒呢？他不是已突然來敲門求教了嗎？

到一九三九年七月底的時候，史達林顯然已經深信，法國和英國不但不要一個有約束力的聯盟，而且英國張伯倫政府的目的根本就是誘使希特勒在東歐發動戰爭。他似乎已經十分懷疑英國會對波蘭信守自己的條約義務，就同法國沒有對捷克斯洛伐克信守義務一樣。而過去兩年在西方發生的每一件事情都有助於加強他的猜疑：張伯倫在德奧合併和納粹佔領捷克斯洛伐克以後，拒絕了蘇聯召開國際會議，制定制止希特勒侵略的計畫；張伯倫到慕尼黑去姑息希特勒，而且把俄國排除在這次會議之外；在締結防禦同盟共同對付德國而進行的談判中，張伯倫拖延退縮，任憑一九三九年夏天稍縱即逝的時光在空話中消磨淨盡。

有一件事情，除了對張伯倫以外，幾乎對誰都是肯定無疑的。在希特勒每一次行動面前都要動搖的英法外交，現在已經完全破產了。波蘭的外交也一樣破產了。諾爾大使在給巴黎的電報中，報告波蘭外長貝克對德蘇條約的反應時說：「貝克毫不慌張，而且看起來一點都不擔憂。他認爲從實質上說，並沒有多大變化。」這兩個西方民主國家一步一步後退：一九三五年，希特勒公然藐視它們而下令徵兵；一九三六年，他進軍萊茵地區；一九三八年，他奪取了奧地利；同一年，他要求得到而且果然得到了蘇臺德區；一九三九年三月，他佔領了殘存的捷克斯洛伐克，而英法只有坐在一旁眼睜睜地看著。有蘇聯在它們一邊，它們還能使那位德國獨裁者對發動戰爭有所顧忌，而如果不能阻止他發動戰爭的話，它們還有可能迅速把他擊敗。但是現在，它們把這樣一個最後的機會都斷送了（儘管有我們上面所知道的許多警告，表明希特勒在向克里姆林宮討好。法國駐德大使庫倫德雷先生在六月一日曾通知法國外交部長龐納，在希特勒的思想裡，俄國的影子已越來越大了。庫倫德雷寫道：「如果希特勒不必同俄國打仗的話，他就會冒戰爭的危險。另一方面，如果他知道他也得同它打仗的話，他就會後退，而不是讓他的國家、他的黨和他自己自取滅亡。」大使敦促英法同蘇聯在莫斯科進行的談判立即取得結果，他還告訴巴黎，英國駐德大使也曾對倫敦做了相似的呼籲。見《法國黃皮書》〔*French Yellow Book*〕法文版頁一八〇至一八一。八月十五日，庫倫德雷和韓德森都曾到德國外交部見了威茲薩克。英國大使報告倫敦說，國務祕書深信蘇聯「最後會參加波蘭分贓」。見《英國藍皮書》〔*British Blue Book*〕頁九一。而庫倫德雷在同威茲薩克談話以後，打電報給巴黎說：「有必要不惜一切代價盡快在同俄國的談判中求得某種解決。」，見《法國黃皮書》頁二八二。整個六月份和七月份，美國駐蘇大使斯坦哈特都不斷發回電報，警告蘇聯一納粹之間的買賣即將成交。羅斯福總統曾把這項警告轉告英國、法國和波蘭的大使館。早在七月五日，當蘇聯駐美大使康斯坦丁．奧曼斯基〔Constantine Oumansky〕離任返國休假的時候，他曾帶了羅斯福總統的一封信給史達林，信中說：「如果他的政府與希特勒聯合在一起的話，那麼希特勒一旦征服法國以後就會轉向俄國，這就像黑夜必將隨白天之後到來一樣是肯定無疑的事情。」見約瑟夫．戴維斯：《出使莫斯科記》〔*Mission to Moscow*〕，頁四五〇。總統的警告是用電報發給斯坦哈特而由後者在八月一六日轉告莫洛托夫的。見《美國外交文件集一九三九年》〔*U. S. Diplomatic Papers, 1939*〕第一卷，頁二九六至二九九）。

現在，它們只好在壞到不能再壞的時機、壞到不能再壞的條件下來承擔義務，在波蘭受到進攻時援助它。

倫敦和巴黎對史達林的兩面手段的指責聲浪甚高而且語調激烈。多年以來，這位蘇聯的專制暴君一直在痛罵「法西斯野獸」，而且號召一切熱愛和平的國家團結起來制止納粹侵略。而現在他自己居然也入夥幹起這樣的行當來了。克里姆林宮大可爲自己辯護（它也這樣辯護了），蘇聯只不過是做了一年以前英國和法國在慕尼黑所做的事情：以犧牲小國爲代價，買得了和平和整軍經武以備對付德國的時間。如果張伯倫在一九三八年九月，以犧牲捷克斯洛伐克來姑息希特勒是正當的而且很光彩的話，史達林在一年以後，以犧牲始終拒絕任何蘇聯援助的波蘭來姑息德國元首，這又有什麼錯誤和不光彩的地方呢？

史達林同希特勒協議瓜分波蘭，並且得到希特勒的默許，併吞拉脫維亞、愛沙尼亞、芬蘭和比薩拉比亞。這份無恥密約，除柏林和莫斯科而外，外界是沒有人知道的。但是，它很快就從蘇聯的舉動中讓人看出來了。甚至在事隔多年以後的今天，它也仍然會使世界上大部分人震驚駭異。俄國人也許可以說（他們也這樣說了），他們只不過是恢復第一次世界大戰結束時從他們那裡拿走的土地而已。但是，這些土地上的人民並不是俄羅斯人，而且並沒有表現出任何想回到俄國去的願望。只有武力，只有在李維諾夫政策的全盛時代表示要避免採用的武力才能使他們回來。

自從參加國際聯盟以後，蘇聯曾樹立了一定的道義上的力量，以維護和平和反對法西斯侵略的面貌出現在世人面前。現在，那種道義上的資本已經喪失淨盡了。

最嚴重的是，由於同納粹德國完成了這筆齷齪的買賣，史達林已發出了一場戰爭就要揭幕的信號，而這場戰爭又肯定將演變成為世界大戰。他毫無疑問是明白這一點的（好多年以前，希特勒就曾在《我的奮鬥》中預言式地寫過：「同俄國締結同盟這個事實本身就包含了進行下一次大戰的計畫。其結果就是德國的目的。」見《我的奮鬥》，豪頓・米夫林〔Houghton Mifflin〕出版，一九四三年，頁六六〇）後來的事實表明，這是他一生中最大的錯誤。

第十六章 最後幾天的和平日子

英國政府並沒有袖手坐待德蘇條約在莫斯科正式簽訂。八月二十一日深夜，柏林宣布里賓特洛甫乘機飛往莫斯科締結德蘇協定的消息，使英國內閣行動起來。二十二日下午三時，內閣舉行會議，會後發表了一個公報，斷然聲明：「英國對波蘭所承擔的義務曾經一再公開宣布，並且決心履行，絕不受德蘇互不侵犯條約的影響。」與此同時，議會也決定在八月二十四日開會，要通過《緊急權力（國防）法案》。此外還採取了某些預防性的動員措施。

雖然內閣聲明已經說得盡可能的明白，但是張伯倫還是要讓希特勒不發生任何疑問，於是便在內閣會議結束之後立刻又以個人名義給這位元首寫了一封信。

……柏林某些單位顯然認爲，德蘇協定一經宣布，就無需考慮大不列顛爲維護波蘭利益而進行干預的可能性。這是一個莫大的錯誤。無論德蘇協定的性質可能如何，都絕不能改變大不列顛對波蘭所承擔的義務……。

有人曾經說過，要是英王陛下政府在一九一四年把立場表示得更明確一些，那場巨大的災難就可能不致發生。姑不論這種說法是否有道理，這一次英王陛下政府決心不再讓這種悲劇性的誤解重演。

一旦發生上述這種情況，英王陛下政府決心並且準備毫不遲延地使用所擁有的一切力量。而敵對行動一旦發生之後，其結果是難以預料的……[1]。

這位首相「這樣徹底明確地闡明了我國的立場」（這是他自己後來附加的話）之後，再一次呼籲希特勒通過和平途徑來解決他和波蘭之間的分歧，並再次表示英國政府願意提供合作來實現這一點。

這封信由韓德森大使從柏林乘飛機送到貝希特斯加登，於八月二十三日午後一點過後不久交給了希特勒，這位納粹獨裁者看了之後勃然大怒。韓德森在拍給哈利法克斯的電報中說：「希特勒暴跳如雷，不論說什麼話他都不肯聽，當他提到英國和波蘭的時候，措辭都極爲粗暴而又誇張。」[2]關於希特勒那段長篇攻擊的內容，韓德森在這次會見的報告中所作的記載，跟後來從被繳獲的納粹檔案中所發現的德國外交部有關這一問題的備忘錄是一致的。他咆哮道，波蘭的頑固全是英國造成的，就像一年以前它應該對捷克斯洛伐克不講道理的態度負有責任一樣。波蘭有數以萬計的日耳曼族人正在受到迫害。他聲稱甚至還發生了六起閹割事件——這是一樁使他忐忑不安的事。他說他已經忍無可忍。要是波蘭人再繼續迫害日耳曼人，就會馬上引起實際行動。韓德森拍給哈利法克斯的電報寫道：

我在每一個問題上都和他做了爭辯，並且一再指出他的話是不確實的，但結果只是又引起他一通長篇攻擊。

最後，希特勒答應兩小時以後就英國首相的來函提出一個書面答覆。於是韓德森便回到薩爾斯堡去稍事休息（當時在場的威茲薩克後來寫道：「大使剛一出門，希特勒就拍著大腿大笑並且說，聽到這番談話以後張伯倫就要完蛋了，今天晚上他的內閣就會垮臺！」見威茲薩克：《回憶錄》，頁二〇三。當天下午晚些時候，希特勒召見這位大使，把回信交給了他。據韓德森向倫敦提出的報告，同第一次會見相比，這位元首「顯得十分安詳而且始終沒有提高嗓門」）。韓德森報告道：

希特勒說，他已經五十歲了，要打現在就打，他不想等到五十五歲或者六十歲再打。

這位德國獨裁者在山頂別墅中發出叫囂時所顯露的不可一世的狂妄態度，在德國人的會談記錄中甚至表現得更加露骨。在他表示願意在五十歲的時候打仗而不想等到以後之後，希特勒接著說：

英國最好別忘了，作爲一個上過前線的軍人，我懂得戰爭是怎麼一回事，並且會使用一切可以使用的手段。不用說誰都明白，如果世界大戰（指一九一四至一九一八年的戰爭）期間由我當德國首相，德國是不會戰敗的。

自從波蘭人膽敢和希特勒對抗以來，希特勒一直在對國外人士和德國人民吹牛說謊、虛聲恫嚇。

他給張伯倫的回信就是集這種謊言與恫嚇之大成的混合物。他說，德國並不想和大不列顛發生衝突。德國一直準備「以一個眞正空前慷慨大度的建議爲基礎」同波蘭人討論但澤和走廊問題。但是英國對波蘭的無條件的保證，只是鼓勵波蘭人「對居住在波蘭境內的一百五十萬日耳曼居民掀起駭人聽聞的恐怖迫害浪潮」。他宣布：「這樣的暴行對於受害者來說是可怕的，而對於德意志帝國這樣一個大國來說，則是不能容忍的。德國將不再容忍這種暴行。」

最後他談到，英國首相保證將信守對波蘭所承擔的義務，關於這一點，他用堅定的口吻告訴英國首相說：「這絲毫不能動搖德國政府捍衛德國利益的堅定意志……如果英國膽敢發動進攻，它將發現德國是有準備而且有決心的。」[3]

這次函件來往的結果如何呢？現在，希特勒從張伯倫那一方得到了一個嚴正保證說，一旦德國進攻波蘭，英國就要投入戰爭。而首相從元首方面得到的回答是：「結果並不會有什麼不同」。但是，此後緊張的八天中一系列事件表明，在八月二十三日那一天，他們兩個人誰也不相信對方對自己所說的話已無轉圜餘地了。

希特勒尤其是這樣。來自莫斯科的好消息使他大爲振奮，他相信，儘管張伯倫剛剛寫了那封信給他，在俄國轉了向之後，英國一定會重新考慮是不是要履行對波蘭的義務，而在英國之後，法國也會重新考慮。因此，這位元首在八月二十三日傍晚當韓德森飛返柏林的時候，決定了向波蘭發動進攻的日期：八月二十六日，星期六，拂曉四點三十分。

「關於發動進攻的具體日期和時刻，將不再發布命令，」哈爾德將軍在日記中寫道：「一切都將按計畫自動進行。」

但是這位陸軍參謀總長沒有說對。八月二十五日發生了兩件事，使希特勒在他的部隊按計畫應當突破波蘭國境之前不到二十四小時的時候，從災難的深淵邊緣縮了回來。一件事發生在倫敦，另一件發生在羅馬。

希特勒在八月二十四日回柏林歡迎了從莫斯科歸來的里賓特洛甫，聽取了關於俄國人情況的第一手報告，然後在二十五日這天上午給墨索里尼發了一封信。希特垃在這封信向這位軸心夥伴解釋，爲何他未能把他和蘇聯談判的情況及時通知他。他說他「沒有想到」談判會進展得這樣快，會得到這樣的結果。他說，蘇德條約「必須看成是軸心方面所能取得的最重大收穫」。

但是，這封已從繳獲的檔案中找到原件的信的眞正目的，還在於先向這位義大利領袖打一個招呼，告訴他德國隨時可能對波蘭發動進攻。不過希特勒並沒有把他所訂的確切日期告訴他的盟友。他說：「波蘭方面如果發生令人不可容忍的事件，我將立即採取行動……在這種情況下，沒有人能夠預言下一個小時將會發生什麼事情。」希特勒沒有明確要求義大利給予援助。因爲根據義德同盟條約，義大利自動給予援助是理所當然的事。因此他在信中僅表示希望獲得義大利的諒解[4]。雖然如此，他仍然盼望立即得到一個答覆。這封信由里賓特洛甫親自從電話中口述給德國駐羅馬大使，於當天午後三點二十分送到那位領袖手裡。

在這期間，元首於午後一點三十分在總理府接見了韓德森大使。他摧毀波蘭的決心毫未動搖，但是他比兩天前在貝希特斯加登同韓德森談話的時候更加急於做最後一次努力，使英國置身於戰爭之外（據埃里希·科爾特在《幻想與現實》一書頁一九二說，希特勒被他在莫斯科的勝利沖昏了頭腦，在八月二十五日一清早就叫新聞局把報導巴黎和倫敦內閣危機的消息送給他。他滿以爲那兩個政府是非垮臺不可的。及至他聽到張伯倫和哈利法克斯前一天在議會發表堅定的演說之後，才如夢初醒）。據大使發給倫敦的報告，他發現元首「十分冷靜和正常，話也說得非常認眞，顯然流露出誠意」。儘管有著過去一年來的切身經驗，韓德森甚至到了這個時刻還看不透這位德國元首的「誠意」。因爲希特勒要說的話是十分荒唐的。他對那位大使說，他「承認」英帝國的存在，他個人準備「親自保證英帝國的繼續存在，並且願意用德意志帝國的威力來達到這一目的」。

希特勒解釋道，他希望對英國採取一個具有決定性的行動，其性質同對俄國所採取的行動一樣……元首準備同英國締結協定，不僅要在一切情況下（只要涉及德國）保證英帝國的存在，而且如有必要的話，還願意保證不論英帝國在哪方面需要援助，德國都將給予援助。

他補充道，他「還準備接受一項合理的軍備限制」，並且把德國的西部國境看成是最後的疆界。據韓德森講，希特勒說著說著又像慣常一樣，開始嘮嘮叨叨地說起一些矯揉造作的話來，雖然這位大使向倫敦發出的電報中重述那段話時並沒這樣說。元首說：

他的天性是一個藝術家而不是政治家，一旦波蘭問題解決以後，他就要作爲一個藝術家而不是作爲戰爭販子了此餘生。

但是這位獨裁者卻是用另外一種調子結束他的發言的。據德國人擬給韓德森的口頭聲明說：

元首重複強調，他是一個意志堅定的人……這是他最後的建議。如果他們（英國政府）拒絕他所提出的這些意見，那麼就會發生戰爭。

在會談的過程中，希特勒不止一次地指出，他對英國提出的「慷慨而又全面的建議」附有一個條件，那就是這一建議只有「在德波問題解決以後」才能生效。韓德森一再表示，除非德波問題和平解決，否則英國將不能考慮他的建議。希特勒的回答是：「如果您認爲我的建議毫無用處，那您就不必把它發回去。」

但是，這位大使剛剛回到威廉街上離總理府沒有幾步遠的大使館，施密特博士就帶著希特勒那番談話的書面副件（其中頗有刪節）扣門求見，同時還帶來元首的話說，元首請韓德森敦促英國政府「十分認眞地對待這一建議」，並且主張這位大使親自乘飛機把建議送到倫敦去，德國政府可以派一架飛機供他使用[5]。

讀者已經讀完本書這麼多章節，自然就會知道，要想看透希特勒那顆狂熱的腦袋中的那些離奇古怪、異想天開的想法不是那麼容易的。他在八月二十五日提出那個荒唐的「建議」，說要保證英帝國存在，顯然是他一時心血來潮的傑作，因爲兩天以前在他和韓德森討論張伯倫的來信以及就此回信的時候，連提都沒有提到過這麼個建議。即使說這位獨裁者神經有點失常，也難於相信他本人在這個問題上的確像他對英國大使提出時那樣認眞。再說，當時張伯倫根本連信也來不及看，納粹軍隊就要在第二天拂曉衝進波蘭（這位元首此時尚未更改他原定的發動進攻的日期），試問，又怎麼能夠指望英國政府像他所要求的那樣「十分認眞」地看待這個建議呢？

但是在這個「建議」的背後確實隱藏著一個認眞的打算。希特勒顯然相信，張伯倫和史達林一樣，也希望得到一個藉口，能讓他的國家置身於戰爭之外（或者，如果不能完全置身於戰爭之外，至少不要認眞地參加進去。哈爾德將軍在他八月二十八日的日記中追述八月二十五日那天發生的「一系列事件」時隱約地提到了這一點。寫到二十五日午後一點三十分希特勒接見韓德森時，他補充一句說：「如果英國想虛應故事地打一打，元首是不會見怪的。」）。兩天以前，他付出一筆代價，讓俄國人在東歐方面「從波羅的海到黑海」的整個地區內自由行動，已經買得了史達林的善意中立。難道他就不能向英國首相保證，第三帝國永遠不會像霍亨佐倫德國那樣成爲英帝國的威脅，以此爲代價買到英國的不干涉嗎？可是希特勒當時沒有認識到——同樣史達林也沒有認識到這一點，這使得他後來付出了可怕的代價——現在終於睁開眼睛、看清了現實的張伯倫認爲，德國稱霸歐洲大陸對英帝國來說是一切威脅中最大的威脅。其實，對於蘇俄帝國又何嘗不是如此。希特勒在《我的奮鬥》一書中早已說過，若干世紀以來，英國外交政策的首要任務就是防止任何一個國家單獨稱霸歐洲。

午後五點三十分，希特勒接見了法國大使，但並沒有對他說什麼重要的話，只是再一次重複「波蘭對於德國的挑釁」已經到了令人不能容忍的地步，說他不會進攻法國，但是如果法國膽敢參與衝突，他就要和法國拼到底。談到這裡，希特勒就從椅子上站起來，對法國大使表示送客了。但是庫倫德雷對這位第三帝國的元首卻還有些話要說，而且堅持非說出來不可。他憑軍人的榮譽向希特勒擔保，他毫不懷疑，「一旦波蘭遭到攻擊，法國將以全力支持波蘭」。

希特勒的回答是：「想到不得不同貴國交戰，是使我感到痛心的事，但是問題不決定於我。請把這個意思轉告達拉第先生。」6

這是柏林時間八月二十五日午後六點鐘的事。首都的緊張氣氛在這一天裡有增無減。從中午剛過一會兒的時候起，同國外的一切無線電、電報以及電話聯繫，都按照威廉街的命令被切斷了。前一天晚上，最後一批英法記者和無官職平民都已經匆匆奔向最近的國境線。二十五日是星期五，在那一天裡，人們都知道了德國外交部已經用電報通知駐在波蘭、英國和法國的大使館和領事館，叫他們要求德國公民選擇最快的路線離境。筆者在八月二十四日和二十五日所記的日記到今天還能使我回想起當時籠罩著整個柏林的緊張氣氛。天氣悶熱，所有的人都好像熱鍋上的螞蟻似的。在這個大城市裡，到處架起了高射炮，轟炸機群不斷地從頭頂上掠過，朝著波蘭的方向飛去。二十四日晚間我在日記上匆匆忙忙地畫了這樣幾個字：「已是一片戰爭景象。」第二天，我又重複了一句：「戰爭迫在眉睫。」我還記得，在那兩天的晚上，我們在威廉街上看見德國人竊竊私語相互傳告：希特勒已經命令部隊在第二天拂曉開入波蘭國境。

我們現在知道，給他們的命令是要在八月二十六日星期六拂曉四點三十分進攻（雖然希特勒長期有效的命令此時尚未撤銷，要求在這一天的這一時刻發動進攻，並像哈爾德說的那樣，「一切都將按計畫自動進行」，但據許多德國作者說，元首在那天下午三點過幾分的時候，曾發出在第二天清晨開始執行「白色方案」的具體命令。見威茲薩克：《回憶錄》；科爾特：《幻想與現實》；瓦爾特·霍弗：《一九三九年預謀的戰爭》〔Walther Hofer, *War Premeditated, 1939*〕。霍弗說，命令是午後三點零二分發出的，並且說，這是他從馮·伏爾曼〔Nikolaus von Vormann〕將軍處聽到的，命令發出的時候這位將軍正在總理府。關於這一點，德國檔案材料中卻沒有找到任何正式記載）。而直到二十五日那天下午六點，所發生的事情都不能使希特勒有絲毫動搖，他一定要按照預定的時間表發動侵略，雖然韓德森和庫倫德雷兩位大使向他保證，英、法兩國一定將履行對波蘭的義務，還是無法影響他。但是到了下午大約六點鐘，或者說六點稍過一點的時候，來自倫敦和羅馬的消息使得這位看起來是意志不可動搖的元首猶豫起來了。

德國的祕密檔案和威廉街官員們戰後的證詞，都沒有清楚地說明希特勒究竟是在什麼時候得知英波正式條約在倫敦簽字的，這個條約把英國對波蘭的單方面保證變成了一項互助協定（這一條約附有一份祕密議定書，其中聲明，條約第一條提到，如有需要，兩國得實行軍事互助以對付侵略的「歐洲強國」，這明顯指的是德國。由於這一規定，才使英國政府在蘇聯紅軍與德國人合謀侵入波蘭東部的時候，不至於有必要採取向蘇聯宣戰這一嚴重的步驟）。但在哈爾德的日記和德國海軍記事冊中有一些證據表明，威廉街在八月二十五日中午就得到了這一條約將於當天簽字的風聲。參謀總長在他的筆記中說，中午十二點，他接到最高統帥部的電話，問他進攻計畫推遲執行的最後時限。他回答說：午後三點。海軍記事冊也說，有關英波條約以及「義大利領袖的通知」的消息是在中午收到的[7]。但是，這是不可能的。根據德國人在墨索里尼的信上所做的標記來看，送到的時間不會早於「午後六點鐘左右」。希特勒一直要到那個時間前後才可能知道英波條約在倫敦簽字的消息，因爲簽字直到午後五點三十五分才舉行——而且那個時間距離波蘭駐倫敦大使愛德華·拉仁斯基（Edward Raczyński）伯爵接到本國外交部長授權簽字的電話的時間也僅僅剛過十五分鐘。當時德國不像英國那樣實行夏季時間。因此，柏林與倫敦之間就沒有一小時的時差。

無論是什麼時候收到的——午後六點鐘左右是個正確可靠的推測——總之，倫敦的消息使希特勒動搖了。這很可能是英國對他那個「建議」的答覆，那個建議的內容這時一定已經送到了倫敦。這就是說，他企圖像買通俄國人那樣買通英國人的打算落空了。報告送到時，施密特博士正在希特勒辦公室裡，據他後來回憶，元首看完報告之後，就坐在書桌旁沉思起來[8]。

墨索里尼臨陣膽怯

他的沉思很快就被羅馬傳來的同樣不利消息打斷了。據施密特博士的描寫，這位德國獨裁者整個下午都懷著「毫不掩飾的焦躁情緒」等待著義大利領袖的回信。下午三點鐘，韓德森前腳剛走，義大利大使阿托利科後腳就應召來到總理府，但是這位大使只能告訴元首，他還沒有收到羅馬方面的回信。這時候，希特勒神經緊張到了極點，他叫里賓特洛甫去用長途電話找齊亞諾談話，可是外交部長沒法找到他通話。於是，施密特說，阿托利科就被「不大客氣地」打發走了[9]。

若干天以來，希特勒不斷收到羅馬方面傳來的警告消息，說他的軸心夥伴可能在他進攻波蘭的緊要關頭拋下他不顧。這個情報不是沒有根據的。齊亞諾在八月十一日到十三日同希特勒和里賓特洛甫舉行了那場使他幻想破滅的會談後，一回去就著手唆使墨索里尼拋棄德國人，他的這個舉動沒有逃過羅馬德國大使館嚴密監視的耳目。這位法西斯外交大臣的日記，詳細地記載了他力圖說服義大利獨裁者認清大局，及時避免被希特勒拖入戰爭的種種經過[10]。八月十三日，齊亞諾從貝希特斯加登回來，當天晚上馬上就去晉見領袖，向他報告同希特勒和里賓特洛甫會談的經過之後，就試圖說服他的上司，「德國人已經背棄了我們，欺騙了我們」，並且「正在拖著我們跟著他們一起去冒險」。那天晚上齊亞諾在日記裡寫道：

領袖的反應變化無常。起初，他同意我的看法。隔了一會他又說，為了信譽關係，他必須同德國人並肩前進。最後，他表示他要把克羅埃西亞和達爾馬提亞作為他的戰利品。

八月十四日——我發現墨索里尼憂心忡忡，於是便毫不遲疑地想盡一切方法極力挑起他心中對德國人可能抱有的反感。我說他的威望已滅，他所扮演的是個次要的二等角色。最後，我給他看一堆檔案，證明德國人在波蘭問題上對我們言而無信。兩國同盟所根據的前提條件現在已經被他們否定了；他們既然背信棄義，我們就應當拋棄他們，不必有所顧慮。但是墨索里尼仍然顧慮重重。

第二天，齊亞諾為這個事情同墨索里尼徹底談了六個小時。

八月十五日——領袖……已經相信，我們不應該盲目地跟著德國人走。但是……他要有一個時期做好準備才能和德國人決裂……他越來越相信，民主國家一定會打的……這一回就意味著一場大戰。而我們卻不能捲入戰爭，因為我們的困難處境不容許我們這樣做。八月十八日——上午與領袖談了一次話。他還和往常一樣三心二意。他仍然認為民主國家有可能按兵不動，德國人會做成一筆大有好處的便宜買賣，他不願看著這筆買賣不能插上一手。同時，他還怕希特勒會發火。他相信，廢除同盟條約或類似的行動可能使得希特勒丟下波蘭問題而同義大利算帳。凡此種種考慮，弄得他心煩意亂，坐立不安。

八月二十日——領袖突然變了卦。他要在這場迫在眉睫的衝突中不惜任何代價地支持德國……墨索里尼同我和阿托利科進行了商談（那位大使已從柏林回羅馬述職）。大意是：現在要背棄德國已經爲時太晚了……全世界的輿論都會說義大利膽怯……我試圖爭辯，但已無濟於事。墨索里尼頑固地堅持他的看法……。

八月二十一日——今天，我把話說得很明白……我一進屋，墨索里尼就肯定地說，他決心和德國人同進退。「領袖，您不能這樣做，萬萬不能這樣做……我到薩爾斯堡本來是去商定共同行動的方針，但是我所碰到的卻是一項「絕對命令」。背棄盟約的是德國人而不是我們……撕了那個條約吧！把它扔給希特勒……」

這次談話的結果是，讓齊亞諾去和里賓特洛甫安排第二天在布倫納隘口舉行會談，並且通知他，義大利將置身於德國進攻波蘭所挑起的衝突之外。中午時分齊亞諾給里賓特洛甫打電話，等了好幾個鐘頭都沒有來接，但是到下午五點三十分的時候他終於來接電話了。納粹外交部長表示，布倫納會談通知得這樣倉促，他不能立刻回答，因爲他「正在等候莫斯科方面的一份極爲重要的電報」，要過一會兒再給齊亞諾回電話。晚上十點三十分，他回電話了。齊亞諾在日記上說：

八月二十二日——昨晚十點三十分，新的一幕開始了。里賓特洛甫打電話告訴我，他希望在因斯布魯克而不在國境線上和我會見，因爲會後他就要動身到莫斯科去同蘇聯政府簽訂一項政治協定。

對於齊亞諾和墨索里尼來說，這是一個新聞，而且是最爲驚人的新聞。他們認定兩國外長的會晤「已不再適宜了」。他們的德國盟友不讓他們知道德國和莫斯科進行的祕密交易，又一次表現了對他們的輕視。

這位領袖的猶豫動搖，齊亞諾的反德情緒，以及義大利可能背棄《鋼鐵盟約》第三條所規定的義務，即締約一方一旦「捲入同另一國家的敵對行動中」時，另一方就自動參戰，在八月二十二日里賓特洛甫動身到莫斯科去以前，柏林方面就已經知道了。

八月二十日，義大利駐柏林代辦馬西莫．馬吉斯特拉蒂（Masimo Magistrati）伯爵到外交部拜會威茲薩克。這位國務祕書在一份祕密備忘錄裡告訴里賓特洛甫說，那位伯爵向他透露了義大利人的心情，「雖然我對此並不感到驚訝，但是我認爲肯定必須加以考慮」[11]。馬吉斯特拉蒂引起威茲薩克注意的是，既然德國沒有遵守盟約中的條款，讓雙方在重大問題上保持緊密聯繫和進行磋商，而且又把它和波蘭之間的衝突完全看作德國一國的問題，「這樣德國就自己放棄了義大利方面的武裝援助」。因此，如果事情的發展同德國的看法相反，德國同波蘭的衝突竟然發展成爲一次大戰，義大利就會認爲同盟的「前提條件」已不再存在。一句話，義大利在尋找脫身的藉口。

兩天以後，八月二十三日，柏林又收到馬肯森大使從羅馬發來的警告。他寫信給威茲薩克，報告了一些「幕後」情況。根據繳獲的這封信上威茲薩克親筆寫下的批語，這封信已「呈交元首」。這封信一定使希特勒打開了眼睛。馬肯森在報告中說，墨索里尼同齊亞諾和阿托利科進行了一系列的商談以後，義大利的態度是：德國如果進攻波蘭，就破壞了《鋼鐵盟約》，因爲這盟約的基礎是雙方同意在一九四二年以前不投入戰爭。而且，同德國的看法相反，墨索里尼相信，如果德國進攻波蘭，英國和法國都會出面干涉，而且「過不了幾個月，美國也會出面干涉」。然而德國只能在西線居於守勢：

據這位領袖看來，法國和英國就會傾全力攻打義大利。在這種情勢下，義大利將不得不首當其衝，承受戰爭的全部重擔，以使德國有機會在東方收拾殘局……[12]。

希特勒考慮了這些警告之後，終於在八月二十五日上午給墨索里尼發去一封信，懷著越來越焦急不安的心情，等回信足足等了一天。頭天夜裡里賓特洛甫向元首詳細陳述了他在莫斯科所取得的勝利，半夜剛過不久的時候，他「在元首的指示下」給齊亞諾去了個電話，把「由於波蘭的挑釁所引起的極端嚴重局勢」通知了對方（不要忘記，這些日子以來希特勒和里賓特洛甫在同英國人、法國人、俄國人、義大利人舉行的會議和交換照會中都一再嘮叨不休地大談「波蘭的挑釁」，而且納粹控制的報紙以煽動性的標題發表了關於這種「挑釁」的新聞，但是這種「挑釁」幾乎全部是德國人的捏造。在波蘭發生的絕大部分挑釁活動都是德國人按照柏林的指示製造的。被繳獲的德國檔案中充滿了這方面的證據）。威茲薩克有一則筆記透露出，這次電話的用意在於「使義大利人沒有藉口說事態的發展出乎他們意料之外」。

到八月二五日午後三點三十分，馬肯森大使在羅馬威尼斯宮（Palazzo Venezia）把希特勒的那封信交給墨索里尼的時候，這位領袖才知道德國人對波蘭的進攻馬上就要開始了。同希特勒的看法不同，他肯定相信英國和法國會立即參戰，這會給義大利帶來不堪設想的後果，因爲義大利的海軍不是英國地中海艦隊的對手，而它的陸軍又不堪法國的一擊（前一天，八月二十四日，齊亞諾在皮埃蒙特

〔Piedmont〕的夏宮覲見了國王。這位日見衰老的君主已經被墨索里尼打入冷宮，他以極其輕蔑的口氣談到了本國的武裝部隊。齊亞諾引他的話說：「陸軍的狀況極糟。就是我們的邊防軍也都遠遠不夠。他做過三二次視察，深信法國人可以輕而易舉地長驅直入。義大利的陸軍軍官都不稱職，我們的裝備已經陳舊過時」，見《齊亞諾日記》頁一二七）。馬肯森晚間十點二十五分發給柏林的急電描述這次會見的情形說，墨索里尼當面把這封信仔細地看了兩遍以後聲稱他「完全同意」德蘇條約，他認識到「同波蘭的武裝衝突已不再能避免」。最後——馬肯森報告說，「他特別強調這一點」——「他將盡一切力量無條件地站在我們這一邊」[13]。

但是，這位德國大使並不知道，這位領袖寫給元首的信裡卻不是這樣說的。這封信是由齊亞諾匆匆地用電話傳給已經回到柏林辦公室的阿托利科，後者「大約在午後六點鐘左右」到總理府親自把信交給了希特勒。據當時在場的施密特說，這封信就像一顆炸彈一樣打擊了元首。墨索里尼在表示了他對德蘇條約「完全同意」和「對波蘭問題的諒解」之後，就掉轉話頭，言歸正傳。他寫道：

至於在一旦發生軍事行動時義大利的實際態度，我的觀點如下：

如果德國進攻波蘭，而衝突又是局部化的，那麼義大利就會根據德國的要求提供一切的政治援助和經濟援助。

如果德國進攻波蘭（戰後從德國外交部檔案中發現的墨索里尼這封信件的德文譯本中，也就是我在這裡所用的文本中，「德國」一字被勾掉了而在上面用打字機打上了「波蘭」的字樣，於是念起來就成為「如果波蘭進攻……。」但是在義大利政府戰後公布的義大利文原本上，這段話卻是「如果德國進攻波蘭」〔Se la Germania attacca la Polonia〕。令人驚奇的是，甚至收藏在他們政府檔案中的祕密檔，納粹也要加以篡改僞造[14]），而後者的盟國又向德國展開反攻，那麼我事先通知您，鑒於目前義大利的戰爭準備狀況，我覺得最好在軍事行動方面不採取主動行動。關於義大利的戰爭準備狀況，我們曾經不止一次地而且及時地告訴過您，元首，也告訴過馮．里賓特洛甫先生。

不過，如果德國能立即把軍事物資和原料交給我們，以便抵抗法國和英國主要是針對我們的進攻，我們就可以立即參戰。

在我們歷次的會談中，戰爭都預定在一九四二年；到那時候，按照預先協商的計畫，我在陸、海、空三方面將準備就緒。

我還認爲，義大利目前已經採取的軍事措施以及以後將採取的其他措施，都會在歐洲和非洲牽制住數量可觀的法國和英國的兵力。

我認爲，作爲一個忠實的盟友，我有義不容辭的責任必須把全部眞相如實奉告，並且事前把實際情況通知您，否則將會給我們雙方帶來不愉快的後果。這就是我的看法。由於我必須在最短期間召開最高級政府機構會議，我請您把您的意見告訴我。

墨索里尼[15]

（彷彿墨索里尼給希特勒的這一服苦藥還不夠苦似的，許多德國作者〔大多數都親眼看到過在最後幾天和平日子中那一段瞬息萬變的局勢〕還對這封墨索里尼致元首的信發表了一份臆造的文本。反納粹密謀分子之一埃里希．科爾特當時任外交部的祕書處處長，他在一九四七年在斯圖加特出版他的

《幻想與現實》一書，其中首先刊出了這封信的贋本。雖然科爾特在再版中把它删掉了，但其他的作者卻繼續引用初版書上的假信。它出現在一九五〇年出版的彼得・克萊施特所著的《希特勒與史達林之間》〔Peter Kleist, *Zwischen Hitler und Stalin*〕一書中，甚至出現在一九五一年紐約版和倫敦版的保羅・施密特回憶錄的英譯本中。然而這封信的眞正原文早在一九四六年就在義大利發表了，英譯文也於一九四八年發表在國務院的《納粹與蘇聯的關係》〔*Nazi Soviet Relations*〕中。當希特勒從阿托利科手裡接到這封信時，施密特博士正在希特勒身邊，他引述這封信說：「我不得不懷著生平未有的痛苦心情通知您，義大利還沒有準備好參加戰爭。根據海、陸、空三軍有關負責人給我的報告，義大利空軍的汽油儲備極其有限，只夠維持三個星期的戰鬥。陸軍的軍需以及原料儲備的情況也一樣……請諒解我的處境。」關於這封信的僞造過程，在納米爾的《納粹時代》〔Lewis Namier, *In the Nazi Era*〕頁五上有一段有趣的評論，讀者可以參閱）

因此，雖然俄國已經穩在囊中，成爲友好的中立國而不參戰，但是和德國簽訂了《鋼鐵盟約》的盟邦卻脫身出去，而且這種情形發生的那一天，正好英國同波蘭簽訂了抵抗德國侵略的互助條約，並因此不可挽回地承擔了義務。希特勒看完來信之後告訴阿托利科說，他將立即回信，然後就冷冰冰地把這位義大利使節打發走了。

阿托利科走後，施密特博士聽到希特勒憤慨地說：「義大利人又要玩一九一四年的那一手了。」當天晚上，總理府裡到處是責罵這個「背信棄義的軸心夥伴」的不客氣的話。但光是說話是解絕不了問題的。按預定的時間表，再過九小時德國的陸軍就要對波蘭發動猛攻了。因爲現在已經是八月二五日午後六點三十分，而計畫規定，入侵行動將於八月二六日拂曉四點三十分開始。面對著來自倫敦和羅馬的消息，這位元納粹獨裁者必須立刻做出決定，是仍然按照原訂計畫進攻呢，還是推遲或者乾脆取消進攻。

施密特陪著阿托利科走出希特勒書房時，同急急忙忙跑來見元首的凱特爾將軍撞了個滿懷。幾分鐘之後，這位將軍匆匆地從裡面走出來，興奮地對他的副官叫道：「進攻的命令又得延期了！」

被墨索里尼和張伯倫逼到牆角的希特勒，已立刻做出了決定。哈爾德在日記裡寫道：「元首受到極大的打擊。」隨後又寫道：

下午七點三十分——波蘭和英國之間的條約已經批准。敵對行動沒有開始。一切軍隊調動必須停止，即使已到了邊境也必須停止，如果不可能及早停止的話。

下午八點三十五分——凱特爾證實此事。卡納里斯說：對英法的電話管制解除了。證實了事態的發展。

德國海軍記事冊對進攻延期的記載更爲簡明，並且還提出了原因：

八月二十五日——由於政治局勢的變化，已經開始進行的「白色方案」將於下午八點三十分停止（八月二十五日中午獲悉英波訂立互助條約，又獲悉義大利領袖通知，他將信守盟約，但要求大量供應原料）[16]。

紐倫堡的主要被告中，有三名被告在詰詢下各自對延期進攻做了說明[17]。里賓特洛甫說，當他聽到英波條約的消息並且「聽說正在對波蘭採取軍事步驟」（他彷彿一直不知道有進攻波蘭那回事似的）以後，他就「立刻」去找元首，力勸他取消對波蘭的入侵。「元首立刻就同意了」。這當然完全是鬼話。

凱特爾和戈林的供詞至少看來還比較誠實。凱特爾在紐倫堡法庭上追述當時情況說：「我突然被叫到總理府去見希特勒，他對我說：『立刻停止一切行動。馬上把布勞希契找來。我需要時間進行外交談判。』」

戈林在紐倫堡一次預審提訊中也證實，直到這時候，希特勒還相信他能夠談判出一條擺脫絕境的出路來。戈林說：

就在英國向波蘭正式提出保證的那一天，元首打電話告訴我說，他已經下令停止執行進攻波蘭的預定計畫。我問他這是暫時的還是永久的。他說：「不是永久的，我必須看一看能不能避免英國方面的干預。」

墨索里尼在最後一分鐘發生變卦，對希特勒固然是個沉重的打擊，但是從上述證詞中顯然可以看出，促使這位德國領袖推遲進攻的因素中，比較有力的因素還是英國和波蘭簽訂互助條約這一行動。然而奇怪的是，當天韓德森大使曾經再次向他提出警告說，一旦波蘭受到攻擊，英國將參戰，並且英國這時又已經在正式條約中嚴正地宣布了這一保證；在這之後，他居然仍舊像他對戈林所說的那樣，相信自己能夠「避免英國方面的干預」。這大概是他根據過去同張伯倫在慕尼克打交道的經驗，以為只要能安排一條出路，這位英國首相就會再次屈膝投降。但是仍然令人不解的是，像他這樣一個人，原先對外國政治曾表現出很有洞察力，居然不知道張伯倫這個人和英國的立場已經發生了變化。這種變化畢竟全都是希特勒自己一手造成的。

要在八月二十五日晚上叫德國軍隊一下子停住，是頗費周折的事情，因爲許多部隊已經開始行動了。在東普魯士，取消進攻的命令直到晚間九點三十七分才送達貝茨爾（Walter Petzel）將軍的第一軍。在幾個軍官費了九牛二虎之力急忙追上先頭部隊之後，才算止住了部隊的前進。南面的克萊斯特將軍那一軍的摩托化縱隊，在黃昏時分已經逼近波蘭邊境。一個參謀軍官駕著小型偵察機在國境上快速著陸後才把它們在邊界上攔住。更有少數地區在打響了以後才接到命令。但是由於好幾天以來德國人一直在整個邊境沿線挑釁鬧事，波蘭參謀總部顯然沒有懷疑到這究竟是怎麼一回事。在八月二十六日那一天，波蘭參謀總部倒的確提出過這樣一個報告：「德國匪徒」多股越過國界，以機關槍與手榴彈襲擊我碉堡與關卡，「其中一起爲德國正規部隊所爲」。

「密謀分子」的歡欣和混亂

八月二十五日晚上希特勒取消進攻波蘭計畫的消息，使得情報局裡的密謀分子歡欣若狂。奧斯特上校把這消息告訴沙赫特和吉斯維烏斯時嚷道：「元首完蛋了。」到第二天早晨，卡納里斯海軍上將甚至比他更加想入非非，他宣稱：「希特勒絕對經不起這次打擊。今後二十年的和平算是保住了。」他們倆人都以爲沒有必要再去爲推翻這個納粹獨裁者而操心；他已經完蛋了。

原來在這個決定人類命運的夏季行將結束的最後幾個星期裡，那些自以爲是在進行密謀的人曾經又忙碌了一陣。至於他們究竟懷著什麼目的，則很難弄清楚。戈德勒、亞當・馮・特羅特（Adam von Trott）、毛奇、施拉布倫道夫和魯道夫・貝徹爾（Rudolf Pechel）都曾先後來到倫敦；他們不僅告訴張伯倫和哈里法克斯，並且還告訴邱吉爾以及其他英國領導人說，希特勒打算在八月底進攻波蘭。這些反對希特勒的德國人可以親眼看到，整個英國，上至那位手裡老帶著一把雨傘的張伯倫，從慕尼黑的那些日子以來都已經改變了態度。一年前這些德國人自己曾提出一個條件：要他們決心驅逐希特勒，英國和法國就必須宣布將以武力制止納粹的任何進一步的侵略，現在這一條件已經實現了。他們還要求什麼呢？從他們所留下的文字材料來看，這一點是不清楚的，我們所能得到的印象是，連他們自己也不明白。雖然他們的用意良善，但是他們的思想混亂，達於極點，一種無能爲力的感覺癱瘓了他們的手腳。希特勒對德國的統治——也就是對陸軍、警察、政府和人民的統治——太嚴密了，不是他們所能夠想出的辦法可以動搖或推翻的。

八月十五日那一天，哈塞爾到沙赫特博士在柏林的獨身新寓所中登門造訪。這位被解職的經濟部長剛剛從印度和緬甸旅行了六個月歸來。哈塞爾在日記裡寫道：「沙赫特的看法是，我們沒有別的辦法，只有留神等待，他認爲事態將循著必然的道路發展。」根據哈塞爾自己的日記記載，他在同一天告訴吉斯維烏斯說，他「也贊成把直接行動暫時往後推一推」。

但是當時又有什麼「直接行動」要推遲呢？哈爾德將軍和希特勒同樣熱衷於毀滅波蘭，這時候根本不想推翻這位獨裁者。至於維茨萊本將軍，一年前預定在推翻元首的活動中由他負責領導部隊，現在正在西部指揮一個集團軍，即使他有心也無法參加柏林的行動。然而他是否眞正有心呢？吉斯維烏斯到他的司令部去拜訪他的時候，發現他正在收聽英國廣播公司從倫敦發出的新聞廣播，於是馬上就看清了這位將軍的興趣只在於弄清楚當前的局勢動向。

至於哈爾德將軍，他正在一心忙著擬訂進攻波蘭的最後計畫，根本就不再考慮推翻希特勒這種造反的念頭。在一九四六年二月二十六日戰後紐倫堡的審訊中，問到他和另外幾個所謂納粹政權的敵人在八月的最後幾天爲什麼沒有做出任何努力推翻那位元首從而使德國免於捲入戰爭時，他說得非常含糊。他說：「當時沒有可能。」爲什麼？因爲維茨萊本將軍被調到西方去了。沒有維茨萊本，陸軍就不能動手。

那麼德國人民呢？美國訊問官哈里斯上尉提醒哈爾德，指出他說過德國人民反對戰爭，於是問他：「如果說希特勒已經下了無可挽回的決心要發動戰爭，爲什麼你們不能在侵略波蘭前夕依靠人民的支持呢？」哈爾德回答道：「請您原諒，我聽了您的話忍不住好笑。當我聽到『無可挽回』這個字眼和希特勒聯繫在一起的時候，我就必須說沒有什麼事是無可挽回的。」這位參謀總長繼續解釋說，即使遲至八月二十二日，當希特勒在上薩爾斯堡會議上向他的將領們透露他已經「無可挽回」地下了決心要進攻波蘭、並且如果必要也同西方作戰時，他本人並不相信元首當眞會說到做到[18]。這段話同哈爾德本人在這段時期的日記對照來看，確實令人感到驚訝。但是不僅哈爾德如此，大多數其他密謀分子也如此。

哈爾德的前任陸軍參謀總長、公認的密謀分子領袖貝克將軍，這時又在哪裡呢？據吉斯維烏斯說，貝克給布勞希契將軍寫過一封信，但是這位陸軍總司令甚至不簽個收到信的回條。吉斯維烏斯說，後來貝克同哈爾德作過一次長談，後者同意，一場大戰將意味著德國的毀滅，但是他認爲「希特勒是絕不會打世界大戰的」，因此當時無需設法推翻他[19]。

八月十四日，哈塞爾同貝克單獨進餐，在日記上記述了他們的頹喪情緒。

貝克極有教養、極有風采、極有見識的人。不幸的是，他非常瞧不起陸軍中的領導人。因此，他認爲我們不能在那裡取得立足點。對於第三帝國各種政策的罪惡性質，他是深信不疑的[20]。

貝克以及他周圍那些人的信念是崇高的，但是當希特勒準備把德國投入一場戰爭的時候，這些可敬的德國人卻沒有一個採取任何行動來制止他。這一任務顯然是艱巨的，而且在這麼晚的時候，也許是無法實現的。但是他們連試都沒有試一下。

托馬斯將軍也許試了一下。他在八月中旬親自向國防軍最高統帥部長官凱特爾宣讀了一份備忘錄之後，緊跟著又在八月二十七日星期日那一天拜訪了凱特爾；並且據他自己說，當時還「交給他一份附有圖表的統計材料……（這個材料）清楚地表明了西方國家在軍事和經濟兩方面的巨大優勢以及我們將遇到的災難」。凱特爾以往常罕見的勇氣把這份材料送給希特勒看，希特勒的答覆是，他並不像托馬斯將軍那樣「擔心爆發一場世界大戰，特別是他現在已經把蘇聯爭取到自己這一邊來了」[21]。

這些「密謀分子」爲防止希特勒挑起第二次世界大戰所做的嘗試到此就告終了。只有沙赫特博士後來還做了一些微不足道的最後努力，這位精明的理財家在紐倫堡法庭爲自己辯護時，還把這種努力大大地吹噓了一番。八月間他從印度歸來以後，給希特勒、戈林和里賓特洛甫分別寫了幾封信，在這個緊要關頭，所有這些反對派的領袖的行動似乎都僅僅限於寫寫信和寫寫備忘錄。但是據他後來說，他「萬萬沒想到」這些信件竟然毫無回音。後來他決定到柏林東南幾英里的措森去親自見見布勞希契將軍，陸軍總司令部當時在那裡設立了波蘭戰役作戰指揮部。他打算對布勞希契將軍說什麼呢？沙赫特在紐倫堡證人席上說，他打算去告訴那位陸軍總司令，德國不經過國會批准就進行戰爭是違反憲法的！因此，這位陸軍總司令有義務遵守忠於憲法的誓詞！

眞可惜，沙赫特博士根本沒有去見布勞希契。卡納里斯警告他，如果他到措森去的話，陸軍總司令「可能馬上把我們抓起來」。在這位希特勒舊日的支持者看來，這個下場似乎並不怎麼合他的心意[22]。但沙赫特所以沒有到措森去執行他那可笑的使命（如果希特勒不嫌麻煩，願意辦一下這個正式手續的話，他要讓那個橡皮圖章似的國會批准他的戰爭是易如反掌的事），其眞正原因由吉斯維烏斯在紐倫堡出庭爲沙赫特作證時一言道破。沙赫特原打算在八月二五日到措森去，後來因爲那天晚上希特勒取消了第二天進攻波蘭的預定計畫，所以他也就沒有去了。據吉斯維烏斯的證詞，三天以後，沙赫特又打算到措森去完成他的使命，但是卡納里斯告訴他說爲時已經太晚了[23]。所以，並不是「密謀分子們」錯過了班車，而是他們根本就沒到車站去趕車。

正像那一小撮反納粹的德國人沒有能制止希特勒動手一樣，這時向希特勒呼籲要他避免戰爭的各中立國家的領導人也是白費了一番唇舌。八月二十四日，羅斯福總統向希特勒和波蘭總統分別發出急電，敦請他們解決彼此間的分歧而不要訴諸武力。波蘭總統莫斯切斯基（Ignacy Mościcki）第二天就在一封措辭頗爲得體的覆電中提醒羅斯福，「提出要求並且要求讓步」的並不是波蘭，但是儘管如此，波蘭還是願意按照美國總統的建議，透過直接談判或者中間調停同德國人解決爭端。希特勒則根本沒有答覆（羅斯福還提醒希特勒說，他還沒有答覆總統在四月間給他的呼籲）。第二天，八月二十五日，羅斯福又給希特勒發了一封電報，把莫斯切斯基的和解態度通知他，懇求他「同意已爲波蘭政府接受的和平解決的原則」。

這第二封電報也沒得到答覆；不過在八月二十六日晚上，威茲薩克約見了美國駐柏林代辦亞歷山大・寇克（Alexander Kirk），要他轉告美國總統，元首已經收到那兩份電報，並且已經「交給外交部長，供政府考慮」。

八月二十四日，教皇通過電臺廣播呼籲和平：「憑著基督的血……祈求強者傾聽我們的呼籲，希望他們不要因爲肆行不義而變成弱者……如果他們不願意自己的力量成爲毀滅的原因的話。」八月三十一日下午，教皇又以內容相同的照會分送給德國、波蘭、義大利和兩個西方大國的政府，「以上帝的名義祈求德意志和波蘭兩國政府……避免任何不幸事件」，並且要求英、法和義大利三國政府支持這一呼籲，他還說：

> 教皇不願放棄透過即將舉行的談判公正而和平的解決爭端。

教皇，也像世界上幾乎所有的人一樣，不知道所謂「即將舉行的談判」只不過是希特勒用來給侵略找藉口的一個宣傳伎倆。實際上，我們不久就可看到，在那最後一個和平的下午根本就沒有進行什麼眞誠的談判。無論是即將舉行也好，不即將舉行也好。

幾天以前，在八月二十三日，比利時國王以「奧斯陸」國家（比利時、荷蘭、盧森堡、芬蘭和三個斯堪的納維亞國家）統治者的名義，也廣播了一篇動人的和平呼籲，要求「對事態發展負有責任的人，透過公開的談判來解決他們的爭執和要求」。八月二十八日，比利時國王和荷蘭女王聯名表示「願爲避免戰爭」進行斡旋[24]。

儘管這些中立國家發出呼籲的方式和用意是高貴的，但是今天重讀之下，卻給人一種不現實和悲觀的感覺。彷彿美國總統、教皇和那些北歐民主小國的統治者同第三帝國不是生活在一個星球上似的，他們對柏林方面的事情就同對火星上的情況一樣缺乏瞭解。他們竟全然不知道希特勒的思想、性格和目的，全然不知道德國人，除了極少數例外，願意置倫理、道德、榮譽或基督教的人道觀念於不顧，而準備盲目地跟著希特勒走，不論他走向哪裡，採取什麼道路。他們這樣的全然無知，將在未來的歲月中，使得羅斯福和比利時、荷蘭、盧森堡、挪威、丹麥各國君主領導下的人民付出慘重的代價。

在最後幾天緊張和平日子裡，我們這些留在柏林企圖向外界報導消息的人，對於威廉街上總理府和外交部、班德勒街上的軍事總部裡發生的事情也知道得很少。我們盡可能地密切注意威廉街上政府各部出出進進、川流不息的人群。我們每天在一大堆謠言、傳聞、謊話、誑騙中間沙裡淘金。普通老百姓和我們所認識的政府官員、黨的領袖、外交家以及軍人的情緒，我們是瞭解的。但是有些事情，我們和普通老百姓一樣蒙在鼓裡，比如韓德森大使頻繁地和希特勒、里賓特洛甫舉行會晤，而且常常爭得面紅耳赤，其中說些什麼我們就沒法知道；希特勒與張伯倫之間、希特勒與墨索里尼之間、希特勒與史達林之間有書信往返，其中的內容，我們也摸不清；里賓特洛甫與莫洛托夫之間、里賓特洛甫與齊亞諾之間舉行過會談，他們到底說了些什麼，我們也無從得知；至於那些忙得暈頭轉向、心慌意亂的外交家與官員之間互相交換的密碼電報的內容，以及軍方首腦正在策畫和採取的各種行動，我們就更莫名其妙了。

當然，有少數一些事情，我們和公眾是知道的。比如德國人大吹大擂的德蘇條約，大家自然知道，只不過瓜分波蘭和東歐其餘部分的祕密議定書直到戰後才知道。我們都知道，甚至在這一條約還沒簽字以前，韓德森就飛到貝希特斯加登鄭重地告訴希特勒，這個條約不能阻止英國履行它對波蘭的保證。八月的最後一個星期開始以後，我們在柏林就感覺到，除非再來一個慕尼黑，否則戰爭是不可避免的了，而且已經是不出幾天的事。到八月二十五日，最後一批英、法僑民都離了境。原來預定於八月二十七日在坦能堡舉行大規模的納粹集會，希特勒將在會上發表演說。二十六日，這次集會也宣布取消了。原定於九月第一個星期在紐倫堡召開的一年一度黨代表大會，希特勒曾正式稱之爲「和平的黨代表大會」，同樣也取消了。八月二十七日政府宣布，食品、肥皂、鞋、紡織品和煤從第二天開始實行配給制。我記得，主要是這個公告使德國人民意識到了戰爭的迫近，他們對這一公告的牢騷不滿是可以很清晰地聽到的。八月二十八日，星期一，柏林的居民看到源源不絕的軍隊穿過市區開往東方。他們被裝在所能搜尋到的各種各樣的運貨卡車裡運走。

這種情況也必然使普通老百姓警覺到要發生什麼事了。我記得那個週末又悶又熱，大多數柏林人不顧戰爭已經就在眼前，還是到首都周圍的湖泊和樹林中去消暑度假。星期日晚上回到城裡以後，他們從無線電裡聽到國會在總理府舉行了一次非正式祕密會議的消息。德意志通訊社的公報說：「元首在會上扼要地闡述了局勢的嚴重性。」這是德國公眾第一次聽到希特勒告訴他們時局已經嚴重了。會議的詳細內容沒有披露，除了國會議員和希特勒的親信以外，沒有一個外人知道納粹獨裁者那天的心情。過了很久以後，我們才從哈爾德八月二十八日的日記中，看到情報局奧斯特上校告訴他的當天開會情況：

午後五點三十分在總理府舉行會議。有國會議員和若干黨內顯要參加……局勢非常嚴重。無論如何決心要解決東部問題。最低要求：歸還但澤，解決走廊問題。最高要求「取決於軍事形勢」。如果最低要求不能得到滿足，就進行戰爭：野蠻！他將親臨前線。義大利領袖的態度對我們極爲有利。

戰爭將非常困難，也許毫無希望。「只要我還活著，就談不到投降。」蘇聯條約在黨內受到廣泛的誤解。這是一個爲了趕走魔王而與撒旦結盟的條約……「有人按照一定的暗示鼓掌，但是稀疏零落。」

個人對元首的印象是：疲憊、憔悴、嗓音沙啞、心事重重。「他現在已經完全被他在黨衛隊裡的顧問包圍了。」

一個外國觀察家在柏林也可以看到，報紙在戈培爾的巧妙操縱下，怎樣欺騙了天眞的德國人民。自從納粹對所有的日報實行「一體化」，摧毀了新聞出版自由以後，六年以來德國人民對於外界眞相一直是隔絕的。有一個時期，在德國的大報攤上還可以買到蘇黎世和巴塞爾出版的瑞士德文報紙，那上面還登著一些客觀的消息。但是近幾年來，德國不是在國內禁止銷售這些報紙，就是把數量限制到極為有限的幾份。懂英文和法文的德國人，偶然可以弄到幾份倫敦和巴黎的報紙，不過讀到的人卻很少。

我在一九三九年八月十日的日記中寫道：「德國人民生活在一個完全與世隔絕的世界裡，看一看過去和今天的報紙，就會有這種感覺。」當時我是在華盛頓、紐約和巴黎做短期休假後回到德國來的，兩天以前離開我在瑞士的家登上火車時，我買了一份柏林和萊茵地區的報紙。它們把我一下子推回到了瘋狂的納粹世界，它和我剛剛離開的那個世界迥然不同，就好像是在另一個星球上一樣。我到達柏林以後，八月十日又繼續寫道：

全世界都認為和平將受到德國的破壞，是德國在威脅著要進攻波蘭……但是在德國，被本國報紙蒙在鼓裡，說法恰恰相反……納粹報紙正在叫嚷的是：擾亂歐洲和平的是波蘭，是波蘭在以武裝入侵威脅德國……。

《柏林日報》以大字標題提出警告：「當心波蘭！」並說：「這個國家肆無忌憚地蹂躪歐洲的和平與人權！」

我在火車上買到的卡爾斯魯爾（Karlsruhe）《領袖》日報的標題是：「華沙揚言將轟炸但澤——極端瘋狂的波蘭人發動了令人難以置信的挑釁！」

你也許會問：德國人民不可能相信這些謊言吧？你就去和他們談談吧。很多人是這麼相信的。

到希特勒原定進攻波蘭的日子八月二十六日，星期六，戈培爾在報紙上發動的宣傳攻勢達到了頂峰。我在日記裡記下了當時報紙上的一些標題：

《柏林日報》：「波蘭完全陷於騷亂之中——日耳曼人家庭在逃亡——波蘭軍隊推進到德國國境邊緣！」《十二點鐘報》：「這樣的玩火行爲太過分了——三架德國客機受到波蘭人射擊——走廊地帶許多日耳曼人農舍成爲一片火海！」

半夜我到「廣播大廈」去，路上買了一份八月二十七日星期天版的《人民觀察家報》。第一版頂端高達一英寸的通欄標題是：

波蘭全境均處於戰爭狂熱中！一百五十萬人已經動員！軍隊源源運往邊境！上西里西亞陷入混亂！

當然，關於德國的動員情況隻字未提，雖然我們親眼看到德國早在半個月以前就開始動員了。

最後六天的和平日子

八月二十五日傍晚送到柏林的墨索里尼來函，迎頭潑了希特勒一盆冷水。這封信加上英波同盟條約簽字的消息，使希特勒不得不推遲原定第二天就要發動的進攻；他冷靜下來以後，立即給義大利領袖發去一封短信，問他，爲了保證義大利能夠「參加一場大規模的歐洲衝突」，「您需要什麼樣的武器裝備和原料，並要在什麼時限內提供」。這封信由里賓特洛甫親自於當晚七點四十分用電話傳給德國駐羅馬大使，在九點三十分就到了那位義大利獨裁者手中[25]。

第二天上午，墨索里尼在羅馬召集義大利三軍首長開了一個會，擬訂了一份作戰十二個月的最低需要清單。齊亞諾也參加擬制清單，用他的話來說，這份清單「足能氣死一頭牛，如果牛認得字的話」[26]。清單中包括七百萬噸石油、六百萬噸煤、二百萬噸鋼、一百萬噸木材以及一長串其他物品，一直到六百噸輝鉬礦、四百噸鈦和二十噸鋯。除此之外，墨索里尼還要一百五十門高射炮來保護義大利北部距法國空軍基地只有幾分鐘航程的工業區，這是他在當時寫的回信中提醒希特勒的。這份清單由齊亞諾於八月二十六日中午剛過的時候用電話傳給柏林的阿托利科，後者馬上就交給了希特勒[27]。

這封信開列的不僅僅是一長串所需要的物資。現在事情已經很明顯，這位洩了氣的法西斯領袖已經下定決心要擺脫他對第三帝國所承擔的義務。元首在讀完這第二封信之後，對於這一點不可能再有絲毫的懷疑了。墨索里尼對他的夥伴寫道：

> 元首，如果當初按照我們以前商定的辦法，讓我有時間來積累物資和加快自給自足的速度，我現在就不會向您提出這份清單，即使提出，專案也會比這少，數字也會小得多。
>
> 我有責任奉告，除非我肯定能得到這些物資供應，否則我要求義大利人民做出犧牲……就可能成爲徒勞，並可能損害您和我自己的事業。

阿托利科大使本人是反對戰爭的，尤其反對義大利在戰爭中參加德國一方，因此他在遞交這封函件時自作主張地向希特勒強調說，「所有這些物資都必須在戰事開始以前運到義大利」，並且說這個要求是「不可變更的」（他這句話在柏林更加引起了不滿，在羅馬也造成一些混亂，使得齊亞諾不得不加以澄清。阿托利科事後對齊亞諾說，他故意強調必須在敵對行動開始以前將物資完全運到，「為的是使德國人知難而退，放棄滿足我們要求的念頭」。要在幾天之內運交一千三百萬噸物資，當然是絕對辦不到的事。後來墨索里尼為這種「誤解」向馬肯森大使表示歉意說：「就算是萬能的上帝，也不可能把數量如此龐大的物資在幾天之內運到這裡。他從來沒有想到過提出這樣荒謬的要求。」）。[28]

墨索里尼仍然希望會出現另一個慕尼黑事件。所以他在信上特別附上一段說，只要元首認為「還有一線希望在政治領域內求得解決」，他將一如既往，隨時準備給他的德國同志以充分的支持。儘管他們兩人個人關係十分密切，並且締結了《鋼鐵盟約》，儘管過去幾年中彼此曾經多次大吹大擂地表示要團結一致互相支援，但是事實仍是：即使臨到這個最後關頭，希特勒仍然沒有把他要毀滅波蘭的真正意圖推心置腹地吐露給墨索里尼，這位義大利夥伴仍然完全被蒙在鼓裡。一直到這一天（二十六日）快要完了的時候，他們之間的這個隔膜才最後溝通。

在八月二十六日當天，希特勒在不到三小時之內就給墨索里尼的來信回了一封很長的回信。下午三點零八分，又由里賓特洛甫把這封信用電話傳給駐在羅馬的馬肯森大使，這位大使在五點剛敲過不久的時候連忙把它送給了墨索里尼。希特勒說，義大利提出的某些要求，如煤、鋼之類，可以如數供給，但許多其他物資則難以辦到。阿托利科堅持這些物資必須在戰爭爆發之前運到，這一點無論如何是「不可能的」。

這時候希特勒才終於把他立即就要開始實現的眞實目的吐露給他的盟友。

由於法國或英國都不可能在西方取得任何決定性的勝利，而德國由於和俄國達成了協定，在擊敗波蘭之後就可以騰出東方的全部兵力……所以我即使冒在西線發生糾葛的風險，也不會在解決東方的問題上退縮。

領袖，我瞭解您的處境，我只請您進行積極的宣傳，並適當採取您自己已經向我建議的軍事姿態，設法爲我牽制英、法軍隊[29]。

這是德國檔案中所出現的第一個證據，表明希特勒在取消進攻波蘭二十四小時以後又恢復了信心，而要繼續進行他的計畫，即使冒同西方作戰的風險也在所不顧。

八月二十六日當天晚上，墨索里尼又做了一點努力再次勸阻希特勒。他又給元首寫了一封信，齊亞諾又用電話傳給阿托利科，這封信在快到下午七點鐘的時候送到了帝國總理府。

元首：

我相信阿托利科無意造成的誤會已經立即得到了澄清……除高射炮以外，我請求您供給的其他物資可以在今後十二個月內陸續運到。不過，縱使誤會已經澄清，您顯然還是不可能大力幫助我，補足義大利在衣索比亞亞和西班牙戰爭中所耗損的大量軍備。

因此我將採取您所建議的態度，至少是在衝突的最初階段，一方面盡最大能力加速軍事準備，一方面就像目前已在進行的那樣，盡可能多地牽制住法國和英國的軍隊。

這位義大利領袖由於自己在這樣一個緊要關頭扮演這樣一個不光彩的角色而深感苦惱，儘管如此，他還不死心，仍然認爲應當試一試，看看是否有可能再來一次慕尼黑式的妥協。他接著寫道：

……我不揣冒昧再次請您試一試尋求政治解決的機會，這絕不是出於與我的天性格格不入的和平主義，而是爲了我們兩國人民和兩國政權的利益。我認爲現在還有政治解決的可能性，而且認爲這樣一個解決辦法一定能使德國在道義上和物質上都完全得到滿足30。

現在已經可以從檔案材料看出，當時這位義大利獨裁者努力爭取和平是因爲他還沒有爲戰爭做好準備。但是他爲自己所扮演的角色而感到很難過。他在八月二十六日最後這次信件交換中對希特勒說：「在這行動的時刻，我出於非我力之所及的原因而不能給您眞正的支援，此種心情，閣下當可想見。」齊亞諾在這忙碌的一天結束時在日記中寫道：「領袖的確很難過。他的好戰本能和榮譽感驅使他走向戰爭。理智現在已經制止了他。然而這使他大爲傷心……現在他已經不得不正視嚴酷的事實了。而對領袖來說，這是一個沉重的打擊。」

經過這番穿梭般的信件往返之後，現在希特勒也只好讓墨索里尼臨陣脫逃了。八月二十六日深夜，他又給他的軸心夥伴去了一封信。這封信是在二十七日零時十分從柏林用電報拍出的，送到墨索里尼手裡是那天上午九點。

領袖：

我已經收到您表示最後態度的來信。我尊重促使您做出這個決定的理由和動機。在一定情況下，這樣做還是可能有良好結果的。

但是我認爲，先決條件是義大利不應使外人知道它所打算採取的態度，至少在戰爭開始以前應當如此。因此，我誠懇地請求您用您的報紙和其他手段在心理上支援我們的鬥爭。我還要請求您，領袖，如果有可能的話，就在軍事上採取示威性措施。至少要牽制住一部分英法軍隊：即使不能如此，無論如何也要使他們狐疑不定。

不過，領袖，最重要的一點是：事情萬一和我所說過的那樣發展成一次大戰，東線的局勢就必須在西方兩大強國能操勝算之前予以解決。然後今年冬天，最遲也不過明年春天，我將以至少和法、英數量相等的兵力在西線發動進攻……。

領袖，現在我有一件事要求您鼎力協助。在這一場艱巨的鬥爭中，您和您的人民所能給我的最大幫助是派來義大利勞工，從事工農業勞動……希望您慷慨應允，對您過去爲我們的共同事業所做出的努力謹表謝忱。

阿道夫．希特勒[31]

義大利領袖當天下午做了一個溫順的答覆，表示外界絕不會「在戰爭爆發以前知道義大利的態度」，他一定嚴守祕密，並答應盡可能設法牽制住英、法陸海軍力量，他還將向希特勒派出所要求的義大利勞工[32]。據馬肯森大使對柏林提出的報告來看，墨索里尼那一天在回這封信之前，曾經「鄭重其詞地」再次向這位德國大使表示，「他仍然相信，達到我們的全部目的而不訴諸戰爭還是可能的」，並且說，他將在給元首的信裡再一次提出這一點[33]。但是他在信中並沒有提及。看來他當時已經心灰意懶，連提也不想再提了。

戰爭一旦突然爆發，雖然法國大致能提供盟國在德國的西方國境線上所需的軍隊，而且在最初幾個星期內，盟軍在數量上也會遠遠地超過那裡的德國駐軍，但是在八月將盡的那幾天裡，希特勒對於法國的動向似乎滿不在乎。八月二十六日，達拉第總理寫給他一封慷慨陳詞、頗爲動聽的信，提醒他法國會採取的行動，並聲明一旦波蘭遭到攻擊，法國就一定出兵作戰。那封信中寫道：

除非您認爲法國人民的國家榮譽感不如我本人認爲德國人民所具有的國家榮譽感，否則就不應當懷疑法國將恪守自己對其他國家，諸如波蘭，所做的嚴正保證……。

達拉第在呼籲希特勒通過和平途徑解決他同波蘭的爭端之後，補充說：

如果像二十五年以前一樣，法蘭西和德意志在一場時間更長和殺人更多的戰爭中再次流血，兩國人民都會抱著必勝的信心進行決戰，但是最有把握的勝利者將是毀滅和野蠻的力量[34]。

庫倫德雷大使在遞交總理的這封信時，還加上了他個人熱情的口頭呼籲，懇求希特勒「看在人道的份上，爲了他自己良心的安寧，不要放過這個和平解決的最後機會」。但是這位大使卻不得不懷著「遺憾的心情」向巴黎報告，達拉第的來信未能打動這位元首——「他無動於衷」。

希特勒第二天給法國總理的回信，巧妙地利用了法國人不願「爲但澤送命」的心理，不過他沒這麼講，這話留給法國的姑息妥協派說去了。希特勒宣稱，自從歸還了薩爾之後，德國就對法國放棄了一切領土要求；因此，兩國之間沒有理由一定要兵戎相見。如果眞的發生了戰爭，責任絕不在他，而且他會感到「非常痛心」。

在最後那個和平的星期中，德、法兩國在外交上的接觸僅此而已。自從八月二十六日那次會見以後，庫倫德雷一直到大勢已去、無可挽回的時候爲止，沒有再去見過希特勒。在這個緊要關頭對這位德國總理關係最大的國家是英國。正如八月二十五日晚上希特勒推遲了入侵波蘭的行動以後對戈林所說的，他要看一看能不能「排除英國的干涉」。

最後關頭的德英關係

羅馬和倫敦傳來的消息迫使希特勒從戰爭的懸崖邊緣退縮回來以後，哈爾德將軍曾在他八月二十五日的日記中寫道：「元首受到了極大的打擊。」可是第二天下午，這位參謀總長發現領袖的態度又驟然改變了。「元首非常鎭靜而開朗」，這是他在那天下午三點二十二分隨手寫下的日記。這種變化不是沒有來由的，這位將軍的日記道出了這個原因。「要爲『第七動員日』的早晨做好一切準備。進攻在九月一日開始。」希特勒用電話向陸軍總司令部發出了這個命令。

這就是說，希特勒準備動手打波蘭了。這一點既然已確定，他就要盡一切可能使英國置身局外。哈爾德的日記道出了元首及其親信在八月二十六日那個決定命運的一天的想法。

傳說英國有意考慮德國的全面建議。就是希特勒八月二十五日「保證」英帝國存在的建議。韓德森歸來後就可知道詳情。另外有謠言說，英國強調，波蘭的切身利益受到威脅是必須由英國來宣布的事。在法國，向政府提出的反戰抗議書越來越多……。

計畫：我們要求取得但澤，一條穿過「走廊」的走廊，在和薩爾相同的基礎上進行公民投票。英國也許會接受。波蘭多半不會。這是分化它們的楔子[35]。

最後一句話在某種程度上無疑正確地反映了希特勒當時的想法。他想在波蘭和英國之間打進一個楔子，並給張伯倫一個藉口，讓他擺脫對華沙的保證。在命令軍隊準備於九月一日進軍以後，希特勒就等著看倫敦方面對他那個「保證」英帝國存在的狂妄自大建議有什麼反應。

當時他與英國政府有兩次接觸，而倫敦的德國大使館沒有參與那最後一刻鐘的緊張的談判活動，因爲德國駐倫敦大使狄克森正在休假。一次接觸是透過韓德森大使的官方接觸，韓德森在八月二十六日星期六一清早帶著元首的建議乘坐一架德國專機飛到了倫敦。另一次接觸是非官方、祕密的，而且結果證明是相當外行的接觸。這次的中間人是戈林的瑞典朋友，那位喜歡到處奔走的比爾格·達勒魯斯，早在前一天他就帶著這位德國空軍司令給英國政府的一封信從柏林飛到了倫敦。

「在這個時期，」後來戈林在紐倫堡法庭的一次提訊中說：「我同哈利法克斯在正常外交途徑之外透過一個特別信使保持著聯繫。」[36]（戈林在紐倫堡法庭上作證時說：「里賓特洛甫根本不知道我打發達勒魯斯前往倫敦的事情。我始終沒有和里賓特洛甫談過達勒魯斯的事。他完全不知道達勒魯斯來往於我和英國政府之間。」[37]但是戈林一直是把情況隨時報告希特勒的）這位瑞典「信使」在八月二十五日星期五下午六點三十分飛到倫敦，此行就是去找英國外交大臣。前一天，戈林把他從斯德哥爾摩找到柏林來，告訴他，儘管前一天夜間簽訂了德蘇條約，德國還是想同大不列顛達成一項「共識」。他把自己的一架專機交給這個瑞典人使用，以便讓他能火速飛往倫敦，把這件重要的事情通知哈利法克斯勳爵。

這位在一小時以前簽訂了英波互助協定的英國外交大臣感謝達勒魯斯的奔走，並告訴他說，韓德森剛在柏林同希特勒進行了商談，馬上就要帶著元首的新建議飛回倫敦；既然柏林同倫敦之間的官方聯繫現在已經重新打開，他認爲這位瑞典人的居間奔走已經不再需要。但是不久證明這種奔走還是需要的。當達勒魯斯於當晚打電話給戈林報告他同哈利法克斯會談經過時，那位元帥告訴他，由於英波條約的簽訂，局勢已經惡化，大概只有英、德兩國代表舉行會談才能挽救和平。據戈林後來在紐倫堡作證時說，他和墨索里尼一樣，當時都想再來一次慕尼黑式的妥協。

當天深夜，那位不知疲倦的瑞典人把他同戈林的談話通知了英國外交部，次日早晨他接到邀請同哈利法克斯再做一次會談。這一次他說服了英國外交大臣給戈林寫了一封信，他把戈林說成是唯一能夠防止戰爭爆發的德國人。那封措辭籠統的信很簡短，而且話說得很含混。它只是重申了英國對於達成和平解決的願望，並且強調需要「幾天的時間」才能辦到（信件全文載在《英國外交政策文件彙編》〔*Documents on British Foreign Policy*〕第三輯，第七卷，頁二八三。在一九五四年該卷出版之前，一切已公布的英國官方檔案中都沒有刊登過這封信，對此英國史學家有不少評論。在關於大戰爆發的檔案《英國藍皮書》和韓德森的《最後的報告》〔*Final Report*〕中，都沒有提到達勒魯斯其人。連韓德森的另一本書《使命的失敗》〔*Failure of a Mission*〕中也沒有提到，該書只提到有「一個同戈林有聯繫的人士」。但在現已發表的韓德森和英國大使館其他人員的電報中，達勒魯斯及其活動卻佔有相當突出的地位，情形和英國外交部各項備忘錄裡一樣。這位奇怪的瑞典商人在挽救和平的活動中所起的作用曾經嚴加保密，威廉街和唐寧街雙方都曾想了許多辦法使他的活動躲過新聞記者和中立國家外交官的耳目；據我所知，在一九四六年三月十九日達勒魯斯到紐倫堡出庭作證以前，這些人始終完全不知道這些事。他用瑞典文寫的《最後的努力》〔*The Last Attempt*〕在一九四五年大戰結束時問世，但英文本直到一九四八年才出版。而他本人的作用又隔了六年才得到官方的證實，也就是由《英國外交政策文件彙編》第七卷中的檔案證實。德國外交部八月份的檔案中沒有提到過達勒魯斯，僅在一份普通的備忘錄中報告收到漢莎航空公司的一則通知，提到「有一位外交部的達勒魯斯先生」於八月十二六日乘坐該公司的一架飛機前來柏林。不過在後來的一些文件中，才終於提到他）。

雖然如此，這位肥胖的元帥卻認爲這封信「極其重要」。達勒魯斯於當晚（八月二十六日）就把這封信交給了戈林，當時戈林正坐著一列專車去柏林郊外奧蘭寧堡（Oranienburg）空軍司令部的途中。專車在第二站就停住了，兩人臨時徵用了一輛汽車直奔總理府。到那裡時已經半夜了，總理府一片漆黑，希特勒已經上床睡覺了。但是戈林一定要把他叫起來。到這時爲止，達勒魯斯也和很多其他的人一樣，總認爲希特勒並不是一個不講道理的人，他會像一年前在慕尼黑所做的那樣，接受一個和平解決的辦法。這個瑞典人這回卻要破題兒第一遭領教這位天賦神賜的獨裁者的思想多麼荒唐離奇，脾氣多麼喜怒無常[38]。這是一次使他灰心喪氣的經歷。

達勒魯斯從哈利法克斯那裡帶來的這封信，戈林認爲事關重要，必須在深更半夜把元首叫起來看看，可是希特勒卻根本不加理睬。他反而對這個瑞典人滔滔不絕地講了二十分鐘他早年的奮鬥經過、他的偉大成就以及他爲了同英國人取得共識而做出的各種努力。接著，當達勒魯斯插上一句說他曾經在英國當過工人時，這位總理馬上就詢問他有關這個古怪島國和古怪民族的情形，他說他曾花了很大的努力，可是始終還沒有能瞭解他們。接著他又大談了一通德國的軍事威力，有些地方還是從技術角度來談的。達勒魯斯後來說，這時候他認定他的夜訪「是不會有什麼結果的了」。不過這個瑞典人到底抓住一個機會，把他所瞭解到的一些英國人的情況告訴了他的主人。

希特勒一直聽下去，沒有打斷我的話頭……但是後來他突然站起來，變得非常激動而且神經質，在屋子裡來回地走著，一面自言自語地說，德國是不可抗拒的……突然，他在房間中央站住，眼睛直挺挺地望著前面。他的聲音變得含糊不清，他那樣子完全是一個神經失常的人。他斷斷續續地說道：「如果發生戰爭，我就要造潛水艇，造潛水艇，潛水艇，潛水艇，潛水艇！」他的話越來越不清楚，最後根本就聽不出他在說些什麼了。接著他定了定神，就像在對大庭廣眾發表演說似地拉開嗓門，尖聲尖氣地叫了起來：「我要造飛機，造飛機，飛機，飛機！我要消滅我的敵人。」那神情活像小說裡的一個妖魔，而不像是個眞人。我驚訝地注視著他，又回過頭來看看戈林的反應，他卻若無其事。

最後，這位激動的元首大踏步走到他的客人面前，對他說：「達勒魯斯先生，你是很瞭解英國的。你能不能告訴我，爲什麼我想同英國達成協定，可是總也不能成功？」達勒魯斯自稱他「最初猶豫了一下」，不知怎樣回答，但是後來答道，據他個人看來，原因在於英國人「不信任他和他的政府」。

「這些白癡！」據達勒魯斯說，當時希特勒把右臂一甩，用左手拍著自己的胸口，對他吼道：「我這一輩子幾時說過謊話？」

隨後這位納粹獨裁者平靜下來，他們討論了希特勒透過韓德森提出的建議；最後決定讓達勒魯斯飛回倫敦去，再交一份建議給英國政府。戈林反對把它寫下來，他要這位脾氣隨和的瑞典人把它記在心裡。這個建議包括六點：

一、德國希望同英國締約或者同英國結盟。

二、英國要協助德國取得但澤和走廊，但是波蘭可以在但澤擁有一個自由的港口，保留波羅的海上的格丁尼亞港（Gdynia）和通往該港的走廊。

三、德國將保證波蘭的新國界。

四、德國要收回自己的殖民地或者與此相當的土地。

五、必須對波蘭境內的日耳曼少數民族做出保證。

六、德國方面將保證保衛英帝國。

達勒魯斯牢牢記住這些建議之後，於八月二十七日星期日上午飛往倫敦，中午十二點多鐘，爲了避開那些到處打聽的新聞記者，被悄悄地繞道帶到了張伯倫、哈利法克斯勳爵、霍拉斯·威爾遜爵士和亞歷山大·賈德幹（Alexander Cadogan）爵士的面前。顯然，英國政府現在十分重視這位瑞典信使。

他身上帶著記述頭天夜晚同希特勒和戈林會見經過的個人筆記，這是他在飛機上倉促寫下的。那兩位英國內閣領導人這時接過來仔細閱讀，他在其中力稱，會晤時希特勒是「安詳而鎮靜的」。雖然在外交部的檔案中找不到有關這次星期日破例會見的記錄，但外交部文件彙編在第三輯第七卷中，根據哈利法克斯勳爵和賈德幹所提供的材料以及那位密使的備忘錄追述了這件事。英國政府檔案上的說法和達勒魯斯在他的書中以及在紐倫堡法庭上所說的情形有一些出入，但是把各種說法放在一起來看，下面的敘述似乎是我們所能得到的一個最可靠的報導。

張伯倫和哈利法克斯立刻看出他們所面臨的是希特勒的兩套建議，一套是交給韓德森帶來的，一套是現在由達勒魯斯帶來的，內容是不同的。第一套建議說希特勒將在他同波蘭人算了帳以後再來保證英帝國的存在，而第二套建議似乎是說：元首準備透過英國來談判歸還但澤和走廊的問題，然後他將「保證」波蘭的新邊疆。張伯倫前回在捷克斯洛伐克問題上已經吃過希特勒一次苦頭了，這話在他聽來完全是一套老調，他對達勒魯斯代表元首概述的建議不敢輕信。他對這個瑞典人說，他「從這些條件看不到解決問題的前景，波蘭人可能讓出但澤來，但是他們寧可作戰也不會放棄走廊」。

最後大家同意讓達勒魯斯立刻回柏林去，把他們初步的非正式答覆告訴希特勒，然後在正式答覆擬好並由韓德森第二天晚上帶到柏林去以前，先把希特勒的反應告訴倫敦。據英國的檔案，正如哈利法克斯所說：「由於透過達勒魯斯先生的這種非正式的祕密接觸，問題可能發生一些混亂。因此有必要說明，達勒魯斯於當晚回柏林去，不是傳遞英王陛下政府的答覆，而是爲韓德森送去的正式回信準備條件。」[39]

這位默默無聞的瑞典商人作爲歐洲兩個頭號強國政府的談判中間人，地位已經非常重要，所以據他自己說，在這個千鈞一髮的時刻，他曾向英國首相和外交大臣建議，「他們應該讓韓德森在倫敦等到星期一（第二天），以便他們在聽到希特勒對英國立場的反應之後再做答覆」[40]。

那麼，什麼是達勒魯斯要對希特勒闡明的英國立場呢？關於這個問題，雙方說法有些混亂。根據哈利法克斯的概略記錄，他給達勒魯斯的口頭指示中所表示的英國立場僅僅是：

一、嚴正保證謀求德國（G.）與英國（Gt. B.）之間充分共識的願望（記錄中哈利法克斯用英文字母取代國名）。沒有一個政府成員不是如此想法。

二、英國與英國有責任履行自己對波蘭的義務。

三、德波爭端應當和平解決[41]。

但是根據達勒魯斯的說法來看，英國政府托他轉達的非正式答覆卻更爲全面：

自然，第六點，關於保衛英帝國的建議遭到了拒絕。同樣，只要德國還處於動員狀態之中，他們就不能討論殖民地問題。關於波蘭邊界，他們主張由五大國來保證。關於走廊，他們建議立即同波蘭舉行談判。至於希特勒建議的第一點，英國在原則上願意同德國達成一項協定[42]。

星期日晚上達勒魯斯飛返柏林，將近午夜時見到了戈林。那位元帥認爲英國的答覆不是「很令人滿意」。但於半夜謁見了希特勒以後，戈林在深夜一點鐘的時候打了一個電話給住在旅館裡的達勒魯斯，對他說，如果韓德森星期一晚上帶來的正式答覆與他所說的一致的話，總理準備「接受英國的立場」。

戈林很高興，達勒魯斯當然更高興。這個瑞典人在半夜二點鐘叫醒了英國大使館的參事喬治·福比斯（George Ogilvie Forbes）爵士，把這個好消息告訴了他。達勒魯斯不僅轉達了這個消息，還自以爲他當時已經處在那種能說話的地位，所以他還對英國政府提供了意見，告訴他們在正式答覆中應當說些什麼。達勒魯斯強調說，韓德森在八月二十八日這天帶來的那份覆照應當保證英國將說服波蘭同德國立即舉行直接談判。後來福比斯在八月二十八日的一份電報中這樣說

達勒魯斯剛從戈林辦公室裡來過電話，他認爲提出以下兩點建議是極端重要的。

一、英國政府給希特勒的答覆絕不能提及羅斯福的計畫。大概是指羅斯福總統八月二十四日和二十五日給希特勒的敦促德波直接舉行談判的電報。

二、希特勒懷疑波蘭人恐將設法規避談判。因此答覆中應該明確說明，已經竭力勸說波蘭人立即同德國進行接觸和舉行談判（必須說句公道話，達勒魯斯並不像他的某些電報所表現的那樣

親德。同一星期一的夜裡，他和戈林在奧蘭寧堡空軍總部待了兩小時以後，給福比斯打了一個電話，告訴他：「德國軍隊將於星期三到星期四，即八月三十日到三一日的夜間做好進攻波蘭的最後準備。」福比斯盡可能迅速地把這個情報通知了倫敦[43]。

這時這個已滿懷信心的瑞典人，在整個這一天裡不僅接二連三地向福比斯提供意見（福比斯都用電報如實地轉給了倫敦），而且還親自打電話給英國外交部，向哈利法克斯轉去進一步的建議。

在世界歷史的這個危急關頭，這位臨時客串的瑞典外交家的確成了柏林同倫敦之間的樞紐人物。哈利法克斯一方面從柏林的英國大使館、另一方面從達勒魯斯本人打給外交部的電話中知道了這個瑞典人的緊急意見以後，在八月二十八日下午兩點鐘的時候，用電報通知英國駐華沙大使霍華德·肯納德爵士，要他「立刻」去見波蘭外交部長貝克，促使後者授權英國政府通知希特勒，「波蘭準備同德國立即開始直接磋商」。哈利法克斯急不可待，他想要把波蘭授權英國這麼做的消息，列入韓德森等著在當天帶回柏林向希特勒提出的正式覆文中。他叫他的駐華沙大使儘快把貝克的答覆用電話向他報告。傍晚，貝克根據要求同意授權，這一點馬上就列入了英國的覆照中[44]。

韓德森於八月二十八日晚間帶著這個覆照返回柏林，到達總理府時黨衛隊儀仗隊舉槍擊鼓致敬，這種表面上的外交禮貌直到最後一分鐘還維持著。然後他被帶到希特勒面前，這時是夜間十點三十分，他把覆文的德文譯本交給了希特勒。這位總理立刻就打開來看。

照會說，英國政府「完全贊同」他的主張，認爲「首先」必須解決德波之間的分歧。「可是，」照會接著說：「一切問題取決於解決辦法的性質以及達成解決的方式。」照會指出，關於這一點，德國總理一直「避而不談」。希特勒「保證」英帝國存在的建議被婉言謝絕了。英國政府「不能爲了許給大不列顛的任何利益，而同意採取這種辦法，危害曾經得到大不列顛保證的國家的獨立」。

這一保證必須信守，但是德國總理不可因爲英國政府一絲不苟、恪守本身對波蘭所承擔的義務，就認爲不盼望問題獲得公平解決。

因此，下一步驟應該是開始進行德波兩國政府之間的直接磋商，其基礎是……維護波蘭的根本利益不受侵犯，並將這一解決辦法以國際擔保。

英國政府已經收到波蘭政府明確保證，他們準備在此基礎上進行磋商，英王陛下政府希望德國政府也願意贊同這一方針。

……德波問題的……公平解決可能爲世界和平開闢道路。如果解決歸於失敗，德國同大不列顛之間取得共識的希望就會歸於破滅，兩國將因此而發生衝突，並且很可能使全世界投入戰爭之中。這樣的結局將是一場史無前例的浩劫[45]。

希特勒看完照會以後，韓德森開始根據他的筆記對照會做了進一步的補充，他告訴希特勒說，這是他同張伯倫和哈利法克斯談話時記下來的。他後來說，在他同希特勒歷次會見中，唯有這一次大部分是由他在說話的。他所說的無非是英國希望得到德國的友誼並且希望和平，但是如果希特勒進攻波蘭，英國就一定要出兵。當時這位元首並未緘口不言，他的回答是嘮叨不休地大談波蘭的罪狀和他自己爲了謀求同波蘭達成和平解決而提出的「慷慨」建議，他說這是他最後的一次建議，以後不會再提了。「今天只有歸還但澤和全部走廊才能令他滿意，同時還須改正西里西亞的現狀，那裡的居民在戰後公民投票中有百分之九十九都投德國的票」。這一點並非事實，同樣，他接著提出的另一個辯駁也不是事實，那就是他說一九一八年以後有一百萬德國人被趕出走廊，其實據一九一〇年德國的人口調查，那裡只有三十八萬五千個德國人。當然，這時候這位納粹獨裁者以爲所有的人都會毫不辨察地聽信他的謊言。那位英國大使又聽信了這種謊話，因爲他在《最後的報告》中宣稱：「這一回希特勒的態度又表現得很友善而且通情達理，看來對我帶給他的答覆並沒有感到不滿」。不過，這是他出使柏林的失敗史上最後一次聽信希特勒的謊話了。

韓德森於淩晨二點三十五分拍了一個很長的電報，報告這次會晤的情況，他在電報中說：「最後我向他提出兩個乾脆的問題。」46

他是否願意直接同波蘭人談判？他是否準備討論交換居民的問題？對於後一點，他做了肯定的答覆（雖然我毫不懷疑他同時在考慮修改邊界）。

至於第一點，他表示首先要對英國的整個照會做一番「仔細的考慮」再說。韓德森在電報中追述道，當時總理轉身對里賓特洛甫說：「我們必須把戈林找來同他商量商量。」希特勒答應第二天，即八月二十九日星期二，對英國的來照做出書面答覆。

「雖然雙方的態度都非常堅定，」韓德森特別告訴哈利法克斯說：「談話卻是在十分友好的氣氛中進行的。」儘管韓德森同他的東道主親身打過不少交道，大概他還是沒有完全瞭解爲什麼希特勒要製造這樣一種友好氣氛。這位元首仍然決定在這個週末進攻波蘭。儘管英國政府和韓德森已經把話說得很明白，他仍然相信能夠使英國置身事外。

希特勒顯然是受了不學無術、一味逢迎的里賓特洛甫的慫恿，其實他壓根兒就不相信英國人所說的是眞話，儘管嘴上說相信。

韓德森拍出那份長電之後，第二天，又追加了一段：

希特勒再三聲明，他不是虛聲恫嚇，誰要是認為他是虛聲恫嚇，那就會鑄下大錯。我回答他說，我對於這一點毫不懷疑，不過我們也不是在虛聲恫嚇。希特勒先生表示，他對於這一點完全明白[47]。

話雖這樣說，但他眞的明白麼？因爲他在八月二十九日的答覆中還是竭力企圖欺誑英國政府，看樣子他當時一定是認爲，他這樣就既撿了便宜又賣了乖。

英國的答覆和希特勒的初步反應，在柏林，特別是在戈林的巢穴裡，產生了一陣樂觀的氣氛，那位歷史上絕無僅有的達勒魯斯現在大部分時間都是在那裡度過的。八月二十九日淩晨一點三十分，這個瑞典人接到那位元帥的一個副官從總理府打來的電話。韓德森走後，希特勒、里賓特洛甫和戈林三人在那裡研究了英國的覆照。達勒魯斯從他的德國朋友那裡聽到的是，英國的答覆「非常令人滿意，戰爭的威脅極有希望已成過去」。

當天早晨達勒魯斯就用長途電話把這個好消息通知了英國外交部，他告訴哈利法克斯說：「希特勒和戈林認爲和平解決現在肯定有可能了。」上午十點五十分，達勒魯斯見到了戈林，戈林熱情洋溢地和他招呼，使勁兒握著他的手，大聲說道：「要和平了！和平保住了！」有這樣可喜的保證撐腰，這位瑞典信使立刻前往英國大使館，把這個喜訊告訴至今尚未和他見過面的韓德森。據那位大使描述這次會見的電報說，達勒魯斯對他講，德國人極爲樂觀。他們同意英國答覆中的「主要觀點」。達勒魯斯說，希特勒「僅僅」要求取得但澤和走廊——不是全部走廊，而是通往但澤的鐵路沿線窄窄一條走廊。達勒魯斯還對他說，事實上，元首準備採取「極其講道理的態度。他願意儘量同波蘭人妥協」[48]。

那時終於有點醒悟過來的韓德森爵士並不那麼相信。據他的客人說，他告訴他的客人，希特勒的話一句也信不得，達勒魯斯的朋友戈林也是一樣，他曾經對這位大使說過「無數次」謊話。韓德森認爲，希特勒正在玩弄一套背信棄義的把戲。

但是，那位瑞典人當時正處於事件中心，韓德森沒法讓他改變看法。他的醒悟甚至比韓德森還要晚。他爲了加一層保障，不使自己勞碌奔波的成果受到那位大使難以理解的悲觀情緒破壞，在黃昏七點十分的時候又打了一個電話，叫英國外交部給哈利法克斯留一個口信，告訴他「德國的答覆中不會有什麼困難」。不過這位瑞典人勸英國政府叫波蘭人「安份點」[49]。

五分鐘以後，即八月二十九日晚上七點十五分，韓德森到總理府去取元首的正式答覆。事情馬上就清楚了，戈林和他的瑞典朋友空歡喜了一場。在這次會見時，據這位大使事後立刻給哈利法克斯的報告：「雙方爭吵得非常激烈，希特勒先生遠不如昨天講道理。」

德國的正式書面照會重申了德國希望同大不列顛友好的願望，但強調指出，「不能犧牲德國的根本利益來換取這種友誼」。接著照會上就長篇大論地重彈老調，指責波蘭人的過錯，波蘭人的挑釁和「上天難容的野蠻虐待行為」，然後才破天荒第一次用書面正式提出希特勒的要求：歸還但澤和走廊，保護波蘭境內的日耳曼人。照會接著又說，要消除「目前這種狀況，不能再拖多少日子，更談不上再拖幾星期，恐怕只能有幾小時的時間」。

照會接著說，德國不能再同意英國的看法，認為透過同波蘭直接談判可以取得解決辦法。不過，「完全」為了讓英國政府感到滿意，為了維護英德友誼，德國準備「接受英國的建議，同波蘭進行直接談判」。但「如果要重新劃分波蘭領土」，德國政府未經蘇聯同意是不能給予任何保證的（英國政府當然不知道德蘇條約瓜分波蘭的祕密議定書）。照會宣布：「至於其他方面，德國政府在提出這些建議時絕對無意觸犯波蘭的根本利益或對這個獨立國家的存在性表示異議。」

接著，到最後，來了個圈套：

因此，德國政府接受英國政府的建議，同意由英國出面斡旋，請波蘭派遣一位全權特使前往柏林。本政府指望該特使於一九三九年八月三十日星期三到達。

德國政府將立即擬出一個自己所能接受的解決方案，並且願意在可能辦到的情形下將該方案在波蘭談判代表到達之前交給英國政府[50]。

韓德森閱讀照會的時候，希特勒和里賓特洛甫都一聲不響地在一旁看著他。最後他看到了德國期望波蘭全權特使於第二天到達的那一段。

「這口氣聽來像最後通牒，」他說。但是希特勒和里賓特洛甫矢口否認。他們說，他們只是想強調指出：「當兩國充分動員的軍隊已在嚴陣對峙的時候，時機是多麼緊迫。」

這位大使無疑還記得希特勒給予許士尼格和哈查的接待，因而問他，如果波蘭全權代表來了，是否會受到「良好的接待」，磋商是否能「在完全平等的基礎上進行」。

「那當然。」希特勒回答說。

接著在某一點上由於希特勒提出了一個「毫沒來由」的指責（韓德森語），引起了一場激烈的舌戰。希特勒指責這位大使對於有多少日耳曼人在波蘭遭到屠殺的問題「一點兒也不在乎」。韓德森說，他對於這一點立刻做了「激烈的駁斥」。（「我開始叫喊得比希特勒還要大聲，」韓德森第二天打電報告訴哈利法克斯說：「……我接著又提高嗓子向他大嚷大叫了一陣。」這種感情衝動的場面在早先的英國檔案中沒有提到[51]）。

「那天晚上我從德國總理府出來時，心裡充滿了最陰暗的不祥之感。」韓德森後來在回憶錄中這樣追述，不過他在當晚發給倫敦的電報中似乎沒有提到這一點。在談話中，希特勒曾經對他說：「我的士兵在問我，『打還是不打？』」他們已經錯過了一個星期的時間，他們不能再損失一個星期了，「因爲波蘭的雨季將有利於他們的敵人」。

雖然如此，從這位大使的正式報告和他後來寫的書中可以清楚地看出，當時他還不太明白希特勒這個圈套的用意所在；直到第二天，當希特勒又扔出一個圈套時，韓德森才識破了他的詭計。這位獨裁者的把戲從他的正式照會中來看是昭然若揭的。他在八月二十九日晚上要求參加談判的波蘭全權特使在第二天就在柏林出現。毫無疑問，他是打算用對待奧地利總理和捷克斯洛伐克總統的那一套辦法，在類似的情況下來對待波蘭的特使。如果波蘭人像他所確信的那樣，不趕緊派特使前來柏林，或者即使派來了談判代表而又拒絕接受希特勒的條款的話，他就可以把拒絕「和平解決」的罪名加在波蘭頭上，這樣就可以誘使英法在波蘭受到攻擊時不予援助。這個圈套很幼稚，但是卻簡單而又明瞭。哈爾德將軍在八月二十九日的日記裡一語道破了希特勒的詭計：「元首希望在英國人、法國人和波蘭人之間打入一個楔子。策略是提出一大堆人口學上的和民主的要求來作爲掩護……波蘭人得在八月三十日來到柏林。八月三十一日談判必將破裂。九月一日就開始使用武力。」

但是八月二十九日那天晚上，韓德森還沒有看得這樣明瞭。他一面草擬電報，準備報告同希特勒會晤的情況，一面把波蘭大使請到他的大使館來。他把德國的照會以及他本人和希特勒的談話統統告訴了波蘭大使。根據他自己的記述，他「竭力使對方明白立即採取行動的必要。我請他爲了波蘭本身利益著想，敦促他的政府立即指派一名代表出席談判」[52]。

但是在倫敦外交部裡，頭腦則比較清醒。哈利法克斯在仔細估量了德國的答覆以及韓德森關於同希特勒會晤的報告之後，於八月三十日凌晨二時電告這位大使說，英國雖將愼重考慮德國的照會，但「要我們今天就在柏林變出一個波蘭代表來顯然是無理的，德國政府不應當作這種指望」[53]。這時候，外交家和外交部的官員們都日以繼夜地忙個不停，韓德森在清晨四點三十分就把這個電報送到了威廉街。

八月三十日這一天，他又傳達了四份倫敦的來電。一份是張伯倫給希特勒的私人短簡，告訴他英國政府正在「緊急」考慮德國的覆照，將在當天下午較晚的時候做出回答。在此之前，這位首相要求德國政府避免邊境衝突，他說他已經向波蘭政府提出了同樣的要求。至於其他方面，他說「在目前的意見交換中，英德之間表現出想達成共識的願望，是值得歡迎的」[54]。第二份是哈利法克斯的一封內容類似的信。第三份是英國外交大臣致德國政府的照會，說英國政府接到關於德國人在波蘭境內進行破壞的報告，並要求德國人停止這類活動。第四份是哈利法克斯於下午六點五十分發來的電報，其中反映出英國外交部和英國駐柏林大使的態度都在趨於強硬。

韓德森經過進一步的考慮之後，曾在這一天早一些時候給倫敦拍去了一份電報：

一方面我仍然主張，波蘭政府應該做出最後的努力，直接同希特勒建立聯繫，即使僅僅是讓全世界知道他們準備爲了維護和平而做出犧牲，也應當如此；但是從另一方面說來，我們從德國的答覆中只能做出這樣一個結論：希特勒已經拿定主意，如果可能，就以所謂和平而公正的手段來達到他的目的，如果不可能，就訴諸武力[55]。

到這時候，甚至連韓德森也對另一次慕尼黑式的妥協沒有胃口了。至於波蘭人，他們從來就沒有想到給自己搞這樣一種妥協。八月三十日那天上午十點，英國駐華沙大使電告哈利法克斯，他確信「不可能說服波蘭政府派貝克先生或任何其他代表立即前往柏林，在希特勒建議的基礎上討論解決辦法。他們寧願戰鬥而死，也不願接受這樣的羞辱，特別是已經有了捷克斯洛伐克、立陶宛和奧地利的前車之鑒」。他指出，如果是「在平等基礎上」的談判，就應當在某個中立國家舉行[56]。

哈利法克斯的強硬態度得到駐柏林和駐華沙大使的支援之後，就給韓德森發了一個電報，說明英國政府不能「勸使」波蘭人按照希特勒的要求派遣全權代表前往柏林。這位外交大臣說：「這是完全不合理的。」哈利法克斯補充說：

你是否能夠向德國政府建議，請他們在建議擬好之後按照正常程式約見波蘭大使，把建議交給他轉呈華沙，並徵詢關於進行談判的意見[57]。

對希特勒最後那次照會，英國政府已經答應提出答覆，這個覆照於八月三十至三十一日午夜由韓德森交給了里賓特洛甫。接著就開始了一次場面非常緊張激烈的會談，當時唯一在場的施密特博士後來說：「這是我當二十三年翻譯以來所參與的一次最激烈的會談。」[58]

「我必須告訴您，」事後那位大使馬上就電告哈利法克斯說：「在這次不愉快的會晤中，里賓特洛甫整個態度完全模仿希特勒的最惡劣的表現。」韓德森在三個星期以後寫的《最後的報告》中，追述那位德國外交部長當時「深懷敵意，我每轉達一段話，他的敵意態度就隨之強烈一步。他情緒極其激動，不斷地從椅子上跳起來，問我的話說完了沒有。我就不斷地回答他說：『還沒有完。』」據施密特博士說，韓德森也從自己的椅子上站起來。那位唯一的目擊者說，有一次兩個人都從椅子上跳了起來，彼此怒目相視，其氣勢之凶，使這位德國翻譯官生怕他們會動起手來。

但是對歷史來說，重要的不是這位德國外交部長與英王陛下政府駐柏林大使八月三十至三十一日午夜會晤中的這個滑稽場面，而是在這次暴風雨式的會見中的一件事，而是希特勒這場騙局中的最後一著詭計，終於使韓德森在第三帝國的眞面目上受到了全面的事實教育，雖然爲時已晚。

原來里賓特洛甫對英國的照會幾乎連看都不看一眼，他也根本不聽韓德森的解釋（英國的照會，雖然語氣緩和，但態度是堅定的。照會說，英王陛下政府「回應」德國對於改善兩國關係的願望，但是「他們不能爲了取得這種改善而犧牲其他友邦的利益」。照會繼續說，他們深知，德國政府不能「犧牲德國的根本利益，而波蘭政府也是處於同樣地位」。英國政府不得不對希特勒的條件「明確地表示保留」，一方面敦促柏林與華沙之間舉行直接談判，一方面認爲「要求在今天就建立接觸不是實際可行的」。原文見《英國藍皮書》頁第一四二至一四三）。當韓德森鼓起勇氣，問起希特勒在上一份照會中答應向英國提出的德國與波蘭和解的建議時，里賓特洛甫以輕蔑的口吻駁斥他說，既然到了半夜還不見波蘭特使來到，現在已經太晚了。不過，德國人已經把建議擬好了，說罷里賓特洛甫就開始宣讀。

韓德森報告說，他用德語讀，「速度飛快，也可以說是稀里糊塗地盡快對我念了一遍，聲調極其不耐煩」。韓德森在報告中說：

十六條之中，我只能記住六七條的大意。但是，如果不細對原文，就是這幾條也不可能保證絕對準確。因此，當他讀完之後，我要求他讓我看看原本。里賓特洛甫竟斷然拒絕，以極其輕蔑的姿態把檔案往桌子上一扔，說由於直到半夜仍然沒有波蘭代表前來，這份建議已經過時了（筆者看來，紐倫堡法庭上所有的主要被告人中，以里賓特洛甫最爲尷尬，他所做的辯護也最爲軟弱無力。他在證人席上聲稱，這十六條是希特勒「親自口述」的，並「明白告訴我，不可讓這份建議離開我的手」。爲什麼？他沒有說，訊問時也沒有問。里賓特洛甫供認：「希特勒告訴我，在我認爲適宜的時候，可以讓英國大使知道這份建議，不過只限於它的梗概。可是我比這更進了一步，我把建議從頭到尾都念了。」[59] 施密特博士否認里賓特洛甫用德文宣讀全文時曾快到韓德森無法聽清的程度。他說，外交部長「並沒有特別急忙地念過去」。施密特說，韓德森「對德語不十分精通」，在這種緊要的會談中，他如果使用本國語言就能更加應對自如。里賓特洛甫的英語非常好，但是他拒絕在這樣一些談判中使用英語[60]）。

這份建議可能是過時了，因爲德國人是有意要使它過時的。但是更重要的是，德國人從來就沒打算要別人認眞對待這個建議，他們根本就沒有這個打算。事實上，這個建議是個騙局。這只不過是用來欺騙德國人民，如果可能的話，也用來欺騙世界輿論，企圖要天下人相信，希特勒在最後一分鐘還在爲合理解決他對波蘭的要求而努力。希特勒也承認是這樣。施密特博士後來聽到他說：「我需要一個口實，特別是要向德國人民表明，爲了保持和平，我已經盡了一切努力。這就說明了我爲什麼要提出關於但澤和走廊問題的慷慨建議。」（十六條建議的文本早在里賓特洛甫把它「稀里糊塗」地讀給韓德森聽的前四小時，就已經在八月三十日夜間九點十五分用電報發給了倫敦的德國代辦。但是這位德國使節得到的指示是，「在接到進一步的指示以前，必須嚴守祕密，不得向任何人洩露」[61]。讀者當可記得，希特勒在前一天的照會中曾答應願在波蘭談判代表到達之前將建議交給英國政府）。

和他最近一些日子以來的要求相比，這個建議的確是慷慨的，慷慨得令人吃驚。在這個建議中，希特勒所要求的只是把但澤歸還德國。走廊的命運由公民投票決定，而且要留待十二個月以後當大家的激動情緒都已經平靜下來的時候再投票。波蘭將保有格丁尼亞港。無論哪一方在公民投票中取得了走廊，都將讓另一方保留一條享有治外法權的穿過走廊的公路和鐵路——這同他在春天提出過的「建議」完全相反。還要進行一次居民交換，並給本國境內的另一國居民以充分的權利。

我們可以推測，如果這些建議是認眞提出來的，無疑至少可以成爲德波兩國談判的基礎，很可能使得這個世界在一代之內不會發生第二次大戰。這個建議在希特勒發出進攻波蘭的最後命令八個半小時以後，於八月三十一日晚九點在電臺上向德國人民廣播了。就我在柏林所看到的情況來看，這個建議達到了欺騙德國人民的目的。肯定地說，筆者當時也被這個建議迷惑住了，當我從無線電裡聽到的時候，我深深地感到這個建議是非常合情合理的，並在那最後一個和平的夜晚對美國廣播時這樣說了。

韓德森後來說，當他在八月三十至三一日那個深夜回到英王陛下大使館的時候，他相信「和平的最後希望已經破滅了」。但是他仍在努力。半夜兩點，他把波蘭大使從床上叫起來，請他趕緊到英國大使館來，「有意毫不誇張地以客觀的態度敘述」了他同里賓特洛甫的談話，提到德國建議中主要兩點是割讓但澤和在走廊地帶實行公民投票，並且說，據他看來，「這些建議還不算太不合理」，他主張利普斯基建議本國政府，立刻提出由斯密格萊—利茲元帥同戈林元帥舉行會晤。「我覺得應該補充說明一句，」韓德森說：「如果德方的談判代表是里賓特洛甫先生的話，那麼我就不能想像談判會成功。」[62]（韓德森在八月三十一日清晨五點一五分發給哈利法克斯的一份電報中說，他還曾勸利普斯基「打電話」給里賓特洛甫，「以最堅決有力的口吻」向他索取德國的建議，以便報告本國政府。利普斯基說他要先同華沙談一下。韓德森補充道：「波蘭大使答應立刻給他的政府打電話，不過他太缺乏主動精神，或者說，太拘泥於本國政府的指示，因此我不相信他的行動會有什麼成效。」[63]）。

在此期間，那位不知疲倦的達勒魯斯也沒有閒著。八月二十九日夜間十點戈林把他找到家裡去，把希特勒、里賓特洛甫同韓德森剛剛進行完畢的「不能令人滿意的會談經過」告訴了他。這位滿身脂肪的元帥那股歇斯底里的老脾氣又發作了，他當著這位瑞典朋友把波蘭人和英國人臭罵了一通。平靜下來以後，他鄭重地告訴他的客人，元首正在給波蘭起草一份「寬宏大量的」建議，其中唯一的要求是歸還但澤，而把走廊未來歸屬的問題慷慨地交由「國際監督」下的公民投票去決定。達勒魯斯輕輕地問了他一句舉行公民投票的地區範圍，於是戈林隨手從一份舊地圖中扯下一頁，用紅藍鉛筆標明了「波蘭」部分和「德國」部分；德國部分不僅僅包括戰前的普魯士所屬的波蘭，還包括一九一四年邊界以東六十英里處的工業城市羅茲（Lódź）。這位毛遂自薦的瑞典中間人當然沒法不注意到第三帝國決定這樣重大問題時竟然如此「隨便輕率」。不過他還是答應戈林，可以立刻飛回倫敦，向英國政府強調指出希特勒仍然希望和平，並向他們暗示希特勒正在準備對波蘭提出最慷慨的建議，以此作爲證明。

似乎永遠不知疲倦的達勒魯斯於八月三十日一早四點飛往倫敦，他在赫斯頓（Heston）機場駛往城裡的途中，爲了甩掉報館記者的跟蹤（事實上根本就沒有一個記者知道他的存在），曾經換了好幾次汽車，於上午十點三十分到達唐寧街，立刻得到了張伯倫、哈利法克斯、威爾遜和賈德幹的接見。

但是前三位製造慕尼黑事件的英國設計師（賈德幹是外交部的常任官員，從來就沒有受過納粹的迷惑）現在已經不會再上希特勒和戈林的當了，對達勒魯斯的努力，他們並沒有當成什麼了不起的事看待。這位好心的瑞典人發現他們對於德國的兩位領袖「很不信任」，並且「傾向於認爲現在已經無法阻止希特勒對波蘭宣戰了」。此外，他們還毫不隱諱地告訴這位瑞典中間人，英國政府並沒有中希特勒的詭計而要求波蘭全權代表在二十四小時內來到柏林。

但是達勒魯斯，就像在柏林的韓德森一樣，還在繼續努力。他給柏林的戈林打了電話，建議波蘭和德國的代表「在德國境外」會晤，對方給他直截了當地回答說：「希特勒在柏林。」因此會談必須在柏林舉行。

於是這位瑞典中間人這次飛行算是白跑了一趟。他於半夜回到了柏林，應當說，在柏林他又得到了一個可以多少幫些忙的機會。他在午夜十二點半鐘來到戈林的總部，發現那位空軍統帥興致又特別好。戈林說，元首剛剛把他對波蘭提出的「民主、公平而且切實可行的建議」讓里賓特洛甫轉交給韓德森。在唐寧街會談之後，達勒魯斯好像清醒了一點，於是打電話給英國大使館的福比斯查詢這事，這才知道里賓特洛甫念那個建議的時候是「稀里糊塗」地飛快念過去的，韓德森沒有能夠完全聽清，而且這位大使要一份原文也遭到了拒絕。據達勒魯斯說，他當時曾對戈林說，這絕不是「對待像大不列顛這樣一個帝國的大使」所應有的態度，他要求這位元帥准許他把十六條建議的內容（戈林手裡正有一個副本）用電話告訴英國大使館。戈林略微躊躇了一下就同意了（戈林在紐倫堡被告席上聲稱，他把希特勒「建議」的原文交給英國大使館是「冒了很大的危險的，因爲元首不准把這個建議的內容傳出去」。戈林對法官說：「只有我，才冒得起這個危險。」[64]）。

就這樣，由於一個無名瑞典商人的勸說，在那位空軍元帥的默許下，終於瞞過了希特勒和里賓特洛甫，讓英國方面知道了德國給波蘭的「建議」。這位元帥在處理外交事務方面絕不是不聰明的，也並非毫無經驗，這時也許已經比元首和他那位善於奉承的外交部長先一步看出了，把這個祕密終於透露給英國人可能得到什麼好處。

爲了加倍可靠地使韓德森知道這個建議的準確內容，戈林又於八月三十一日星期四上午十點打發達勒魯斯把一份十六條建議的打字副本送到英國大使館去。韓德森仍在想辦法說服波蘭大使同德國人建立「所希望的接觸」。上午八點，他又一次催促利普斯基（這回用的是電話），警告他如果波蘭到了中午還不採取行動，戰爭就要爆發了（甚至那位一向頭腦清楚的法國大使，在這件事上也支持他的英國同事。韓德森曾在上午九點鐘打電話告訴他說，如果波蘭人到中午還不同意派一個全權代表到柏林來的話，德國軍隊就要開始進攻了。於是庫倫德雷立刻跑到波蘭大使館去找利普斯基，催促他打電話給本國政府，要求授予他以「全權代表」的權力，以便立刻同德國人建立接觸，見《法國黃皮書》法文版頁三六六至三六七）。達勒魯斯帶著德國建議來到大使館不久，韓德森就打發他同福比斯一道到波蘭大使館去。利普斯基從來沒有聽說過有達勒魯斯這樣一個人，見到這個瑞典人時有點莫名其妙。利普斯基這時候就像柏林大多數重要的外交官一樣緊張不堪，疲於奔命。因此當達勒魯斯催他立刻到戈林那裡去接受元首的建議時，他不耐煩了。他請那位瑞典人到隔壁屋裡去向他的祕書口授那十六條建議，然後抱怨福比斯，不該到了這個時候還把一個「陌生人」扯到這麼重大的問題中來。這位受到打擾的波蘭大使一定很不高興，韓德森對他和他的政府施加壓力，要他們立即以剛才偷偷地透過非正式途徑送來的那份建議為基礎進行談判；但是這位英國大使又重複前一天夜裡對他說過的話，說覺得這個建議「總體來說，還不算太不合理」（到了這個時候，也就是快到八月三十一日中午的時候，幾乎不惜任何代價拼命奔走和平的韓德森，已經完全相信德國的條件不但十分合理，甚至是相當溫和的。儘管里賓特洛甫已經在前天夜裡告訴他說，德國的這份建議「由於波蘭特使未見來到已經過時了」，儘管波蘭政府甚至還沒有看到這份建議，而且這個建議歸根結蒂又只不過是一個騙局，韓德森卻仍然整天地催著哈利法克斯，要他對波蘭人施加壓力，讓他們按照希特勒的要求派一個全權代表來，他還一再強調元首的十六條建議是合情合理的。中午十二點三十分（八月三十一日），韓德森打電報「催促」哈利法克斯「堅持」要求波蘭讓利普斯基向德國政府索取那份德國建議，並即刻轉交他的政府，「以便派遣一名全權代表。德方的條件，我認爲是相當溫和的」。韓德森力陳：「這不是慕尼黑……波蘭再不會得到這樣好的條件……。」同時，韓德森還寫了一封長信給哈利法克斯說：「……德國的建議並不危及波蘭的獨立……以後它得到的條件可能還不如這個……。」九月一日清晨零時三十分，即德國預定發動進攻的前四小時〔不過韓德森不知道這一點〕，韓德森打電報給哈利法克斯時還在說：「德國的建議……並不算不合理……我個人認爲，由於德國的建議，戰爭是完全沒有理由的。」他再次要英國政府對波蘭人施加壓力，叫他們用「毫不含糊的話」宣布「他們願意派遣一名全權代表前往柏林」。駐華沙的英國大使卻不這樣看。他在八月三十一日打給哈利法克斯的電報上說：「英王陛下駐柏林大使似乎認爲德國的條件是合理的。從華沙的觀點來看，我恐怕不能同意他的意見。」65）。他不知道韓德森的看法並未得到唐寧街的認可。他只知道自己不打算接受一個來歷不明的瑞典人的勸告，儘管這個人是英國大使打發來的；同時他也不打算到戈林那裡去接受希特勒的「建議」，即使他被授權這樣做他也不願意，何況他並沒有這種權力〈在這最後一天和平的日子裡，還發生了一件外交上的怪事，值得在這裡記上一筆。達勒魯斯訪問利普斯基之後回到了英國大使館，中午他從韓德森的辦公室裡給倫敦英國外交部的霍拉斯．威爾遜爵士打了一個電話。他對威爾遜說，德國的建議是「極爲寬大的」，但是波蘭大使剛才竟拒絕了這個建議。「很明顯，」他說：「是波蘭人堵塞了談判的道路。」這時候威爾遜在長途電話上聽到了某種噪音，他覺得似乎德國人正在偷聽。他想結束談話，可是達勒魯斯偏偏說個沒完，訴說波蘭人如何如何不通情理。「我再次告訴達勒魯斯，」霍拉斯爵士在一份外交部備忘錄中寫道：「叫他住嘴，但是他不聽，我只好放下了聽筒。」威爾遜把這件正好發生在英國駐柏林大使館裡面的不謹慎的事報告了他的上司。不到一小時之後，哈利法克斯在下午一點的時候用密碼給韓德森發了一個電報：「你們使用電話必須切實謹慎。D（達勒魯斯在倫敦外交部與柏林大使館之間的函電來往中通常總被稱為『D』）中午從大使館打來的電話是極不謹慎的，一定已被德國人聽去。」[66]）。

最後一天的和平日子

英法政府自以爲已使德國人和波蘭人同意進行直接談判之後，儘管它們對希特勒深爲懷疑，但還是集中力量爲實現這一談判而努力。在這項活動中，英國走在裡頭，法國則在柏林，特別是在華沙從外交上予以支持。雖然英國人沒有勸波蘭人接受希特勒的最後通牒，在八月三十日派一個全權特使到柏林去（因爲他們認爲這種要求，正如哈利法克斯在給韓德森的電報中所指出的，是「完全不合理的」），但是他們卻敦促貝克上校宣布準備「毫不遲延地」同柏林舉行談判。這就是哈利法克斯在八月三十日深夜拍給駐華沙大使的那封電報的大意。根據這份電報，肯納德須把韓德森準備提交給里賓特洛甫的英國照會的內容告訴貝克，向他保證英國將忠於對波蘭的義務，但是強調波蘭必須同意立刻和德國舉行直接談判的重要性。哈利法克斯的電報說：

> 從德國內部形勢和國際輿論的觀點來看，我們認爲至爲重要的是，只要德國政府表示準備談判，就不應該讓他們有機會把引起衝突的罪責推在波蘭身上[67]。

肯納德於半夜訪晤了貝克，這位波蘭外長答應在請示他的政府以後，在八月三十一日中午再給他一個「愼重的答覆」。英國外交部於上午八時收到了肯納德敘述這次會見的報告，哈利法克斯對此並不十分滿意。中午時分——這已經是八月的最末一天了——他又打電報給肯納德，叫他「偕同」駐在華沙的法國同事（法國駐波蘭大使利昂．諾爾）一起去提醒波蘭政府。

他們現在應該告訴德國政府說，他們已經知道了我們給德國政府的最後答覆；而且還應當證實，他們已經接受了直接談判的原則。這話最好是由他們自己直接告知，否則就透過我們告知。

法國政府擔心德國政府會利用波蘭政府方面的沉默[68]。

哈利法克斯勳爵對於他的波蘭盟友仍然感到不放心，過了不到兩小時，也就是午後一點四十五分的時候，他又給肯納德拍去一份電報：

請立刻轉告波蘭政府並勸告他們：既然他們已經接受了直接談判的原則，便應當立即指示波蘭駐柏林大使告知德國政府，如果德國有什麼建議，他隨時準備轉致本國政府，以便他們能立即考慮並提出自己的意見，以便及早討論[69]。

但在這份電報發出之前不久，貝克爲了回答半夜那個「外交行動」，已經用書面照會通知英國大使，波蘭政府「證實準備……同德國政府直接交換意見」；除此之外，他還曾口頭向英國大使保證，他定將指示利普斯基去會見里賓特洛甫，告訴他「波蘭已經接受英國的建議」。肯納德問貝克，利普斯基如果接到里賓特洛甫交來的德國建議時將怎麼應付。這位外交部長的回答是，他不打算授權給他的柏林大使接受這種建議，因爲「鑒於過去的經驗，這種建議很可能附有最後通牒之類的東西」。貝克說，重要的是重新建立接觸，「然後再就談判的地點、人選以及談判的基礎等細節進行討論」。根據這位一度親德的波蘭外長所提到的「過去的經驗」來講，他這種看法是不無道理的。據肯納德在電報中向倫敦報告，貝克還說：「如果德國邀請他去柏林，他當然不去，因爲他不想去受哈查總統所受的那種接待。」70

實際上，貝克給利普斯基的指示和上面所說的不完全一樣。他並沒有讓利普斯基去對德國人說，波蘭「接受」了英國建議，而是要他說波蘭「正以贊成的態度考慮」英國的建議，並且「最遲不出數小時」即將做出正式答覆。

貝克給利普斯基的指示還不止於此，這一點德國人是知道的，因爲他們掌握了波蘭人的密碼。

由於一個我們不久就會明白的簡單而充分的原因，德國人並不急於接見那位駐柏林的波蘭大使。當時已經爲時太晚了。午後一點，也就是收到華沙發來的電報指示幾分鐘以後，利普斯基就去求見里賓特洛甫，說要傳達波蘭政府的一個照會。一直等了兩三個小時，他才接到威茲薩克的電話，後者代表德國外交部長問他，是作爲全權使節還是「以某種其他身分」前來會晤。

「我回答他，」利普斯基後來在他的最後報告中說：「我以大使的身份請求會見，遞交我國政府的一項聲明。」71

接著又等了很久。午後五點，阿托利科來訪里賓特洛甫，說「領袖迫切希望」元首接見利普斯基，「至少要透過這種方式建立最低限度接觸，避免最後的決裂」。德國外交部長答應把義大利領袖的這番心意「轉達」給元首[72]。

在這八月的最末一天，爲了設法挽救和平，這位義大利大使到威廉街來奔走，這已不是第一次了。那天上午九點，阿托利科向羅馬報告說，局勢「極爲嚴重」，除非「出現某種新變化，否則幾小時後戰爭就要爆發」。於是墨索里尼就在羅馬和齊亞諾湊在一起商議，企圖尋找「某種新變化」。他們商量的第一個結果是，齊亞諾打電話告訴哈利法克斯說，除非能給希特勒送去一個「相當大的好處：但澤」，否則墨索里尼就不能出面調停。可是這位英國外交大臣沒有上鉤。他告訴齊亞諾，目前最要緊的是先透過利普斯基在德國人和波蘭人之間建立直接接觸。

於是，午前十一點三十分阿托利科到德國外交部去見威茲薩克，告訴他，墨索里尼正在同倫敦方面進行接觸，建議以歸還但澤爲解決德波問題的第一步，但是領袖需要一定的「時間寬限」來完成他拯救和平的計畫。在此期間，德國政府能不能接見一下利普斯基呢？

利普斯基要求接見之後足足等了五個多鐘頭，在午後六點十五分的時候，里賓特洛甫才接見了他。會見的時間並不長。這位大使雖然疲憊不堪，而且心力交瘁，但是舉止不亢不卑。他向納粹外交部長宣讀了一份書面照會。

昨夜波蘭政府從英國政府方面獲悉，英國政府曾與德國政府就波、德兩國政府進行直接談判的可能性交換了意見。

波蘭政府正以贊成的態度考慮英國政府的建議，並將於未來數小時內對此做出正式答覆。

「我還聲明，」利普斯基後來說：「我從午後一點起就一直在等著要遞送這份照會。」里賓特洛甫問他是不是受權前來談判的代表，這位大使回答道，「目前」他只接到指示要他傳遞方才宣讀的照會，說畢就把那份照會交給了這位外交部長。里賓特洛甫說，他還以為利普斯基是作為「全權代表」前來談判的。當這位大使再一次聲明這並不是他的任務以後，里賓特洛甫就站起來送客了。他說，他將報告元首[73]。

「當我回到大使館的時候，」利普斯基後來說：「就發現自己已經無法同華沙取得聯繫，因為德國人已經把我的電話線切斷了。」

威茲薩克和里賓特洛甫之所以詢問這位大使的談判代表身份，純粹是一個形式，無疑為的是好把他的回答載入記錄；因為事實上在中午利普斯基收到華沙拍來的那份照會時，德國人就已經知道他不是如他們所要求的那樣以全權代表身份前來的。他們當時立刻就譯出了那份密碼電報，並將一份抄件送交戈林。戈林把它拿給達勒魯斯看，並要他火速送給韓德森，以便讓英國政府「盡快地知道波蘭的態度有多麼頑固」。這是這位陸軍元帥後來在紐倫堡法庭的被告席上解釋的。戈林在法庭上宣讀了當時利普斯基所收到的祕密指示，根據這份指示，這位元大使「在任何情況下」都不得進行任何正式的談判，而必須堅持他「並未受有全權」，他僅僅受命遞交本國政府的正式照會。這位陸軍元帥在供詞中在這一點上大做其文章，妄圖說服紐倫堡的法官們，是波蘭「破壞」了希特勒為和平而提出的最後建議；而且照他自己說，他戈林本人並不希望打仗，而且為了避免戰爭曾盡了一切努力。但是戈林的話的可靠性，比里賓特洛甫強不了多少；例證之一是，他竟進一步在法庭上說，希特勒只是在利普斯基於八月三十一日六點十五分來過威廉街之後才決定「第二天入侵的」。

但事實完全不是如此。實際上一九三九年八月最末一天下午和晚間，那些精疲力竭的外交家以及站在他們背後指揮的疲憊不堪的政府決策者，在這最後關頭急急忙忙進行的活動，完全是水中撈月、枉費心機；而在德國人方面，則完全是一場蓄意的欺騙。

因爲八月三十一日中午十二點半鐘，也就是在哈利法克斯勳爵敦促波蘭人採取較爲和解的態度以前，在利普斯基去見里賓特洛甫以前，在德國人公布他們對波蘭的「寬宏大量」的建議以前，並且在墨索里尼試圖調停以前，阿道夫．希特勒就已經做出了最後決定，發出了把這個星球投入空前血腥的戰爭中的決定性命令。

武裝部隊最高統帥

極機密

一九三九年八月三十一日於柏林

第一號作戰指令

一、用和平方式處理東部國境上爲德國所不能容忍的局勢的政治可能條件既已告罄，我已決定以武力解決。

二、對波蘭的進攻將按照「白色方案」所規定的準備工作進行，但陸軍方面由於目前部署幾乎已經全部完成，故有所變更。

任務分配以及作戰目標則照舊。

進攻日期：一九三九年九月一日。

進攻時間：拂曉四點四十五分（時間是用紅鉛筆填入的）。

這一時間規定也適用於格丁尼亞、但澤灣以及德切奧（Dirschau）橋的作戰行動。

三、在西線，重要的是必須使開啓戰端的責任完全在英國和法國方面。目前對於無足輕重的侵犯邊界活動，應當只用局部行動加以應付。

對荷蘭、比利時、盧森堡和瑞士的中立我們曾經給予保證，應該認眞遵守。

在地面，不經我明確准許不得越過德意志西部疆界。

在海上，同一原則適用於一切戰爭行動和可以視爲戰爭行動的一切行動（這項指令的一條邊注，明確了這一含糊之處：「因此，大西洋艦隊將暫時處於待命狀態。」）。

四、如果英國和法國對德國開始作戰，西線武裝部隊的各部隊的任務是，盡可能地保存實力，以便保持必要條件成功結束對波蘭的作戰。在此限度之內，盡可能地摧毀敵軍及其戰爭經濟資源。但在任何情況下沒有我的命令不得轉入進攻。

陸軍應堅守「西壁」並做好準備，以防西方國家破壞比利時或荷蘭領土主權，假道該兩國從北方包抄「西壁」……。

海軍將攻擊商船，主要是針對英國……空軍的首要任務是防止法國和英國的空軍襲擊德國陸軍以及德國的「生存空間」。

對英國作戰時，應準備用空軍切斷英國的海上供應，炸毀其軍火工廠，並阻止其向法國派遣軍隊。要把握一個有利戰機，對密集的英國艦隊，特別是戰鬥艦與航空母艦，進行有效的襲擊。對倫敦的攻擊聽候我的決定。

要做好進攻英國本土的準備，同時切記，在任何情況下都必須避免以不充足的兵力取得不完全的勝利。

阿道夫．希特勒[74]

就這樣，希特勒在八月三十一日中午十二點以後不久，正式用書面下達了於次日拂曉對波蘭發動進攻的命令。正如他的第一號作戰指令所表明的，他還不太清楚英國和法國會採取什麼行動。他打算自己先不去攻擊它們。但如果對方採取敵對行動，他就準備迎擊。也許事情會像哈爾德在八月二十八日的日記中所說的那樣，英國人只在表面上做一做對波蘭信守義務的姿態，「虛應故事地打一打」。如果眞是這樣，元首是不會因此而「見怪」的。

大概是在八月最末一天中午十二點三十分之前不久的時候，這位納粹獨裁者做出這個關係人類命運的決定。前一天午後六點四十分，哈爾德在日記裡記下了布勞希契將軍的副官庫特．西瓦爾特（Curt Siewert）中校給他的一個通知：「做好一切準備，以便能夠在九月一日拂曉四點三十分發動進攻。如果由於倫敦的談判而需要推遲，則改在九月二日發動進攻。果然改期，我們將在明天下午三點以前接到通知……元首說：不是九月一日就是九月二日。過了九月二日，一切作罷。」由於秋季多雨，進攻必須立即開始，否則就得完全取消。

八月三十一日一早，希特勒還在聲稱他正在等著波蘭的談判使節的來到，而德國軍隊就已經接到了命令。上午六點三十分，哈爾德寫道：「帝國總理府的消息，進攻令已下，定於九月一日。」那天上午十一點三十分，他又記道：「史圖爾普納格將軍報告，進攻時間定在〇四四五。據說西方干涉將不可避免，儘管如此，元首仍然決意進攻。」一小時以後，正式的第一號指令就下來了。

我記得那一天柏林籠罩在一種陰暗而淒慘的氣氛中。每個人都是一副茫然若失的樣子。上午七點二十五分，威茲薩克給「密謀分子」之一哈塞爾去了一個電話，要他趕快來見他。這位國務祕書認為現在只剩下了一個希望：就是由韓德森去說服利普斯基和他的政府立刻指派一個全權代表，或者至少聲明打算派遣這樣一個代表來。他問解職在野的哈塞爾能不能為此目的馬上去拜訪一趟他的朋友韓德森和戈林。哈塞爾去嘗試了一下。他到韓德森那裡跑了兩次，還去找了一趟戈林。儘管他是外交界的老手，現在又是個反納粹分子，可是他卻好像還沒有認識到事態的發展已經不是這種微不足道的努力所能挽回的了。他也沒有認清他自己以及威茲薩克和所有那些「好心的」德國人思想糊塗到了什麼程度；這些德國人要和平，這是沒有問題的，但他們要的是建立在德國條件上的和平。因為，到了八月三十一日這一天，他們應該已經看清楚，要麼希特勒讓步，要麼波蘭人讓步，否則就只有戰爭，可是不論哪一方都絲毫沒有讓步的可能。然而正如哈塞爾在這一天的日記中所表明的，他還在期望波蘭人會讓步，期望他們會步奧地利人和捷克人的後塵，走上那條國破家亡的道路。

韓德森向哈塞爾指出，「主要的困難」是由於德國人所用的方式引起的，他們想要「對待傻孩子」那樣地把波蘭人呼來喝去。哈塞爾竟反駁說：「波蘭人一味沉默也不見得就對。」他還表示「一切都取決於利普斯基的出場——不是來提問題，而是宣布他願意談判」。可見就連哈塞爾也認為，波蘭人雖然岌岌可危地即將在納粹捏造的罪名下遭到進攻，但也沒有提問題的權利。當這位前任大使就戰爭爆發的問題做出「最後結論」時，他一方面責備希特勒和里賓特洛甫「有意冒同西方作戰的危險」，另一方面又把許多責任推在波蘭人甚至英國人和法國人的身上。「從波蘭人這方面來說，」他寫道：「他們既有波蘭人的狂妄自大，又有斯拉夫式的任其自流的脾氣，仗恃有英國和法國的支持，把避免戰爭的最後機會全都錯過了。」人們不禁要問，除了向希特勒的全部要求屈服之外，他們還錯過了什麼機會？哈塞爾還說：「倫敦政府……在這最後的時刻放棄了努力，而採取一種『管他娘』的態度。法國亦步亦趨，只不過更加猶豫遲疑而已。倒是墨索里尼眞正竭盡全力避免戰爭。」[75]如果像哈塞爾這樣一個有教養、有學問、有經驗的外交家在思想上還如此糊塗，那麼希特勒輕而易舉地欺騙了德國人民群眾又還有什麼奇怪呢？

接著，在那最末一天的和平日子行將消逝的下午，還發生了一個有點滑稽的插曲。現在我們已經知道，根據那天的決定，空軍司令戈林要執行次日黎明即將對波蘭展開的大規模空襲任務，這位元帥想必一定忙得不可開交了。事實卻不然。中午達勒魯斯把他邀到愛思普蘭德（Esplanade）飯店去吃飯，用美酒佳餚殷勤地向他勸杯敬菜。達勒魯斯請他喝的白蘭地眞是酒中上品，以致戈林臨走時還非帶走兩瓶不可。提起了他的興致之後，達勒魯斯就建議他把韓德森請來談談。戈林在請示了希特勒以後，便邀請韓德森和福比斯下午五點到他的寓所去喝茶。達勒魯斯（韓德森在他的《最後的報告》或著作中都沒有提到有這個人在場）說，他當時建議由戈林代表德國到荷蘭去和波蘭代表舉行談判，韓德森應允將這個建議轉達給倫敦。據這位英國大使在他那《最後的報告》中的敘述，在這次茶會中，戈林「談了兩小時波蘭的罪狀以及希特勒先生和他自己同英國友好的願望。這是一場毫無結果的談話……我的總印象是，這是他最後一次徒勞的努力，想使英國拋棄波蘭……他在這樣的時刻竟肯讓我佔據他這麼多的時間，對此我當時有一種非常不妙的預感……如果不是事無大小，一切都安排妥當了，他絕不會在這種時候還有時間來陪我談話的」。

關於這次奇特的茶會，福比斯在紐倫堡回答戈林的辯護律師的詢問時，做了第三方面的、同時也是最辛辣的一種描述。

當時的氣氛是沉悶緊張的，雖然尚爲友好……戈林對英國大使說的話是：如果波蘭人不肯讓步，德國就會把他們像蝨子一樣掐死，如果英國決定宣戰，他將感到非常遺憾，但英國以後會知道這是一種極爲輕率的舉動[76]。

據韓德森自己說，那天晚上他給倫敦擬發了一份電報：「現在如由我再向他們提任何建議，都是徒勞無益的，因爲任何建議都會被目前形勢的發展拋在後面，我們唯一能採取的方針就是表示我們有不可動搖的決心以武力對付武力。」（這份電稿可能在那天晚上就擬好了，但直到第二天下午三點四十五分才拍給倫敦，那時德國進攻波蘭已經將近十二小時了。在此以前已經有好幾份電報發往倫敦報告戰事已經爆發，那些電報也和這份電報一樣另外用電話發出，因爲這樣就可以同時拍發。這份電報說：「德國人和波蘭人的互不信任已經達到極點，因此我覺得，我對此間提出的任何建議表示默認都無濟於事，這些建議由於所採用的方法或保存面子與威信的考慮，只會被事態的發展拋在後面，或是毫無結果。」「我們最後的希望就在用不可動搖的決心以武力對付武力。」[77]）。

韓德森爵士好像已經感到徹底幻滅了。幾年來爲了千方百計滿足這位欲壑難填的納粹獨裁者，他費盡了心力，但是正如他自己所說的，他出使德國還是辱命了。在這個八月的最末一天快要結束的時候，這個思想淺薄但態度溫文的英國人極其盲目地在柏林搞了一陣個人外交之後，準備勇敢地面對他的希望歸於破滅，計畫歸於流產。雖然第二天，戰爭爆發的那一天，他還要犯一次更爲典型的和令人難於置信的過錯，但是他已經開始認識到一條古老的眞理：在某些時候，某些場合，正像他終於說出的那樣，武力必須以武力對付（某些朋友讀了這一節以後懷疑作者對待韓德森的態度是否客觀，因此，也許有必要引證一段別人對於這位英國駐柏林大使的看法。英國歷史學家納米爾爵士曾經對韓德森做過如下的結論：「自負、虛榮、剛愎自用、頑固地堅持自己的先入之見。他連篇累牘發出電報和信件，數量之多令人難以置信，篇幅之長令人望之生畏，其中再三再四地重複著他那缺乏根據的見解和主張。這個人論其遲鈍足以敗事，但論其糊塗卻又沒有達到於事無害的地步，眞可以說是一個『掃帚星』。」納米爾：《納粹時代》，頁一六二頁）。

一九三九年八月三十一日的夜幕籠罩歐洲的時候，一百五十萬德國軍隊已經開始進入波蘭沿境的最後陣地，只等次日拂曉出擊；這時希特勒剩下要做的事情就是開動宣傳機器，玩弄一套欺騙伎倆，使德國人民對於這一場突如其來的侵略戰爭在精神上有所準備。

當時的德國人民正需要這樣一劑藥。在戈培爾和希姆萊的幫助下，希特勒早已成爲精於此道的專家。我當時曾在柏林街頭上徘徊，同許多普通德國老百姓談過話，那天上午我在日記裡寫道：「人人都反對戰爭。人們公開地這樣說。當人民這樣堅決地反對戰爭的時候，一個國家怎麼可能投入一場大規模的戰爭呢？」儘管我對第三帝國有這樣一段親身體驗，卻提出了這樣一個幼稚的問題！希特勒對於這個問題的答案知道得非常清楚。一星期以前他豈不是在巴伐利亞的山頂上對他的將領們說過，他要「提出發動戰爭的宣傳上的理由」，並且叫他們「不必管它講得通或講不通」。他告訴他們：「沒有人在事後問勝利者他當初說的是不是實話。在發動戰爭和進行戰爭時，是非問題是無關緊要的，緊要的是勝利！」

晚間九點，我們已經知道，所有的德國電臺都廣播了元首對波蘭的和平建議，當我從無線電中聽到這些建議的時候，我這個受騙的記者感到這個建議是非常合情合理的。可是希特勒從來沒有向波蘭人提出過這個建議，甚至對英國人也不曾正式提出過，只不過是在不到二十四小時以前含糊其詞地而且非正式地向英國大使提了一下而已，這一事實廣播電臺卻完全沒說。這位總理發表了一篇十分冗長的聲明，向德國人民解釋德國政府如何為了保持和平用盡了一切外交手段；的確，從這裡面可以看出，他用盡了自己那一套弄虛作假、混淆視聽的手法，當然少不了戈培爾的協助。這篇聲明說，八月二十八日，英國政府表示願意為德、波兩國之間的爭執出面斡旋，第二天德國政府就做出了如下的答覆：

> 儘管我們對波蘭政府願意達成共識的誠意抱著懷疑，但是仍然宣布，準備為了和平的利益而接受英國的調停或建議……我們認為，如果要避免一場災禍的危險，就必須毫不猶豫地立刻採取行動。我們宣布，我們準備在八月三十日夜間以前接待一位波蘭政府指派的代表，但該代表不僅要有進行討論的權力，而且要有進行談判和締結協議的權力。
>
> 但是，德國政府表示願意取得共識之後，所接到的第一個答覆不是行將派遣一名受權代表前來談

判的聲明，而是波蘭動員的消息……。

不能指望德國政府無盡無休地一再聲明願意舉行談判並且實際上做好這種準備，而結果卻只讓波蘭方面用空洞的遁辭和毫無意義的宣言拖延時日。

波蘭大使目前所採取的外交行動再一次證明：該大使既沒有參加討論的全權，甚至也沒有進行談判的全權。

元首與德國政府就這樣空等了兩天，始終未見波蘭談判代表來到。

在這種情況下，德國政府認爲自己的建議這一次又被……拒絕了，雖然我們認爲這個建議，按照同時也向英國政府提出的方式，完全是誠懇的、公道的和切實可行的。

希特勒和戈培爾從經驗中懂得，好的宣傳如果要有效果，僅僅依靠言詞是不夠的，它需要有實際行動，不論其中有多大成分需要揑造出來。現在德國人民已經相信（關於這一點，筆者可以根據親身的觀察作證）是波蘭人拒絕了元首慷慨的和平建議，剩下來要做的就是製造一個行動來「證明」先動手的是波蘭而不是德國。

讀者想必記得，德國人已經根據希特勒的指示爲這最後一樁見不得天日的勾當小心翼翼地做好了準備。黨衛隊那個有文化的惡棍諾約克斯，已經在靠近波蘭邊境的格萊維茨等候了六天，準備對當地的德國電臺表演一場僞裝波蘭方面的進攻。這個計畫已經作了修改。由穿著波蘭陸軍制服的黨衛隊人員開槍射擊，把事先麻醉過去的集中營囚徒放在地上，充當電臺方面被打得奄奄一息的「傷亡」人員——這套把戲的這個「喜劇性」部分，我們已經知道，用的角色有一個意味深長的代號叫「罐頭貨」。他們準備製造若干起這種僞造的「波蘭進攻」，但最主要的一起預定發生在格萊維茨電臺。諾約克斯在紐倫堡法庭上供稱：

八月三十一日中午，我從海德里希那裡接到預定在當天晚上八點進行攻擊的密令。海德里希說：「執行這一攻擊前，可向繆勒領取『罐頭貨』」。我照辦了，並且指示繆勒把那人弄到電臺附近來交給我們。我收到了這個人，就把他放在電臺的門口。他還活著，但已完全失去了知覺。我掰開他的眼睛看一看，不過我不能從他的眼睛上辨別出他是否活著，只是他還有呼吸。我沒有見到槍傷，但是他臉上抹滿了血污，穿的是便服。

我們按照命令奪下了電臺，透過一個緊急備用發射台廣播了三四分鐘的演說[78]（這篇波蘭語的演說由海德里希給諾約克斯擬定提綱。其中充滿了煽動性的反德言論，並且宣布波蘭已經發動了進攻），用手槍開了幾槍之後才離去（格萊維茨的「波蘭進攻」第二天就被希特勒在國會演說中利用上了，並被里賓特洛甫、威茲薩克和外交部其他官員在宣傳活動中一再引述，作爲納粹發動侵略的藉口。《紐約時報》和其他幾家報紙在一九三九年九月一日報導了這個事件以及其他類似的事件。這裡需要補充的一點是，根據情報局拉豪森〔Ervin von Lahousen〕將軍在紐倫堡的供詞，所有這些穿著波蘭制服參加那天晚上假冒襲擊的黨衛隊人員「全都被幹掉了」[79]）。

那天夜晚，除了報導元首對波蘭的「建議」和波蘭「進攻」德國領土的外發新聞電報和電臺廣播以外，柏林同外界的聯繫幾乎全部中斷。我想和華沙、倫敦以及巴黎通電話，但是我得到的回答是同這幾國首都的通訊聯絡已經切斷了。從外表上看來，柏林一切都和平常一樣。不像巴黎和倫敦，這裡沒有疏散婦孺，也不像其他國家首都所發出的消息所報導的那樣，商店的櫥窗前面也沒有堆起沙袋。九月一日清晨四點鐘光景，我做完了最後一次廣播，從廣播大廈驅車返回阿德隆飯店。街上空蕩蕩的。住家的屋子裡一片漆黑，人們正在熟睡。我心裡這樣想，他們也許是抱著最好的希望——對和平的希望——上床安息的。

希特勒本人這一天卻心情舒暢、精神奕奕。八月三十一日下午六點，哈爾德將軍在日記裡記道：「元首鎮定自若；睡得很好……他決定在西部不疏散人民，這點說明，他預料法國和英國不至於採取行動。」（那天白天，希特勒抽空給正在法國昂蒂布（Antibes）的溫莎公爵拍去了一個電報：「謝謝您八月二十七日的來電。您可以放心，我對英國的態度仍然未變，我要避免我們兩國人民之間發生另一場戰爭的願望也仍然未變。可是，我對於未來德英關係發展所抱的這種願望能否實現，將取決於英國。阿道夫・希特勒，一九三九年八月三十一日於柏林。」[80]在繳獲的德國檔案中，這是第一次提到這位遜位的英王，但並不是最後一次。下面就會看到，往後有一個時期溫莎公爵在希特勒和里賓特洛甫的陰謀策畫中隱然佔有重要的地位）。

最高統帥部情報局局長卡納里斯海軍上將，反納粹密謀分子中的主要人物之一，心情卻迥然不同。卡納里斯集團曾經發誓要搞掉這位獨裁者來避免戰爭，現在希特勒正在把德國推入戰爭，採取行動的時刻到了，可是卻不見這些密謀分子有何動靜。

接近黃昏的時候，吉斯維烏斯被奧斯特上校請到最高統帥部來。這個德國軍事力量的神經中樞裡亂哄哄的，顯得忙碌不堪。卡納里斯把吉斯維烏斯拉到一條燈光黯淡的走廊裡，感情激動地對他說：「德國這一下算完了。」[81]

第十七章　第二次世界大戰的開始

一九三十九年九月一日破曉，也就是早在四月三日希特勒在「白色方案」的第一個指令中就規定了的那一天破曉，德國軍隊大舉越過波蘭國境，分北、南、西三路進逼華沙。

天空中，德國機群吼叫著飛向自己的目標：波蘭的部隊、軍火庫、橋樑、鐵路以及不設防的城市。幾分鐘之後，這些飛機就要使波蘭人不分軍民第一次嘗到人類歷史上規模最大的來自空中的突然死亡和毀滅的滋味，同時也帶來了一種恐怖，在此後六年間歐亞兩洲千百萬男女老幼將經常處於這種恐怖之下。而在核彈出現之後，這種恐怖將以完全毀滅的陰影籠罩著全人類。

在柏林，那是一個灰暗的、有些悶熱的早晨，烏雲低垂，對防止敵機轟炸起了一些保護作用，不過所擔心的敵機從來沒有來過。

我注意到，儘管無線電和晨報號外相繼傳來重要的新聞，但街道上的老百姓卻非常冷淡。希特勒向軍隊宣布戰爭開始的公告於清晨五點四十分在德國電臺廣播，不久以後，報紙號外就在街頭出現了。在阿德隆飯店街對面的法本化學公司的新建築工地上，早班工人已來上工，就好像什麼也沒有發生似的。當報童叫賣著號外走過工地時，竟沒有一個人放下工具去買一份。我想也許是德國人民在這九月開頭第一天的早晨，一覺醒來發現自己已經處於戰爭之中，驚得發呆了。他們原來深信自己的元首一定會設法避免這場戰爭的。現在戰爭已經降臨，但他們還是不能相信。

人們不禁想起，這種灰溜溜的冷漠情景同一九一四年德國投入戰爭時的情景形成了多麼鮮明的對照！那時候是一片狂熱。群聚街頭的人群表現出如醉如狂的熱情，向出征的軍隊投擲鮮花，向德皇兼最高統帥威廉二世瘋狂地歡呼。

這一次，人們對軍隊和那位納粹統帥都沒有這樣的表示。上午將近十點鐘的時候，這位納粹統帥從總理府驅車駛過冷清清的街道前往國會，去向全國人民報告他剛剛毫無人性地蓄意挑起的重大事件。當這位獨裁者開始解釋為什麼德國在這一天早上突然投入戰爭的時候，就連那些由希特勒一手指派、大部分屬於黨棍的傀儡議員反應也都不太熱烈。在這個華麗的克羅爾歌劇院大廳內，他往常發表較次要的演說時所得到的掌聲，都要比這一次熱烈得多。

他在講話的時候，雖然有時很蠻橫無理，但奇怪的是，他彷彿是站在被告的立場上在為自己辯護；而且我當時一面聽一面覺得，他的演說從頭至尾都有一種奇怪的緊張感覺，彷彿他在自己所造成的這種進退維谷的困境中也有點張惶失措，甚至有點慌亂了。他對於他的義大利盟友為什麼規避當然義務不來相助的解釋，甚至在這一群親手挑選的聽眾當中也不能說是成功的。他說：

> 我願意在這裡首先向義大利致謝，他們始終一貫地支持我們。但是諸位應該瞭解，在進行當前的這場鬥爭中，我們不打算請求外國的援助。我們要靠自己的力量完成這項任務。

過去他在奪取政權和鞏固政權的時候，已經不知說了多少謊話，在這個歷史的嚴重關頭，他也免不了要對那些幼稚的德國人民再吼叫幾句謊言來爲他那荒唐的行爲辯護。

諸位知道，我曾一再做出努力，爭取在奧地利問題以及隨後的蘇臺德地區、波希米亞和摩拉維亞等問題上透過和平途徑澄清事態並取得共識。但是一切都歸於徒勞……。

在我同波蘭政治家們的會談中……最後我提出了德國方面的建議……沒有比這個更誠懇的建議了。我願意在此告訴全世界的人，只有我才有條件能夠做出這樣的建議，因爲我清楚地知道，這樣做是要受到千百萬德國人民反對的。但是這些建議卻遭到了拒絕……。

整整兩天，我和我的政府在等待著，看看波蘭政府是否方便，能夠派遣一位全權代表前來，但是，如果把我對和平的熱望和我的耐心當做是軟弱或者甚至是膽怯的話，那就看錯我了……我再也看不到波蘭政府有任何誠意同我們進行認眞的談判……因此，我決定用波蘭人在過去幾個月中對我們使用的一種語言來對波蘭說話……。

昨天夜間，波蘭正規軍已經向我們的領土發起第一次進攻。我們已於清晨五點四十五分起開始還擊。從現在起，我們將以炸彈回敬炸彈。

讀者已經知道，德國人對格萊維茨德國電臺的那次進攻，是由身穿波蘭制服的黨衛隊人員在諾約克斯的率領下進行的，現在就這樣被這位德國總理用來作爲他對波蘭進行殘酷侵略的口實。而且德國最高統帥部在最初的一批公報中也的確把他們的軍事行動稱之爲「反攻」。甚至威茲薩克也在盡力散布這個笨拙的謊言。那天他從德國外交部向所有的駐外使節發出了一份通電，就他們所應採取的態度做了指示。

為了抵禦波蘭的進攻，德國軍隊已於今晨開始對波蘭採取行動。這一行動在目前不得稱為戰爭，而只能稱作是由波蘭的進攻所引起的接觸[1]。

甚至對那些能夠親眼看到是誰首先在波蘭邊境上發動進攻的德國士兵，希特勒也要向他們灌輸一頓自己的謊言。他在九月一日一份冠冕堂皇的告德國軍隊書中說：

波蘭已經拒絕了我所期望的兩國關係的和平解決，而且訴諸了武力……為一個大國所不能容忍的一系列侵犯邊境的事件，證明波蘭已經不願尊重德國的邊界。為了制止這種瘋狂行為，我別無他策，此後只有以武力對付武力。

那天只有一次，希特勒說了實話。他告訴國會：

我要求於德國人的，只不過是我自己四年來準備做的……從現在起，我只是德意志帝國的第一名軍人。我又穿上了這身對我來說最為神聖、最為寶貴的軍服。在取得最後勝利以前我不脫下這身衣服，要不然就以身殉國。

從最後下場來看，這一次他總算是說話算數的。但是那天我在柏林遇到的德國人中間卻沒有一個人注意到，元首這句相當直率的話的意思是，一旦戰敗，他是不敢正視也不敢承擔戰敗的責任的。

希特勒在自己的演說中說，如果他遭遇不測，戈林將成爲他的繼承人。他又指定赫斯爲繼戈林之後的第二個繼承人。「萬一赫斯遭遇不幸，」希特勒建議：「就依據法律召開參議院會議，由參議員中推選一位最相稱的，也就是說，最勇敢的繼承人。」什麼法律？什麼參議院？根本全都不存在！

希特勒一回到總理府，另一種更惡劣的情緒就代替了他在國會中的比較克制的態度。那位老跟在戈林屁股後面到處走的達勒魯斯，發現希特勒處於一種「異常神經質而又十分激動」的狀態中。那位瑞典調停人後來作證時說：

> 他對我說，他早就疑心英國想打仗。他還告訴我，他要打垮波蘭並且要把它全部吞併掉……。他越來越激動，揮拳攘臂地對著我吼道：「如果英國準備打一年，我就打一年；如果英國想打二年，我就打二年……。」他略爲頓了一頓，接著就瘋狂地揮舞起雙臂，用尖厲的聲音叫嚷著說：「如果英國要打三年，我就打三年……。」
>
> 這時他的身體也隨著他的胳臂搖動起來，最後他吼了一聲：「如果有必要，我願意打它十年。」說著他舉起一個拳頭向下一揮，幾乎碰著了地板[2]。

儘管這樣歇斯底里地大叫大嚷了一陣，希特勒還是不相信他非得跟大不列顛兵戎相見不可。這時中午已經過了，德國的裝甲部隊已經深入波蘭境內好幾英里，正在迅速向前推進，大多數波蘭城市，包括華沙在內，都遭到了轟炸，平民死傷的數目相當可觀。但是倫敦和巴黎卻沒有任何消息表示英國和法國急於要履行它們對波蘭的保證。

這兩個國家的方向似乎是明確的，可是達勒魯斯和韓德森卻好像竭力要使這個方向糊塗起來。上午十點三十分，這位英國大使用電話向哈利法克斯報告：

> 據我瞭解，波蘭人在夜裡炸毀了德切奧橋（德國打算在波蘭來不及破壞的時候就搶先佔領維斯杜拉河上的德切奧橋，這一行動早在夏初就已經計畫好了，而且在「白色方案」的各項計畫中經常出現。希特勒在八月三十一日第一號指令中，曾在這一點上做了特別的指示。但這個行動實際上並沒有成功，部分原因是濃密的晨霧妨礙了奪橋傘兵的空降。結果波蘭人剛好趕上把它炸掉了）。另據瞭解，同但澤人發生了戰鬥。希特勒接到這個消息以後就下令把波蘭人從國境線上趕回去，並命令戈林摧毀邊界線上的波蘭空軍。

只是在這個報告的結尾處，他才提了一句：

> 這個情報來自戈林本人。
>
> 希特勒在開完國會以後可能要召見我，作爲挽救和平的最後一次努力[3]。

什麼和平？對英國的和平嗎？這時候，德國已經動員它的全部軍事力量同英國的盟國打了六個小時了。

希特勒在國會演說以後，並沒有召見韓德森，這位好說話的大使向倫敦傳達了戈林關於波蘭人首先發動進攻的謊言之後，有點感到灰心——但還沒有完全灰心。上午十點五十分，他又給哈利法克斯打了一個電話。他那富於想像力而又極爲糊塗的腦子裡出現了一個新的主意。他報告道：

我覺得有責任向您陳述我的信念，不論其實現的前景多麼渺茫，我認爲現在要拯救和平，唯一可能的希望就是斯密格萊—利茲元帥宣布他願意立即前來德國，作爲軍人也作爲全權代表同戈林元帥就全部問題進行商討[4]。

這位天下少有的英國大使好像就沒有想到，斯密格萊—利茲元帥可能正忙於抵抗德國的這種大規模的無端進攻而無法分身；即使有可能離開，在目前情況下，他作爲「全權代表」到柏林來也無異於投降。波蘭人可能很快就被打敗，但是他們絕不願投降。

在德國對波蘭發動進攻的這一天，達勒魯斯甚至比韓德森還要積極活躍。上午八點，他去見了戈林，戈林對他說：「戰爭已經爆發了，起因是波蘭人進攻了格萊維茨的電臺並且炸毀了德切奧附近的一座橋。」這個瑞典人立刻把這個消息用電話通知了倫敦外交部。

「我告訴過某人說，」後來在紐倫堡法庭的訊問中他回答說：「據我所得到的情報，波蘭人發動了進攻。當我這麼說的時候，他們自然覺得很奇怪，我是怎麼搞的。」[5]不過話得說回來，他所說的話也只是英王陛下政府駐柏林大使兩小時以後來的電話所說的話。

英國外交部一份祕密備忘錄，記載了那位瑞典人上午九點零五分打來的電話。達勒魯斯學著戈林的口吻硬對倫敦說，「波蘭人把一切希望都破壞了」，而且說他有「證據證明他們從來就不打算談判」[6]。

中午十二點半鐘，達勒魯斯又給倫敦外交部掛了一個長途電話，這次他找著了賈德幹。他又一次譴責波蘭人炸毀德切奧橋從而破壞了和平，並且提議讓他和福比斯再坐飛機去一趟倫敦。但是生性嚴厲、爲人耿直的賈德幹對這位達勒魯斯已經有些膩煩了，因爲他所力圖避免的戰爭現在已經爆發。賈德幹對這個瑞典人說：「現在什麼行動也都無濟於事了。」

然而賈德幹只不過是外交部的常務次官，連內閣閣員都不是。達勒魯斯堅持要他把他的要求直接轉達給內閣，並且傲慢地告訴賈德幹說，一小時以後他還要來電話。他後來的確打了電話，也得到了答覆。賈德幹告訴他說：

當德軍還在侵略波蘭的時候，任何調停的想法都是談不到的。現在要避免一次世界大戰，唯一的途徑就是，第一，停止敵對行動；第二，德國軍隊立即撤出波蘭領土[7]。

上午十點，波蘭駐倫敦大使拉仁斯基伯爵拜會了哈利法克斯勳爵，把德國侵略的消息正式通知他，並且指出，「這顯然是條約中規定要對付的一種情況」。這位外交大臣的回答是，他對這些事實毫不懷疑。十點五十分，他在外交部約見了德國代辦西奧多．科爾特，問他有沒有什麼情報。科爾特回答說，他既沒收到有關德國進攻波蘭的情報，也沒有接到任何指示。於是哈利法克斯就宣布，他所收到的報告中說明的事實已經「造成了一種非常嚴重的局勢」。但是他的話也就到此爲止。科爾特於上午十一點四十五分用電話向柏林報告了這件事。

因此，到這天中午的時候，希特勒還有理由希望：英國雖然認爲局勢嚴重，但是還不至於參戰。但是這個希望很快就破滅了。

下午七點十五分，英國駐柏林大使館的一個人員給德國外交部打了一個電話，說「有緊急公事」，要求里賓特洛甫「盡快」接見韓德森和庫倫德雷。幾分鐘以後，法國大使館也提出了同樣的要求。里賓特洛甫拒絕同時會見兩位大使，他於晚上九點接見了韓德森，過了一小時接見了庫倫德雷。他從英國大使手中接到了一份英國政府的正式照會。

……除非德國政府準備向英王陛下政府提出令人滿意的保證，即德國政府已經停止對波蘭的一切侵略行動，並準備立即從波蘭領土上撤出其軍隊，英王陛下政府將毫不猶豫地履行自己對波蘭所承擔的義務[8]。

法國通牒的措辭與此完全相同。

里賓特洛甫對兩位大使都回答說，他將把照會轉呈希特勒，接著他就嘮嘮叨叨地發了一通議論，宣稱「根本不存在任何德國侵略的問題」，而只有波蘭的侵略，並且一再重複那個到現在已經有了餿味的謊言，說什麼波蘭「正規」部隊在前一天侵襲了德國領土。不過外交上的禮節仍然保持著。韓德森爵士在當夜向倫敦報告這次會見的經過時，在電報中沒有忘記提到里賓特洛甫的態度「彬彬有禮」。當這位大使準備起身告辭的時候，兩人又發生了一場爭論，爭論的問題是在他們兩天前的那次激烈的會見中，德國外交部長在宣讀德國對波蘭的「建議」時，是否含糊不清、速度太快。韓德森說確實是這樣。里賓特洛甫則說，他讀得「緩慢而且清楚，甚至還對其中一些主要之點做了口頭解釋，因此他可以認定韓德森一定完全聽明白了」。這個爭執是永遠也不會得到解決的——可是，到了這個時候，這還有什麼關係呢[9]？

九月一日夜晚，當德國軍隊繼續深入波蘭國境、德國空軍在不停地進行轟炸的時候，希特勒從英、法兩國的照會中認識到了，如果不立即停止進攻並撤出軍隊——這當然是不可想像的——他就已經把一場世界大戰惹上身了。還是說，他那天晚上還在盼望著他的運氣、他那慕尼黑的運氣會來呢？因爲他的朋友墨索里尼被戰爭的來臨嚇壞了，生怕英、法的壓倒優勢的海陸空軍會襲擊義大利，所以便在拼命設法再安排一次慕尼黑會議。

墨索里尼最後一分鐘的調停

讀者想必記得，遲至八月二六日，這位義大利領袖爲了逃避義大利在《鋼鐵盟約》中所承擔的義務，還在對那位元首說「政治解決」仍然有可能，這種解決可以使「德國在道義上和物質上都完全得到滿足」。可是希特勒懶得同他的這位朋友和同盟者爭論這個問題，這使得那位軸心小夥伴感到喪氣。儘管如此，我們已經知道，八月三十一日，墨索里尼和齊亞諾在得到他們駐柏林大使關於形勢緊急的報告後，曾經力勸希特勒至少應當見一見波蘭大使利普斯基，並告訴他，他們正在努力使英國政府同意把歸還但澤當作和平談判的「第一步」。

但是那時已經為時太晚了，希特勒對這樣的小誘餌已經沒有胃口。正如希特勒對他的將領所說的，但澤不過是個藉口而已。他要的是消滅波蘭。但是那位義大利領袖卻不明白這一點。九月一日清晨，他必須做出抉擇，要不宣布義大利中立，就得冒英、法大軍進擊的危險。我們可以從齊亞諾的日記中清楚地看出，這種前景對他那位洩了氣的岳父大人是一場多麼可怕的惡夢（實際上墨索里尼早在頭天晚上就把他的決定通知英國了。八月三十一日晚間十一點十五分，英國外交部接到帕西．洛林〔Percy Loraine〕爵士從羅馬發來的一份電報說：「義大利政府已經做出決定。義大利不會同英國和法國作戰……這是齊亞諾於晚上九點十五分通知我的，並要求保守祕密。」[10]那天晚上，英國在八點以後切斷了同羅馬的一切電話聯繫，使義大利人大吃一驚。齊亞諾生怕這是英、法進攻的前奏）。

九月一日一清早，這位愁腸百結的義大利獨裁者親自打電話給柏林的阿托利科，「催促他去懇求希特勒給他來一個電報，解除他在同盟條約中的義務」（齊亞諾語）[11]。那位元首很快地甚至可以說是欣然地應允了他的請求。上午九點四十分，希特勒在臨動身去國會之前給他的朋友發了一份電報，為了節省時間，這份電報是用電話打給德國駐羅馬大使館轉達的。

領袖：

您近來在外交上和政治上對德國及其正義事業給予支持，謹致最眞誠的謝意。我確信，我們能夠憑德國的軍事力量完成當前強加於我們的這一任務。所以在這種情況下，我預計不致需要義大利的軍事支持。領袖，我還要預先感謝您今後定將為法西斯主義以及國家社會主義的共同事業做出的一切努力。

阿道夫・希特勒12

（下午四點三十分，在羅馬大臣會議結束之後，義大利電臺廣播了該會議「致義大利人民」的公告，宣布「義大利將不率先採取軍事行動」。緊接著又廣播了希特勒致墨索里尼的解除義大利同盟義務的電報）

中午十二點四十五分，希特勒已經在國會發表了演說，並且對達勒魯斯咆哮了一陣，心裡顯然已經平靜下來了，他靈機一動，又給墨索里尼發了個電報。他說他原是準備「透過談判」解決波蘭問題的，「我整整等了兩天，波蘭談判代表還是沒有到來」，「昨天一夜之間又發生了十四起犯境事件」，因而他「現在決定以武力回答武力」了。末了，他再一次向這位臨陣脫逃的夥伴表示感激。

阿道夫・希特勒13

領袖，對您所做的一切努力，我表示感謝。我還要特別爲了您的出面調停向您致謝。但是我從一開始就懷疑這種努力不會有任何效果，因爲如果波蘭政府具有絲毫和解的誠意，問題本來是在任何時候都可以解決的。然而，他們拒絕了……。

因此，領袖，我才不願意讓您去冒險充當調停人；根據波蘭政府的頑固態度來看，這種調停多半是徒勞無功的……。

但是在齊亞諾的慫恿下，墨索里尼最後還是咬了咬牙，決心去冒險充當調停人。前一天中午剛過，齊亞諾就已經向駐羅馬的英、法兩國大使提出，如果他們的政府同意，墨索里尼願意邀請德國在九月五日來舉行一次會談，以便「審查已經成爲當前紛爭根源的凡爾賽和約的一些條款」。

人們可能認爲，第二天早晨德國進攻波蘭的消息一定會使墨索里尼的建議成爲多餘。但是使義大利人感到意外的是，法國外交部長、綏靖專家喬治．龐納竟在九月一日上午十一點四十五分給法國駐羅馬大使弗朗索瓦－龐賽打了一個電話，要他通知齊亞諾，法國政府歡迎這樣一個會議，但未與會各國的問題不得在會上討論，而且該會不能只限於探求「當前有限問題的局部臨時解決辦法」。龐納提出的會談條件中沒有談到德軍的撤退，甚至連停止繼續前進也沒有提及[14]（九月一日下午，龐納曾兩度指示法國駐華沙大使諾爾向貝克探詢，波蘭是否願意接受義大利關於舉行一次會談的建議。當天晚上他得到答覆說：「我國正因無端的侵略置身戰爭之中。現在的問題已經不是開會，而是同盟國家應該採取什麼樣的一致行動共同抗敵。」龐納的信件和貝克的答覆均見《法國黃皮書》。英國政府沒有參與龐納的這種活動。外交部有一份由馬金斯〔R. M. Makins〕簽署的備忘錄說，英國政府「對這一外交步驟既未被徵求過意見，也未得到過通知」[15]）。

但是英國人卻堅持這個條件，並且最後總算拖著那個四分五裂的法國內閣和他們一道走，在九月一日晚上能夠向柏林遞交兩份內容相同的警告照會，其中宣布，德國如果不從波蘭撤軍，英、法就要出兵。由於這兩份照會當晚就公布了，所以令人感到有趣的是，墨索里尼當時已是慌不擇路，任何一根稻草都要抓住，甚至不存在的稻草也要抓一下，第二天早上仍然向希特勒再次提出呼籲，就好像他根本沒有把英、法的警告當眞。

正如韓德森在《最後的報告》中所說的那樣，九月二日是在一種懸慮不安的情況下度過的（前一天下午，韓德森已經按照哈利法克斯的指示焚毀了他的密碼和祕密文件，並正式請求美國代辦「在萬一發生戰爭的情況下對英國的利益惠予照顧」，見《英國藍皮書》頁二一）。他和庫倫德雷焦急地等著希特勒對他們照會的答覆，可是毫無消息。中午剛過不久的時候，只見阿托利科氣喘吁吁地走進英國大使館，對韓德森說，他要立刻弄清楚一件事情：頭天晚上的英國照會是不是最後通牒？

韓德森後來寫道：「我當即對阿托利科說，如果那位外交部長問我的話，我授權可以告訴他，那不是最後通牒，而只是一個警告，但是他並沒有問。」16

得到了這句話之後，這位義大利大使又順著威廉街急急忙忙地奔向德國外交部。原來那天上午十點阿托利科就帶著墨索里尼的一份照會來到威廉街，人家告訴他，里賓特洛甫身體不適，他於是把照會交給了威茲薩克。

義大利希望通知德國政府，我國仍有可能使法國、英國和波蘭同意在下列基礎上同德國舉行一次會談，這項消息僅供參考，取捨之間自然全由元首決定：

一、雙方軍隊留在目前原地停火。

二、兩三天內舉行談判。

三、解決德波爭端。根據現狀，這種解決肯定會有利於德國。

這個提議原先是領袖提出的，現在已經特別得到法國的支持（齊亞諾聲稱，發出這份照會是出於「法國的壓力」，見《齊亞諾日記》頁一三十六。但這種說法可以斷定是騙人的。雖然龐納極力想舉行一次會談，但是拼命推銷這個建議的還是墨索里尼）。

但澤已爲德國所有，並且德國還取得了可靠保證來實現其大部分要求。此外，德國已經得到了「道義上的滿足」。如果它接受建議舉行會談，就有可能達到它的全部目的，同時又避免了一場戰爭，這場戰爭甚至在目前看來就已經有可能發展成爲全面和長期的戰爭。

領袖並不想堅持自己的主張，但是他認爲將上述情況立刻通知馮・里賓特洛甫先生和元首是極其重要的。

一九三十九年九月二日[17]

里賓特洛甫那點兒病馬上就好了。看了上面的建議之後，怪不得他在中午十二點三十分見到阿托利科時就向他指出，義大利領袖的建議與頭天晚上英法的照會是不「協調」的，因爲英法兩國的照會具有一種「最後通牒的性質」。

這位義大利大使在避免世界大戰的問題上和他的首腦同樣熱心，而且肯定更爲眞誠。不等里賓特洛甫說完，他就打斷話頭說，英國和法國的聲明「已經由於他的領袖最後的這個照會而取消了」。當然，阿托利科是沒有權利做這種聲明的，這根本不是事實，不過他大概是以爲在這種緊急關頭，冒失一點也無妨，反正不會有什麼損失的。德國外交部長對此表示懷疑，可是阿托利科一口咬定他的話不放。他說：

法國和英國的聲明，已經不在考慮之列。齊亞諾伯爵是在今晨八點三十分來的電話，這已經是在義大利電臺公布兩國聲明以後的事。由此可見，兩國聲明必然已被視爲取消了。齊亞諾伯爵還說，法國特別贊成領袖的建議。目前推動這事的是法國，不過英國一定也會跟著動起來[18]。

里賓特洛甫仍然懷疑。他說，他剛同希特勒討論過墨索里尼的建議，元首想知道英法的照會是不是最後通牒。這位外交部長最後同意了阿托利科的建議，讓這位義大利大使去問一下韓德森和庫倫德雷，把情況弄清楚。

這就是阿托利科造訪英國大使館的原因。當時充當翻譯的施密特後來寫道：「那天的情景至今仍然歷歷在目，年歲已經不小的阿托利科從里賓特洛甫的房間裡急急忙忙出來，跑下樓梯去找韓德森和庫倫德雷……半小時以後，阿托利科跟離開時一樣，上氣不接下氣地跑著回來了。」[19]喘過氣來以後，這位義大利大使就報告道，韓德森剛才告訴他，英國的照會並非最後通牒。里賓特洛甫回答說，雖然「德國必然要拒絕英法的聲明，但是元首正在研究義大利領袖的建議，如果羅馬證實英法聲明並非最後通牒，元首將在一兩天內給予答覆」。由於阿托利科催著早些答覆，里賓特洛甫終於同意第二天，即九月三日星期日中午給他回話。

這時候在羅馬，墨索里尼的希望卻在逐漸破滅。下午二點，齊亞諾接見了英、法兩國大使，並且當著他們的面用電話把阿托利科同德國外交部長的談話告訴了哈利法克斯和龐納。龐納滿腔熱情，一如既往；據他自己的記述（見《法國黃皮書》），他熱烈地向齊亞諾道謝，感謝他爲和平所做的努力。哈利法克斯卻比他冷淡。他證實英國照會不是最後通牒。政治家們在一個名詞上像這樣摳字眼，眞令人感到驚訝，因爲英法聲明本身已經說得明明白白。不過他接著又說，他個人認爲，除非德軍撤出波蘭，英國不可能接受墨索里尼關於會談的建議。而在這個問題上，這一次龐納又一聲不吭。哈利法克斯答應齊亞諾把英國內閣對這個問題的決定用電話通知他。

晚上七點剛敲過不久，英國內閣的決定傳來了。英國接受義大利首相的建議，但是條件是希特勒必須把他的軍隊撤回德國境內。義大利外交大臣知道，希特勒絕不會接受這個條件，因此正如他在日記裡寫的那樣，「現在已經完全沒有辦法可想了」。齊亞諾在日記上寫道

> 我不想去向希特勒提出這個建議，這一定會遭到他斷然拒絕，也許還會受到他的白眼。我把這一點告訴了哈利法克斯以及那兩位大使和領袖，最後我打電話給柏林，通知他們，除非德國人有相反的意見，否則我們就放棄談判了。最後一線希望破滅了[20]。

於是在九月二日晚上八點五十分，那位精疲力竭、心灰意懶的阿托利科，再次拜訪柏林的威廉街。這次里賓特洛甫在總理府接見了他，當時他正在那裡同希特勒商談問題。繳獲的外交部備忘錄中對這個場面有如下的記載：

> 義大利大使告訴外交部長說，英國人不準備以義大利的調停建議爲基礎舉行談判。英國方面要求德國軍隊在談判開始之前立即全部從波蘭佔領區和但澤撤出……最後，義大利大使聲明，領袖現在認爲他的調解建議已經不復存在。外交部長聽到義大利大使的傳達後，未置一詞[21]。

這位不辭勞苦的阿托利科費了這樣多力氣，竟然沒有討到一句感謝的話！有的只是無言的輕蔑，因爲這個德國盟友想騙掉波蘭這個已經到手的戰利品。

避免第二次世界大戰的最後一點點希望，現在也已煙消雲散了。大家現在顯然都已經清楚地看到了這一點，但是在這場戲裡有一個角色卻是例外。晚間九點，怯懦成性的龐納又給齊亞諾打了一個電話，再次表示法國給德國的照會不具有「最後通牒的性質」，並且重申法國政府準備一直等待德國的答覆，直到九月三日（即第二天）中午爲止。不過，「爲使會談取得良好的結果」，龐納告訴齊亞諾，法國政府同意英國政府的意見，即德國軍隊必須「撤出」波蘭。這是龐納第一次提到這一點——這一次也只是因爲英國方面的堅持才不得已提出的。齊亞諾的回答是，他認爲德國政府不會接受這個條件。但是龐納還不死心。那天深夜，他又做了最後一次努力，想逃脫法國對於正在受到轟擊和圍攻的波蘭所承擔的義務。齊亞諾在九月三日的第一段日記裡追述了這樁怪事：

> 夜裡，外交部來人把我叫醒了，因爲龐納找到葛里吉利亞（Guarriglia，義大利駐巴黎大使），問我們能不能使德國撤出波蘭，哪怕是象徵性的撤軍也行……。我把這個建議扔進了廢紙簍，根本沒有呈報領袖。不過從這裡可以看出，法國是毫不熱心地而且是彷徨不定地來接受這個巨大的考驗[22]。

波蘭戰爭變成了第二次世界大戰

一九三十九年九月三日，星期日，柏林的天氣是一個可愛的夏秋之交的日子。陽光燦爛，空氣中飄著馥鬱的芳香——我在那天的日記裡寫道：「碰到這樣的天氣，柏林人總愛到近郊的樹林裡或是湖上去度假。」

天剛一亮，英國大使館就收到了哈利法克斯勳爵發給韓德森爵士的一份電報，指示他設法同德國外交部長在上午九點舉行一次會晤，把一份隨電報發來的照會遞交給他。

張伯倫政府在這條路上已經走到盡頭了。它在大約三十二小時以前照會希特勒，如果德國不從波蘭撤軍，英國就將宣戰。可是一直沒有答覆，於是英國政府決心履行它的諾言。正如法國駐倫敦大使查理·科本（Charles Corbin）在頭一天下午二點三十分給那位躊躇不定的龐納的報告所說的，前一天英國政府就擔心希特勒可能故意遲遲不作答覆，以便盡量攫取波蘭領土，等到把但澤、走廊等地穩穩地抓在自己手裡以後，他就可以在他八月三十一日那十六條的基礎上提出一個「寬宏大量」的和平方案[23]。

爲了不上這個圈套，哈利法克斯要法國人考慮，如果德國政府不在幾小時之內對九月一日英法兩國的聲明做出令人滿意的答覆，這兩個西方國家就對德國宣戰。英國內閣在九月二日下午做出了明確的決定後，哈利法克斯就具體建議，在當天半夜由兩國一同向柏林提出一個限於九月三日上午六點以前答覆的最後通牒[24]。但是龐納不同意採取這樣性急的步驟。

事實上，四分五裂的法國內閣在上個星期經過了重重難關，才勉強決定首先要履行法國對波蘭（同時也是對英國）所承擔的義務。原先在那黑暗的八月二十三日，龐納聽說里賓特洛甫已經到莫斯科去締結德蘇互不侵犯條約之後，吃驚之下曾力勸達拉第召開國防委員會會議，研究法國今後的步驟

（會議記錄由達拉第的這個軍事內閣首腦德坎普〔Decamp〕將軍執筆，在里奧姆〔Riom〕審訊時

公之於世。這份記錄從未交給會議其他成員審閱校正過。甘末林將軍在他的《爲國效勞》〔*Servir*〕一書中說，這份材料過於簡略，很容易引起誤解。不過，這位一向膽小怕事的統帥也還是承認了這份記錄的主要內容）。出席這次會議的除了達拉第總理和龐納之外，還有陸、海、空三軍部長，甘末林將軍，海、空軍首腦，以及另外四位將軍——共計十二人。

據會議記錄所載，達拉第曾提出三個問題：

一、法國是否能夠坐視波蘭與羅馬尼亞（或其中一國）從歐洲地圖上被抹掉？

二、法國能用什麼辦法加以反對？

三、目前應該採取什麼措施？

龐納本人在說明了事態的嚴重變化之後提出了一個問題，這個問題始終是他心中最爲重視的問題：

權衡當前的局勢，是忠於我們的義務而立刻參戰好呢，還是重新考慮我們的態度，利用這段贏得的時間？……對於這個問題的答覆，基本上是軍事性質的。

見到責任推到了自己的身上，甘末林和達爾朗（François Darlan）海軍上將便接著答道：

陸軍和海軍都已有準備。在戰爭的最初階段，他們在打擊德國方面不能有多大作爲。但是法國一經動員，就會把相當一部分德國軍隊牽制在我們的邊境上，從而將在某種程度上減輕波蘭的負擔。

……甘末林將軍在回答波蘭和羅馬尼亞能夠抵抗多久這個問題時說，他相信波蘭會光榮地進行抵抗，這將使德軍主力在明年春天以前無法調轉過來對付法國；而到那個時候，英國已經可以和我們並肩作戰了（甘末林在《爲國效勞》一書中談到，由於對龐納不信任，他當時沒有說出法國在軍事上的某些弱點。他說達拉第事後對他講：「你做得對。如果你在會上說出來，第二天德國人就會知道了。」但是甘末林在他的著作中又說，在這次會議上，他還是指出了法國軍事地位的弱點。他說他曾經說明，如果德國「把波蘭消滅了」以後，再把全部力量掉過來對付法國的話，法國就將陷入「困難」的處境。他說：「那時法國就會沒有可能再投入戰鬥……我希望到明年春天，在英國部隊和美國裝備的幫助下，我們能有力量打一場防禦戰〔當然，我是說如果必要的話〕。我還指出，唯有在持久戰中我們才有希望獲得勝利。我始終認爲，要到大概不到兩年以後，也就是說，要到一九四一至一九四二年之間，我們才有可能轉入進攻……。」法國統帥的這種氣餒膽怯的看法，在很大程度上說明了此後的歷史發展）。

經過了不少的討論以後，法國人才做出了決定。這一決定正式載入會議記錄，內容是這樣：

在討論過程中，指出了這樣一點，如果說幾個月以後我們的力量能夠有所增強，德國也將由於得到波蘭和羅馬尼亞的資源而變得更爲強大。

因此，法國別無其他選擇。

唯一的辦法就是……恪守我們在同蘇聯進行談判以前對波蘭所承擔的義務。

這樣打定了主意之後，法國政府開始行動了。散會之後，就在八月二十三日那一天，宣布全國處於戒備狀態，所有邊防部隊都進入了作戰陣地。第二天，三十六萬預備役人員被召入伍。八月三十一日，內閣發布了一項公報，聲明法國將「堅決履行」它的義務。次日，也就是德國進攻波蘭的頭一天，龐納經哈利法克斯的一再堅持，同意法國和英國聯合一致向柏林方面提出警告：英法兩國將履行自己對盟國所提出的保證。

但是在九月二日，當英國人催促法國人同意在半夜就向希特勒提出最後通牒的時候，甘末林將軍和法國參謀總部卻躊躇起來了。畢竟，如果德國人在西線立刻發動進攻的話，不得不孤軍作戰的將是法國。沒有一個英國兵會來支援他們。參謀總部堅持要求再等四十八小時提出最後通牒，爲的是好順利地進行總動員。

下午六點，哈利法克斯打電話給英國駐巴黎大使艾立克·菲普斯爵士，並對他說：「英國政府不能再等四十八小時。法國的態度使英王陛下政府深感爲難。」

兩小時以後，英國政府的處境之難已經到了難以支撐的地步，張伯倫在下院站起來講話的時候，大多數議員，不論屬於哪個黨派，對英國方面遲遲不履行它的義務都已經感到極不耐煩。等到聽了張伯倫的發言之後，他們幾乎快按捺不住自己了。張伯倫告訴議會，英國政府還沒有收到柏林的答覆。除非德國給予答覆並且保證從波蘭撤退，否則英國「必將採取行動」。如果德國人果眞同意撤退，那麼，英國政府「就願意認爲局勢依舊同德軍越境進入波蘭以前一樣」。目前英國政府正在同法國就兩國對德最後通牒的時限問題進行聯繫。

在波蘭戰事已經進行了三十九小時之後，下院再也不能接受這種拖延策略了。政府席上似乎發散出一股慕尼黑的氣味。當反對黨工黨的臨時議會領袖亞瑟·格林伍德（Arthur Greenwood）站起來準備發言的時候，利奧波德·艾默瑞（Leopold Amery）從保守黨席上向他大叫：「請你代表英國發言吧！」

格林伍德說：「在這樣的時刻，英國和英國所擁護的一切以及全人類的文明都遭到了威脅，我不知道我們還打算猶豫到什麼時候……我們應當和法國人一起並肩前進……。」

問題就在這裡。當時事實證明要推動法國前進是很困難的。下院怒氣衝天，使張伯倫感到坐立不安，他不得不打斷激烈的爭論爲自己辯護說，要透過電話同巴黎磋商，使「看法與行動取得一致是需要時間的」。他接著說，「如果下院竟然有人認爲我所提出的聲明流露出本政府或法國政府有絲毫的動搖，我就不免感到震驚」。他說，據他所知，法國政府「這時正在開會」，「幾小時以後」將可得到他們的消息。總之，他極力安慰激憤的議員說：「我預料明天我將只可能有一種答覆給下院……我相信下院……一定會認爲我說的完全是實話……。」

正如納米爾後來所寫的那樣，英國歷史上最嚴重的一次考驗，是「用一種特別少見的遲遲艾艾的方式」宣告其無情地來臨的。

正如英國的機密文件所表明的那樣，張伯倫知道得很清楚，英國人民很不滿意他，在這國家危急存亡的時候，他的政府很有可能被推翻。

他剛從下院出來，馬上就給達拉第打了一個電話。據記載，時間是晚上九點五十分，當時在旁邊的賈德幹做了記錄留爲檔案。

張伯倫：這裡的情況非常嚴重……下院鬧得很凶……如果法國堅持要把最後通牒的限期定爲從明天中午起的四十八小時之內，我的政府就將無法維持。

首相說，他完全明白，法國將首當其衝地受到德國的進攻。但是他堅信，今晚無論如何必須採取某種步驟。

他提出一個折衷方案……最後通牒於明日上午八點發出……限中午十二點以前答覆……。

達拉第的回答是，除非英國轟炸機群準備立刻出動，否則法國認爲，如果可能的話，最好把對德軍的進攻推遲幾小時。

過了不到一小時，哈利法克斯在夜晚十點三十分給龐納打了一個電話。他極力敦促法國方面接受英國的折衷方案：明天（九月三日）上午八點在柏林提出最後通牒，最後期限爲中午十二點。法國外交部長不僅不同意，而且還對哈利法克斯提出抗議說，英國方面堅持這樣迫不及待地行事會給人造成「一種十分糟糕的印象」。他要求倫敦再等一等，至少在中午以前不要向希特勒提出最後通牒。

哈利法克斯：要英王陛下政府等到那個時候是辦不到的……英國政府是否能控制這裡的局勢是很難說的。

下院將在九月三日（星期日）中午開會，從星期六晚上那次會議的情緒看來，張伯倫和哈利法克斯都明白，如果這個政府想存在下去，他們就必須提出議會所要求的回答。第二天凌晨二點，法國駐倫敦大使科本警告龐納，張伯倫內閣如果不能給議會以確切的答覆，就有被推翻的危險。於是，哈利法克斯在電話中最後告訴龐納，英國打算「單獨行動」。

哈利法克斯給韓德森的電報於凌晨四點左右到達柏林（當夜英國外交大臣曾給韓德森發去兩份電報，叫他做好準備。第一份於午夜十一點五十分發出，內稱：「今夜我可能要你向德國政府遞交一份緊急照會。請做好準備。最好預先告訴德國外交部長，說你隨時可能要去見他。」從這份電報看來，這時候英國政府好像還沒有完全拿定主意是不是要不顧法國而單獨行動。但過了三十五分鐘，即九月三日凌晨零時二十五分，哈利法克斯又給韓德森發了一個電報：「請約定於星期日上午九點與外長會見。指示隨後就到。」[25]哈利法克斯最後定局的電報上注明的發報時間是倫敦時間上午五點。但韓德森在他的《最後的報告》中卻說是上午四點收到的），叫他在九月三日（星期日）上午九點遞交給德國政府。這份通牒提到英國政府曾在九月一日的照會中宣布，如果德國軍隊不立刻撤退，英國就要履行它對波蘭承擔的義務，這份通牒接著指出：

雖然那份照會於二十四小時以前就已提出，但至今未見答覆，同時德國又仍然在繼續並加緊進攻波蘭。鑑於這種情況，我榮幸地通知您，在今天九月三日英國夏季時間上午十一點以前，如果德國政府不對上述問題做出令人滿意的保證並送達倫敦英王陛下政府，則從該時起，兩國即處於戰爭狀態[26]

（哈利法克斯另外又給韓德森發去一個電報〔發報時間也註明為上午五點〕，通知這位大使說，庫倫德雷「要到今日〔星期日〕中午才會對德國政府提出相同的照會」。他不知道法國最後通牒限幾小時答覆，他估計「可能」在六小時到九小時之間[27]）。

這個安息日在天還沒有亮的時候，韓德森發現要同威廉街取得聯繫是相當困難的。德國外交部的人告訴他說，里賓特洛甫「沒有功夫」在上午九點接見他，不過他可以把照會交給政府翻譯官施密特博士。

在這個歷史上的重要日子，施密特博士睡過了頭，等他乘著一輛出租汽車趕到外交部時，看到那位英國大使正循著外交部門前的臺階拾級而上。施密特從側門鑽了進去，在恰好鐘鳴九點的時候溜進里賓特洛甫的辦公室，一分不差地準時接見了韓德森。「他走進屋子，表情嚴肅，」施密特後來追述道：「跟我握了握手，我請他坐下，他謝絕了，只是嚴肅地站在屋子中間。」[28]韓德森宣讀了英國的最後通牒，把文件交給施密特之後就告辭了。

這位翻譯官連忙拿著那份照會，順著威廉街跑到總理府。在元首辦公室外面，他發現內閣大多數的閣員和幾個黨內高級官員都聚集在那裡「焦急地等候著」他的消息。施密特後來追述說：

> 當我進入裡面房間的時候，希特勒正坐在辦公桌前，里賓特洛甫站在窗戶旁邊。他們倆都以期待的目光看著我走進去。我在希特勒的辦公桌前不遠的地方站住，接著就慢聲向他翻譯了英國的最後通牒。當我譯完的時候，房間裡一片死寂。

希特勒坐著一動不動，瞪起兩隻眼睛望著前方……停了一會沒有動靜，這一會兒功夫就像十年一樣長；然後，他轉過臉來朝著仍然站在窗子旁邊的里賓特洛甫說：「現在怎麼辦？」問這話時希特勒擺出一副兇惡的面孔，意思好像是在抱怨他的外交部長使他對英國方面可能的反應做出了錯誤的估計。

里賓特洛甫卻若無其事地回答道：「我斷定，法國人會在一小時之內交來一份相同的通牒。」29

施密特完成任務之後就退了出來，在外面的房間裡停了一下，把事情的經過告訴其餘的人。他們聽了也都沉默了半晌沒有說話。最後：

戈林轉過身來向我說：「如果我們在這場戰爭中打敗了，那就只能靠上帝發慈悲了！」

戈培爾垂頭喪氣地獨自站在一個角落裡發楞。我看見房間裡的每一個人都是憂心忡忡的樣子30。

與此同時，那個絕無僅有的達勒魯斯卻一直爲了避免那不可避免的事情，而在做最後的客串努力。上午八點，福比斯就把那份將在一小時以後遞交德國政府的最後通牒的內容告訴了他。據他後來在紐倫堡作證時說，他立刻就到空軍總部去見戈林，要求戈林一定要做到使德國對最後通牒的答覆要「通情達理」。他還建議元帥本人在十一點以前宣布他準備親自飛到倫敦去「談判」。這位瑞典商人在他寫的書裡說，戈林接受了這個建議，並且和希特勒通了電話，希特勒也表示同意。但德國的正式文件中並沒有提到這件事。我們根據施密特博士在前面所說的話就可以看得很清楚，當他於九點過幾分帶著英國的最後通牒來到總理府的時候，戈林正在總理府元首的會客室裡，而不是在他的司令部裡。

無論如何，這位瑞典和事佬的確給英國外交部打了電話，這一點是毫無疑問的，並且還不是一次而是兩次。第一次在上午十點十五分，他擅自通知英國政府，德國人對於最後通牒的答覆「正在路上」，德國人仍然「非常希望能夠滿足英國政府的要求，並就不侵犯波蘭獨立的問題做出令人滿意的保證」。他希望倫敦能夠「從最贊同的角度」來看待希特勒的覆照[31]。

半個小時以後，即上午十點五十分，距最後通牒限定的時間十分鐘，達勒魯斯又給倫敦外交部打來了一個長途電話，他這次提議讓戈林在希特勒的同意下立刻飛往英國首都。他不知道現在再演這套外交滑稽戲已經過時了，不過事實很快就讓他明白過來了。他從哈利法克斯那裡得到了一個毫無商量餘地的回答。英國政府不能採納他的建議。英國政府對德國政府提出的問題是非常明確的，「想必他們也會做出明確的答覆」。英王陛下政府不能再等著和戈林討論了[32]。

於是達勒魯斯掛上了電話，從此退出了歷史舞臺。直到戰後，他才在紐倫堡法庭上以及在他寫的書裡又露了一面，追述他爲了拯救和平所做的離奇古怪的努力（九月二十四日，他又露了一面，這一天他在奧斯陸會見了福比斯，正像他最後在紐倫堡法庭上所說的那樣，他是「爲了要探聽明白究竟還有沒有避免一場世界大戰的可能性」[33]）。他的用心是好的，他也曾不辭辛苦地爲和平奔走，有一個短暫的時期，他一度處身於世界歷史的令人目眩神迷的舞臺中心。但是那時幾乎人人都被過分紛紜雜亂的景象攪得糊裡糊塗而無法看清局勢，他也不例外，而且正像他後來在紐倫堡所承認的，他一直不知道自己受到德國人多大的愚弄。

英國最後通牒所限定的時間上午十一點剛敲過不久，兩小時前拒絕接見英國大使的里賓特洛甫，約見了那位大使，把德國的覆照交給他。德國的覆照說，德國政府「拒絕收下或接受，當然更談不到履行」英國的最後通牒。接著就是一篇又臭又長的宣傳文字，顯然是希特勒和里賓特洛甫在發出覆照前這兩個小時內倉促書就的。爲了欺騙易受欺騙的德國人民，這份覆照又把那些我們現在已經熟悉的謊言，包括那個關於波蘭人「進攻」德國領土的謊話在內，重彈了一遍，把一切事情都歸罪於英國，並且拒絕了英國「強迫德國撤回其爲保衛國家而部署起來的部隊」的企圖。覆照謊稱，德國已經接受了墨索里尼在最後時刻提出的和平建議，但是英國拒絕了這個建議。儘管張伯倫對希特勒一味綏靖姑息，這份覆照還是責備英國政府「鼓吹要消滅日耳曼民族」（這份倉促草就的照會寫得完全不像樣子，結尾時甚至出現了這樣的話：「我們已經注意到，金—霍爾〔Stephen King-Hall〕先生在英國政府授意下向我們表示要徹底摧毀日耳曼民族，甚至比凡爾賽條約更加徹底地摧毀。因此，我們將用同樣的武器和同樣的方式來回答英國方面的任何侵略行徑。」英國政府當然從來沒有向德國表示過金—霍爾所說的那種意圖。金—霍爾是一個退職的海軍軍官，他所寫的時事評論純粹是他個人的觀點。事實上，韓德森曾經向英國外交部就金—霍爾在德國發行他的作品一事提出過抗議，而英國政府也曾要求編者停止這樣做）。

韓德森後來稱這個覆照「完全是歪曲事實」的。他讀完以後說道：「究竟是誰的過錯，讓歷史來判斷好了。」里賓特洛甫也反唇相譏道，「歷史已經證明了實際情況究竟是怎樣」。

大約十二點鐘的時候，筆者正好站在威廉街總理府的前面，擴音器突然宣布大不列顛已經對德國宣戰（上午十一點十五分，哈利法克斯在倫敦交給德國代辦一份正式照會，聲稱由於到了上午十一點還沒有收到德國提出的保證：「我榮幸地通知您，我們兩國從今天九月三日上午十一點起處於戰爭狀態。」）。大約有二百五十人——不會更多——頂著太陽站在那裡，注意地聽著這個消息。廣播結束時，沒有一個人出聲。他們只是站在那裡。突如其來的消息使他們發楞了。他們很難相信希特勒已經把他們拖進了一場世界大戰中去了。

雖然這是一個安息日，但是不久就有報童在叫賣號外。事實上，我發現他們是在免費散發。我也要了一份。那是《德意志總匯報》（*Deutsche Allgemeine*）的號外，整頁上用大號字印著這樣一個標題：

英國最後通牒遭拒

英國已對我宣戰

英國照會要求我撤退東線軍隊

元首今日離此親臨前線

官方公報上的標題活像是里賓特洛甫口授的。

德國備忘錄證明過錯在英國

對於容易受騙的德國人民來說，德國的備忘錄可能是一個「證明」，但它並沒有能夠在這一天煽起人們對英國人的惡感。當我經過英國大使館時，韓德森和他的使館人員正從使館搬往拐角處的阿德隆飯店。一個警察在那座大樓前獨自踱步。他除了來回踱步而外無事可做。

法國人多挨了一會。龐納直到最後一刻還在延宕時間，他死抱著一個希望不放，認爲墨索里尼還有可能同希特勒談妥一項交易，從而讓法國脫身。他甚至懇求比利時大使想辦法讓比利時國王利奧波德透過他對墨索里尼的影響去影響希特勒。九月二日（星期六），他同本國的內閣爭辯了一整天，說他已經「答應了」齊亞諾，法國將等候到九月三日中午，讓德國對九月一日英法兩國的警告提出答覆，他不能說了不算。這話跟他和英國辯論時所說的一樣。不錯，他曾經在電話裡對義大利外交大臣做過這個保證，但他是在九月二日晚九點才做出這個保證的。到這個時候，正像齊亞諾已經設法告訴他的那樣，義大利領袖的建議已經完全失效了。而且，這時候英國已經向他提出了要求，主張由英法兩國在當日午夜聯合向柏林提出最後通牒。

九月二日將近午夜時分，法國政府才最後做出決定。午夜十二點整，龐納打電報給駐在柏林的庫倫德雷，說他在明天早晨將把法國要在中午對威廉街做出的「新的外交步驟」的內容通知庫倫德雷（但是讀者想必記得，甚至在此以後，龐納爲了使法國置身於戰爭之外，又在那天深夜要義大利人想辦法讓希特勒從波蘭做一個「象徵性」的撤退）。

九月三日，星期日，上午十點二十分，即在英國最後通牒的時限截止前四十分鐘，內容通知過來了。法國最後通牒的措辭和英國大致相似，所不同的是法國宣布：如果德國給予否定答覆，法國將履行自己對波蘭所承擔的「爲德國政府所知道的」那些義務——甚至到了這個最後關頭，龐納還不肯正式宣戰。

法國政府出版的《法國黃皮書》上說，巴黎拍發給庫倫德雷的法國最後通牒，規定下午五點為德國答覆的最後時限。但這不是原來那份電報中所規定的時限。菲普斯大使在那天上午八點四十五分從巴黎報告哈利法克斯說：「龐納對我說，法國的最後時限要到星期一（九月四日）早晨五點截止。」這才是龐納在電報中提出的時限。

這還是達拉第在星期日早晨向法國參謀總部爭得的讓步。法國參謀總部最初堅持要把時限定為從中午向柏林遞交最後通牒之時算起四十八小時。雖然如此，英國政府還是很惱火，那天上午當即相當明確地向巴黎表示了這種不快。這樣達拉第總理才向軍方做最後的呼籲。他在上午十一點三十分把參謀總部的科爾斯東（Colston）將軍請了來，請他縮短時限。這位將軍最後勉強同意把時限提前十二小時，改為下午五點。

就是這樣，直到庫倫德雷快要離開柏林法國大使館前往威廉街的時候，龐納才用電話通知他對最後限期做了必要的修改[34]。

里賓特洛甫沒有功夫在中午接待這位法國大使。他正在總理府參加一個小小的儀式，陪同元首熱烈接待新任的蘇聯大使亞歷山大·施克瓦茲耶夫（Alexander Shkvarzev）。這個插曲使得柏林在這個具有重大歷史意義的安息日裡具有一種荒誕的氣氛。但庫倫德雷堅持非要按照指示在中午十二點整到威廉街求見不可。因此，只好由威茲薩克接見他。當這位大使問到這位國務祕書是否有權對法國做出「滿意的」答覆時，威茲薩克回答說，他無權向他做「任何答覆」。

接著在這個莊嚴的時刻又發生了一個小小的外交趣劇：庫倫德雷把威茲薩克的回答看作德國的否定答覆，這早已在他意料之中，於是便打算把法國的正式最後通牒交給這位國務祕書；這時，後者卻拒絕接受。他建議這位大使「耐心稍等片刻，見一見外交部長本人」。庫倫德雷碰了這個釘子，只得在那裡等著，反正他已經碰過不止一次釘子了。他在那裡差不多等了半個鐘頭，直到十二點三十分才被帶到總理府去見里賓特洛甫[35]。

那位納粹外交部長雖然明知道這位大使所負的使命，他還是不肯放過這個機會——也可以說是最後的一次機會——向這位法國使節施展其顛倒黑白、歪曲歷史的慣技。里賓特洛甫首先指出，墨索里尼在提出那最後一分鐘的和平建議時，曾強調說那是得到法國贊同的。然後他宣布「德國曾經在昨天通知義大利領袖，德國也準備接受這個建議。但是後來，」里賓特洛甫補充道：「領袖告訴我們說，這個建議由於英國政府的死硬態度已經遭到破壞了。」

接著他又聽著那位納粹外交部長說了一陣什麼如果法國追隨英國，他將感到遺憾，什麼德國無意進攻法國，等等。不過，對里賓特洛甫的這種胡說八道，庫倫德雷在過去幾個月裡已經領教夠了，這位法國大使趕緊插言，提出他特爲來問的問題：外交部長的這番議論是否意味著德國政府不接受法國九月一日的照會？

「是的。」里賓特洛甫回答。

於是這位大使就把最後通牒遞給了這位外交部長，事前還說他必須「最後一次」強調指出：德國政府對於「未經宣戰」就突然進攻波蘭以及拒絕英法關於撤退德軍的要求等問題「負有嚴重的責任」。

「那麼法國就會成爲侵略者了。」里賓特洛甫說。

「這問題讓歷史來裁判吧。」庫倫德雷回答說。

在柏林的那個星期天，所有參加最後這幕戲劇的人彷彿都有意要訴諸歷史的裁判。

雖然法國正在動員一支在一個時期內會對德國西線武力佔壓倒優勢的陸軍，但是在希特勒那顆狂熱的腦子裡，當時軍隊爲數微不足道的英國卻成了他的心腹之患；他認爲，在一九三九年九月三日行將消逝並將成爲歷史的時刻，他之所以陷身於這樣的窘境，幾乎完全應當由英國這個對頭負責。那天下午他對德國人民和西線軍隊發表了兩篇冠冕堂皇的文告，把這一點說得非常清楚；他對英國人的極度憤怒和刻骨怨恨在這裡面一起迸發出來了，他在《告德國人民書》中說：

好幾世紀以來，英國所追求的目的就是使歐洲人民無力防禦英國征服世界的政策……並且自以爲有權可以用站不住腳的藉口去進攻和毀滅一個當時看來對它最爲危險的歐洲國家……。

我們自己已經親自看到英國在戰爭開始以來對德國所奉行的……包圍政策……英國是戰爭挑撥者……一直用凡爾賽的片面命令壓迫德國人民……。

希特勒在《致西線將士書》中對那些在今後若干星期內只可能以法軍爲對手的部隊說：

西線將士們！……英國一直奉行著包圍德國的政策……英國政府爲我們在上次大戰中所熟知的那些戰爭販子所驅使，現在已經決心摘下他們的假面具，以站不住腳的藉口向我們宣戰了……。

但在這兩篇文告中沒有一個字提到法國。

中午十二點零六分，張伯倫在倫敦向下院發表演說，他向下院報告，英國現在已同德國處於戰爭狀態。雖然希特勒在九月一日明令禁止收聽外國廣播，違者處死，但我們在柏林還是收聽了英國廣播公司轉播的英國首相演講稿。我們有些人曾經親眼看到他冒著喪失政治生命的危險，在戈德斯堡和慕尼黑對希特勒一味綏靖姑息，如今再聽到他這時的講演，覺得他的話是沉痛的。

今天是我們大家都感到痛心的日子，但是沒有一個人會比我更爲痛心。在我擔任公職的一生中，我所信仰的一切，我所爲之工作的一切，都已毀於一旦。現在我唯一能做的就是：鞠躬盡瘁，使我們必須付出重大代價的事業取得勝利……我相信，我會活著看到希特勒主義歸於毀滅和歐洲重新獲得解放的一天。

但是張伯倫命中注定不能看到這一天。一九四〇的十一月九日，他懷著絕望的心情與世長辭了，雖然死時他仍舊是內閣閣員之一。鑒於本書前面對他頗多貶抑之詞，我覺得現在在這裡引一段邱吉爾對他的評語是最恰當不過了。曾經長期被他排斥在英國國家事務之外的邱吉爾，在一九四〇年五月十日接替他出任首相。一九四〇年十一月十二日，邱吉爾在下院致辭悼念他時說：

……在這世界最嚴重的危機之中，內維爾·張伯倫不幸事與願違，一再失望，受到一個壞人的欺騙。但是，他那落空的希望是什麼？他那未遂的心願是什麼？他那遭到愚弄的信念又是什麼呢？毋庸置疑，這些都表現了人類心靈最崇高最善良的本性——對和平的熱愛，對和平的追求，爲和平而奔波，為和平而鬥爭；為了這一切，他甚至不顧巨大的危險，至於個人的榮辱則肯定也完全置之度外。

希特勒想運用外交手腕，使英、法置身戰爭之外的企圖既已宣告失敗，於是就在九月三日下午把注意力轉移到了軍事方面。他發布了「第二號極機密作戰指令」。雖然英法已經宣戰，指令仍然規定：「德國的戰爭目標目前仍然是迅速地、勝利地結束對波蘭的戰事……在西線，讓敵人先啓戰釁……對英國可以在海上展開攻擊。」但是德國空軍甚至連英國海軍也不得攻擊，除非英國首先對德國目標採取了這樣的攻擊。即使如此也還要看是否「處於特別有利的地位，能夠取得勝利」。希特勒還命令德國全部工業轉入「戰時經濟」軌道[36]。

夜晚九點，希特勒和里賓特洛甫分別乘專車前往東線大本營。臨行之前他們又採取了兩個外交措施。現在英國和法國固然已經同德國開戰，但是另外兩個曾經支持希特勒、使他的冒險得逞的歐洲大國還必須用心對付。一個是同盟國義大利，另一個是蘇俄；前者已在緊要關頭臨陣脫逃，後者雖然不為納粹獨裁者所信任，卻對希特勒出了把力，使得他的戰爭冒險看來値得一試。

希特勒在臨離開首都之前，又給墨索里尼發去一封信。這是在晚上八點五十一分用電報發出的，距元首的專車開出的時間只有九分鐘。雖然這封信不算十分坦率，而且也不乏欺詐之詞，但就我們所能獲得的材料說來，卻是一幅最好的圖畫，描繪出希特勒離開第三帝國那夜幕已降的首都、第一次去扮演德國最高統帥的角色時具有的心情。這封信是在繳獲的納粹文件中找到的。

領袖：

我必須首先感謝您爲調停所做的最後努力。我本來是願意接受調停的，但有一個條件，就是必須有可能確實保證談判一定會成功。因爲德國軍隊已經苦戰了兩天，在波蘭境內取得了神速的進展。我們不能由於一場外交陰謀而讓犧牲在那裡的將士的鮮血白流。

雖然如此，我仍然相信，如果英國不是從一開始就決心訴諸戰爭的話，本來是可以找到一條出路的。領袖，我之所以沒有屈服於英國的威脅，是因爲我終於認爲，即使我屈服了，和平也只能維持六個月，或者至多維持一年。既然如此，我想儘管存在著種種困難，目前仍不失爲挺身奮戰的適當時機。

……波蘭軍隊不久即將崩潰。如果一年或者二年以後再打，是否能取得這樣迅速的勝利，我覺得是大可懷疑的。英國和法國會繼續武裝它們的同盟國，使得德國武裝部隊不可能取得這樣顯著的決定性技術優勢。領袖，我知道我所從事的鬥爭是一場生死存亡的鬥爭……但是我也知道，這樣一場鬥爭遲早是不可避免的，必須透過冷靜審愼的考慮來選擇抵抗的時機，以確保勝利。對於勝利，領袖，我的信心是堅定不移的。

緊接著便是警告墨索里尼的話：

蒙您最近厚意承諾，願在某些方面給我以幫助。對這種盛情，我謹向您預致誠摯的謝意。但是我還相信，即使我們目前所走的道路不同，命運仍會把我們聯結在一起。一旦國家社會主義的德國爲西方民主國家所毀滅，法西斯主義的義大利也將遭到困難。我個人始終認爲，我們兩國政權的命運是聯結在一起的，而且我知道您，領袖，也持有完全相同的看法。

追述了德國在波蘭取得的初步勝利之後，希特勒最後說：

……在西線，我將繼續採取守勢。讓法國在那方面先啓戰釁。到那時候我們就將能夠傾全國之力與敵人進行決鬥。

領袖，爲了您過去給予我的支持，我再一次向您表示謝意，並希望您今後繼續給我支持。

阿道夫．希特勒[37]

雖然這一天英法已經對德宣戰，履行了它們對波蘭的諾言，義大利還是不肯履行它對德國的諾言。不過希特勒努力壓住了自己的失望。一個友好的義大利即使不參戰，對他仍然可能是有用的。但是，俄國可以更有用些。

我們從後來納粹的祕密文件中知道，在德國進攻波蘭的第一天，蘇聯政府就給德國空軍提供了信號方面的幫助。那天一清早，空軍參謀長漢斯．耶舒恩內克（Hans Jeschonnek）將軍打電話給德國駐莫斯科大使館，說他的駕駛員在轟炸波蘭——他稱之爲「緊急試航」——時需要導航上的幫助，如果明斯克的俄國電臺能夠不斷發出自己的呼號，他將不勝感激。下午，舒倫堡大使就通知柏林，蘇聯政府「準備滿足您的願望」。俄國人答應在廣播節目時儘量不斷發出電臺呼號，並將明斯克電臺的廣播時間延長兩小時，以利深夜航行的德國飛行員[38]。

可是，當希特勒和里賓特洛甫在九月三日晚間準備離開柏林的時候，他們還希望俄國人在軍事上為他們征服波蘭提供更大的幫助。下午六點五十分，里賓特洛甫給莫斯科大使館發了一份「特急」電，上面標著「極機密」字樣，開頭是：「大使親啓。面交使團團長或其代表。需特別保密。由本人自譯。絕對祕密。」

德國人以這個極其祕密的方式邀請蘇聯參加對波蘭的進攻！

我們有把握在幾個星期之內決定性地擊敗波軍。那時我們將把業經莫斯科談判劃歸德國利益範圍的領土置於軍事佔領之下，但是，為了軍事上的原因，我們自然還要繼續對那時盤踞在俄國利益範圍內的波蘭土地上的波蘭軍隊採取行動。

請立刻就這一點同莫洛托夫進行商談，看蘇聯是否願意在適當的時機出動軍隊打擊俄國利益範圍內的波蘭軍隊，自己來佔領這片領土。我們認為，這不僅會減輕我們的負擔，而且也符合莫斯科協議的精神和蘇聯的利益[39]。

不消說，蘇聯這種不顧信義的行動當然會「減輕」希特勒和里賓特洛甫的「負擔」。這不僅可以避免德國人和俄國人在坐地分贓時的摩擦和誤會，還可以使蘇聯替德國分擔一部分納粹侵略波蘭的罪責。既然他們分享了好處，為什麼不該分擔罪責呢？

那個星期日中午英國參戰的消息公布後，柏林的德國要人中心情最爲陰暗的是德國海軍總司令雷德爾海軍元帥。他認爲戰爭的爆發早了四、五年。到一九四四至一九四五年，海軍的「Z計畫」完成後，德國就會擁有一支相當強大的艦隊，能夠同英國在海上較量。但現在是一九三九年九月三日，即使希特勒不聽他的話硬要打，雷德爾也很清楚，他既沒有必要的海面艦隻，也沒有足夠的潛水艇可以對大不列顛進行一場有成效的戰爭。

這位海軍元帥在日記裡暗自寫道：

> 今天，同法國和英國的戰爭爆發了。根據元首原先的斷言，我們完全沒有必要預計這場戰爭會在一九四四年以前發生。直到最後一分鐘，元首還認爲這場戰爭是能夠避免的，即使這意味著推遲波蘭問題的最後解決也在所不惜……。
>
> 就海軍而言，我們的裝備顯然不足以同英國進行這場巨大的鬥爭……潛艇部隊仍然太軟弱無力，不能在戰爭中起決定性的作用。而海面船隻在數量和實力方面都不如英國艦隊，即使全部動員，我們只能做到壯烈地爲國犧牲……[40]。

雖說如此，一九三九年九月三日晚上九點，正當希特勒動身離開柏林的時刻，德國海軍出擊了。德國U-30號潛艇在赫布里底（Hebrides）群島以西大約二百英里處，事先不經警告就用魚雷擊沉了正從利物浦駛往蒙特利爾的英國郵船「雅典娜」號。船上載有乘客一千四百人，有一百一十二人死亡，其中有二十八名美國人。

第二次世界大戰開始了。

注釋

第九章

1 弗雷德琳·華格納：《火的遺產》（Friedelind Wagner, *Heritage of Fire*），頁一〇九。

2 巴本：《回憶錄》（*Memoirs*），頁三三八。

3 《每日郵報》（*Daily Mail*），一九三六年八月六日。

4 《晨報》（*La Matin*），一九三四年十一月一八日。

5 沃夫岡·福斯特：《一位將軍反對戰爭》（Wolfgang Förster, *Ein General kämpft gegen den Krieg*），頁三一。這本書是根據貝克的文件所著。

6 《納粹的陰謀與侵略》（*Nazi Conspiracy and Aggression*），第七卷，頁三三三（紐倫堡文件EC-77）。

7 《納粹的陰謀與侵略》，第一卷，頁四三一（紐倫堡文件C-189）。

8 《納粹的陰謀與侵略》，第六卷，頁一〇一八（紐倫堡文件C-190）。

9 同前。

10 《主要戰犯的審訊》（*Trial of the Major War Criminals*），第二十卷，頁六〇三。

11 羅賽·德·薩爾斯編：《我的新秩序》（Roussy de Sales, *My New Order*），頁三〇九至三三三。這篇演說全文也收在貝恩斯：《希特勒演講集》（*The Speeches of Adolf Hitler*, ed. by Baynes），第二卷，頁一二一八至一二四七。

12 《我的新秩序》，頁三三三至三三四。

13 貝提納：《法蘭西的掘墓人》（Pertinax, *The Grave Diggers of France*），頁三八一。

14 夏伊勒：《柏林日記》（*Berlin Diary*），頁四三。
15 弗朗索瓦－龐賽：《決定命運的年代》（François-Poncet, *The Fateful Years*），頁一八八至一八九。
16 《主要戰犯的審訊》，第十五卷，頁四四五至四四八。命令全文見《納粹的陰謀與侵略》，第六卷，頁九五一至九五二（紐倫堡文件C-139）。
17 會議記錄見《納粹的陰謀與侵略》，第七卷，頁四五四至四五五（紐倫堡文件EC-405E）。
18 《納粹的陰謀與侵略》，第六卷，頁九九七至九七六（紐倫堡文件C-159）。
19 約德爾的證據，見《主要戰犯的審訊》，第十五卷，頁二五二。希特勒的數字，見《希特勒祕密談話錄》（*Hitler's Secret Conversations*），頁二一一至二一二。
20 弗朗索瓦－龐賽：《決定命運的年代》，頁一九三。
21 《柏林日記》，頁五一四。
22 弗朗索瓦－龐賽：《決定命運的年代》，頁一九〇。
23 同前，頁一九四至一九五。
24 《主要戰犯的審訊》，第十五卷，頁三五二。
25 《希特勒祕密談話錄》，頁二一一至二一二。一九四二年一月二十七日的談話。
26 保羅．施密特：《希特勒的譯員》（Paul Schmidt, *Hitler's Interpreter*），頁四一。
27 《主要戰犯的審訊》，第十五卷，頁三五二。
28 《主要戰犯的審訊》，第二十一卷，頁二二。
29 《希特勒祕密談話錄》，頁二一一。
30 弗朗索瓦－龐賽曾加引用，《決定命運的年代》，頁一九六。
31 《納粹的陰謀與侵略》，第七卷，頁八九〇（紐倫堡文件L-50）。
32 許士尼格：《奧地利安魂曲》（Kurt von Schuschnigg, *Austrian Requiem*），頁五。
33 《納粹的陰謀與侵略》，第一卷，頁四六六（紐倫堡文件2248-PS）。
34 《德國外交政策文件彙編》（*Documents on German Foreign Policy*）D部，第一卷，頁二七八至二八一（第一五二號）。
35 巴本：《回憶錄》，頁三七〇。
36 《德國外交政策文件彙編》，第三卷，頁一一二。
37 同前，第三卷，八九二至八九四。
38 同前，第一卷，頁三七。

39 同前，第三卷，頁一七二。
40 馬爾康姆・莫格里奇編：《齊亞諾外交文件集》（*Ciano's Diplomatic Papers*, ed. by Malcolm Muggeridge），頁四三至四八。
41 密爾頓・許爾曼：《西方的潰敗》（Milton Shulman, *Defeat in West*），頁七六。據他說，來源是英國國防部情報局一九四五年十二的一份報告。看來得自對戈林的訊問。
42 祕密議定書全文載《德國外交政策文件彙編》，第一卷，頁七三四。
43 《主要戰犯的審訊》，第十二卷，頁四六〇至四六五（紐倫堡文件NI-051）。
44 《主要戰犯的審訊》，第九卷，頁二八一。
45 《德國外交政策文件彙編》，第一卷，頁四〇。
46 同前，頁五五至六七。
47 《納粹的陰謀與侵略》，第四卷，頁一〇〇二至一一一一（紐倫堡文件C-175）。
48 霍斯巴赫的記錄，日期為一九三七年十一月十日。德文原文載《主要戰犯的審訊》，第二十五卷，頁四〇二至四一三，最佳英文譯文載《德國外交政策文件彙編》，第一卷，頁二九至三九。紐倫堡臨時譯文載《納粹的陰謀與侵略》，第三卷，頁二九五至三〇五（紐倫堡文件386-PS）。霍斯巴赫在其所著《國防軍與希特勒》（*Zwischen wehrmacht und Hitler*）一書中亦講到過這次會見，見該書頁一八六至一九四。戈林、雷德爾、紐拉特關於這次會見的簡短證詞見《主要戰犯的審訊》。

第十章

1 紐拉特的親戚馮・里特（von Ritter）男爵夫人的供詞。見《主要戰犯的審訊》，第十六卷，頁六四〇。
2 同前，頁六四〇。
3 同前，頁六四一。
4 沙赫特：《帳目已清》（*Account Settled*），頁九〇。
5 約德爾的日記，見《主要戰犯的審訊》，第二十八卷，頁三五七。
6 同前，頁三五六。
7 同前，頁三六〇至三六二。
8 同前，頁三五七。
9 特爾福德・泰勒：《劍與萬字》（Telford Taylor, *Sword and Swastika*），頁一四九至一五〇。布洛姆堡未發表的回憶錄手稿藏於國會圖書館。

10 布洛克：《希特勒—暴政的研究》（Allen Bullock, *Hitler: A Study in Tyranny*），頁三八一，另見惠勒—班奈特著《權力的報應》（Wheeler-Bennett, *The Nemesis of Power*）一書頁三六九。
11 福斯特：《一位將軍反對戰爭》，頁七〇至七三。
12 《主要戰犯的審訊》，第九卷，頁二九〇。
13 《哈塞爾日記，一九三八至一九四四年》，頁二三。

第十一章

1 一九三七年十二月十二日給希特勒的電報，見《德國外交政策文件彙編》，第一卷，頁四八六。
2 巴本：《回憶錄》，頁四〇四。
3 同前，頁四〇六。
4 許士尼格：《奧地利安魂曲》，頁一二至一九。《納粹的陰謀與侵略》，第五卷，頁七〇九至七一二（紐倫堡文件2005-PS）。
5 交給許士尼格的議定書草案，見《德國外交政策文件彙編》，第一卷，頁五一三至五一五。
6 《納粹的陰謀與侵略》，第五卷，頁七一一（紐倫堡文件2995-PS）。
7 許士尼格：《奧地利安魂曲》，頁二三。
8 見上引紐倫堡文件2995-PS。
9 關於希特勒的威脅，許士尼格在他的書中（頁二四）和在紐倫堡的證詞中（《納粹的陰謀與侵略》，第五卷，頁七一二，紐倫堡文件2995-PS2）說法略有不同。我都加以節略引用。
10 《奧地利安魂曲》，頁二四。
11 同前。
12 同前，頁二五，另見許士尼格的證詞，見上引紐倫堡文件2995-PS。
13 《奧地利安魂曲》，頁二五。
14 《納粹的陰謀與侵略》，第四卷，頁三五七（紐倫堡文件1775-PS）。
15 《納粹的陰謀與侵略》，第四卷，頁三六一頁（紐倫堡文件1780-PS）。
16 根據我在廣播時所作的筆記。
17 一九三八年二月二十五日發給德國外交部的密電，載《德國外交政策文件彙編》，第一卷，頁五四六。

18 關於米克拉斯的證詞，見《納粹的陰謀與侵略》，附件A，頁五二三。巴本的建議，見他的《回憶錄》，頁四二五。
19 《奧地利安魂曲》，頁三五至三六。
20 《納粹的陰謀與侵略》，第四卷，頁三六二（紐倫堡文件1780-PS）。
21 同前，第六卷，頁九一一至九一二（紐倫堡文件C-102）。
22 同前，頁九一三（紐倫堡文件C-1103）。
23 《德國外交政策文件彙編》，第一卷，頁五七三至五七六。
24 《納粹的陰謀與侵略》，第五卷，頁六二九至六五四（紐倫堡文件2941-PS）。
25 《奧地利安魂曲》，頁四七。
26 一九四六年一月三十日在反納粹法庭審訊魯道夫·紐梅耶（Rudolf Neumayer）博士時威廉·米克拉斯的證詞。雖然這位前總統對於確切時日和這一重要日子所發生的事情的確切經過已經記得不太清楚，但是他的證詞極有價值和趣味。《納粹的陰謀與侵略》，附件A，頁五一八至五三四（紐倫堡文件3697-PS）。
27 《奧地利安魂曲》，頁五一。
28 見《納粹的陰謀與侵略》，附件A，頁五二五至五三四（紐倫堡文件3697-PS），另見《納粹的陰謀與侵略》，第五卷，頁二〇九（紐倫堡文件2465-PS，2466-PS）。
29 同前，第六卷，頁一〇一七（紐倫堡文件C-182）。
30 《德國外交政策文件彙編》，第一卷，頁五八四至五八六。
31 同前，頁五五三至五五五。
32 《主要戰犯的審訊》，第十六卷，頁一五三。
33 《德國外交政策文件彙編》，第一卷，頁二六三。
34 同前，頁二七三至二七五。
35 同前，頁五七八。
36 《納粹的陰謀與侵略》，第一卷，頁五〇一至五〇二（紐倫堡文件3287-PS）。
37 密碼電全文載《德國外交政策文件彙編》，第一卷，頁五八六至五八七。
38 《主要戰犯的審訊》，第二十卷，頁六〇五。
39 同前，第十五卷，頁六三二。
40 一九四五年九月九日賽斯—英夸特在紐倫堡提出的備忘錄，見《納粹的陰謀與侵略》，第五卷，頁九六一至九九二（紐倫堡文件3254-PS）。

41 《主要戰犯的審訊》，第十四卷，頁四二九。

42 沙赫特談話的全文載《納粹的陰謀與侵略》，第七卷，頁三九四至四〇二（紐倫堡文件EC-297-A）。

43 《納粹的陰謀與侵略》，第四卷，頁五八五（紐倫堡文件1947-PS）。

第十二章

1 綠色方案的檔案原來存在希特勒的大本營，後來爲美軍在上薩爾斯堡一地窖中繳獲。希特勒—凱特爾四月二十一日會談摘要是其中第二份文件。全部檔案在紐倫堡提出作爲證據，編號爲紐倫堡文件338-PS。英譯文載《納粹的陰謀與侵略》，第三卷，頁三〇六至七〇九。收在《德國外交政策文件彙編》，第二卷，頁二三九至二四〇。英譯文較佳。

2 德國外交部一九三八年八月十九日祕密備忘錄，見《納粹的陰謀與侵略》，第六卷，頁八五五（紐倫堡文件3059-PS）。

3 《德國外交政策文件彙編》，第二卷，頁一九七至一九八。

4 同前，頁二五五。

5 威茲薩克一九三八年五月十二日備忘錄，見《德國外交政策文件彙編》，第二卷，頁二七三至二七四。

6 所交換的四封電報全文，見《納粹的陰謀與侵略》，第三卷，頁三〇八至三〇九（紐倫堡文件388-PS）。

7 同前，頁三〇九至三一〇。

8 凱特爾的信和指令全文載《德國外交政策文件彙編》，第五卷，頁二九九至三〇三。

9 同前，頁三〇七至三〇八。

10 德國駐布拉格公使和武官一九三八年五月二十二日的電報，同前頁三〇九至三一〇。

11 狄克森大使一九三八年五月二十二日的電報，同前頁三二二至三二三。

12 一九三九年一月三十日在國會的演說，收在《我的新秩序》中，頁五六三。

13 據希特勒一名當時在場的副官弗里茨·維德曼（Fritz Wiedermann）後來說，他「對這句話極感震驚」。見《納粹的陰謀與侵略》，第五卷，頁七四三至七四四（紐倫堡文件3037-PS）。

14 約德爾日記，日期未註明，見《主要戰犯的審訊》，第二十八卷，頁三七二（紐倫堡文件1780-PS）。

15 綠色方案檔案第十一件，見《納粹的陰謀與侵略》，第三卷，頁三一五至三二〇（紐倫堡文件388-PS），另見《德國外交政策文件彙編》，第二卷，頁三五七至三六二。

16 《主要戰犯的審訊》，第二十八卷，頁三七三，收有德文原文。約德爾日記摘錄的英譯文收在《納粹的陰謀與侵略》，第四卷，頁三六〇至三七〇。

17 福斯特：《一位將軍反對戰爭》，頁八一至一一九中有備忘錄原文。
18 約德爾日記，見《主要戰犯的審訊》，第二十八卷，頁三七四。英譯文載《納粹的陰謀與侵略》，第四卷，頁三六四（紐倫堡文件1780-PS）。
19 同前。
20 《主要戰犯的審訊》，第二十卷，頁六〇六。
21 《哈塞爾日記》，頁六。
22 同前，頁三四七。
23 福斯特：《一位將軍反對戰爭》，頁一二二。
24 一九三八年六月八、九日電報，見《德國外交政策文件彙編》，第二卷，頁三九五，三九九至四〇一。
25 六月二十二日電報，同前，頁四二六。
26 同前，頁五二九至五三一。
27 同前，頁六一一。
28 綠色方案檔案第十七件，見《納粹的陰謀與侵略》，第三卷，頁三三二至三三三（紐倫堡文件388-PS）。
29 《主要戰犯的審訊》，第二十八卷，頁三七五。
30 一九三八年九月三日會議記錄，見《納粹的陰謀與侵略》，第三卷，頁三三四至三三五（紐倫堡文件388-PS）。
31 九月九日會議施密特記錄，同前，頁三三五至三三八。在綠色方案檔案中是第十九件。
32 約德爾日記中關於九月十三日的筆記，見《主要戰犯的審訊》，第二十八卷，頁三七八至三七九（紐倫堡文件1780-PS）。
33 《德國外交政策文件彙編》，第二卷，頁五三六。
34 關於克萊施特此行的報告收在《英國外交政策文件彙編》，第三卷，第二冊。
35 邱吉爾這封信件的大部分摘錄，見《德國外交政策文件彙編》，第二卷，頁七〇六。
36 《英國外交政策文件彙編》，第三卷，第二冊，頁六八六至六八七。
37 內維爾·韓德森：《使命的失敗》（Nevile Henderson, *Failure of a Mission*），頁一四七，一五〇。
38 《英國外交政策文件彙編》，第三卷，第一冊。
39 埃里希·科爾特（Erich Kordt）在其所著《回憶散記》（*Nicht aus den Akten*）中提供了他兄弟對這次會見的敘述，見該書第二七九至二八一。
40 《德國外交政策文件彙編》，第二卷，頁七五四。
41 同前，頁七五四。

42 納米爾：《外交前奏曲》（L. B. Namier, *Diplomatic Prelude*），頁三五。關於這次會議的材料不少。唯一在場充當譯員的保羅．施密特的正式報告全文，見《德國外交政策文件彙編》，第五卷，頁七八六至七九八頁。施密特在他所著《希特勒的譯員》一書中提供了一個目擊者的記述，見該書頁九〇至九五。張伯倫的筆記，見《英國外交政策文件彙編》，第三卷，頁三三八至三四一。他就這次會議寫給他的妹妹的信，見法林：《張伯倫傳》（Keith Feiling, *Life of Neville Chamberlain*）頁三六六至三六八。另見韓德森著《使命的失敗》頁一五二至一五四。

44 《德國外交政策文件彙編》，第二卷，頁八〇一。

45 同前，頁八一〇。

46 法林：《張伯倫傳》，頁三六七。

47 《納粹的陰謀與侵略》，第六卷，頁七九九（紐倫堡文件C-2）。

48 《德國外交政策文件彙編》，第二卷，頁八六三至八六四。

49 《英國白皮書》，編號Cmd. 5847，第二號。另見《德國外交政策文件彙編》，第二卷，頁八三一至八三二。

50 見《柏林日記》，頁一三七。

51 戈德斯堡會議的主要來源是：施密特關於戈德斯堡兩次會議的筆記，見《德國外交政策文件彙編》，第二卷，頁八七〇至八七九，八九八至九〇八。施密特在《希特勒的譯員》一書中的敘述，見該書頁九五至一〇二。九月二十三日希特勒與張伯倫的通訊，見《德國外交政策文件彙編》，第二卷，頁八八七至八九二。寇克派特里克的會議記錄，見《英國外交政策文件彙編》，第三卷，第二冊，頁四六三至四七三，四九九至五〇八。韓德森在《使命的失敗》中的敘述，見該書頁一五六至一六二。

52 《納粹的陰謀與侵略》，第四卷，頁三六七（紐倫堡文件1780-PS）。

53 約德爾日記，一九三八年九月二十六日，同前。

54 戈德斯堡備忘錄全文，見《德國外交政策文件彙編》，第二卷，頁九〇八至九一〇。

55 一九三八年九月二十四日倫敦《泰晤士報》。

56 捷克覆信全文，見《英國白皮書》，Cmd. 5847，第七號。

57 張伯倫一九三八年九月二十六日致希特勒的信的全文，見《德國外交政策文件彙編》，第二卷，頁九九四至九九五。

58 德國外交部文件中雖無施密特博士關於這次會議的筆記，但他在自己的著作中敘述了經過，《希特勒的譯員》，頁一〇二至一〇三。寇克派特里克的筆記，見《英國外交政策文件彙編》，第三卷，第二冊，第一號，頁一一八。韓德森的敘述，見他的《使命的失敗》，頁一六三。

59 綠色方案檔案第三十一至三十三件，見《納粹的陰謀與侵略》，第三卷，頁三五〇至三五二（紐倫堡文件388-PS）。

60 巴黎發的電報，見《德國外交政策文件彙編》，第二卷，頁九七七。

61 羅斯福的兩次呼籲和希特勒對第一次呼籲的答覆全文，同前，第二卷。

62 布拉格發出的電報，同前，第二卷，頁九七六。

63 希特勒一九三八年九月二十七日的信的全文，同前，第二卷，頁九六六至九六八。

64 張伯倫的計畫，同前，第二卷，頁九八七至九八八頁。惠勒—班奈特根據捷克檔案在《慕尼黑》（*Munich*）中引用了首相的信，見該書頁一五一至一五二，一五五。

65 同前，頁一五八。

66 全文見《英國白皮書》，Cmd. 5848，第一號。這封信是由韓德森在次日中午交給希特勒的。

67 韓德森：《使命的失敗》，頁一四四。見《英國外交政策文件彙編》，第三卷，第二冊，頁六一四。

68 約德爾日記，一九三八年九月二十八日，見《納粹的陰謀與侵略》，第四卷，頁三六八（紐倫堡文件1780-PS）。

69 來源是：紐約律師山姆．哈里斯在紐倫堡提審哈爾德的記錄，《納粹的陰謀與侵略》，附件B，頁一五四七至一五七一。另見哈爾德的備忘錄，在紐倫堡發給了報界，但未收入《納粹的陰謀與侵略》和《主要戰犯的審訊》中。吉斯維烏斯：《至死方休》（*To the Biiter End*），頁二八三至三一八。他在紐倫堡的證詞，見《主要戰犯的審訊》，第二十卷，頁二一〇至二一九。沙赫特：《帳目已清》，頁一一四至一二五。

70 吉斯維烏斯：《至死方休》，頁三二五。另見他在紐倫堡的證詞，載《主要戰犯的審訊》，第十二卷，頁二一九。

71 埃里希．科爾特給筆者的備忘錄。艾倫．杜勒斯著《德國的地下運動》（Allen Dulles, *Germany's Underground*），頁四六也談到了這次訪問。

72 九月二十八日上午在總理府的會議，有幾個參與者的敘述：施密特：《希特勒的譯員》，頁一〇五—一〇八；弗朗索瓦—龐賽：《決定命運的年代》，頁二六五至二六八；韓德森：《使命的失敗》，頁一六六至一七一。

73 施密特：《希特勒的譯員》，頁一〇七。

74 同前。

75 韓德森：《使命的失敗》，頁一六八至一六九。施密特：《希特勒的譯員》，頁一〇八。

76 馬薩里克後來把這一場面告訴筆者，他也告訴過他的許多其他友人。但我的筆記已遺失，此處用的是惠勒—班奈特在《慕尼黑》中所做的動人敘述，見該書頁一七〇至一七一。

77 根據一九四六年二月二十五日對哈爾德的提審，見《納粹的陰謀與侵略》，附件B，頁一五五三至一五五八。

78 沙赫特：《帳目已清》，頁一二五。

79 吉斯維烏斯：《至死方休》，頁三二六。

80 《齊亞諾祕密日記，一九三七至一九三八》，頁一六六。墨索里尼在一九四〇年六月二十六日的電報中提醒希特勒，在慕尼黑時他曾保證參加進攻英國。電報全文收入《德國外交政策文件彙編》，第十卷，頁二七。

81 張伯倫和貝奈斯照會全文，《英國外交政策文件彙編》，第三卷，第二冊，頁五九九，六〇四。

82 兩次慕尼黑會議記錄，見《德國外交政策文件彙編》，第二卷，頁一〇〇三至一〇〇八，一〇一一至一〇一四。

83 韓德森：《使命的失敗》，頁一七一。弗朗索瓦—龐賽：《決定命運的年代》，頁二七一。

84 施密特：《希特勒的譯員》，頁一一〇。

85 慕尼黑協定全文，見《德國外交政策文件彙編》，第二卷，頁一〇一四至一〇一六。

86 根據馬薩里克博士給捷克外交部的正式報告。本節關於慕尼黑會議的材料來源有：同本章注；協定全文，同前，頁一〇一四至一〇一六；《英國外交政策文件彙編》，第三卷，第二冊，第一號，頁二二七；齊亞諾、施密特、韓德森、弗朗索瓦—龐賽、威茲薩克等著上引書。

87 《柏林日記》，頁一四五。

88 這次張伯倫—希特勒會談的材料來源有：聲明全文，見《德國外交政策文件彙編》，第二卷，頁一〇一七。施密特關於這次會談的正式報告，同前，第四卷，頁二八七至二九三。施密特著上引書頁一一二至一一三。《英國外交政策文件彙編》，第三卷，第二冊，第一二二八號，其中所提供情況略有不同。

89 《德國外交政策文件彙編》，第四卷，頁四至五。

90 約德爾的日記，見《納粹的陰謀與侵略》，第四卷，頁三六八（紐倫堡文件1780-PS）。

91 凱特爾一九四六年四月四日做的證詞，見《主要戰犯的審訊》，第十卷，頁五〇九。

92 曼施坦因一九四六年八月九日做的證詞，同前，第二十卷，頁六〇六。

93 約德爾一九四六年六月四日做的證詞，同前，第十五卷，頁三六一。

94 甘末林：《為國效勞》（*Servir*），頁三四四至三四六。這是一本令人失望的書！貝提納所著《法蘭西的掘墓人》一書第三頁中證實了這位將軍的話。甘末林在九月二十六日和二十八日的意見來源同此。

95 邱吉爾：《第二次世界大戰回憶錄：風雲緊急》，頁三三九。

96 《德國外交政策文件彙編》，第四卷，頁六〇二至六〇四。

97 沙赫特在紐倫堡的證詞，見《主要戰犯的審訊》，第十二卷，頁五三一。

98 一九三九年十一月二十三日對三軍總司令的講話，見《納粹的陰謀與侵略》，第三卷，頁五七三（紐倫堡文件789-PS）。

第十三章

1 綠色方案檔案第四十八件，見《納粹的陰謀與侵略》，第三卷，頁三七二至三七四（紐倫堡文件388-PS）。

2 同前。

3 希特勒一九三八年十月二十一日的指令，同前，第六卷，頁九四七至九四八（紐倫堡文件C-136）。

4《德國外交政策文件彙編》，第四卷，頁四六。

5 海德里希指示警方組織這次暴行的命令，見《納粹的陰謀與侵略》，第五卷，頁七九七至八〇一（紐倫堡文件3051-PS）。他給戈林的關於死傷損失的報告，同前，第八五四（紐倫堡文件3058-PS）。黨內首席法官瓦爾特．布赫（Walter Buch）關於這次暴行的報告，同前，第五卷，頁八六八至八七六（紐倫堡文件3063-PS）。布赫少校對於許多起殺害猶太人事件做了生動的敘述，把這些暴行歸咎於戈培爾。戈林和內閣閣員、政府官員以及一名保險公司代表在十一月十二日的會議的速記錄，同前，第四卷，頁四二五至四五七（紐倫堡文件1816-PS）。該記錄雖殘缺不全，但繳獲部分達一萬字。

6《主要戰犯的審訊》，第九卷，頁五三八。

7《德國外交政策文件彙編》，第四卷，頁六三九至六四九。

8《英國外交政策文件彙編》，第三卷，第四冊，第五號。

9《齊亞諾祕密日記》，一九三八年十月二十八日，頁一八五；《齊亞諾外交文件集》，頁二四二至二四六。

10《德國外交政策文件彙編》，第四卷，頁五一五至五二〇。

11 施密特：《希特勒的譯員》，頁一一八；他關於這次會議的筆記，見《德國外交政策文件彙編》，第四卷，頁四七一至四七七。

12 同前，頁六九至七二。

13 同前，頁八二至八三。

14 同前，頁一八五至一八六；另見《納粹的陰謀與侵略》，第六卷，頁九五〇至九五一（紐倫堡文件C-138）。

15 代辦的電報，見《德國外交政策文件彙編》，第四卷，頁一八八至一八九。

16《德國外交政策文件彙編》，第四卷，頁二至五。

17 契瓦爾科夫斯基一九三九年一月二十一日同希特勒和里賓特洛甫的兩次會談的報告，同前，頁一九〇至二〇二。契瓦爾科夫斯基本人一月二十三日向捷克內閣的報告，存捷克檔案，惠勒—班奈特在《慕尼黑》中曾加引用，見該書頁三一六至三一七。另見《法國黃皮書》，頁五五至五六。

18 全文，見《德國外交政策文件彙編》，第四卷，頁二〇七至二〇八。
19 全文，同前，頁二一八至二二〇。
20 會議的報告，同前，頁二〇九至二一三。
21 全文，同前，頁二三四至二三五。
22 根據英國駐布拉格公使後來的報告，見《納粹的陰謀與侵略》，第七卷，頁八八至九〇（紐倫堡文件D-571）。
23 提索—希特勒會談祕密記錄，見《德國外交政策文件彙編》，第四卷，頁二四三至二四五。
24 同前，頁二五〇。
25 同前，頁二四九，二五五，二六〇。庫倫德雷大使的電報，見《法國黃皮書》頁九六（第七七號）。
26 一九三九年三月十三日布拉格發出的電報，見《德國外交政策文件彙編》，第四卷，頁二四六。
27 《主要戰犯的審訊》，第九卷，頁三〇三至三〇四。
28 以上這節「哈查博士的劫難」的材料來源是：希特勒和哈查會談的祕密記錄，《德國外交政策文件彙編》，第四卷，頁二六三至二六九，另見《納粹的陰謀與侵略》，第五卷，頁四三三至四四〇（紐倫堡文件2798-PS）。德捷兩國政府一九三九年三月十五日宣言全文，見《德國外交政策文件彙編》，第四卷，頁二七〇至二七一。第一部分作爲公報發表，實際上是三月十四日在外交部起草的。元首三月十五日對全國人民的文告，見《納粹的陰謀與侵略》，第八卷，頁四〇二至四〇三（紐倫堡文件TC-50）。庫倫德雷的電報，見《法國黃皮書》，頁九六（第七七號）。施密特關於會議的描述，《希特勒的譯員》，頁一二三至一二六。韓德森：《使命的失敗》，第九章。同女祕書們場面，見佐勒編：《希特勒私生活》（A. Zoller, ed., *Hitler Privat*），頁八四。
29 《主要戰犯的審訊》，第十六卷，頁六五四至六五五。
30 全文見《德國外交政策文件彙編》，第六卷，頁四二至四五。
31 全文，同前，第四卷，頁二四一。
32 《柏林日記》，頁一五六。
33 《齊亞諾日記，一九三九至一九四三》，頁九至十二。
34 全文見《德國外交政策文件彙編》，第四卷，頁二七四至二七五。
35 同前，頁二七三至二七四。
36 同前，第六卷，頁二〇至二一。
37 同前，頁十六至十七，二〇。
38 狄克森一九三九年三月十八日的報告，同前，頁二四至二五，三六至三九。
39 同前，頁三九。

第十四章

1 德國方面關於這次會談的報告，見《德國外交政策文件彙編》，第六卷，頁一〇四至一〇七。利普斯基致貝克的報告，見《波蘭白皮書》，第四四號，載《納粹的陰謀與侵略》，第八卷，頁四八三（紐倫堡文件TC-73，第四四號）。

2 希特勒於一九三七年十一月十五日給利普斯基的保證，見《德國外交政策文件彙編》，第六卷，頁二六至二七。一九三八年一月十四日給貝克的保證，同前，頁三九。

3 貝克於一九三八年十月三十一日給利普斯基的指示，見《波蘭白皮書》，第四五號，載《納粹的陰謀與侵略》，第七卷，頁四八四至四八六。里賓特洛甫關於十一月十九日與利普斯基會談的報告，見《德國外交政策文件彙編》，第五卷，頁一二七至一二九。

4 施密特關於這次會談的報告，同前，頁一五二至一五八。波蘭的記錄，見《波蘭白皮書》，第四八號，載《納粹的陰謀與侵略》，第八卷，頁四八六至四八八（紐倫堡文件TC-73）。

5 里賓特洛甫關於會談的報告，見《德國外交政策文件彙編》，第五卷，頁一五九至一六一。波方記錄，見《波蘭白皮書》，第四九號，《納粹的陰謀與侵略》，第八卷，頁四八八（紐倫堡文件TC-73）。

6 里賓特洛甫關於一九三九年一月二十六日在華沙與貝克會談的報告，見《德國外交政策文件彙編》，第十五卷，頁一六七至一六八。貝克的記錄，見《波蘭白皮書》，第五二號。

7 毛奇在一九三九年二月二十六日的電報，見《德國外交政策文件彙編》，第六卷，頁一七二。

8 利普斯基關於這次會談給華沙的電報，見《波蘭白皮書》，第六十一號，載《納粹的陰謀與侵略》，第八卷，頁四八九至四九二（紐倫堡文件TC-73，第六一號）。里賓特洛甫關於會談的報告，見《德國外交政策文件彙編》，第六卷，頁七〇至七二。

9 外交部關於這次會談的報告，同前，第五卷，頁五二四至五二六。

10 同前，頁五〇二至五〇四。

11 這一段來源，同前，頁五二八至五三〇。

12 同前，第六卷，頁九七。

13 同前，頁一一〇至一一一。

14 《納粹的陰謀與侵略》，第七卷，頁八三至八六（紐倫堡文件R-100）。

15 全文見《德國外交政策文件彙編》，第六卷，頁一二三至一二四。里賓特洛甫關於三月二十六日與利普斯基會談的報告，同前，頁一二一至一二二。波蘭的記錄，見《波蘭白皮書》，第六三號。

16 施密特關於這次會談的報告，見《德國外交政策文件彙編》，第六卷，頁一三五至一三六。

17 毛奇的電報，同前，頁一四七至一四八。《波蘭白皮書》，第六四號。

18 《英國外交政策文件彙編》，第四卷，第五三八號。

19 同前，第四八五號，五一八號，五三八號（英法建議全文），五六一，五六三，五六六，五七一，五七三號。

20 同前，第四九八號。

21 同前，第五卷，第十二號。

22 吉斯維烏斯：《至死方休》，頁三六三。

23 白色方案全文，見《納粹的陰謀與侵略》，第六卷，頁九一六至九二八。部分譯文見《德國外交政策文件彙編》，第六卷，頁一八六至一八七，頁二二三至二二八（紐倫堡文件C-120）。德文原文見《主要戰犯的審訊》，第三十四卷，頁三八〇至四二二。

24 德國方面關於戈林—墨索里尼會談的機密報告，見《德國外交政策文件彙編》，第六卷，頁二四八至二五三，頁二五八至二六三。另見《齊亞諾日記》，頁六六至六七。

25 一九三九年四月十七日電報，見《德國外交政策文件彙編》，第六卷，頁二六四至二六五。外交部關於各方答覆的報告，同前，頁三〇九至三一〇。威茲薩克四月十八日對德國駐里加公使的訪問，同前，頁二八三至二八四。

26 同前，頁三五五，三九九。

27 同前，第四卷，頁六〇二至六〇七。

28 同前，頁六〇七至六〇八（一九三八年十月二十六日電報）。

29 同前，頁六〇八至六〇九。

30 同前，頁六三一。

31 同前，第六卷，頁一至三。

32 戴維斯：《出使莫斯科》（Davies, *Mission to Moscow*），頁四三七至四三九。西茲大使的電報，見《英國外交政策文件彙編》，第四冊，第四一九號。

33 布思拜：《我爲生存而鬥爭》（Boothby, *I Fight to Live*），頁一八九。哈利法克斯對邁斯基的聲明，見《英國外交政策文件彙編》，第四冊，第四三三號。

34 《德國外交政策文件彙編》，第六卷，頁八八至八九。

35 同前，頁一三九。

36 德國方面一九三九年四月十六日關於戈林與墨索里尼會談的報告，同前，頁二五九至二六〇。

37 同前，頁二六六至二六七。
38 同前，頁四一九至四二〇。
39 同前，頁四二九。
40 同前，頁五三五至五三六。
41 《納粹—蘇聯關係，一九三九至一九四一》，頁五至七，八至九。
42 《法國白皮書》，第一二三、一二五號電報。我採用了法文本，但我相信英文本編號相同。
43 《德國外交政策文件彙編》，第六卷，頁一，一一一。本卷附錄一中有一些根據德國海軍檔案的參謀會議備忘錄。
44 《齊亞諾日記》，頁六七至六八。
45 米蘭會議德國方面紀錄，見《德國外交政策文件彙編》，第六卷，頁四五〇至四五二。齊亞諾的記錄，見《齊亞諾外交文件集》，頁二八二至二八七。
46 同盟條約全文，見《德國外交政策文件彙編》，第六卷，頁五六一至五六四。祕密議定書沒有什麼重要的東西。
47 施蒙特一九三九年五月二十三日的記錄，見《納粹的陰謀與侵略》，第七卷，頁八四七至八五四（紐倫堡文件L-79）。英譯文見《德國外交政策文件彙編》，第六卷，頁五七四至五八〇。德文全文見《主要戰犯的審訊》，第三十七卷，頁五四六至五五六。
48 計畫詳情，見紐倫堡文件NOKW-2584。載《主要戰犯的審訊》（*Trial of the Major War Criminals*）。
49 《納粹的陰謀與侵略》，第六卷，頁九二六至九二七（紐倫堡文件C-120）。
50 《主要戰犯的審訊》，第三十四卷，頁四二八至四四二（紐倫堡文件C-126）。這個文件的英譯文載《納粹的陰謀與侵略》，第六卷，頁九三七至九三八，但刪節過多，無甚價值。
51 同前，頁八二七（紐倫堡文件C-23）。
52 英法草案全文，見《英國外交政策文件彙編》，第五冊，第六二四號。英大使關於莫洛托夫反應的報告，同前，第六四八號，六五七號。
53 五月三十一日急電，見《德國外交政策文件彙編》，第六卷，頁六一六至六一七。
54 六月一日電報，同前，頁六二四至六二六。
55 同前，頁五四七。
56 同前，頁五八九至五九三。
57 同前，頁五九三。
58 威茲薩克五月二十七日給舒倫堡的信和五月三十日的附筆，同前，頁五九七至五九八。

59 同前，頁六〇八至六〇九。
60 同前，頁六一八至六二〇。
61 同前，頁七九〇至七九一。
62 同前，頁八〇五至八〇七。
63 同前，頁八一〇。
64 同前，頁八一三。
65 《英國外交政策文件彙編》，第五冊，第五號，第三八號。
66 一九三九年六月二十九日《眞理報》。
67 六月二十九日的電報，見《德國外交政策文件彙編》，第六卷，頁八〇八至八〇九。
68 《主要戰犯的審訊》，第三十四卷，頁四九三至五〇〇（紐倫堡文件C-142）。在《納粹的陰謀與侵略》第六卷頁九五六上的英譯文簡短得多。
69 《納粹的陰謀與侵略》，第四卷，頁一〇三五至一〇三六（紐倫堡文件2327-PS）。
70 同前，第四卷，頁九三四（紐倫堡文件C-126）。
71 德國國防會議一九三九年六月二十三日會議祕密記錄，同前，頁七一八至七三一（紐倫堡文件3787-PS）。
72 《德國外交政策文件彙編》，第六卷，頁七五〇，九二〇至九二一。
73 同前，頁八六四至八六五。
74 全文，同前，第七卷，頁四至五，九至十。
75 布克哈特一九四〇年三月一九日致國際聯盟的報告全文，見《國際問題文件集，一九三九至一九四六》（*Documents on International Affairs, 1939-1946*），第一卷，頁三四六至三四七。
76 《德國外交政策文件彙編》，第六卷，頁九三六至九三八。
77 同前，頁九五五至九五六。
78 施努爾的報告，同前，頁一一〇六至一一〇九。
79 同前，頁一〇一五至一〇一六。
80 同前，頁一〇二二至一〇二三。
81 同前，頁一〇一〇至一〇一一。
82 同前，頁一〇二一。
83 《英國外交政策文件彙編》，第四卷，頁一八三。

84 同前，第六冊，第三二九，三三八，三四六，三五七，三五八，三七六，三九九號。
85 同前，頁三七六，四七三。
86 八月一日的兩封電報，見《德國外交政策文件彙編》，第六卷，頁一〇三三至一〇三四。
87 《英國外交政策文件彙編》，附錄五，頁七六三。
88 伯納特的信，同前，第七冊，附二，頁六〇〇。西茲電報，同前，第六冊，第四一六號。
89 《德國外交政策文件彙編》，第六卷，頁一〇四七。
90 同前，頁一〇四八至一〇四九。
91 同前，頁一〇四九至一〇五〇。
92 同前，頁一〇五一至一〇五二。
93 同前，頁一〇五九至一〇六二。
94 《法國白皮書》，法文版，頁二五〇至二五一。
95 兩封信的全文，見《德國外交政策文件彙編》，第六卷，頁九七三至九七四。
96 阿托利科關於他在七月六日同里賓特洛甫會談的電報，見《義大利外交文件彙編》（*Documenti diplomatica italiani*），第七卷，第十二冊，第五〇三號。我用的引文和轉述取材自阿諾德．湯恩比和維羅尼卡．湯恩比編：《大戰前夕》（*The Eve of the War*, ed. by Arnold and Veronica M. Toynbee）。
97 威茲薩克備忘錄，見《德國外交政策文件彙編》，第六卷，頁九七一至九七二。
98 《齊亞諾日記》，頁一一三至一一四。
99 同前，頁一一六至一一八。
100 《齊亞諾日記》，頁一一八至一一九，五八二至五八三。齊亞諾關於與里賓特洛甫會談的記錄，見《齊亞諾外交文件集》，頁二九七至二九八，另見《義大利外交文件彙編》，第八卷，第十三冊，第一號。德國方面的記錄沒有找到。
101 德國方面關於八月十二日和十三日會談的記錄，在紐倫堡提出時編號爲1871-PS和TC-77。後者較完全，英譯文載《納粹的陰謀與侵略》，第八卷，頁五一六至五二九。我用的是施密特簽名的一份，載《德國外交政策文件彙編》，第七卷，頁三九至四九，頁五三至五六。齊亞諾的記錄，見《齊亞諾外交文件集》（*Ciano's Diplomatic Papers*），頁三〇三至三〇四，另見《義大利外交文件彙編》，第十三冊，第四號，第二一號。一九三九年八月十二日和十三日及一九四三年十二月二十三日的日記，見他的《日記》，頁一一九至一二〇，五八二至五八三。
102 這段哈爾德日記載《德國外交政策文件彙編》，第七卷，頁五五六。
103 見《義大利外交文件彙編》，第七卷，第十三冊，第二八號，《英國外交政策文件彙編》，第六冊，第六六八號。

第十五章

1 施努爾關於這次會談的備忘錄，根據他在一九三九年八月十四日致莫斯科大使館的電報，載《德國外交政策文件彙編》，第七卷，頁五八至五九。

2 舒倫堡的信全文，同前，頁六七至六八。

3 里賓特洛甫電報全文，同前，頁六二至六四。

4 英國企業家的備忘錄是在戈林辦公室檔案中發現的，同前，第六卷，頁一〇八八至一〇九三。上面有許多戈林手跡的批語。有好幾處，他顯然不相信與他想法相反的話，他批上「喔？」達勒魯斯斡旋和平這件異想天開甚至有點荒誕不經的事情的經過，見他本人著《最後的嘗試》（*The Last Attempt*）。另見他在紐倫堡的證詞，載《主要戰犯的審訊》，第九卷，頁四五七至四九一，另見納米爾爵士著《外交前奏曲》，頁四一七至四三三，該章名爲〈外行插手外交〉。

5 一九四六年二月二十六日對哈爾德的提訊，見《納粹的陰謀與侵略》，附件B，頁一五六二。

6 哈塞爾：《哈塞爾日記，一九三八至一九四四》，頁五三，六三至六四。

7 托馬斯：〈思想和境遇〉（Gedanken und Ereignisse），載《瑞士月刊》（*Schweizerische Monatshefte*）一九四五年十二月號。

8 卡納里斯關於一九三九年八月十七日同凱特爾談話的備忘錄，見《納粹的陰謀與侵略》，第三卷，頁五八〇（紐倫堡文件795-PS）。

9 諾約克斯的供詞，同前，第六卷，頁三九〇至三九二（紐倫堡文件2751-PS）。

10 舒倫堡八月十六日早上二點四十八分發出的電報，見《德國外交政策文件彙編》，第七卷，頁七六至七七。他後來由信使帶去一份比較全面的報告，並在致威茲薩克的信中補充了細節，同前，頁八七至九〇，九九至一〇〇。

11 《英國外交政策文件彙編》，第三卷，第七冊，頁四一至四二。斯坦哈特大使的報告，見《美國外交文件彙編，一九三九年》，第一卷，頁二九六至二九九，三三四。

12 里賓特洛甫八月十六日發給舒倫堡大使的電報，見《德國外交政策文件彙編》，第七卷，頁八四至八五。

13 同前，頁一〇〇。

14 同前，頁一〇二。

15 舒倫堡八月十八日上午五點五十八分電報，同前，頁一一四至一一六。

16 里賓特洛甫八月十八日上午十點四十八分電報，同前，頁一二一至一二三。

17 施努爾八月十九日備忘錄，同前，頁一三二至一三三。

18 舒倫堡八月十九日下午六點二十二分電報，同前，頁一三四。
19 舒倫堡八月二十日上午十二點八分電報，同前，頁一四九至一五〇。
20 邱吉爾：《第二次世界大戰回憶錄：風雲緊急》，頁三九二，他未指明來源。
21 同前，頁三九一。
22 希特勒八月二十日致史達林電報，見《德國外交政策文件彙編》，第七卷，頁一五六至一五七。
23 舒倫堡八月二十一日凌晨一點十九分電報，同前，頁一六一至一六二。
24 里賓特洛甫八月二十一日電報，同前，頁一六二。
25 舒倫堡八月二十一日下午一點四十三分電報，同前，頁一六四。
26 史達林八月二十一日致希特勒的信，同前，頁一六八。
27 《納粹的陰謀與侵略》，附件B，頁一一〇三至一一〇五。
28 《英國外交政策文件彙編》，第六冊，第三百七十六號。
29 同前，第三卷，第七冊，附錄二，頁五五八八至六一四。附錄中有莫斯科軍事會談每日詳盡記錄，在盟國方面關於這次會談的材料中，這是我所見到的最全面的。其中並有伯納特空軍中將和海伍德將軍在會談期間向倫敦發出的報告，普倫克特海軍上將所寫的英國代表團最後報告。還有杜蒙克將軍和伏羅希洛夫元帥在八月二十二日晚間的一次戲劇性會談的逐字記錄，當時這位法國軍事代表團長拼命想挽回局勢，儘管已宣布里賓特洛甫將於次日抵達莫斯科。還有盟國代表團八月二十六日與伏羅希洛夫最後一次痛苦的會談的記錄。第七冊中還收英國外交部與駐莫斯科大使館的許多函電往來，說明了這次事件的經過。本章此節主要根據的是英國的這些機密文件。不幸，據我所知，俄國人從來沒有發表過他們方面的材料，雖然尼科諾夫的《第二次世界大戰的起因》（Nikonov, *Origins of World War II*）一書提供了蘇聯方面的記述，其中充分利用了英國外交部的文件。蘇方的記述還可見波將金編的《外交史》。
30 保羅・雷諾：《鬥爭最前線》（Paul Reynaud, *In the Thick of the Fight*），頁二一二。雷諾在頁二一〇至二一三中提出了法國方面關於一九三九年八月莫斯科會談的情況的敘述。他在頁二一一頁中說明了材料來源。龐納在其所著《歐洲的末日》（*Fin d'une Europe*）一書中提出了他的看法。
31 文件見《英國外交政策文件彙編》，第七冊（見本章注二九）。有意義的是，《英國藍皮書》和《法國黃皮書》中都隻字未提英法在華沙進行的外交活動（這些活動的目的是要使波蘭人接受蘇聯的援助），也沒有提到莫斯科軍事會談的情況。
32 賓特洛甫八月二十三日下午九點五分從莫斯科發出的電報，見《德國外交政策文件彙編》，第七卷，頁二二〇。
33 八月二十四日德國祕密備忘錄，同前，頁二二五至二二九。
34 蘇聯草案全文，同前，頁一五〇至一五一。

35 高斯在紐倫堡供詞，見《主要戰犯的審訊》，第十卷，頁三一二。
36 一九三九年八月二十三日德蘇互不侵犯條約和祕密議定書全文，見《德國外交政策文件彙編》，第七卷，頁二四五至二四七。
37 邱吉爾在《第二次世界大戰回憶錄：風雲緊急》，頁三九四。

第十六章

1 《英國藍皮書》，頁九六至九八。
2 韓德森一九三九年八月二十三日電報，同前，頁九八至一〇〇。德國外交部關於這次會議的報告，見《德國外交政策文件彙編》，第七卷，頁二一〇至二一五。韓德森就八月二十四日第二次會議提出了報告（見《英國藍皮書》，頁一〇〇至一〇二）。
3 希特勒八月二十三日致張伯倫信的全文，同前，頁一〇二至一〇四。另見《德國外交政策文件彙編》，第七卷，頁二一六至二一九。
4 希特勒八月二十五日致墨索里尼信的全文，同前，頁二八一至二八三。
5 希特勒八月二十五日對韓德森口頭聲明的全文，由里賓特洛甫和施密特起草，同前，第七卷，頁二七九至二八四；另見《英國藍皮書》，頁一二〇至一二二。韓德森八月二十五日的電報記述了這次會見，見《英國藍皮書》，頁一二二至一二三。另見韓德森：《使命的失敗》，頁二七〇。
6 庫倫德雷八月二十五日電報，見《法國黃皮書》法文版，頁三一二至三一四。
7 《納粹的陰謀與侵略》，第六卷，頁九七七至九九八。得自海軍總司令部檔案中發現的俄德關係材料。
8 施密特：《希特勒的譯員》，頁一四四。
9 同前，頁一四三至一四四。
10 《齊亞諾日記》，頁一二〇至一二九。
11 威茲薩克八月二十日的報告，見《德國外交政策文件彙編》，第七卷，頁一六〇。
12 馬肯森八月二十三日給威茲薩克的信，同前，頁二四〇至二四三。
13 馬肯森八月二十五日電報，同前，頁二九一至二九三。
14 同前，第七卷，頁二八五上的注釋。
15 墨索里尼八月二十五日致希特勒的信，同前，頁二八五至二八六。
16 《納粹的陰謀與侵略》，第六卷，頁九七七至九七八（紐倫堡文件C-70）。

17 一九四五年八月二十九日對里賓特洛甫的提訊，同前，第七卷，頁五三五至五三六。一九四五年八月二十九日對戈林的提訊，同前，頁五三四至五三五。一九四六年四月四日凱特爾在紐倫堡對質時的證詞，見《主要戰犯的審訊》，第十卷，頁五一四至五一五。
18 《納粹的陰謀與侵略》，附件B，頁一五六一—一五六三。
19 吉斯維烏斯：《至死方休》，頁三五八至三五九。
20 哈塞爾：《哈塞爾日記》，頁五九。
21 湯瑪斯：〈思想和境遇〉，見上引《瑞士月刊》。
22 沙赫特博士一九四六年五月二日在紐倫堡的證詞，見《主要戰犯的審訊》，第十二卷，頁五四五至五四六。
23 吉斯維烏斯一九四六年四月二十五日在紐倫堡的證詞，同前，頁二二四至二二五。
24 這些呼籲的全部原文均載《英國藍皮書》，頁一二二至一四二。
25 希特勒八月二十五日下午七點四十分致墨索里尼函，見《德國外交政策文件彙編》，第七卷，頁二八九。
26 《齊亞諾日記》，頁一二九。
27 墨索里尼八月二十六日下午十二點十分致希特勒函，見《德國外交政策文件彙編》，第七卷，頁三〇九至三一〇。
28 《齊亞諾日記》，頁一二十九。馬肯森的報告，見《德國外交政策文件彙編》，第七卷，頁三二五。
29 希特勒八月二十六日下午三點零八分致墨索里尼函，見《德國外交政策文件彙編》，第七卷，頁三一三至三一四。
30 墨索里尼八月二十六日下午六點四十二分致希特勒函，同前，頁三二三。
31 希特勒八月二十七日上午十二點十分致墨索里尼函，同前，頁三四六至三四七。
32 墨索里尼八月二十七日下午四點三十分致希特勒函，同前，頁三五三至三五四。
33 馬肯森八月二十七日的電報，同前，頁三五一至三五三。
34 達拉第八月二十六日致希特勒函，同前，頁三三〇至三三一。另見《法國黃皮書》，法文版頁三一二至三一三。
35 哈爾德八月二十八日日記，追記前五天的「前後事件」。這一部分見《德國外交政策文件彙編》，第七卷，頁五六四至五六六。
36 一九四五年八月二十九日在紐倫堡對戈林的提訊，見《納粹的陰謀與侵略》，第八卷，頁五三四（紐倫堡文件TC-90）。
37 《主要戰犯的審訊》，第九卷，頁四九八。
38 關於達勒魯斯的活動，參見《最後的企圖》和他在紐倫堡的證詞。他終於在紐倫堡明白了他對他的那些納粹朋友未免太天真了。見本書第十五章注四。有關英國外交部的大量材料的證實，見《英國外交政策文件彙編》，第三卷，第七冊。
39 《英國外交政策文件彙編》，第七冊，頁二八七。

40 達勒魯斯在紐倫堡的證詞，見《主要戰犯的審訊》，第九卷，頁四六五。
41 《英國外交政策文件彙編》，第七冊，頁三一九。
42 《主要戰犯的審訊》，第九卷，頁四六六。
43 《英國外交政策文件彙編》，第七冊，頁三二一至三二二。
44 《英國藍皮書》，頁一二五，和《英國外交政策文件彙編》，第七冊，頁三一八。
45 英國八月二十八日致德國的照會全文，見《英國藍皮書》，頁一二六至一二八。
46 韓德森八月二十九日上午二點三十五分致哈利法克斯的電報，同前，頁一二八至一三一。
47 韓德森八月二十九日致哈利法克斯的電報，同前，頁一三一。
48 韓德森八月二十九日的電報，見《英國外交政策文件彙編》，第七冊，頁三六〇。
49 同前，頁三六一。
50 德國八月二十九日覆照的全文，見《英國藍皮書》，頁一三五至一三七。
51 《英國外交政策文件彙編》，第三卷，第七冊，頁三九八。
52 韓德森：《使命的失敗》，頁二八一。
53 《英國藍皮書》，頁一三九。
54 張伯倫八月三十日致希特勒照會的全文，見《德國外交文件彙編》，第七卷，頁四四一。
55 《英國藍皮書》，頁一三九至一四〇。
56 同前，頁一四〇。
57 同前，頁一四二。
58 施密特：《希特勒的譯員》，頁一五〇至一五五。另見施密特在紐倫堡的證詞，載《主要戰犯的審訊》，第十卷，頁一九六至二二二。
59 《主要戰犯的審訊》，第十卷，頁二七五。
60 施密特：《希特勒的譯員》，頁一五二。
61 《德國外交政策文件彙編》，第七冊，頁四四七至四五〇。
62 韓德森：《最後的報告》，Cmd. 6115，頁一七。另見上引書頁二八七。
63 《英國外交政策文件彙編》，第七卷，頁五七五，頁四三三。
64 《主要戰犯的審訊》，第九卷，頁四九三。
65 韓德森八月三十一日下午十二點三十分致哈利法克斯的電報，見《英國外交政策文件彙編》，第七冊，頁四四〇；致哈利法克斯的信，同前，頁四六五至四六七；九月一日上午十二點三十分的電報，同前，頁四六八至四六九。肯納德八月三十一日致哈利法克斯的電報，同前，頁六一八。

66 《英國外交政策文件彙編》，第七冊，頁四四一至四四三。

67 《英國藍皮書》。頁一四四。

68 同前，頁一四七。

69 同前。

70 波蘭八月三十一日致英國書面覆照全文，同前，頁一四八至一四九；肯納德八月三十一日的電報（到下午七點十五分倫敦才收到）同前，頁一四八。

71 關於利普斯基的最後報告，見《波蘭白皮書》。摘錄載《納粹的陰謀與侵略》，第八卷，頁四九九至五一二。

72 《德國外交政策文件彙編》，第七卷，頁四六二。

73 利普斯基方面的記述，見他的最後報告，上引《波蘭白皮書》。施密特博士有關德國方面的記述，見《德國外交政策文件彙編》，第七卷，頁四六三。

74 希特勒指令的德文原文載《主要戰犯的審訊》，第三十四卷，頁四五六至四五九（紐倫堡文件C-126）。英譯文見《納粹的陰謀與侵略》，第六卷，頁九三五至九三九，另見《德國外交政策文件彙編》，第七卷，頁四七七至四七九。

75 哈塞爾：《哈塞爾日記，一九三八至九四四》，頁六八至七三。

76 達勒魯斯在紐倫堡的證詞，見《主要戰犯的審訊》，第九卷，頁四七〇至四七一；福比斯在紐倫堡對戈林的律師所提出的問題的答覆，見納米爾：《外交前奏曲》，頁三七六至三七七。韓德森的記述，見他所著《最後的報告》，頁一九。

77 《英國外交政策文件彙編》，頁四八三。韓德森後來關於這封電報的記述，見《最後的報告》，頁二〇和《使命的失敗》，頁二九一至二九二。

78 《主要戰犯的審訊》，第二卷，頁四五一。

79 諾約克斯口供，出處同前。

80 《德國外交政策文件彙編》，第七卷，頁四七二。

81 吉斯維烏斯：《至死方休》，頁三七四至三七五。

第十七章

1 《德國外交政策文件彙編》，第七卷，頁四九一。

2 達勒魯斯：《最後的企圖》，頁一一九至一二〇；另見他在紐倫堡的證詞，載《主要戰犯的審訊》，第九卷，頁四七一。

3 《英國外交政策文件彙編》，第七冊，頁四六六至四六七。

4 同前。

5 《主要戰犯的審訊》，第九卷，頁四三六。根據這裡所刊的來看，達勒魯斯的證詞有一個打字錯的地方，他說的話成了波蘭人「受到攻擊」，因此是完全令人誤解的。

6 《英國外交政策文件彙編》，第七冊，頁四七四至四七五。

7 同前，第六五一，六五二號，頁四七九至四八〇。

8 原文見《德國外交政策文件彙編》，第七卷，頁四九二，另見《英國藍皮書》，頁一六八。施密特博士關於里賓特洛甫對韓德森和庫倫德雷的話所記的筆記，分別見《德國外交政策文件彙編》，第七卷，頁四九三和四九五。

9 施密特關於這次爭論的記述，見《德國外交政策文件彙編》，第七卷，頁四九三。韓德森在一九三九年九月一日晚上發出的電報中有篇短的記述，見《英國藍皮書》，頁一六九。

10 《英國外交政策文件彙編》，第七冊，第六二一號，頁四五九。

11 《齊亞諾日記》頁一三五頁。

12 《德國外交政策文件彙編》，第七卷，頁四八三。

13 同前，頁四八五至四八六。

14 龐納九月一日上午十一點四十五分致弗朗索瓦—龐賽的電報，見《法國黃皮書》，法文版，頁三七七至三七八。墨索里尼關於在九月五日舉行會議的建議，見弗朗索瓦—龐賽八月三十一日致龐納的電報，同前，頁三六〇至三六一。

15 《英國外交政策文件彙編》，第七卷，頁五三〇至五三一。

16 韓德森：《最後的報告》，頁二二一。

17 原文載《德國外交政策文件彙編》，第七卷，頁五〇九至五一〇。

18 這一場面是根據施密特的報告寫成，同前，頁五一五至五一三。

19 施密特：《希特勒的譯員》，頁一五六。

20 《齊亞諾日記》，頁一三六至一三七。

21 《德國外交政策文件彙編》，第七卷，頁五二四至五二五。

22 《齊亞諾日記》，頁一三七。法國的一位失敗主義參議員德・蒙齊（Anatole de Monzie）在其所著《在此以前》（*Ci-Devant*）一書頁一四六至一四七中證實了這件事的經過。

23 柯本的電報，見《法國黃皮書》，法文版，頁三九五。

24 這一節是根據《英國外交政策文件彙編》，第七冊中關於九月二日與三日的情況寫成。阿諾德和維羅尼卡·湯恩比編的《大戰前夕》一書中有一段很精彩的摘要，所根據的是英國外交部的機密文件和少數一些法國材料。納米爾的《外交前奏曲》也很有用。我特意略去了好幾十處《英國外交政策文件彙編》的出處，免得文字間盡是注釋號碼。

25 哈利法克斯九月二日下午十一點五十分致韓德森的電報，見《英國外交政策文件彙編》，第七卷，第七四六號，頁五二八；九月三日上午十二點二十五分的電報，同前，頁五三三。

26 原文見《英國藍皮書》，頁一七五，另見《德國外交政策文件彙編》，第七卷，頁五二九。

27 《英國外交政策文件彙編》，第七卷，第七五八號，頁五三五。

28 施密特的記述，見《希特勒的譯員》，頁一五七；另見他在紐倫堡的證詞，載《主要戰犯的審訊》，第十卷，頁二〇〇。

29 施密特：《希特勒的譯員》，頁一五七至一五八；另見他的證詞，上引書，頁二〇〇至二〇一。

30 同前。

31 《英國外交政策文件彙編》，第七卷，第七六二號，頁五三七，注一。

32 同前。

33 《主要戰犯的審訊》，第九卷，頁四七三。

34 龐納自己也有追述，見《法國黃皮書》，頁三六五至三六八。

35 威茲薩克關於這次會見的報告，見《德國外交政策文件彙編》，第七卷，頁五三二。

36 原文見《德國外交政策文件彙編》，第七卷，頁五四八至五四九。

37 全文，同前，頁五三八至五三九。

38 這一點是德國外交部文件洩露的，同前，頁四八〇。

39 電報全文，同前，頁五四〇至五四一。

40 《海軍事務元首會議記錄》，一九三九年，頁一三至一四。

左岸 | 歷史135

第三帝國興亡史（The Rise and Fall of the Third Reich）
卷二：邁向戰爭之路
（Book 3. The Road to War）

作者	威廉・夏伊勒（William L. Shirer）
譯者	董樂山、鄭開椿、李天爵、李奈西、周家駿、沈蘇儒、陳廷佑、趙師傳、程祁昌
總編輯	黃秀如
責任編輯	許越智
封面設計	鄭宇斌
電腦排版	宸遠彩藝
社長	郭重興
發行人暨出版總監	曾大福
出版	左岸文化／遠足文化事業股份有限公司
發行	遠足文化事業有限公司 231新北市新店區民權路108-2號9樓
電話	02-2218-1417
傳真	02-2218-8057
客服專線	0800-221-029
E-Mail	service@sinobooks.com.tw
左岸文化臉書專頁	https://www.facebook.com/RiveGauchePublishingHouse/
法律顧問	華洋國際專利商標事務所　蘇文生 律師
印刷	成陽印刷股份有限公司
初版	2010年04月
初版八刷	2020年08月
定價	460元
ISBN	978-986-6723-35-3

國家圖書館出版品預行編目資料

第三帝國興亡史,
卷二, 邁向戰爭之路

威廉・夏伊勒(William L. Shirer)著 ; 董樂山等譯.
-- 初版. -- 臺北縣新店市 :
左岸文化出版 : 遠足文化發行, 2010.04
面 ; 公分. -- (左岸歷史 ; 135)
譯自 : The rise and fall of the Third Reich
ISBN 978-986-6723-35-3(平裝)

1. 德國史 2. 希特勒時代

743.257 99004875